LA BRIQUE

ET

LA TERRE CUITE

LA BRIQUE

ET

LA TERRE CUITE

ÉTUDE HISTORIQUE DE L'EMPLOI DE CES MATÉRIAUX;
FABRICATION ET USAGES; MOTIFS DE CONSTRUCTION ET DE DÉCORATION
CHOISIS DANS L'ARCHITECTURE DES DIFFÉRENTS PEUPLES

PAR

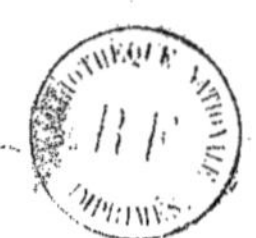

PIERRE CHABAT

ARCHITECTE

Professeur adjoint à l'École spéciale d'Architecture

Préparateur du Cours de Constructions civiles au Conservatoire des Arts et Métiers

AVEC LA COLLABORATION DE

FÉLIX MONMORY

ARCHITECTE

Ancien élève de l'École spéciale d'Architecture

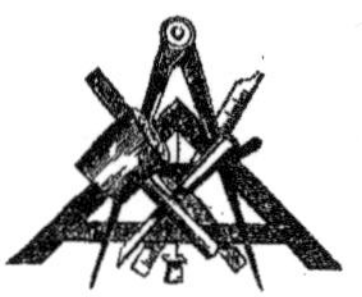

PARIS

Vve A. MOREL ET Cie, LIBRAIRES-ÉDITEURS

13, RUE BONAPARTE, 13

1881

PRÉFACE

A une époque où l'art de bâtir occupe une si large place dans l'activité humaine, où les constructions s'élèvent de toutes parts, les ouvrages qui traitent des questions architecturales sont avidement recherchés.

Mais ces questions sont si nombreuses et si variées, elles présentent à l'explorateur désireux d'apprendre un champ si vaste, que tout livre qui a la prétention d'en embrasser l'ensemble ne peut renfermer, sur les sujets spéciaux, que des notions nécessairement incomplètes. Il y a donc place, à côté des ouvrages dont les auteurs se proposent de passer en revue l'ensemble des branches de l'architecture, pour des livres dans lesquels les questions particulières sont traitées avec tout le développement qu'elles comportent.

Parmi les sujets spéciaux les plus intéressants, se placent la *brique* et la *terre cuite*, envisagées dans leurs applications techniques ou décoratives.

Ces produits de l'industrie humaine présentent, en effet, un ensemble de ressources que l'on ne trouve pas réunies dans les produits naturels.

Les pierres les plus belles sont difficiles à travailler et d'un emploi très-restreint; quand elles manquent, quand leur taille est trop dispendieuse, l'argile sert à combler la lacune.

Les métaux abondants, tels que le fer, s'altèrent par la suite des temps. Le bois, sujet à la pourriture, qui désagrége ses fibres, n'a point cette durée séculaire qu'exige la construction des édifices. Grâce, au contraire, à la cuisson, qui lui conserve, d'une manière durable, les formes diverses qu'elle acquiert par le moulage, l'argile figuline, base des produits céramiques, brique et terre cuite, se prête à une foule d'exigences et constitue, pour l'architecte, un des plus précieux matériaux que la nature ait mis à sa disposition. En outre, la terre à briques se trouve abondamment répandue partout à la surface du sol, elle se travaille aisément, peut être douée de toutes les qualités d'emploi, recevoir toutes les diversités de formes, toutes les beautés ornementales de la couleur, en même temps qu'elle peut être d'une durée illimitée.

Ces raisons suffisent pour expliquer comment la terre à briques a été, de tout temps, utilisée, au point de vue de la construction et de la décoration, même par les peuples qui étaient abondamment pourvus de matériaux différents, tels que le calcaire et le granit.

Certaines contrées qui nous avoisinent, la Belgique, la Hollande et l'Allemagne, le nord et le midi de la France, où la pierre est peu commune et l'argile abondante, font particulièrement usage de la construction en briques et en terre cuite.

On voit enfin, de nos jours, ces pierres artificielles remplacer ou accompagner fréquemment le calcaire dans des régions, telles que les départements qui entourent Paris et la grande ville elle-même, où l'abondance des moellons et de la pierre de taille avait suffi jusqu'alors aux besoins des habitants.

La création des chemins de fer permet partout de faire venir les produits de la terre à briques des pays éloignés où sa qualité est supérieure.

Les procédés industriels de fabrication se perfectionnent constamment, de nouvelles usines se construisent, et l'écoulement de ces produits devient de plus en plus considérable.

Jusqu'à présent, l'étude de l'argile cuite n'a pas été suivie dans son ensemble et dans ses détails.

Les éléments s'en trouvent disséminés, soit dans des constructions élevées en tous pays, soit dans des ouvrages, malheureusement fort rares, et qui ne nous semblent pas conçus ou exécutés de manière à répondre aux exigences du moment. Nous avons essayé de combler cette lacune, en publiant un traité spécial sur la Brique et la Terre cuite.

Des voyages dans les pays où ces matériaux sont fréquemment employés, les renseignements obtenus à l'aide de nos nombreuses relations, documents écrits, dessins, monographies que nous sommes seuls autorisés à publier, nous ont mis à même de composer une œuvre entièrement distincte de tout ce qui a pu être produit, sous ce rapport, en France et à l'étranger.

En publiant ainsi le résultat de nos études sur les constructions en briques et en terre cuite, nous avons eu pour but de fournir aux constructeurs la plus grande variété de dispositions, choisies parmi les meilleurs exemples, sous le double point de vue de la construction et de la décoration. Nous n'avons point la prétention de rien apprendre aux architectes qui se sont occupés de cette question; nous serons heureux, toutefois, s'ils trouvent dans quelques-unes de nos planches des dispositions nouvelles dont ils puissent tirer parti. Du reste, nous indiquons toujours les localités où sont situées les constructions que nous décrivons, et nous mettons ainsi nos lecteurs en mesure d'aller vérifier et mieux connaître sur place les dispositions que nous éditons.

Dans un texte suffisamment développé nous présentons, comme l'indique le titre même de l'ouvrage, l'historique complet de l'emploi des briques et de la terre cuite; passant ensuite à la fabrication et aux usages modernes, nous traitons ces questions avec tous les détails qu'elles comportent et les dernières améliorations qui y ont été introduites.

Enfin le texte se termine par l'explication des nombreuses planches qui constituent la partie essentielle de l'ouvrage.

Ces planches représentent des spécimens de tous les genres de constructions appartenant à l'architecture publique et privée (Églises, Maisons, Hôtels, Marchés, Pavillons, Écuries, Orangeries, Bâtiments ruraux, Gares, Stations, Maisons de garde, etc., etc.) où la brique et la terre cuite sont employées, soit seules, soit en concurrence avec la pierre, le fer et le bois.

Outre ces planches, des gravures placées dans le texte, à côté de leur explication, reproduisent les plans ou les principales parties accessoires des constructions, toutes les fois que la clarté du sujet l'exige.

Nous adressons ici nos remercîments à toutes les personnes qui ont bien voulu nous fournir des renseignements, aux architectes qui nous ont autorisé à reproduire leurs œuvres et dont les noms figurent au bas de nos planches, aux fabricants qui nous ont permis de visiter leurs usines; enfin à toutes les personnes bienveillantes qui ne nous ont pas ménagé les avis ou les conseils toutes les fois que nous les leur avons demandés.

PIERRE CHABAT.

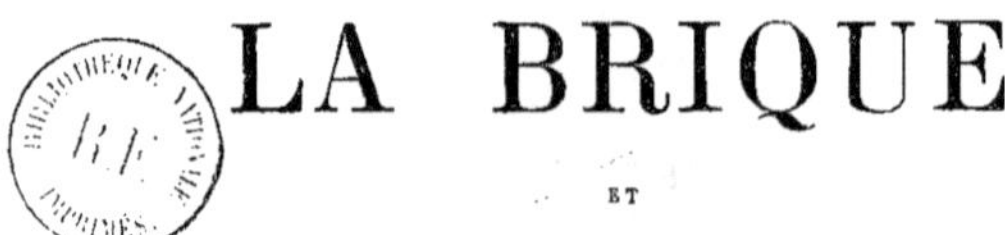

LA BRIQUE

ET

LA TERRE CUITE

PREMIÈRE PARTIE

ÉTUDE HISTORIQUE

GÉNÉRALITÉS

Chercher à résoudre la question d'antériorité entre l'emploi, dans les constructions humaines, des matériaux naturels et l'application au même usage des matériaux artificiels, tel n'est pas ici notre but. Nous constaterons seulement que, dès la plus haute antiquité, les propriétés plastiques de l'argile furent mises à profit pour façonner ces parallélipipèdes rectangles que nous appelons *briques*[1] et qui, séchés au soleil ou durcis par la cuisson, deviennent de véritables pierres artificielles.

Ainsi donc, dans ce rapide aperçu historique, nous désignerons, sous le nom de *briques*, deux sortes de matériaux : 1° ceux qui, soumis à une dessiccation lente, sous l'action de l'air et du soleil, forment la catégorie des *briques crues ;* — 2° ceux qui, subissant au feu une dessiccation plus prompte et plus complète, constituent la catégorie des *briques cuites*.

D'ailleurs, les premiers essais de construction tentés avec l'argile furent exécutés à l'aide de masses de terre grasse ou limoneuse, grossièrement façonnées. Le temps et l'expérience apprirent, plus tard, aux hommes à mouler l'argile et à lui donner une forme régulière, sous un volume médiocre : de là un emploi et un transport faciles, prompts et peu coûteux. L'art de cuire la brique vint ensuite.

Quant à la question de savoir si cet art précéda ou suivit l'usage des *poteries*[2] ou ustensiles en terre cuite, tout porte à croire que la dernière hypothèse est la vraie. Nous observerons, en effet, avec Seroux d'Agincourt[3], que la terre grasse, étant de toutes les substances celle qui se trouve le plus à la portée de

1. M. Brachet, *Dictionnaire étymologique de la langue française*, dans son Introduction, p. LXVII, range le vocable *Brique* parmi les noms français dont l'origine est inconnue; mais, dans le *Dictionnaire*, à l'article *Brique*, il présente ce mot comme étant d'origine germanique et signifiant *morceau, fragment*. — Voir aussi Littré, *Dictionnaire de la langue française*, au mot *Brique*.

2. Ce mot vient du latin *potum*, signifiant *vase à boire*. Voy. Brongniart, *Traité des arts céramiques*, 3e édit. Paris, 1877, 2 vol. in-8°, Atlas, t. I, p. 3.

3. *Recueil de fragments de sculpture antique en terre cuite*, Paris, 1814.

la main de l'homme, dut être regardée comme d'un emploi avantageux pour un grand nombre d'objets de première nécessité. Si l'on remarque, en outre, que les premiers habitants de la terre, allumant du feu sur un sol argileux, durent être frappés de voir ce sol durcir, on peut admettre qu'ils creusèrent des trous dans la masse argileuse même, en durcirent les parois par le feu et y placèrent les liquides qui leur servaient à préparer les aliments[1]. De là à la confection de vases ou récipients grossiers, durcis par la cuisson, il n'y a qu'un pas et, l'invention du tour aidant, la *céramique*[2] était née.

A ces considérations viennent s'ajouter des preuves certaines de l'ancienneté des poteries : telles sont les découvertes récentes d'abondants fragments de poterie grossière façonnée à la main et contemporaine de l'âge de pierre, dans les habitations lacustres de la Suisse ; de débris semblables, appartenant à l'époque du bronze, en Danemark et dans la région que nous venons de citer[3]. En France même, dans la caverne de Pondres, près de Nîmes, selon Ch. Lyell[4], dans la même boue que les os d'une hyène et d'un rhinocéros d'espèces perdues, on découvrit des fragments de deux sortes de poteries ; la plus grossière, qui se trouvait située le plus bas, était par-dessous les ossements des mammifères. Enfin les fouilles exécutées, en Égypte, dans les alluvions du Nil, les tumulus américains de la vallée de l'Ohio et de ses affluents ont fourni les mêmes témoignages[5].

Si nous quittons les époques géologiques, nous voyons l'art du potier déjà très avancé chez les peuples de races encore existantes et dont l'histoire est la plus anciennement connue. On ne sait à quelle date remonte l'usage du tour chez les Chinois. En Assyrie, les amphores trouvées à Kaorsabad[6] sont également des témoignages d'ancienneté d'un art perfectionné ; il en est de même des vases découverts à Mycènes[7]. « Enfin, dit M. Brongniart[8], le nombre des poteries trouvées dans les tombes de tous les peuples anciens, européens, scandinaves, slaves, germains, gaulois, celtes, étrusques, grecs, est incalculable ». Quant aux fours employés dans l'antiquité, on n'a sur ce appareils que des notions très incomplètes. Quoi qu'il en soit, si la cuisson de l'argile a été utilisée pour les ustensiles de première nécessité, avant d'être appliquée à la fabrication de pierres artificielles, l'ancienneté des briques crues ou cuites n'en est pas moins indiscutable et démontrée, à la fois, par les ruines récemment explorées de Babylone et de Ninive, par les découvertes faites en Égypte, tant sur les monuments que dans les alluvions du Nil et par les vestiges bien connus des palais de Crésus, à Sardes ; de Mausole, à Halicarnasse ; d'Attale, à Tralles, édifices qui étaient construits en briques rouges très cuites et d'une grande dureté[9].

C'est, d'ailleurs, dans les pays dépourvus de pierres propres aux constructions que les matériaux artificiels ont été surtout employés. Telles sont les régions qui avoisinent les grands cours d'eau et leur embouchure, plaines et vallées formées par des terrains d'alluvion, dont la fertilité a dû fixer les premières agglomérations humaines. De nos jours même, certains districts de la Norwège et de la Suisse, pays couverts de forêts, ne fournissent aucun exemple de constructions en briques, ni de couvertures en tuiles. Dans ces régions, les édifices ont pour élément principal de structure le bois, auquel a dû être associé un peu de pierre, et inversement. Par contre, les contrées anciennes dans lesquelles on trouve l'usage le plus fréquent de la brique appartiennent aux plaines de l'Asie, aux régions du Tigre et de

1. Lewis Gruner, *the Terra Cotta of North Italy*. Londres, 1867. Introduction, p. I.

2. Du mot *Keramos* (κέραμος), nom grec des poteries et qui ne signifie ni la nature, ni la matière, ni son usage, mais la corne des animaux, qui était la matière et la forme originaires des vases à boire. Voy. Brongniart, *Traité des arts céramiques*, t. I, p. 3.

3. Ch. Lyell, *l'Ancienneté de l'homme prouvée par la géologie*. Londres, 1863, traduit de l'anglais par MM. Chaper. Paris, 1870, in-8°, ch. II, p. 23, 27.

4. *Id.*, *ibid.*, ch. IV, p. 68.

5. *Id.*, *ibid.*, ch. III, p. 42, 46.

6. Victor Place, *Ninive et l'Assyrie*.

7. Schliemann, *Mykenæ*, p. 74.

8. *Traité des arts céramiques*, t. I, p. 5.

9. *Ibid.*, t. I, p. 315.

l'Euphrate, où la pierre est rare et dont le sol présente une matière meuble et plastique, se prêtant facilement aux formes qu'on veut lui donner.

Non seulement l'argile a été, dans les temps les plus reculés, employée pour la construction des murailles, mais elle fut aussi appliquée à la couverture des édifices. Les temples élevés sur l'Acropole d'Athènes avaient été primitivement couverts en terre cuite, comme le prouvent les nombreux débris retrouvés dans cette région de la cité grecque. Lorsque ces monuments eurent été détruits par les Perses, ils furent reconstruits avec une plus grande magnificence et leur toiture fut refaite en marbre[1].

Le revêtement du sol des habitations offre aussi un témoignage très ancien de l'usage de la terre cuite, comme le dit M. Amé : « La terre battue ou damée forma, sans doute, le sol des premières habitations. La terre cuite, dès les progrès de la civilisation, fut presque toujours employée dans les appartements d'importance secondaire[2]. »

Enfin la facilité avec laquelle l'argile se prête au travail du modeleur, la fantaisie des premiers potiers, qui ont pétri quelques ornements pour leurs habitations, ont donné naissance, de bonne heure, à la décoration des édifices au moyen de terres cuites employées, avec leurs couleurs naturelles ou couvertes d'émaux de nuances variées. Un certain nombre d'archéologues, parmi lesquels nous citerons Seroux d'Agincourt, Pietro Campana, regardent même la plastique ornementale, c'est-à-dire l'art de faire des ornements, des statues en terre cuite, comme ayant précédé la sculpture en pierre. Quoi qu'il en soit, il est constant que l'usage des terres cuites appliquées à la sculpture et à la décoration remonte à une époque très ancienne[3].

L'argile est donc susceptible de former, à l'aide de la plastique, des figures et des ornements, et, si nous ne devons pas considérer cette matière comme un des éléments les plus nobles mis, par la nature, à la disposition du sculpteur, du moins pouvons-nous lui reconnaître le droit d'ancienneté que lui donne sa facilité à se prêter à tout ce que la main de l'artiste veut en exiger. Quels que soient les doutes que l'on puisse émettre à l'égard de cette question, il est certain que les arts céramiques, restés, pour la confection des pâtes et des vernis, dans l'enfance pendant une longue suite de siècles, ont, au contraire, été poussés très loin dans l'antiquité, sous le rapport de la plastique ornementale. Témoin cette quantité de fragments de corniches, de frises, d'antéfixes, etc., provenant de monuments anciens et qui sont ornés de sculptures et de bas-reliefs, aussi remarquables par le goût et par le style de la composition que par l'habileté de l'exécution.

VALLÉES DU TIGRE ET DE L'EUPHRATE

BABYLONE

C'est dans la région traversée par ces deux fleuves que des explorations récentes ont fait découvrir les traces les plus nombreuses de la construction en briques dans l'antiquité. Parmi les villes qui ont été bâties dans ces plaines d'alluvion, Babylone et Ninive ont laissé des ruines que nous pouvons interroger, grâce aux infatigables recherches de savants explorateurs, tels que Rich, Keppel, Botta, Ker Porter, Layard, Victor Place et autres.

La première de ces deux cités, dont la fondation remonte à l'époque la plus reculée, a ses vestiges situés dans une vaste plaine arrosée par l'Euphrate, à sept lieues de Bagdad. D'immenses amas de briques séchées au soleil se rencontrent çà et là entre ces deux villes, et ce n'est, d'ailleurs, qu'à la quantité de ruines amoncelées que l'on reconnaît Babylone. Des chaînes de collines, séparées par d'étroits ravins,

1. Pietro Campana, *Antiche opere in plastica*. Rome, 1851.

2. *Les Carrelages émaillés du moyen âge et de la Renaissance*. Paris, 1859.

3. Voy. Cicognara, *Storia della scultura dal suo Risorgimento in Italia fino al secolo di Napoleone*, t. I, p. 21. Venise, 1810 ; — Thomas Hope, *Historical Essay in Architecture*.

semblent indiquer les rues, tandis que des masses énormes de décombres annoncent l'emplacement des grands édifices. Ces restes forment ainsi une série d'éminences qui accidentent le sol sur une étendue de 13 kilomètres environ et qui occupent les deux rives du fleuve.

L'un de ces monticules, connu sous le nom arabe d'*El-Kasr* (le château, le palais), représenterait les ruines du palais élevé par Nabuchodonosor et que les modernes ont appelé le *Palais oriental*. Mais les Arabes donnent encore à cette éminence le nom de *Mudjelibeh*, et cette double désignation a fait naître quelques erreurs, si nous nous en rapportons aux explorations de la Commission française envoyée en Mésopotamie[1]. « Ce nom de *Mudjelibeh*, dit M. Jules Oppert, que les Arabes donnent au Kasr a été faussement attribué à la ruine du Nord ; les indigènes appellent toujours cette dernière Babil, ce que M. Layard a adopté avec raison. »

De l'édifice il ne reste debout qu'une construction solidement faite, offrant quelque peu l'aspect d'un pylône, deux piliers et des pans de murs. Des traces de bitume apparaissent dans un ciment blanchâtre, qui relie les briques au sommet du monticule. La présence de cette matière est un témoignage de l'emploi général qu'en faisaient les Babyloniens pour liaisonner leurs murailles. Cet usage s'explique par l'abondance du bitume dans ces contrées. Il est signalé, du reste, par un passage de la Genèse, à propos de la construction de la tour de Babel : « Ils se dirent l'un à l'autre : Or çà, faisons des briques et les cuisons très bien au feu. Ils eurent donc des briques au lieu de pierres et le bitume leur servit de mortier[2]. »

Les briques que l'on trouve au sommet du Kasr ont acquis, par la cuisson, une extrême dureté. Elles portent, en caractères cunéiformes, une inscription commune à presque toutes les briques appartenant aux autres monticules de la rive orientale : « Nabuchodonosor, roi de Babylone, restaurateur de la pyramide et de la tour, fils aîné de Nabopollassar, roi de Babylone, moi[3]. » Cette légende semble avoir été faite avec une matrice en bois ; elle est disposée en trois, quatre, six ou sept lignes, et les briques sur lesquelles elle est empreinte sont placées de manière que l'inscription se trouve en dessous.

Ces briques, dont la pâte est de couleur rougeâtre, ont toutes un pied carré babylonien, de $0^m,315$ en moyenne. Elles devaient être pourvues d'un revêtement coloré, comme l'attestent les nombreux fragments de briques vernissées découverts sur le sol de l'éminence par MM. Fulgence Fresnel, Félix Thomas et Jules Oppert. Le blanc et le bleu, de différentes nuances, sont les couleurs qui se rencontrent le plus fréquemment. On trouve aussi des briques dont le revêtement est de couleur jaune d'ocre, noire ou tirant sur le brun ; le rouge est très rare. L'épaisseur de la couche colorante atteint quelquefois $0^m,002$. Notons que ces fragments ne sont vernissés que sur leur côté étroit et portent souvent, à leur partie supérieure, un signe distinctif, qui est la marque de pose.

A cette découverte des briques émaillées est venue s'ajouter celle de bas-reliefs peints. On a trouvé, en effet, des fragments de plusieurs couleurs, à fonds mi-parties bleus et jaunes, sur lesquels se détachent des lignes noires, marquant les contours du dessin. Des paysages, des animaux, des figures humaines : tels sont les sujets représentés. M. Thomas a indiqué le mode employé par les Babyloniens pour exécuter ainsi, sur les murs, des applications de briques coloriées. Il constata que les briques ne sont jamais vernissées, comme on l'a vu plus haut, sur le côté plat, et que les dimensions des fragments trouvés ne dépassent pas $0^m,05$ d'épaisseur sur $0^m,08$ de hauteur et $0^m,10$ à $0^m,12$ de largeur ; il remarqua, en outre, sur les côtés qui se trouvent au-dessus et au-dessous de l'enduit, des taches dues aux couleurs débordant de la surface qu'elles devaient occuper. De là M. Thomas conclut que l'on prenait une plaque d'argile assez grande pour recevoir la totalité ou une partie du sujet à représenter, que l'on modelait cette plaque et qu'on la coupait en rectangles, hauts de $0^m,08$ et large de $0^m,10$ à $0^m,12$. Ces morceaux

1. *Expédition scientifique en Mésopotamie*, exécutée par ordre du gouvernement français, de 1851 à 1854, par MM. Fulgence Fresnel, Félix Thomas et Jules Oppert. Paris, 1863-69, t. I, p. 141.

2. Genèse, XI, 3.

3. Jules Oppert, *Expédition scientifique en Mésopotamie*, tome I, p. 142.

étaient alors enduits séparément de couleurs vernissées et cuits au four, ce qui explique les bavures remarquées sur les côtés haut et bas. Plus tard, l'ouvrier, guidé par la marque de pose estampée sur ces fragments, les rassemblait et les reliait par du mortier. Ce procédé serait, paraît-il, encore employé, de nos jours, pour exécuter les mosaïques en briques vernissées, à petite surface, qui revêtent les minarets et les coupoles de la Mésopotamie et de la Perse.

Notons enfin une dernière découverte, celle de fragments de poteries creuses, à forme prismatique, que l'on a appelées *barils* ou *cylindres* et qui étaient chargées d'inscriptions cunéiformes. C'est sur une de ces poteries, trouvée dans les profondeurs du Kasr, qu'on a découvert une légende fournissant la preuve écrite de l'emploi du bitume en guise de mortier.

D'après Diodore[1] et Strabon[2], les fameux jardins suspendus formaient une dépendance du palais oriental. Cet ouvrage, qui passait pour une des sept merveilles du monde, offrait encore un exemple remarquable de l'emploi de la brique[3].

Au nord du Kasr, une autre éminence, connue sous le nom de *Babil*, est regardée comme la ruine du tombeau ou du temple de Bélus. A l'inspection des décombres, on reconnaît que la masse de cet édifice, du moins à la base, était en briques crues; les revêtements seuls étaient en briques cuites, cimentées avec du mortier. On a constaté, dans le monticule, la présence de bitume mêlé de roseaux. Ce mode de construction était, d'ailleurs, généralement employé par les Babyloniens : « Avec le limon durci de leurs plaines d'alluvion, mêlé de paille hachée, dit M. Layard, ils faisaient des briques, tandis que le bitume et autres substances tirées du voisinage leur fournissaient un excellent ciment[4]. »

Entre le Kasr et Babil, MM. Fresnel, Thomas et Oppert ont retrouvé les quais de Babylone, ou plutôt les murs en briques de la fameuse digue[5], destinée à protéger le pays contre les inondations de l'Euphrate et qui fut construite par Nabonid, ainsi que le prouvent les inscriptions des briques. Celles-ci, très dures, très cuites et complètement enduites de bitume, semblent, en effet, avoir appartenu à une construction hydraulique.

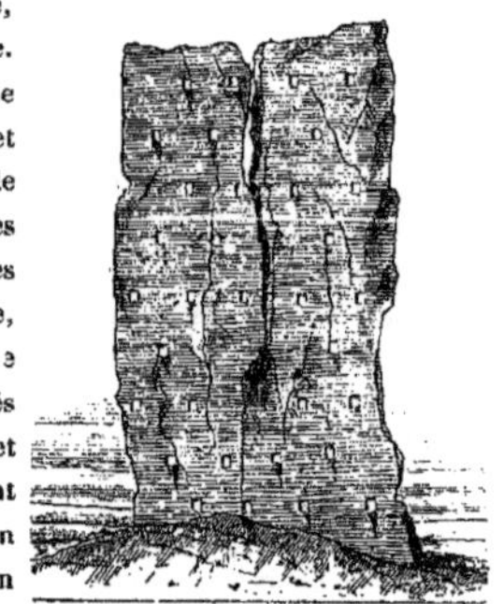
Fig. 1.

Sur la rive droite de l'Euphrate, au sud-est de Hillah, est une autre éminence, surmontée d'un pan de mur ou pilier massif et qui, vue du côté occidental, a la forme d'un cône de 60 mètres de hauteur. Certains archéologues regardent ces ruines comme les restes de la tour de Babel, que d'autres reconnaissent dans les vestiges du temple de Bélus. Quoi qu'il en soit, ce monticule, appelé, de nos jours, *Birs-Nimrod*, est très remarquable comme construction en briques. Sur les blocs de maçonnerie amoncelés autour du pilier, on distingue facilement les assises de briques et les lignes de ciment. Un assez grand nombre de ces briques sont complètement vitrifiées, comme si elles avaient subi l'action d'un feu violent. Quant aux briques vernissées, on n'en a trouvé qu'un petit nombre de fragments, non pas sur le Birs, mais dans la plaine environnante.

La figure 1 montre l'élévation du pan de mur, qui atteint encore 8 à 10 mètres d'élévation sur 6m,50 de largeur. L'appareil de cette construction est très savamment exécuté; les briques, d'un rouge pâle, sont reliées entre elles par un ciment blanchâtre. De distance en distance, à 1m,50 d'axe en axe et symé-

1. Liv. II, p. 98, 99.
2. Liv. XVI, ch. I, p. 758.
3. Voy. Quinte Curce, liv. V, ch. I.
4. *Discoveries in the ruins of Nineveh and Babylon.* Londres, 1853, ch. XXII, p. 529.
5. Hérodote, liv. I, ch. CLXXXV.

triquement disposés, des conduits, à section rectangulaire et de destination inconnue, traversent l'épaisseur du pilier, comme on le voit sur le plan représenté par la figure 2. Quelques archéologues, regardant ces canaux comme des vides destinés à sécher la maçonnerie par le passage de l'air dans la masse, leur ont donné le nom d'*aéroducts*.

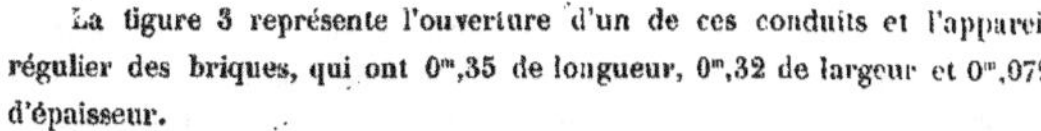

Fig. 2.

La figure 3 représente l'ouverture d'un de ces conduits et l'appareil régulier des briques, qui ont 0m,35 de longueur, 0m,32 de largeur et 0m,072 d'épaisseur.

Sur cette même rive occidentale de l'Euphrate, le voyageur Ker Porter a reconnu, dans un immense amas de décombres, le *Palais occidental*, dont parle Diodore [1] et qui possédait trois enceintes très élevées, construites en briques cuites diversement coloriées.

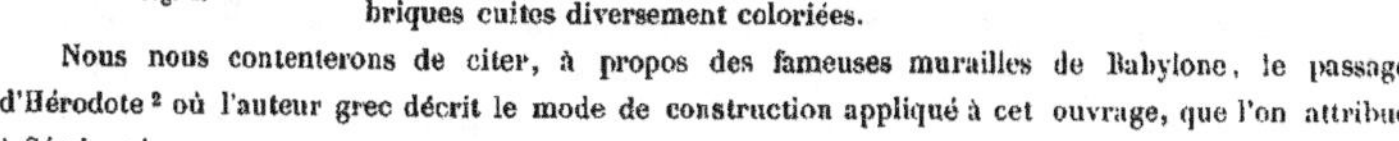

Nous nous contenterons de citer, à propos des fameuses murailles de Babylone, le passage d'Hérodote [2] où l'auteur grec décrit le mode de construction appliqué à cet ouvrage, que l'on attribue à Sémiramis :

« En creusant le fossé, on moula, en même temps, des briques de la terre extraite ; quand on avait confectionné un nombre suffisant de briques, on les cuisait dans des fournaises ; puis on se servit, pour ciment, d'asphalte chaud, et, après avoir mis, de trente en trente couches de briques, une couche de roseaux, on commença par construire la maçonnerie des bords du fossé, puis on bâtit le mur de la même façon. »

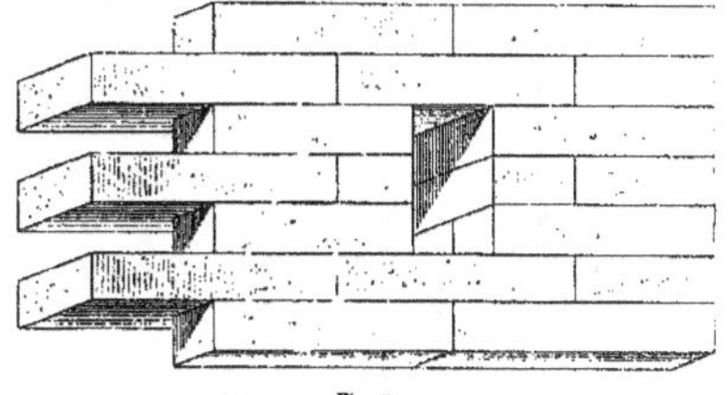

Fig. 3.

Ne quittons pas la Babylonie sans citer quelques anciennes villes de cette province, telles qu'Orchoé, aujourd'hui Warka, où l'on a découvert des briques à inscriptions ; Chalamé, aujourd'hui Mugheir, où l'on a trouvé des briques du roi Ismidagan, père de Samsi-hou, qui aurait vécu vers le milieu du XXe siècle [3].

NINIVE.

On a retrouvé des débris de monuments assyriens dans les monticules qui s'élèvent sur la rive gauche du Tigre, en face Mossoul et que l'on considère comme les ruines de Ninive, la rivale de Babylone. Ce sont des éminences artificielles, parmi lesquelles trois surtout, *Kouyoundjick*, *Khorsabad* et *Nimroud*, ont fourni les plus nombreux documents archéologiques, recueillis dans les explorations successives de MM. Rich, Botta, Layard et Victor Place [4].

KOUYOUNDJICK. — Une épaisse muraille, avec soubassement en pierre, entoure le monticule de

1. Liv. II, ch. VIII.

2. Liv. I, ch. CLXXVIII.

3. Jules Oppert, *Expédition scientifique en Mésopotamie*, t. I, p. 261.

4. Les premières fouilles ont été exécutées en 1843 par M. Botta, consul de France à Mossoul ; elles furent continuées par M. Layard, qui enrichit le *British Museum* d'une fort belle collection d'antiquités assyriennes, puis par M. Victor Place. Voir pour plus de détails : *Narrative of residence in Khordistan*, par J. Cl. Rich, Londres, 1836 ; — *Travels and Researches in Assyria*, par Ainsworth ; — *Monuments de Ninive*, par Botta et Flandrin, in-f°. Paris, 1849 et années suivantes ; — *Discoveries in the ruins of Nineveh and Babylon*, par A. Henry Layard. Londres, 1853 ; — *Palaces of Nineveh and Persepolis restored*, par Fergusson. Londres, 1851 ; — *Ninive et l'Assyrie*, par Victor Place, avec des essais de restauration, par Félix Thomas. Paris, 1867-70.

Kouyoundjick, situé au nord du village de Niniouah, en face de Mossoul. Les briques et les fragments à caractères cunéiformes que l'on y a découverts indiquent que ces ruines sont celles d'un vaste palais, construit par Sannacharib, fils de Sargina ou Sargon, et dont le règne commença en 705 avant l'ère vulgaire.

A ce palais s'en rattache un second, bâti par le fils de Sannacharib, Assar-Haddon. L'histoire de ce dernier prince se trouve inscrite, en caractères cunéiformes, sur un cylindre hexagonal en terre cuite, trouvé par M. Layard à Koujoundjick et offert par lui au Bristish Museum[1].

KHORSABAD. — C'est à Khorsabad, village situé au nord-ouest et à 16 kilomètres de Mossoul, qu'ont été faites les découvertes les plus intéressantes sur l'emploi de l'argile cuite ou crue en Assyrie. On y voit un groupe de collines ou terrasses quadrangulaires, destinées à servir de fondation aux édifices et à les surélever de plusieurs mètres au-dessus de la plaine environnante. Ces éminences artificielles sont en briques crues, de forme carrée, portant de 0m,39 à 0m,40 centimètres de côté sur 0m,05 d'épaisseur. On formait avec ces briques des assises horizontales, parfaitement adhérentes entre elles, malgré l'absence de mortier et qui constituaient ainsi une masse compacte. Ces briques semblent donc avoir été mises en place avant leur dessiccation complète; mais on ne saurait expliquer ici comment ces assises, peu consistantes et successivement posées les unes au-dessus des autres, ne se sont pas déformées sous le poids des matériaux et sous le piétinement des ouvriers : « Il y a là, dit M. Victor Place[2], un mystère de construction resté pour nous impénétrable. »

Si les Assyriens ont employé, comme les Babyloniens, l'argile crue pour former le corps même de leurs fondations, ils connaissaient néanmoins la taille et la pose de la pierre; l'éminence de Khorsabad est, en effet, entourée d'un mur en pierres taillées et bien appareillées. Ils savaient aussi cuire la brique; car, dans les diverses parties du monticule qu'on a appelé *le Palais* à Khorsabad, on a trouvé des cours et des chambres pavées en briques cuites d'une grande dureté; des escaliers dont les degrés sont les uns en briques cuites, les autres en pierres d'un seul morceau; enfin des briques émaillées, décorant des parements de murailles et des archivoltes.

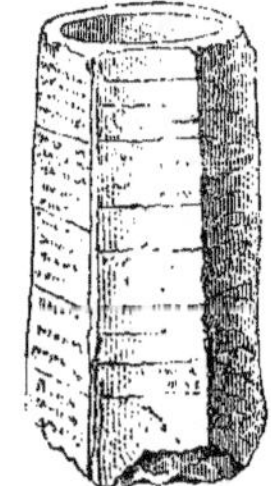
Fig. 4.

L'usage de la terre cuite est encore attesté par la découverte de divers objets façonnés avec cette matière : 1° des manchons en argile cuite ayant 0m,34 de diamètre et 0m,26 de hauteur, sortes de boisseaux dont les extrémités se terminent en bourrelet et qui se superposaient probablement pour former un conduit d'aération et de lumière, traversant le plafond voûté de la chambre où on les a trouvés; 2° des cylindres ou plutôt des barils en terre cuite (fig. 4), un peu renflés au centre, taillés à pans et couverts d'inscriptions cunéiformes; 3° des amphores ou vases de formes et de grandeurs variées, les plus petits contenus dans les plus grands, le tout renfermé dans une pièce qu'on a appelée le *magasin des jarres*[3].

Quant aux murs des palais ninivites, c'est encore l'argile crue que l'on trouve employée dans leur construction, d'après les procédés adoptés pour la terrasse artificielle et avec des revêtements sculptés ou peints.

Les portes ouvertes dans le mur d'enceinte de Khorsabad sont d'un grand intérêt pour l'étude que nous poursuivons; elles présentent deux types dont les reproductions sont identiques : les unes sont ornées de bas-reliefs et d'archivoltes en briques émaillées; les autres sont surmontées seulement d'un arc plein-cintre en briques cuites ordinaires.

1. *Discoveries in the ruins of Nineveh and Babylon*, ch. XVI, p. 334.
2. *Ninive et l'Assyrie*, t. I, p. 28.
3. *Ibid.*, t. I, p. 55, 83.

Dans la porte ornée dont nous donnons l'ensemble (fig. 5), l'archivolte coloriée n'est qu'un placage extérieur, d'une seule brique d'épaisseur. La voûte même qui couvre le passage est en briques crues, d'une argile plus dure que l'argile employée à la construction des murs droits. Les claveaux sont reliés entre eux par une sorte de mortier argileux.

Ce cintre colorié, nous offrant, avec quelques murs des cours du Palais, les seuls exemples de briques émaillées que l'on ait retrouvées en place dans les édifices ninivites, mérite une description spéciale. L'archivolte peinte, appliquée à 0m,50 au-dessus de l'intrados, présente, sur la largeur, quatre

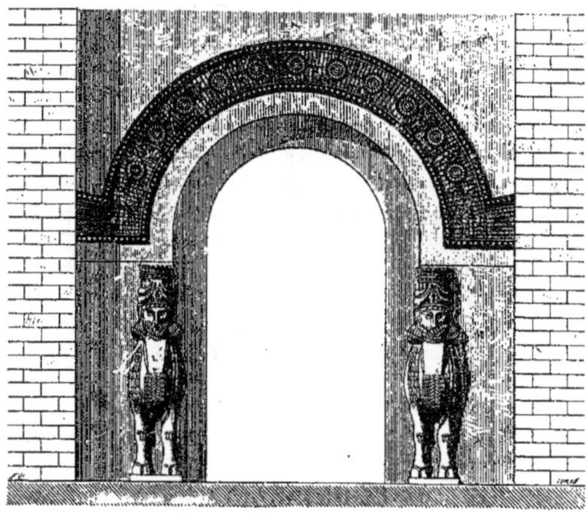

Fig. 5.

briques, dont deux appareillées sur champ et portant des personnages avec de grandes rosaces; les deux autres briques, posées à plat, forment les bordures externe et interne et sont ornées de petites rosaces. Ces matériaux sont reliés entre eux par du ciment. Les couleurs qui les recouvrent ont chacune leur destination spéciale : le bleu forme le fond, le blanc occupe les feuilles des rosaces, le jaune dessine les personnages, le noir est appliqué à la barbe de ces derniers, le vert à leurs cornes et enfin une couleur particulière produit le ton des chairs. L'espace de 0m,50, qui sépare le bord inférieur de l'archivolte et le bord supérieur de la voûte, était rempli par un stucage blanc [1].

Même simplicité de composition dans les murs que nous citons plus haut. Les couleurs y sont en nombre égal et remplissent le même objet.

Cet ensemble de faits suffit pour démontrer quel rôle important jouaient les briques émaillées dans l'architecture assyrienne et combien sont précieuses, à ce point de vue, les découvertes faites à Khorsabad. Les portes simples, avec archivoltes en briques ordinaires, n'offrent rien de particulièrement remarquable.

Résumons : l'architecture assyrienne comprend trois espèces principales de matériaux : l'argile crue, les briques cuites au four et la pierre calcaire. Ce dernier élément était employé comme soubassement ou revêtement des parties inférieures; les briques cuites servaient pour les carrelages des cours et des

1. Victor Place, *Ninive et l'Assyrie*, t. I, p. 170 et suiv.

chambres, les décorations vernissées et la construction des conduits souterrains, dont nous parlerons ci-après; l'argile crue était l'élément principal de la bâtisse, et ici quelques mots sont nécessaires pour éviter toute équivoque sur le rôle et le mode d'emploi de cette matière.

En effet, il existe, dans l'antiquité, de nombreux exemples de l'usage des matériaux appelés ordinairement *briques crues* : à Athènes, un mur de la ville et plusieurs murs de temples étaient en briques crues; en Égypte, on a découvert des pyramides entièrement construites avec cette matière. Vitruve constate aussi l'emploi des briques crues chez les Romains. Mais les matériaux ainsi désignés, dans ces divers cas, étaient des parallélipipèdes rectangles, devenus, par l'exposition au soleil et une dessiccation prolongée, secs, durs, cassants et doués d'une assez grande consistance pour être utilisés comme des briques cuites. Tout autre est la méthode appliquée à Khorsabad dans l'emploi de l'argile crue : la terre, malaxée avec soin et moulée en blocs, était aussitôt mise en place, conservant un certain degré d'humidité et de mollesse. On y a trouvé des résidus de paille qui devaient y avoir été mêlés, après avoir été hachés très fin[1].

A cet usage exclusif de l'argile crue, tandis que la pierre ne manquait pas aux environs de Ninive, Victor Place trouve plusieurs motifs : 1° la tradition babylonienne, qui apprenait aux Ninivites l'art d'employer l'argile pour des besoins semblables chez les deux peuples; 2° l'efficacité de l'argile pour combattre également la sécheresse et l'humidité, conditions climatériques auxquelles l'Assyrie se trouve soumise; 3° l'économie et la rapidité d'exécution que permettait une matière si commune et d'extraction si facile. Quant à l'usage des briques cuites, il semble aussi avoir été emprunté par les Ninivites aux Babyloniens, qui paraissent le tenir des premiers habitants de la Chaldée.

Sous le rapport de la forme, les briques cuites de Khorsabad offrent divers aspects : les unes sont régulières et employées soit aux pavages, soit aux conduits souterrains; les autres, de forme trapézoïdale, sont seulement utilisées pour la construction des voûtes qui recouvrent ces conduits. Quant aux qualités, toutes les briques cuites assyriennes sont sensiblement les mêmes : elles sont faites avec l'argile même qui constituait le sol de Khorsabad et des environs. Cette terre n'est pas pure à l'état naturel; elle est surtout mélangée de sable, et les Assyriens ont dû lui faire subir une préparation spéciale, avant de l'employer. En tout cas, leurs briques présentent une homogénéité, une finesse de grain et une cuisson parfaites; elles résonnent sous le marteau et font souvent étincelle au choc des outils.

Parmi les inscriptions en caractères cunéiformes qui recouvrent les briques ninivites, voici celle qu'on rencontre le plus fréquemment : « Palais de Sargon, qui est Bel-Patis-Assur, le roi puissant, roi du monde, roi d'Assyrie. » Cette inscription devait être tracée sur la pâte encore molle, à l'aide d'une matrice en bois, et constituer une espèce de marque de fabrique.

Les briques émaillées de Khorsabad diffèrent, par les dimensions, des briques ordinaires employées dans les pavages et les substructions. Leur tranche est longue de $0^m,29$ à $0^m,35$ et large de $0^m,08$ à $0^m,09$. Celles qui appartiennent aux archivoltes ont une forme légèrement conique, imposée par la courbure du cintre; elles sont engagées de $0^m,30$ dans le corps même de la bâtisse. Sous le rapport de la matière, les briques émaillées diffèrent encore davantage des briques ordinaires. La pâte qui les constitue n'est ni dure ni résistante, mais tendre et friable, à peine cuite et de grain moins fin.

Quelques mots maintenant sur le mode d'appareil.

L'adhérence des assises ne laisse voir aucune trace de joints, de ciment ni de mortier; c'est seulement d'après les nuances diverses, variant du brun au jaune, que l'observateur attentif peut distinguer les divers morceaux dont chaque lit se compose. Tous ces morceaux sont de même dimension, et leurs proportions sont exactement celles des briques cuites. Le mode d'appareil est celui que les Grecs ont appelé *isodomon*, c'est-à-dire à joints réguliers croisés.

1. Cette assertion de M. Victor Place, résultat d'une analyse minutieuse, contredit celle de M. Botta, qui déclare ne pas avoir aperçu trace de paille hachée dans la composition des briques formant le monticule de Khorsabad. Voy. *Monument de Ninive*, découvert et décrit par P. E. Botta, mesuré et dessiné par E. Flandin. Paris, 1849-50, gr. in-f°, ch. II.

Quant au système de couverture adopté par les Assyriens, Victor Place, qui n'a trouvé aucun vestige de voûtes en briques cuites, ni de toitures en charpente, conclut pour la couverture en briques crues. Cette hypothèse peut très bien s'admettre : les Assyriens, comme le prouvent les bas-reliefs, les conduits souterrains, la face inférieure curviligne de blocs trouvés dans les ruines, connaissaient toutes les formes de voûtes. Ce fait n'est plus aujourd'hui discutable [1].

Les ouvrages voûtés les plus remarquables qui aient subsisté sont les canaux souterrains en briques cuites.

Vu l'intérêt de leur construction, nous entrerons dans quelques détails, que rendra plus explicites

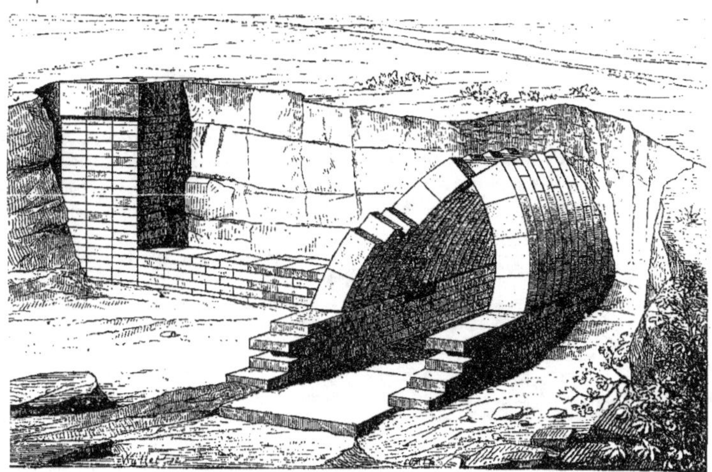

Fig. 6.

la figure perspective ci-jointe. La canalisation est formée de regards verticaux dont l'extrémité inférieure se rattache, par des branchements secondaires, à des conduites principales. Ces regards, surmontés de pierres carrées, percées en leur milieu d'un orifice circulaire, sont en briques cuites posées à plat. Leur diamètre intérieur est de $0^m,28$. La conduite secondaire, légèrement inclinée, est également en briques cuites et débouche dans le canal principal à la naissance de la voûte.

Celle-ci mérite, par sa structure, une attention toute spéciale : les briques qui la composent sont trapézoïdales, formant claveaux et placées par couches inclinées, de manière à reposer l'une sur l'autre.

C'est le seul exemple que l'on connaisse d'une voûte ainsi constituée. Lorsque ce canal fut découvert, l'arc était fermé, de deux en deux lits seulement, par une brique ou *clausoir*; les vides laissés dans les intervalles (fig. 7) étaient remplis avec de l'argile crue, de façon à clore hermétiquement le conduit. Cette disposition et l'absence de mortier facilitaient les réparations. Les briques des piédroits sont reliées entre elles par une couche de ciment très mince. Le sol de la conduite est revêtu de dalles en pierre posées à bain de mortier. Celui de la conduite secondaire, ainsi que le fond de la descente verticale est bitumé.

1. Viollet-le-Duc, *Art russe*. Paris, 1877, gr. in-8°, p. 16.

A côté de cette voûte, à appareil si singulier, il en est d'autres, recouvrant aussi des canaux souterrains, qui présentent, par leurs alternatives d'élargissement et de rétrécissement, par les inclinaisons variables de leurs claveaux, de véritables bizarreries de construction, dans l'analyse desquelles notre cadre ne nous permet pas d'entrer. On ne sait pas, d'ailleurs, quelle était la destination précise de ces canaux ; nous nous contenterons de les signaler comme un témoignage de la science acquise par les Assyriens dans la construction des voûtes de toute nature.

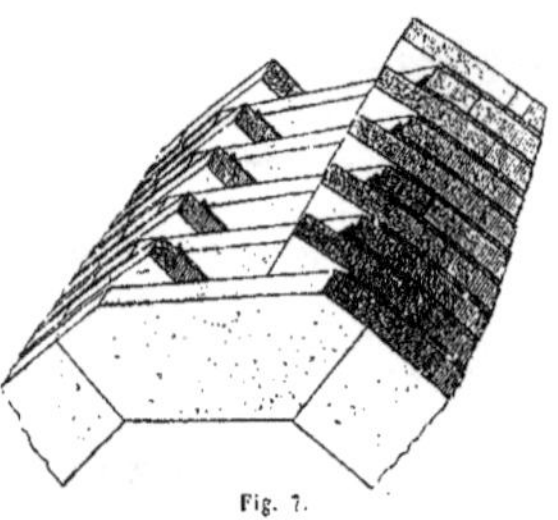
Fig. 7.

Les carrelages nous fournissent, en outre, une preuve de l'esprit méthodique des architectes de Khorsabad. Ces pavements comprennent deux lits de briques, dont l'un est établi sur le bitume et qui sont séparés par une couche de sable, épaisse de 0m,20. Les carreaux, mesurant un pied, sont juxtaposés sans ciment (fig. 8) et, lors de leur découverte, ils étaient tous entiers. Il s'ensuit que tout espace à carreler était probablement divisé, sur ses deux dimensions, en un nombre exact de pieds, tandis que, dans les carrelages modernes, certains éléments sont taillés ou diminués de longueur ou de largeur aux approches des murs. Les briques du rang supérieur ont 0m,40 de côté sur 0m,05 à 0m,06 d'épaisseur et leur couleur est d'un rouge foncé. Les briques du rang inférieur sont moins grandes, plus blanches, plus épaisses et plus dures. La couche d'asphalte, de 0m,05 d'épaisseur, sur laquelle elles sont placées et le lit de sable très fin, interposé entre les deux rangs de briques, assuraient l'étanchéité de ce pavage. Ces carreaux étaient recouverts d'inscriptions en caractères cunéiformes, que l'on peut diviser en deux catégories : les unes semblent avoir été tracées à la main, les autres ont dû être faites avec une matrice. En effet, dans les premières, l'écriture n'est pas toujours régulière ; dans les secondes, l'uniformité est constante, et, à l'encadrement qui enveloppe les quatre côtés de l'inscription, on reconnaît l'estampage qui avait lieu sur l'argile encore molle avant la cuisson. Les autres terres cuites couvertes d'inscriptions que l'on a trouvées à Khorsabad sont des cylindres, des barils, des tablettes d'une argile plus fine, mieux travaillée, plus cuite et d'une couleur plus pâle que celle des briques. L'écriture est elle-même différente dans les deux cas : les caractères tracés sur les briques sont clairs et bien espacés. Dans les cylindres, les barils et les tablettes, ces caractères sont beaucoup plus petits et littéralement incorporés les uns dans les autres ; les lettres sont quelquefois tellement rapprochées qu'elles semblent presque se confondre.

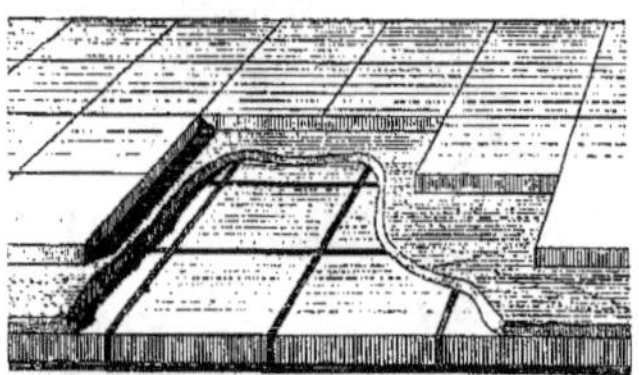
Fig. 8.

La même disposition de carreaux se retrouve dans les seuils qui séparent les pièces du palais dont le sol est simplement en terre battue.

Quant au parti décoratif que les Assyriens ont su tirer de l'appareil même, il est surtout mis en évidence, à Khorsabad, dans les murs et les archivoltes en briques émaillées. Dans les murs, les briques étaient posées à plat et à joints croisés ; pour les archivoltes, les figures que nous avons données plus haut montrent l'appareil employé. Les arcs en briques cuites non émaillées, surmontant les portes simples, avaient aussi leurs joints apparents. Quant aux murs en briques crues, à couleur terreuse et triste, ils étaient recouverts d'un enduit.

Cette intention qu'avaient les Assyriens de faire valoir l'appareil ressort manifestement d'une particularité de pose que nous rappellerons ici : dans les portes monumentales l'archivolte coloriée ne formait pas le bord même du cintre, qui était occupé par un premier arc en briques crues, recouvertes d'un stucage blanc. Cette disposition était due à la nécessité de soutenir les briques cuites, placées sur une seule profondeur et incrustées dans le massif. L'archivolte n'était donc pas destinée à renforcer la voûte ; elle rendait seulement visible le mode de construction employé.

NIMROUD. — Les nombreux détails qui précèdent et que nous avons empruntés à l'ouvrage de M. Victor Place suffisent pour montrer quel était, dans toutes les applications de cette matière, le rôle joué par l'argile crue ou durcie au feu dans l'architecture assyrienne. Nous nous contenterons de citer quelques découvertes intéressantes faites sur la troisième des éminences qui frappent surtout le voyageur dans la plaine de Mossoul.

Nimroud est un amas de ruines, situé sur la rive gauche du Tigre, à 3 ou 4 kilomètres de ce fleuve, à 9 lieues au sud de Mossoul ; on y a reconnu les vestiges de plusieurs palais, dont l'un remonterait environ à l'an 900 avant l'ère vulgaire.

C'est dans un de ces édifices, appelé *Palais du Sud-Est*, que M. Layard a trouvé des briques recouvertes de dessins coloriés, et qu'il a offertes au Bristish Museum. Les couleurs, moins brillantes que celles des émaux de Khorsabad, parce qu'elles ont sans doute pâli, sont le bleu, le vert olive, le jaune et le blanc[1].

L'angle nord-ouest de la terrasse est occupé par une butte conique, qui paraît avoir été un temple ou un observatoire de forme pyramidale. Sur la face orientale de cette butte, M. Layard, a découvert une petite chambre voûtée, en briques cuites, à 15 pieds environ au-dessous de la plate-forme[2]. Les parois verticales de cette pièce, dont on n'a pu déterminer l'usage, étaient en partie vitrifiées.

ENVIRONS DE BAGDAD

AKER-KOUF. — Bagdad, située à 7 lieues de l'antique Babylone, est, comme Mossoul, entourée de vestiges dans lesquels on trouve aussi l'argile prise pour élément principal de construction. A 4 milles au nord-ouest de cette ville, est une ruine appelée *Aker-Kouf*. C'est une massse solide, en briques séchées au soleil, carrées, portant 0m,35 de côté sur 0m,06 à 0m,07 d'épaisseur et disposées d'une façon toute particulière : elles sont placées par couches de 0m,65 à 0m,80 d'épaisseur, formées de huit à dix rangées de briques. Ces couches sont séparées par deux lits de matières étrangères : le premier lit, celui du dessous, a 0m,10 à 0m,15 d'épaisseur et est composé de gravois ou terre grossière ; le second lit, de 0m,05 à 0m,08 d'épaisseur, comprend trois rangées de paille ou roseaux qui se croisent[3]. Dans le remblai, on a trouvé des restes de murs en briques cuites, ce qui a fait penser à quelques archéologues, entre autres Fraser[4], que cette ruine est le noyau d'un édifice dont le revêtement a été détruit. Ce monument, dont on ne connaît pas la destination, serait contemporain des ruines de Babylone.

SÉLEUCIE, CTÉSIPHON. — L'usage de la brique apparaît encore dans les amas de décombres que les Arabes appellent *Al-Madaïn* et qui marquent l'emplacement de ces deux villes. Séleucie, la plus ancienne, qui fut la capitale préférée des Arsacides, et Ctésiphon, bâtie et embellie par les Sassanides, étaient situées, la première sur la rive droite, la seconde sur la rive gauche du Tigre. C'est avec les débris de ces deux vastes cités que furent construites, après la conquête arabe, les villes de Bagdad, d'Ormuz et de Coufa. L'emplacement qu'occupait Séleucie est reconnaissable à ses murs élevés, en partie debout et entourant un espace immense, jonché de briques et de débris de poteries[5].

1. Layard, *Discoveries in the ruins of Nineveh and Babylon*, ch. VII, p. 105.
2. *Nineveh and its Remains*. Londres, 1849, t. I, p. 26, 31.
3. Olivier, *Voyage dans l'empire ottoman*. Paris, 1804, in-4°, t. II, p. 432, 433.
4. *Travels in Koordistan, Mesopotamia, etc.* Londres, 1840, in-4°, t. II, p. 163.
5. *Ibid.*, t. II, p. 1, 9.

De Ctésiphon le plus remarquable débris est la ruine d'un monument appelé, tantôt le *Takt-i-Khesrâ* ou *Khosro* (trône de Khosroés), tantôt *Tak-i-Khesrâ* (arc de Khosroés). Pietro della Valle a, le premier, signalé cette ruine à l'attention des archéologues. Cette arche, au dire du voyageur italien, est « un bastiment de briques cuites au feu et jointes ensemble avec de bonne chaux, ayant des murailles fort épaisses, et son frontispice, qui regarde l'Orient, est historié, depuis le haut jusques au bas, de mille compartiments de ces mêmes briques, ayant de longueur cent quatorze de nos pas[1]. » Les briques sont carrées et devaient être recouvertes d'un enduit dont on retrouve encore quelques traces.

Il ne subsiste qu'une grande salle recouverte d'une voûte elliptique, dans laquelle Rich a remarqué un grand nombre d'ouvertures munies de poteries tubulaires, destinées, soit à former des conduites d'aération, soit à alléger la voûte[2].

C'est aux alentours de cette ruine, sur une très vaste étendue de terrain, qu'on a trouvé, au siècle dernier[3], des vestiges de nombreux édifices, mais pas la moindre partie debout. Toutefois, à la quantité de briques et de mortier qu'on y a découverts on a reconnu les ruines d'une ville de plusieurs milles de circonférence, et, d'après les récits des historiens sur la grandeur de Ctésiphon, on a conclu que ces débris marquaient bien l'emplacement de cette antique cité.

PLATEAU DE L'IRAN

Ce plateau, qui forme la Perse annuelle, ou *Irân*, suivant l'appellation des Asiatiques, se joint, au nord-ouest, à celui de l'Arménie, et, à l'est, il se confond avec le plateau de l'Afghanistan. L'ensemble de ces hautes terres s'étend donc, d'une part, depuis le bassin du Tigre et de l'Euphrate jusqu'à l'Indus; de l'autre, depuis le Caucase jusqu'à la mer d'Oman. Le plateau même de l'Irân comprenait, dans l'antiquité, la Médie, au nord des monts Elvend, et la Perse ancienne, aujourd'hui province du Farsistan, bordée par le golfe Persique. C'est dans ces régions que l'usage des matériaux dont nous étudions l'histoire a dû être apporté par les Assyriens, qui firent peser longtemps sur les Mèdes le joug de leur domination. Dans une plaine immense, à une lieue du mont Elvend, s'élève la ville d'Hamadan, fondée, sans doute, sur l'emplacement de l'ancienne capitale de la Médie, *Ecbatane*, construite par le roi Déjocès, qui monta sur le trône vers l'an 720 avant l'ère vulgaire. Il est vrai que les seuls vestiges authentiques que l'on ait trouvés de l'antiquité sont des inscriptions en caractères cunéiformes, découvertes au fond des gorges de l'Alvend[4]; il faut donc, au sujet de la capitale de la Médie, nous en rapporter au récit des auteurs anciens. Hérodote nous apprend[5] que cette cité, à peu près grande comme Athènes, comprenait sept enceintes, surmontées de créneaux de couleurs, variant à chaque enceinte, effet obtenu, sans doute, au moyen de briques et de carreaux émaillés cuits au feu, suivant la coutume ninivite.

Une autre ville mède, *Bagistan*, s'élevait autrefois[6] sur la colline appelée aujourd'hui *Bi-soutoun* (sans appui), non loin de la ville de Kermanchah et sur le bord de la rivière de Gamasiah. Le sol, à la base de cette colline, est jonché de ruines qui s'étendent, de chaque côté de la rivière, à une grande distance. Ce

1. *Les Fameux Voyages de Pietro della Valle*. Paris, 1664, in-4°, 2e partie, p. 64.

2. Rich, *Narrative of a residence in Koordistan*. Londres, 1836, t. II, ch. XIX et append., VI, VII et VIII. — Voir aussi Flandin et Pascal Coste, *Voyage en Perse*, 1840-41.

3. *Edw. Yves, Voyage from England to India, etc.* Londres, 1873, in-4°, p. 269.

4. Flandin et Pascal Coste, *Voyage en Perse*, 1840-1841.

5. Liv. I, ch. XCVIII. — Diodore attribue à Ecbatane un circuit de 250 stades, plus de 36 kilom. (Liv. XVII, ch. CX.)

6. Kœck, *Veteris Mediæ et Persiæ Monum.* Gœttinguæ, 1818, in-4°, p. 116. — Mannert, *Geschichte der unmittelbaren Nachfolger Alexanders*. Leipzig, 1787, t. II, p. 165.

sont des décombres en maçonnerie, des pans de murs enterrés, des briques, de la pierre, du fer qui, pêle-mêle et altérés par le feu, dont la trace se retrouve partout, sont presque méconnaissables[1].

Les ruines que nous venons de citer appartiennent à la province d'*Irâc-Adjémi*, qui répond, à peu près, à la grande Médie des anciens. On trouve également des vestiges de l'emploi de la brique dans le *Khouzistan*, ou ancienne Susiane. La ville de Suse, capitale de cette province, avait ses murs d'enceinte, ses temples et ses palais construits en briques cuites, cimentées avec de l'asphalte. Aujourd'hui, les restes de cette ville se reconnaissent dans des monceaux de décombres et de briques quelquefois coloriées[2], parmi lesquels on trouve des blocs de marbre et de grosses dalles avec de l'écriture cunéiforme. C'est sur les ruines de cette cité qu'a été bâtie la ville moderne de Schus, près de laquelle on a découvert d'énormes monticules de briques et de tuiles vernissées. Un de ces amas a reçu le nom de *tombeau de Daniel*[3].

Plus au sud, dans le Farsistan, à 50 kilomètres environ au nord-est de Chiraz, capitale de cette province, dans la plaine de Mardascht[4], se trouvent les ruines fameuses de *Persépolis*, ancienne capitale de la Perse aujourd'hui Istakhar. Les vestiges de la cité antique, détruite, non par Alexandre, comme l'a dit Quinte Curce, mais, au VIIe siècle, par les Arabes[5], occupent une étendue de plusieurs lieues. Les murs d'enceinte, les maisons et les palais des rois étaient bâtis en briques cuites au soleil. Dans les palais, les parties principales, portes, fenêtres, colonnes, etc., étaient construites en pierres très dures. Les massifs intermédiaires devaient être en matériaux plus petits, plus facilement destructibles, telles que les briques desséchées à l'air.

Non loin de cette même ville de Chiraz, vers le sud-est, sur la route de Fessa et Darabgherd, à 6 kilomètres du bourg de Sarbistan, on a découvert un petit édifice d'aspect antique, possédant deux coupoles assez bien conservées. C'est un palais ou sanctuaire sassanide, que les habitants appellent *Atech-gâh* ou *Temple du feu*. La façade est en pierre, ornée de colonnes engagées et surmontées d'une corniche ou bandeau droit en briques. Les portes et les fenêtres sont surmontées d'arcades, construites, comme les coupoles, en fortes briques de $0^m,28$ de long sur $0^m,25$ de large et $0^m,08$ d'épaisseur. Ces briques, rougeâtres et bien cuites, sont posées sur une couche de mortier de $0^m,02$. Tous les parements étaient couverts d'un enduit de plâtre et de chaux[6].

Enfin, sur le territoire de *Mourghâb*, dans la vallée arrosée par la petite rivière de Sivend-Roûd, on voit les vestiges d'un palais dont les gros murs étaient en briques. Ce serait là l'emplacement de la ville de *Passagarde*, fondée par Cyrus, bien que certains voyageurs pensent que cette cité occupait la position de la ville actuelle de *Fessa* ou *Fésa*, sur les confins du Farsistan et de la province de Kerman[7].

De nos jours, l'emploi des briques persiste dans toutes les régions asiatiques que nous venons d'explorer. Mais il y a de grandes différences de qualités et de dimensions entre les briques modernes et celles de l'antiquité assyrienne. Les secondes sont bien supérieures aux premières, même aux briques de l'époque sassanide, et c'est surtout dans les différences de grandeurs que l'archéologue trouve un guide pour ses recherches. Ainsi l'on rencontre parfois, dans les bâtisses sassanides, un mélange de briques des premiers temps et de briques plus récentes. On en conclut que les premières, arrachées à de vieux monuments, ont été rognées pour être raccordées avec les secondes[8].

1. Flandin et Pascal Coste, *Voyage en Perse.*
2. Kinnier, *Géogr. Memoir of the Pers. Empire*, p. 400 et suiv. — Ker Porter, *Travels in Georgia, Persia, Armenia*, t. II, p. 410. — Kœck, *Veteris Mediæ et Persiæ Monum.*, p. 95.
3. Bâtissier, *Histoire de l'art monumental*, p. 73.
4. Louis Dubeux, *Univers pittoresque, la Perse.* Paris, 1841, p. 36.
5. Langlès, *Mémoire sur Persépolis*, d'après les écrivains orientaux dans la *Collection des Voyages* de cet auteur, t. III, p. 190 et suiv.
6. Flandin et Pascal Coste, *Voyage en Perse.*
7. De Hammer pense que Darabgherd est l'antique Passagarde.
8. Victor Place, *Ninive et l'Assyrie*, p. 219.

HINDOUSTAN — CEYLAN — JAVA

La péninsule hindoue renferme des monuments anciens que l'on a classés en trois groupes : les *temples souterrains*, les *rochers taillés* et *sculptés*, les *pagodes* en matériaux rapportés. C'est dans cette dernière catégorie d'édifices que l'on remarque l'emploi de la brique. A quelle époque remonte l'usage de cette matière ? Les édifices de l'Inde, quel que soit leur état de conservation, ne peuvent nous renseigner à cet égard; car il est aujourd'hui bien avéré que les plus anciens monuments dont on retrouve les vestiges ne remontent pas au delà du IIe ou du IIIe siècle avant Jésus-Christ, et la plupart d'entre eux sont contemporains de nos cathédrales du moyen âge[1].

Quoi qu'il en soit, dans l'étude spéciale que nous poursuivons, notre intérêt se porte sur les *pagodes* qui comprennent plusieurs parties essentielles, dont la plus importante est le temple ou sanctuaire, appelé *Vimana*[2]. C'est une construction rectangulaire, exécutée en pierres et surmontée d'une pyramide bâtie généralement en briques recouvertes d'un stuc désigné sous le nom de *tchounâ*[3]. La forteresse de *Madoureh*, dans la province de ce nom, renferme les ruines d'une pagode ainsi construite et revêtue d'un enduit de ce genre.

Mais le type le plus complet de l'architecture religieuse des Hindous est la pagode de *Chalembron*, située dans l'ancien royaume de Tanjaour, sur la côte de Coromandel. Ce temple, qui date du XIe siècle[4], présente, tout d'abord, une vaste enceinte quadrilatère en briques, avec double revêtement de dalles. Sur chacune de ses faces, la muraille est percée d'une porte pyramidale ou *gopoura*. Ces portes, à sept ou neuf étages, ont 150 pieds de haut, dont 30 en pierres de taille et le reste en briques, le tout tellement surchargé de sculptures et d'ornements en pierre et en terre cuite recouverte de thounâ, que la vue ne sait où se reposer. A l'intérieur de cette première enceinte, on en voit une seconde, qui renferme trois chapelles (*chabeï*), dont l'une a le toit formé de chevrons recouverts de carreaux de terre ou tuiles. Un autre édifice renfermé dans la pagode de Chalembron, et connu sous le nom d'*Ananda Chabeï* (chapelle de l'Éternité), présente une allée centrale, pavée en briques reliées par un ciment inaltérable[5]. Diego Conto[6] dit avoir vu des pierres de taille et de grandes briques dans les vestiges des palais construits à Elephanta par un certain roi de Kanara, appelé Banasour, qui aurait aussi fait édifier le grand et les petits temples, d'après les récits des habitants du pays.

Enfin le *tchoultri*[7] de Tremal-Naïk II, bâti en 1623, nous montre un plafond en pierre soutenu par des colonnes et revêtu d'un lit de briques liées avec du tchounâ[8].

Construction des murs, revêtement des parois horizontales et verticales, telles sont depuis longtemps les applications de la terre cuite dans la presqu'île hindoue, comme on le voit par ces divers exemples.

1. Cf. James Fergusson, *Illustrations of the Rock-cut. Temples of India*. Londres, 1845.

2 Voir l'ouvrage du même auteur *the Illustrated Handbook of Architecture*. Londres, in-8°, 1855.

3. Langlès, *Monuments anciens et modernes de l'Hindoustan*. Paris, 1861, gr. in-4°, t. II, p. 3, s'exprime ainsi à l'égard de ce revêtement : « Le *tchouna*, que les Malabars prononcent *tchénam*, est une espèce de chaux ou mortier préparé souvent avec des coquillages de mer. Dans l'Inde, tous les planchers en sont revêtus à cause de la fraîcheur qu'il procure. On en fait usage aussi dans la construction des édifices, et alors, étant destiné à de beaux effets, on le compose fréquemment de porcelaine broyée, ce qui le rend fort dispendieux. »

4. Bâtissier, *Histoire de l'art monumental*, p. 17.

5. Langlès, *Monuments de l'Hindoustan*, t. II, p. 28 et suiv.

6. *Da Asia*, 7e décade, lib. III, ch. XI, t. IV, 1re partie, p. 250-261 de l'édit. de Lisbonne, 1787, in-12.

7. Ce nom est donné à des salles hypostyles dont la destination ne nous paraît pas bien déterminée. Bâtissier (*Histoire de l'art monumental*, p. 14) dit que les *tchoultris*, placés dans l'enceinte des temples, sont souvent des salles nuptiales où, chaque année, on célèbre les fêtes de l'union mystique des divinités mâles et femelles. Langlès (*Monuments de l'Hindoustan*, tome II) rapporte que ce sont des asiles consacrés à l'hospitalité, fort semblables à ces édifices que l'on désigne, dans les pays musulmans, sous le nom de *Karavansery*.

8. Langlès, *Monuments de l'Hindoustan*, t. II, p. 6 et 7.

L'île de Ceylan renferme aussi des témoignages de l'emploi de cette matière, particulièrement dans les *dagobas*, sortes de tumulus en formes de cônes, composés de monceaux de terre revêtus de murs en briques ou en pierres, avec un espace libre à l'intérieur pour recevoir des reliques.

Il n'est pas jusqu'à l'île de Java qui ne nous offre des traces de l'emploi de la terre cuite dans les constructions : en effet, sur l'emplacement de la ville de *Madjapahit*, l'ancienne capitale des Javanais, parmi des ruines qui couvrent un espace de plusieurs milles, on remarque un bassin dont les murs sont bâtis en briques cuites et dont la longueur n'a pas moins de 300 mètres sur $3^m,60$ de hauteur [1].

CHINE

De temps immémorial, les Chinois n'ont guère employé que la brique et le bois pour leurs constructions, en y ajoutant une nouvelle application de la terre cuite, les revêtements en *porcelaine* [2].

La nature même de ces matériaux, facilement destructibles, nous explique pourquoi l'on ne trouve pas, dans cette contrée, de monuments très anciens, même en admettant, avec un grand nombre d'historiens, que l'empereur Tsin-chi-Hoang-ti, vers le milieu du IIIe siècle avant Jésus-Christ, ait fait démolir tous les édifices importants, pour qu'il ne restât aucun témoignage de la grandeur de ses prédécesseurs.

C'est à ce même prince que l'on attribue la construction d'un monument qui sort tout à fait des limites ordinaires, de la *Grande Muraille* (*Vanli-ching*) [3]. Destiné à protéger l'empire chinois contre les incursions des Tatares, ce fameux rempart s'étend du golfe Pé-cé, sur la mer Jaune, jusqu'à Siming, extrémité occidentale de la province de Chen-si. La construction de cet ouvrage, exalté par les uns outre mesure, tourné en ridicule par les autres, n'est réellement belle et imposante que dans la province de Tchi-li, c'est-à-dire à proximité de la capitale, Pé-King. Dans cette région, la grande muraille a 8 mètres de hauteur sur 5 à 6 mètres d'épaisseur et se compose de deux murs parallèles, dont l'intervalle est rempli de terre et de gravier. Chacun de ces murs possède un soubassement en blocs de granit jusqu'à 2 mètres de hauteur sur 2 mètres environ d'épaisseur. Dans le reste de sa construction, il est en briques et se réduit à un demi-mètre à son sommet. Des degrés de briques ou de pierre, ménagés, de distance en distance, entre les murs de revêtement, permettent d'accéder à la plate-forme, comprise entre des parapets crénelés [4]. Des tours s'élèvent, régulièrement espacées d'environ 80 mètres les unes des autres. Ailleurs que dans la province de Tchi-li, ce rempart n'est souvent qu'une simple maçonnerie ; quelquefois ce n'est qu'une élévation en terre ; en certains points même, elle est uniquement composée de cailloux amoncelés.

1. Bâtissier, *Histoire de l'art monumental*, p. 41.

2. Ce nom est donné à une poterie dure, compacte, imperméable, dont la cassure, quoiqu'un peu grenue, présente aussi, mais faiblement, le luisant du verre et qui est essentiellement translucible, quelque faible que soit cette translucidité. Cette poterie est susceptible de recevoir une couverte, un vernis ou émail brillant et dur. On l'a ainsi désignée, à cause de sa ressemblance d'éclat et de couleur avec une espèce de coquillage univalve, très poli, que l'on appelle *porcelaine*. Quant à l'origine même du nom de la coquille, c'est le mot *porcellus*, qui, en latin trivial, s'applique à une partie de l'organe féminin. C'est sa ressemblance avec cet organe qui lui a fait donner, en français très trivial également, le nom de *pucelage*. — La définition présentée ci-dessus s'applique à la porcelaine de la Chine, mais non pas aux belles faïences d'Italie du XVIe siècle, ni aux prétendues porcelaines égyptiennes. Dans nos généralités, nous avons dit que la poterie est le plus ancien des arts industriels ; le fait est vrai pour les poteries dites *tendres*, peu cuites et sans glaçure, tandis que les poteries dures, imperméables et vernissées, telles que la porcelaine, appartiennent aux temps les plus modernes. Cet art donc est le plus ancien dans une de ses parties, et dans une autre le plus nouveau, du moins en Europe, et même dans toutes les parties de la terre, excepté dans l'extrême Orient, et peut-être seulement en Chine. M. Brongniart, en s'en tenant aux dates certaines, rapporte le commencement de la fabrication de la porcelaine en Chine à l'an 163 avant l'ère chrétienne et regarde comme date plus certaine l'an 422 avant Jésus-Christ. C'est seulement au XVIe siècle, en 1508, que les Portugais introduisirent la porcelaine en Europe. (Voy. Brongniart, *Traité des arts céramiques*, t. II, p. 473 et suiv. ; — Littré, au mot *Porcelaine*.)

3. Cette origine est très discutée. Voir Malte-Brun, *Géographie universelle*, édition revue par Cortambert. Paris, 1858, t. III, p. 308.

4. Pauthier, *Univers pittoresque*. La Chine, t. I, p. 10 et suiv.

Les enceintes fortifiées des villes sont généralement en briques ou, du moins, sur la majeure partie de leur développement. Malte-Brun cite les arcades des portes de la ville de Pe-King, comme étant construites en marbre, et le reste de l'enceinte, en briques cimentées d'excellent mortier. Il rapporte également que Tching-Kiang-Fou, clef de l'empire du côté de la mer, située au nord-ouest de Nan-King, a ses murailles en briques épaisses[1].

Parmi les édifices chinois qui ont pour nous un intérêt particulier et dont la construction peut être fixée suivant une date certaine est la tour dite *de porcelaine* et qui dépend du *Pao-en-tse* (temple de la Reconnaissance), à Nan-King. Cet édifice, de forme octogonale, a 55 mètres de hauteur et comprend neuf étages, entourés chacun d'une galerie, avec toit relevé aux angles. Ces toits sont couverts en tuiles vernissées. Le mur du rez-de-chaussée, qui a $3^m,60$ d'épaisseur, est revêtu de pièces de porcelaine coloriée. Ces sortes de tours ou *taas* se retrouvent assez fréquemment en Chine.

Quant aux autres constructions chinoises, les murs sont faits ou revêtus, soit de briques cuites souvent vernissées, soit de briques séchées au soleil. Dans la relation du *Voyage en Chine* de lord Macartney, envoyé comme ambassadeur, en 1793, on trouve de curieuses remarques sur la construction des maisons de *Tien-Sing*, ville située au confluent du Pei-Ho et de Yung-Leang-ho : « Les maisons sont construites en briques bleues ou couleur de plomb. Il y en a fort peu de rouges; celles que l'on emploie pour les habitations des gens pauvres sont d'un brun pâle. Ces différences de couleur ne tiennent pas à la nature de la terre, mais à la manutention. Les dernières sont simplement cuites au soleil; les bleues sont cuites dans un fourneau chauffé par un feu de bois qui ne touche pas la surface de la brique.

« Celles qui sont mises en contact avec la flamme prennent la couleur rouge. Quand ces briques sont moulées, on les empile par rangs, les unes au-dessus des autres; et pour les empêcher de se coller, on les sépare avec des couches de paille[2]. »

Le même voyageur observe que le rez-de-chaussée des maisons chinoises n'est pas planchéié, mais pavé de grands carreaux de marbre ou de briques.

On emploie, pour les couvertures, des tuiles souvent revêtues d'un vernis coloré. Les bâtiments des palais impériaux peuvent seuls être couverts en tuiles jaunes; les tuiles vertes sont réservées pour les habitations des grands personnages et les grises pour les maisons ordinaires.

NOUVEAU CONTINENT

Les régions asiatiques que nous venons d'explorer nous montrent l'argile séchée au soleil ou durcie au feu employée dans des monuments de tous genres, de toutes époques et de styles très différents. La presqu'île formée par les diverses ramifications du Taurus, l'ancienne Asie Mineure, renferme aussi de nombreux vestiges d'édifices anciens construits en briques, mais appartenant à l'art grec et à l'art romain, qui font l'objet, dans cet aperçu historique, d'un chapitre spécial. De même, en traitant de l'architecture musulmane, nous dirons quelques mots des édifices en briques de la Turquie d'Asie et de la Perse qui se rattachent à ce style.

Avant de passer aux monuments égyptiens de l'antiquité dans lesquels on a constaté l'emploi de l'argile, mentionnons seulement les quelques vestiges intéressants pour nous que présente le nouveau continent.

Par qui l'Amérique fut-elle peuplée? Les habitants qui l'occupaient lors de la découverte de Colomb étaient-ils autochtones ou venaient-ils soit de l'Asie, soit de l'Afrique?

1. *Géographie universelle*, t. III, p. 274, 282.
2. William Smith, *Collection des Voyages autour du monde*. Paris, tome XI, ch. VI.

L'état actuel de la science ne permet pas de résoudre cette question. Quoi qu'il en soit, on a trouvé dans le nouveau monde des ruines d'anciennes constructions en briques, qui attestent le degré de civilisation atteint par ces peuples avant la conquête européenne.

Citons, par exemple, la fameuse pyramide de *Cholula* [1] au Mexique, dont la base dépasse celle de la plus haute pyramide d'Égypte et qui est en briques crues, cimentées avec de l'argile.

Don Ulloa [2] nous apprend qu'au Pérou, du temps des Incas, les Indiens bâtissaient avec des *adobes* [3] ou briques crues de diverses grandeurs et faites de terre pétrie avec des joncs ou des roseaux hachés. C'est ainsi qu'à l'extrémité de la vallée de Pachacamac, on voit les restes d'un palais ancien et d'une forteresse dont les murs étaient en briques crues.

Ces *adobes* sont d'une fabrication très remarquable; elles sont faites d'un mélange de terre et de sable gâchés ensemble. Quoique non cuites, elles sont dures à ce point qu'on n'y voit aucune lézarde; le temps ne les a fait fendre ni éclater. Celles que l'on trouve amoncelées sur le sol, où elles sont exposées aux alternatives de l'humidité et de la sécheresse, de la chaleur et du froid, sont restées intactes. Il ressort de cette résistance que les constructeurs avaient quelque procédé particulier pour durcir ces briques après le moulage. C'est un secret que l'on ne connaît même plus dans le pays, car les briques que l'on fabrique actuellement ne présentent, malgré leur volume plus petit, ni la même densité ni la même dureté [4]. En outre, les maçonneries faites de ces matériaux sont d'une exécution parfaite. On le voit par les ruines du temple de *Cayambé*, édifice circulaire, construit en briques crues, jointes avec la même terre détrempée que celle dont on les a formées. La masse restante fait un mur aussi solide que s'il était de la pierre la plus dure [5].

Au siècle dernier, on construisait fréquemment encore dans ces régions avec de l'argile séchée au soleil. Frézier [6] dit que les maisons d'Arica sont faites avec des fascines ou d'une sorte de pisé, et il ajoute que les briques crues sont réservées pour les églises et les maisons les plus magnifiques.

Les tombeaux des particuliers étaient faits de terre, d'argile ou de briques crues; ceux des grands personnages étaient en pierre. Enfin, c'est dans ces sépultures que l'on a trouvé des vases de terre cuite offrant une très grande ressemblance avec ceux que l'on trouve parmi les antiquités grecques, romaines ou égyptiennes [7]. Les découvertes que l'on a faites dans les tumulus de la vallée de l'Ohio et de ses affluents, découvertes dont nous avons déjà parlé dans nos Généralités, suffisent, d'ailleurs, pour démontrer l'ancienneté de l'usage des poteries dans le nouveau continent.

VALLÉE DU NIL

Comme les plaines arrosées par le Tigre et l'Euphrate, la vallée fertilisée par les alluvions du Nil offre un sol limoneux, propre à se transformer, par la cuisson ou la dessiccation au soleil, en matériaux de construction. L'analyse a, en effet, démontré que les dépôts de ce fleuve contiennent surtout de la silice et de l'alumine, du carbonate de chaux, du carbone, de l'oxyde de fer, du carbonate de magnésie. Sur les bords du Nil, le limon renferme beaucoup de sable et, lorsqu'il est porté par les eaux sur des

1. Ces pyramides reçoivent dans le pays le nom de *Teocallis*.
2. *Mémoires philosophiques, historiques, physiques,* concernant la découverte de l'Amérique. Paris, 1787, 2 vol. in-8°.
3. Un grand nombre d'auteurs écrivent *adoves;* le mot espagnol est *adoba*.
4. D. Ulloa, *Mémoires philosophiques*, tome II, p. 76.
5. *Observations et additions* faites au même ouvrage par J.-G. Schneider.
6 *Voyage de la mer du Sud aux côtes du Chili et du Pérou*. Paris, 1716, tome I, p. 261.
7. D. Ulloa, *Mémoires philosophiques*, tome II, p. 99.

terres éloignées, il perd, en chemin, une quantité de sable proportionnelle à la distance qu'il parcourt. Si cette distance est considérable, le dépôt est composé d'argile presque pure; aussi l'emploie-t-on, de nos jours, à faire de la brique excellente et des vases ou poteries de différentes formes [1]. C'est à ce limon déposé périodiquement par les inondations du Nil que le sol de l'Égypte doit son exhaussement progressif. On a pu même estimer la marche annuelle de cette élévation du terrain, et l'on a obtenu ainsi des résultats chronologiques très curieux.

Lorsque les alluvions du fleuve furent soumises aux fouilles exécutées par la Société royale de Londres, une brique cuite fut trouvée à 18 mètres de profondeur. En admettant qu'au point où ces fouilles ont été faites, le limon déposé élève, par siècle, de $0^m,15$ le niveau du sol, cette brique serait âgée de 12,000 ans. Un autre sondage, exécuté par Linant-bey, sur la rive libyenne du bras de Rosette, amena un fragment de brique rouge à 22 mètres de profondeur. Or, si l'on estime en cet endroit l'accroissement de l'épaisseur du limon à $0^m,063$ par siècle, un objet travaillé, trouvé à cette distance du sol, daterait de 30,000 ans. A l'appui de cette hypothèse, on pourrait citer l'évaluation de Rosière [2] ($0^m,060$ par siècle) sur l'accroissement du dépôt des sédiments du Delta; mais il se peut que le forage de Linant-bey ait été effectué en un point où un bras du fleuve a été comblé au temps où le Delta était plus reculé vers le sud. La brique trouvée pourrait être alors relativement très moderne [3]. On a même prétendu que, jusqu'aux temps des Romains, la cuisson de la brique fut inconnue dans la vallée du Nil; mais cette assertion est démentie par de nombreuses découvertes, sans qu'il faille recourir aux sondages cités plus haut. Le British-Museum possède : 1° une petite brique cuite rectangulaire provenant d'un tombeau à Thèbes et portant le nom de Thothmès, surintendant des greniers du dieu Amen-Ra; l'inspection de cette brique, sa forme, l'examen de l'inscription, tout porte à croire qu'elle remonte à la dix-huitième dynastie, c'est-à-dire à environ 1,450 ans avant Jésus-Christ; 2° une brique cintrée qui semble provenir d'une voûte et qui porte une inscription en partie effacée, mais finissant par ces mots : *du temple de Amen-Ra*. Ce morceau de terre cuite est de longtemps antérieur à la domination romaine et doit être rapporté, d'après Birch, à la dix-neuvième dynastie ou à l'an 1300 avant Jésus-Christ. D'ailleurs, les briques égyptiennes à inscriptions du Nouvel-Empire sont assez nombreuses aujourd'hui dans les collections. Le Louvre possède des objets du même genre et de la même période. Enfin l'on a découvert dans le tombeau de Rhamsès II, que l'on croit être le père de Sésostris (XVIe siècle avant J.-C.), un bas-relief en terre cuite représentant le dieu Chnouf, qui, dans la théogonie égyptienne, est le dieu créateur [4]. De ces observations, ajoutées à celles de Birch, Mariette, etc., il résulterait que l'art de cuire les briques était très avancé sous le Nouvel-Empire. La collection de M. Wilkinson a fourni, du reste, à sir Charles Lyell un argument bien plus décisif. On y voit, en effet, des échantillons de mortier extraits de chacune des grandes pyramides et contenant des fragments de briques et de poterie [5].

Bien plus, l'art de l'émailleur a dû être contemporain, chez les anciens habitants de Thèbes, des arts du potier, du peintre et du sculpteur : « On trouve partout, dit M. Champollion-Figeac [6], les produits de l'art de l'émailleur et de la porcelaine blanche ou coloriée [7], porté à un haut degré de perfec-

1. Malte-Brun, *Géographie universelle*, tome IV, p. 296.
2. *Description de l'Égypte* (Histoire naturelle), tome II, p. 494.
3. Lyell, *l'Ancienneté de l'homme* prouvée par la géologie. Londres, 1863, traduit par Chaper, ch. II, p. 44.
4. Pietro Campana, *Antiche opere in plastica*.
5. Lyell, *l'Ancienneté de l'homme*, ch. II, p. 44.
6. *Univers pittoresque* : l'Égypte. Paris, 1833, p. 200.
7. Nous rappelons ici ce que nous avons dit plus haut de la prétendue porcelaine de l'ancienne Égypte. M. Brongniart, *Traité des arts céramiques*, tome Ier, p. 505 et tome II, p. 475, affirme que la pâte sableuse employée pour fabriquer les figurines qu'on a trouvées dans le tombes et les caisses des momies n'offre nullement la composition de la porcelaine : « C'est, dit-il, une sorte de grès artificiel (minéralogiquement parlant) que les Égyptiens ont recouvert d'émail. »

tion. Rien n'est plus commun, non plus, dans les ruines égyptiennes, que des poteries émaillées de diverses couleurs. »

De ce qui précède il résulte que la cuisson de l'argile était connue des Égyptiens de temps immémorial. Toutefois, nous ne pouvons citer que des exemples de constructions en briques crues, dont la plupart ont, sans doute, été conservées grâce à des revêtements en pierre. L'enceinte d'un des palais de Karnac était entièrement faite avec ces matériaux, qui étaient certainement employés pour l'édification des demeures des grands personnages et surtout pour les habitations des classes inférieures. MM. Champollion et Hoskins[1] parlent d'une voûte surbaissée en briques crues, qui forme le plafond du tombeau d'Aménophis Ier, dans la vallée de Biban-el-Molouk, à Thèbes. M. Maspero[2] rapporte qu'Ousortesen III, de la XIIe dynastie (période thébaine), fit construire une forteresse avec ces matériaux, à l'instar de tous les édifices militaires de l'époque, pour protéger l'Égypte contre les invasions du Sud. Le même auteur, parlant des coutumes adoptées par les habitants de Memphis à l'égard des sépultures : « Le vulgaire, dit-il, était enterré dans le sable, nu et sans cercueil. D'autres étaient ensevelis dans de petites chambres rectangulaires, grossièrement bâties en briques jaunes, le tout surmonté d'un plafond en forme de voûte ordinairement ogivale. Des vases en poterie commune renfermaient les provisions qu'on lui destinait pour le voyage de l'autre vie. Quant aux tombes monumentales, lorsqu'elles sont complètes, elles comprennent trois parties, une chapelle extérieure, un puits et des caveaux souterrains. La chapelle, quadrangulaire, en forme de pyramide tronquée, a les faces bâties en pierre ou en brique[3]. » Enfin, dans un pays où la pierre calcaire, le porphyre et le granit abondent, les pyramides en briques représentent, il est vrai, l'exception parmi les monuments de ce genre; mais ces constructions suffisent pour attester l'usage de l'argile séchée au soleil à une époque très ancienne.

En effet, plusieurs pyramides de Dahschour, élevées par les rois de la IIIe dynastie[4], sont en briques, notamment la plus grande, celle du nord. Hérodote attribue à Asychis la construction de cette pyramide, sur laquelle ce prince aurait fait graver l'inscription suivante : « Donnez-vous bien garde de me mépriser en me comparant aux autres pyramides faites de pierre. Je leur suis autant supérieure que Jupiter l'est aux autres dieux, car j'ai été bâtie avec le limon du fond du lac[5]. » Cet édifice était pourvu d'un revêtement en pierres. Une autre pyramide en briques non cuites, avec revêtement semblable, celle dite du sud, existe à Dahschour. Nous citerons encore la pyramide d'Illâhoun, située au nord-est de l'ancienne Ptolémaïs, au sud du fameux labyrinthe décrit par Hérodote, Diodore de Sicile et Strabon, et qui est construite en briques cuites au soleil, dont la masse est soutenue intérieurement par des murs de pierre; la pyramide d'Howarah, au nord-ouest d'Illâhoun, qui est aussi en briques crues mélangées de paille, et qui avait un revêtement de pierre[6]. Enfin, on remarque encore un emploi de l'argile non cuite dans les chemins qui servaient au transport des matériaux pour la construction de certaines pyramides. Telle est la route, encore existante, qui a été établie pour l'édification d'une des pyramides de Sakkara[7], village situé, comme Dahschour, à quelque distance du Caire. Les briques dont ce chemin est formé renferment peu de paille et portent l'empreinte des doigts des ouvriers briqueteurs.

Notons que les briques crues employées par les Égyptiens ne doivent pas être confondues avec les matériaux ainsi désignés, dont les Assyriens faisaient usage. Les blocs d'argile dont il est ici question

1. *Travels in Ethiopia*, etc. Londres, 1835, in-4°, p. 357.

2. *Histoire ancienne des peuples de l'Orient*. Paris, 1875, p. 113.

3. *Ibid.*, p. 62.

4. *Description de l'Égypte*, ou recueil des observations et des recherches qui ont été faites pendant l'expédition de l'armée française. Antiquités, descriptions. Paris, 1828, tome II, ch. XVIII.

5. Liv. II, ch. CXXXVI.

6. Vyse, *Operations carried on at the pyramids of Gizeh in* 1837. Londres, 1840, 3 vol. gr. in-8°, tome III, p. 80 et suiv.

7. *Description de l'Égypte*, Antiquités, descriptions, tome II, ch. XVIII.

étaient soumis à une dessiccation au soleil assez prolongée. A ce propos, disons quelques mots du mode de fabrication tel que nous l'indiquent les peintures de l'Assassif, à Thèbes. Deux esclaves, probablement ici des Israélites, à l'aide de vases, puisent le limon dans un réservoir alimenté par l'inondation du Nil. Un troisième gâche un amas de cette terre argileuse, en y mêlant, sans doute, de la paille hachée; enfin un quatrième ouvrier façonne la brique avec un moule exactement semblable à celui qu'emploient encore, de nos jours, les Égyptiens.

GRÈCE ET ITALIE

GRÈCE

Dans cette contrée, on reconnaît les traces de l'emploi de la brique et de la terre cuite à une époque très reculée. Il reste, toutefois, peu d'édifices en briques que l'on puisse attribuer aux Grecs avec quelque certitude; mais les auteurs anciens nous fournissent, à ce sujet, de nombreux témoignages. Sans citer Pline, qui attribue l'invention des briques aux Grecs Euryale et Hyperbius, si nous nous en rapportons aux récits de Vitruve [1] et de Pausanias [2], nous voyons que les temples de Cérès, à Lépreus et à Stiris; le portique *Kotios*, à Épidaure; le temple d'Apollon, dans la citadelle de Mégare, tous édifices antérieurs à la domination romaine, étaient construits en briques crues ou cuites. Nous avons déjà cité les palais de Mausole, à Halicarnasse, et de Crésus, à Sardes; les murs de Mantinée, comme bâtis avec ces matériaux. Le musée céramique de Sèvres possède un fragment d'une grande brique plate, à pâte rouge rosâtre, détachée des murs de l'Acropole à Athènes; de même, des briques et tuiles provenant du cap Sunium, et un fragment d'une grande brique à canaux, qui devait servir à la couverture, et qui a été trouvée à Éphèse. Comme preuve de l'usage de la terre cuite moulée, nous trouvons, dans le même établissement, une antéfixe, ornée d'une tête de Méduse, couronnée d'une palmette avec épis de blé, frise d'oves, à pâte grossière rougeâtre, engobée d'argile blanche, et dont la hauteur est de $0^{m},25$.

Il est probable que les Grecs commencèrent par se servir, pour la construction même, de briques crues, suivant un usage apporté, sans doute, de l'Orient. Ces briques étaient, comme celles que nous avons vues employées dans les monuments de l'Asie, composées de terre grasse ou argileuse, broyée avec de la paille hachée. Quoi qu'il en soit, la brique était désignée par le mot *plinthos*, et, quand elle était crue, on ajoutait l'adjectif *omos*. On en distinguait plusieurs sortes. Vitruve [3], parlant des briques en usage chez les Romains, nous donne quelques renseignements sur celles que les Grecs employaient : « On fait trois sortes de briques : l'une, appelée par les Grecs *didoron*, et dont les Romains se servent, est longue d'un pied [4] et large d'un demi-pied; les Grecs font usage de deux autres pour la construction de leurs édifices; l'une est désignée sous le nom de *tetradoron* et l'autre sous celui de *pentadoron* [5]... Les *pentadorons* sont employés pour les ouvrages publics et les *tetradorons* pour les ouvrages particuliers. »

Les murs bâtis en briques étaient recouverts d'un enduit désigné par le mot *coniama* et composé de marbre pulvérisé [6].

1. Liv. I, ch. XLII; liv. II, ch. VII.

2. Liv. II, ch. XXVII; liv. X, ch. XXXV, liv. I, ch. XLII.

3. Liv. II, ch. III.

4. Le pied romain antique a été déterminé de plusieurs manières : l'évaluation qui paraît être la plus exacte fixe sa longueur à $0^{m},296$. Voir : Mazois, *les Ruines de Pompéi*. Paris, 1812-38; — Le Tarouilly, *Édifices de Rome moderne*. Paris, 1860, p. 132; — A. Choisy, *l'Art de bâtir chez les Romains*. Paris, 1873, p. 27; — Dezobry, *Rome au siècle d'Auguste*, 4e édition. Paris, 1875, tome IV, p. 66.

5. Les Grecs appelaient *doron* ce que les Romains désignaient par le mot *palme*. Cette expression vient de ce qu'on présentait un *don*, *doron*, sur la paume de la main. Les *pentadorons* étaient donc des briques de cinq palmes ou $0^{m},37$ sur chaque côté et les *tétradorons* de quatre palmes ou $0^{m},30$; on appelait aussi *lydienne*, *ludion* la brique de deux palmes, *didoron*.

6. Voir, pour la préparation de cet enduit, Vitruve, liv. VII, ch. III.

Dans les temps primitifs, les toits étaient couverts de tuiles en argile cuite, sur plusieurs desquelles on a trouvé des inscriptions[1]. Ces tuiles étaient les unes plates, les autres creuses, celles-ci recouvrant les joints des premières. Les tuiles arrondies qui reposaient sur la corniche étaient rehaussées d'ornements en terre cuite, auxquels on donnait le nom de *protypes*, lorsqu'ils étaient modelés à la main, et celui d'*ectypes*, lorsqu'ils étaient reproduits dans un moule.

Ces tuiles ornées furent exécutées, plus tard, en marbre peint ou sculpté, alors que les Grecs couvrirent leurs monuments de dalles de marbre [2]. Le pavement *edaphos* des édifices était fait en briques ou en marbre. On désignait par le nom d'*ostracos* un revêtement particulier, employé pour les terrasses des maisons, et qui était formé de plusieurs lits de têts de poteries, mélangées avec de la chaux sur lesquels reposait une assise de carreaux[3].

Quant aux applications de la terre cuite comme bas-reliefs destinés à décorer les édifices, l'usage en remonte très loin chez les Grecs.

Nous rappellerons, à ce sujet, l'histoire bien connue du potier corinthien Dibutade[4] et de sa fille, qui, prise d'un violent amour pour un garçon de Corinthe, traça, au moment d'une séparation douloureuse, les contours de l'ombre portée sur le mur par la tête de son amant. Dibutade remplit cette silhouette de terre grasse, et forma ainsi une plaquette qu'il fit cuire au four avec d'autres objets en argile.

Cette idée parut si remarquable que l'on crut devoir en conserver la première application et la déposer dans le temple des Nymphes, où, suivant Pline, on la montrait encore comme une antiquité respectable, dans le temps que Corinthe fut détruite par les Romains[5]. En moulant ce bas-relief ou d'autres semblables, comme on moulait les vases, on put les multiplier de même. Telle est l'origine de la plastique moulée, c'est-à-dire de la représentation des figures en bas-relief par la terre cuite. Il est probable que cet art fut, tout d'abord, appliqué à la décoration supérieure des édifices. En effet, les Grecs attribuent à Dibutade la première fabrication des antéfixes en terre cuite; le même personnage aurait également découvert un procédé pour colorer l'argile en rouge. On a, d'ailleurs, trouvé dans les ruines des temples de la Grèce et de la Sicile un nombre de fragments de terre cuite peinte provenant de cymaises, de chéneaux, d'antéfixes, etc... Hittorff donne même[6] le dessin d'un ornement en terre cuite trouvé à Métaponte, et qui servait de revêtement à une poutre en bois.

ÉTRURIE.

Cette région peut être classée parmi celles où l'usage ancien de la terre cuite a laissé les plus nombreux témoignages. Les poteries étrusques trouvées à Volterra; Arezzo; Populonia, aujourd'hui Piombino; Chiusi, l'ancienne Clusium; Perugia, actuellement Pérouse; Bomarzo; Toscanella; Corneto, l'ancienne Tarquinies; Vulci, aujourd'hui Curnino; Cerevetri; Civita-Vecchia, sont innombrables, et leur plus ancienne fabrication paraît remonter au IXe siècle avant l'ère chrétienne [7].

On a également découvert des sarcophages en terre cuite, notamment à Volterra et dans la nécropole de Tarquinies. Le musée céramique de Sèvres possède un sarcophage en pâte rougeâtre, engobée d'argile blanche, avec un bas-relief et une figure couchée sur le couvercle, qui provient des fouilles exécutées dans la première de ces deux villes en 1824. Parmi les autres fragments de cercueils qui appar-

1. Pouqueville, *Voyage de la Grèce*, tome IV, p. 74.
2. L'invention des tuiles de marbre est attribuée à Byzès de Naxos, vers l'an 560 (av. J.-C.).
3. Pline, liv. XXXVI, ch. LXII.
4. On ignore l'époque à laquelle ce potier a vécu; on sait seulement qu'il était de Sicyone.
5. M. Hugues d'Hancarville, *Antiquités étrusques, grecques et romaines*. Paris, 1787.
6. *L'Architecture polychrome chez les Grecs*. Paris, 1851, 1 vol. in-4°, atlas in-f°, pl. VI.
7. Brongniart, *Traité des arts céramiques*, tome I, p. 390 et suiv.

tiennent au même établissement, il en est un que M. le baron Taylor a rapporté de Tarquinies, et qui faisait partie d'un sarcophage de plus de 2 mètres de long, la figure couchée qui le recouvrait ayant environ $1^{m},60$, d'une seule pièce[1]. M. Demmin[2] cite un sarcophage étrusque de $0^{m},42$ de largeur sur $0^{m},27$ de hauteur, plus celle du couvercle, en terre cuite, sans couverte, avec endroits peints à froid de couleur rouge et bleue. Ce sarcophage remonterait au delà de la conquête romaine, au moins 400 ans avant Jésus-Christ.

On voit ainsi que l'art de la plastique était poussé très loin chez les Étrusques. Pline apporte son témoignage à ces découvertes et parle de l'emploi que cette nation faisait des terres cuites en général et particulièrement pour la statuaire et la sculpture ornementale des édifices.

A côté de cette application de la céramique, nous ne trouvons pas, en Étrurie, de vestiges de l'usage de la brique dans la construction proprement dite; l'architecture des anciens habitants de cette contrée présente une grande analogie avec les monuments primitifs de la Grèce, ou monuments dits pélasgiques.

ART ROMAIN.

Tout au contraire, l'architecture romaine nous offre d'innombrables exemples de l'emploi de ces matériaux. Le mode d'appareil adopté pour les briques, utilisées seules ou concurremment avec la pierre, la forme et les dimensions qui sont attribuées à ces éléments, dans une multitude d'édifices dont on retrouve les restes en Europe, en Asie et en Afrique, suffisent même à attester l'établissement de la domination romaine dans ces diverses régions. Nous n'avons pas la prétention d'entreprendre la description de tous les monuments romains où la brique et la terre cuite ont été employées. Cette étude formerait seule la matière d'un ouvrage spécial très considérable. Nous resterons dans les données générales, nous bornant à citer comme exemples quelques-uns des principaux édifices qui offrent pour nous le plus d'intérêt, tant dans la péninsule italique que dans les diverses provinces de l'ancien empire romain.

Briques crues. — Le prix des pierres de construction étant assez élevé, à cause des longs transports, les premiers matériaux employés par les Romains furent les briques faites sur place, et, comme le combustible était rare, on se contentait de les faire sécher au soleil. Les murs construits avec ces matériaux durent être protégés par des revêtements, enduits ou stucs, dans la composition desquels les Romains excellèrent de bonne heure. Quant à la fabrication de ces briques crues (*lateres crudi*), elle était fort soignée. Vitruve[3] nous donne, à cet égard, quelques renseignements : « Pour fabriquer de bonnes briques, dit l'auteur latin, il faut y employer de la terre crayeuse blanche ou rouge, ou du sablon mâle; ces espèces de terres, à cause de leur douceur, acquièrent une plus grande fermeté, se façonnent plus aisément, et forment des constructions moins lourdes.

« On rejettera les terres arides et graveleuses, même celles qui sont boueuses et sablonneuses, parce que les briques faites avec les premières sont lourdes, et que la paille qu'on y mêle ne s'y attache point à cause de leur aridité; et que celles faites avec les secondes étant employées pour les murs exposés à être mouillés par les pluies, elles se décomposent et se détruisent.

« Le temps le plus propre pour faire de bonnes briques est le printemps ou l'automne, parce qu'elles sèchent plus également; celles que l'on fabrique en été sont de mauvaise qualité, parce que la chaleur ou l'action du soleil, en absorbant trop vite l'humidité des parties extérieures, les fait paraître arides, tandis que les parties intérieures ne sont pas encore sèches, et que, dans la suite, quand l'humidité renfermée vient à s'évaporer, le milieu, en se contractant, se désunit des parties extérieures, qui ont séché les premières et qui se brisent.

1. Brongniart, *Traité des arts céramiques*, tome I, p. 588.
2. *Histoire de la céramique*. Paris, 1871, in-4°.
3. Liv. II, ch. III.

« Ces briques, gercées de toutes parts, perdent alors toute leur consistance et deviennent inutiles.

« Quant à l'emploi, elles seront d'un bien meilleur usage deux ans après la fabrication, car c'est le moindre temps qu'il faut pour les sécher.

« Lorsqu'on emploie des briques trop nouvelles, avant qu'elles aient acquis le degré de sécheresse qui leur convient, il arrive qu'après que les murs construits avec ces briques sont revêtus d'enduits bien consolidés, qui devraient être durables, ces enduits se détruisent, parce que les murs diminuent de hauteur par le retrait des briques, tandis que, l'enduit restant le même, il s'en détache, et, ne pouvant se soutenir seul, à cause de son peu d'épaisseur, il rompt par l'effet du tassement imprévu, de même que le mur.

« C'est pour cette raison que les magistrats d'Utique ne permettaient de faire usage de ces briques, pour construire des murs, que lorsqu'ils avaient reconnu qu'elles étaient fabriquées depuis cinq ans et parfaitement sèches. »

Les Romains donnèrent aux briques crues des dimensions empruntées aux Grecs, et que nous avons indiquées plus haut. Nous retrouvons ici le *didoron*, le *tetradoron* et le *pentadoron*. Vitruve ajoute que l'on faisait des demi-briques de chacune de ces espèces, « et, dit-il, lorsqu'on construit des murs, on place alternativement sur chaque face un rang de briques entières et un rang de demi-briques, de manière qu'en les posant au cordeau, les deux parements présentent des briques entières posées en liaison sur les faces et dans le milieu, d'où il résulte une construction et une régularité qui plaisent ». On peut déduire de cette dernière appréciation ce fait intéressant que les anciens ne couvraient pas toujours leurs murs de briques crues avec un enduit ou avec des incrustations de marbre, puisqu'on avait égard à l'effet que devaient produire les joints.

La même question de la forme des briques anciennes n'est pas encore résolue. Ces matériaux étaient-ils cubiques ou méplats? Les commentateurs de Vitruve ne sont pas d'accord sur ce point. Le sens littéral[1] du texte latin semblerait indiquer que les briques avaient la forme cubique, ce qui résulterait encore du temps nécessaire à leur dessiccation. Quatremère de Quincy[2] pense que la brique appelée *didoron* pouvait être la *demi-brique* ou la moitié du *tetradoron* des Grecs, qui avait quatre palmes ou un pied romain en tous sens, de sorte que le *didoron* devait avoir un pied en carré sur un demi-pied d'épaisseur. Il paraît plus vraisemblable à cet auteur que les anciens avaient imaginé et employé pour les briques crues la forme cubique à l'imitation des pierres de taille. Il est « donc probable, conclut Quatremère, qu'on a seulement commencé à faire des briques méplates lorsqu'on s'est avisé de les faire cuire ». Il est d'autant plus difficile de résoudre cette question, pour les Grecs et les Romains, qu'on n'a pas trouvé de briques crues dans les restes qui nous sont parvenus des édifices construits par ces deux peuples[3]. Nous nous contenterons de faire remarquer, d'abord, que les pierres employées dans les monuments grecs et romains n'étaient pas nécessairement cubiques; qu'on en trouve, au contraire, un très grand nombre qui sont méplates; enfin que l'idée de cette dernière forme n'a rien qui doive paraître extraordinaire, puisqu'elle fut imaginée pour les briques cuites, et qu'elle existait dans les édifices de l'Orient à une époque bien antérieure à l'usage de la brique chez les Grecs et les Romains.

Briques cuites. — Bien que le fait de l'emploi des briques crues à Rome, pour la construction des murs, ne soit énoncé nulle part d'une façon positive, le texte de Vitruve que nous avons cité ne semble pas laisser de doute à cet égard. Les effets désastreux causés par les débordements du Tibre nous parais-

1. Cet auteur, parlant du *pentadoron* employé par les Grecs, ajoute : *Quod est quoque versus quinque palmorum*, ce qui veut dire que cette brique avait cinq palmes en tous sens (liv. II, ch. III).

2. *Dictionnaire d'architecture*, au mot *Brique*.

3. Scamozzi prétend qu'on ne trouve plus à Rome de briques crues, parce que le feu dont Néron embrasa la ville les a cuites. Au lieu de produire cette singulière explication, cet auteur n'eût-il pas mieux fait d'observer que ce genre de construction devait offrir peu de résistance à l'humidité lorsque les enduits et les incrustations qui couvraient les parements extérieurs ont commencé à tomber?

sent fournir une nouvelle preuve de cet usage [1]. Quant à l'origine de l'emploi des briques cuites, l'auteur latin ne nous donne aucun renseignement à ce sujet. Il affirme même que ces matériaux n'étaient pas utilisés, de son temps, dans la ville de Rome, pour la construction même des murs. « Les lois, dit l'architecte romain [2], défendent de donner aux murs mitoyens plus d'un pied et demi d'épaisseur, et, pour gagner de la place, on ne veut pas que les autres murs soient plus épais. Or, les murs de briques ne valent rien, à moins d'avoir deux à trois rangs d'épaisseur. Si on les faisait d'un pied et demi de large, ils ne pourraient soutenir qu'un étage... Voilà pourquoi la maçonnerie de brique n'est point en usage dans cette ville. » Mais Vitruve, qui ne trouve pas que les murs de brique puissent satisfaire aux règlements urbains, les trouve excellents pour les constructions élevées à la campagne; il va même jusqu'à faire entendre que la durée de la maçonnerie de briques est indéfinie, tandis que la durée des murs en moellons n'était estimée qu'à quatre-vingts ans [3], d'après les bases admises dans l'évaluation des parts de mitoyenneté. Si donc les briques cuites n'étaient pas utilisées pour la construction des murs dans toute leur épaisseur, cependant l'usage de ces matériaux existait certainement sous la république romaine. M. Parker [4] constate que, dès le temps de Camille, on employait les briques cuites comme revêtement pour les murs de béton, « afin, dit le savant anglais, de leur donner une surface unie, qu'on recouvrait même quelquefois de tables de marbre ou de bronze ».

Enfin, citons la phrase bien connue attribuée à Auguste : « J'ai trouvé une ville de briques et je laisse une ville bâtie en marbre [5]. »

Quoi qu'il en soit de l'époque précise qu'il faille assigner à l'emploi des briques cuites à Rome, il est constant que ces matériaux furent surtout utilisés à l'époque des empereurs. Les ruines encore nombreuses des monuments tels que thermes, aqueducs, temples construits en briques cuites, sont même de magnifiques témoignages de la durée des constructions en briques cuites [6].

Les briques cuites étaient désignées sous le nom de *lateres* [7] *cocti* ou *laterculi* et affectaient la forme carrée ; il y en avait de plusieurs dimensions, les plus petites ayant $0^{m},212$ de côté sur $0^{m},04$; les moyennes, $0^{m},445$ sur $0^{m},05$, et les plus grandes, $0^{m},594$ sur $0^{m},55$ d'épaisseur. Les petites étaient coupées, suivant leur diagonale, en briques triangulaires pour former le revêtement extérieur des murailles. Le plus grand soin était apporté à la fabrication de ces matériaux, que le gouvernement surveillait lui-même. En effet, la loi romaine obligeait les fabricants de briques à apposer sur leurs produits une marque distinctive, une sorte de cachet. Certaines briques portent un monogramme ou une figure quelconque de divinité, d'homme, d'animal, de plante, de fleur, de vase, estompés au milieu d'un cercle, à la circonférence duquel est une inscription en lettres majuscules, indiquant le nom du potier ou du maître de four, le lieu de la fabrication, le nom de la localité d'où la terre était extraite, et fréquemment la date du consulat. Les inscriptions ne comportent quelquefois qu'une seule ligne, rarement plus de deux. Le diamètre du cercle qui les entoure est d'environ $0^{m},10$. Au centre, on lit assez souvent le vocable *cos*, abréviation de *consulibus*.

1. Dion Cassius, *Histoire romaine* (liv. XXXIX, ch. LXI) raconte que dans un débordement du Tibre, arrivé l'an 700 de Rome, les maisons de briques s'écroulaient. Ces habitations devaient donc être construites avec des matériaux susceptibles d'être détrempés par l'eau. Voy. aussi Palladius, *de Re rustica*, liv. VI, ch. XII; — Uggeri, *Journées pittoresques de Rome ancienne*, tome III, art. 1er.

2. Liv. II, ch. VIII.

3. Liv. II, ch. VIII.

4. *Archæology of Rome.*

5. Suétone, *In Augusto*, ch. XXVIII.

6. On trouve encore, de nos jours, dans l'intérieur de Rome ou à ses portes, une argile blanche et rouge, très abondante et éminemment propre aux ouvrages en terre cuite. Aussi la brique et la tuile y sont-elles d'une qualité supérieure (Le Tarouilly, *Édifices de Rome*, p. 73).

7. Le nom de *lateres* était appliqué aux ouvrages en terre cuite qui se faisaient dans des moules ; ceux qui étaient fabriqués à la roue étaient appelés *testæ*. Voy. Isidore de Séville, *Origines*, liv. XV, ch. VIII; — Pline, *Histoire naturelle*, liv. XV, ch. XII.

Le musée du Vatican renferme plusieurs centaines de ces marques, l'Ashmdean d'Oxford, le musée de Sèvres en possèdent également.

On voit dans ce dernier établissement deux grandes briques quadrangulaires, de pâte grisâtre, ayant 0m,65 de côté sur 0m,05 d'épaisseur, avec une marque de fabrique et provenant d'une maison antique de Civita-Vecchia, où elles servaient d'assise à un pavé de marbre. Cette brique est représentée par la figure 9. Ces inscriptions étaient imposées aux fabricants pour les forcer à donner aux briques et aux tuiles, dans le choix de la terre, dans les proportions et dans la cuisson, les qualités nécessaires à leur bonne confection et à leur durée. Aussi, celles qu'on retrouve de nos jours sont-elles faites d'une terre fine, tellement bien liée et bien cuite qu'elles rendent sous le choc un son argentin, et qu'après un grand nombre d'années elles paraissent encore indestructibles.

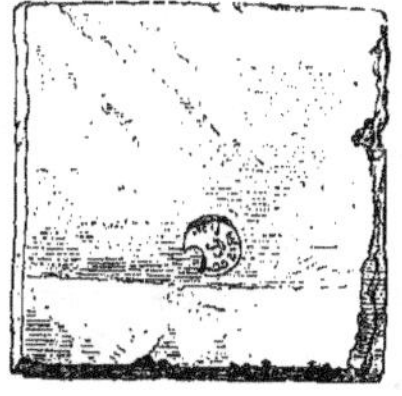

Fig. 9.

Les marques de fabrication ont aussi un intérêt historique et archéologique; elles ont permis à l'italien Fabretti [1] de corriger les fastes consulaires, de déterminer l'âge d'un monument et de connaître les noms de lieux ignorés. Les inscriptions du temps des Antonins sont les plus abondantes; on n'en connaît que quatre qui datent du règne de Néron, époque qui passe, à juste titre, pour avoir produit les meilleurs travaux de maçonnerie en brique. C'est à partir de Trajan qu'on prit l'habitude, que nous signalons plus haut, d'ajouter les noms des consuls à ceux des propriétaires et des ouvriers. L'usage s'était même établi de placer, dans un mur de construction en briques, un nombre suffisant de ces matériaux pour éviter toute incertitude sur la date de la construction. Les grands personnages laissaient donc très-volontiers inscrire leurs noms sur les briques produites par leurs fabriques. M. Parker [2] donne, parmi les noms de personnages indiqués par les marques de fabrique comme ayant été propriétaires de briqueteries, celui de Domitilla Lucilla, mère de Marcus Aurélius Augustus, le chef de la grande maison de Verus ou Varius, lequel habita plus d'un siècle dans le palais de Senonum, aujourd'hui monastère de Sainte-Croix en Jérusalem, et qui construisit le cirque *Varianus*, actuellement détruit, et l'amphithéâtre *Castrense* encore existant.

Au détail qu'il donne sur les briques, Vitruve [3] ajoute que l'on faisait, en Espagne, à Calente, à Marseille, dans la Gaule et à Pitane, ville d'Asie, des briques surnageant sur l'eau lorsqu'elles étaient sèches, parce que la terre avec laquelle on les fabriquait était de la nature de la pierre ponce. Elles étaient, en outre, excessivement dures, et l'architecte latin les estimait beaucoup, parce qu'elles ne chargeaient pas les murs et jouissaient néanmoins de la propriété de résister à toutes les intempéries de l'atmosphère.

Appareils des murs. — Les murs des constructions romaines sont de deux sortes : les uns sont faits en pierres de taille de grande dimension et reçoivent le nom de *murs de grand appareil;* les autres sont construits en petits matériaux, moellons ou briques associés ou employés séparément et désignés sous plusieurs noms, suivant les divers aspects qu'ils présentent. Dans cette seconde catégorie d'ouvrages, la maçonnerie est formée d'un blocage compris entre deux parements de moellons ou de briques, employés également seuls ou en concurrence avec des assises intercalées. Le blocage ou *cementum*, qui constitue le corps même de la maçonnerie, était composé de pierrailles et de tuileaux, jetés pêle-mêle à bain de mortier. Pour faire une meilleure liaison avec ce massif, dans les revêtements formés exclusivement de briques, on employait les briques triangulaires; le grand côté était mis en parement et la pointe à l'inté-

1. *Inscriptionum antiquarum explicatio*, 1 vol, in-f°. Rome, 1699.

2. *Archæology of Rome.*

3. Liv. II, ch. III.

rieur. Cet appareil était consolidé de la manière suivante : à différents niveaux, séparés par des intervalles de 1m,50 environ, de grandes briques de 0m,44 à 0m,59 étaient disposées en assises simples, doubles ou triples, occupant toute l'épaisseur de la muraille, dont elles reliaient les deux parements. La figure 10 représente cette disposition, avec assises simples en carreaux de terre cuite. « Ces grandes briques, dit M. Choisy [1], forment, pour ainsi dire, dans les murs anciens, des lits réguliers darasement qu'on peut comparer à des carrelages horizontaux empâtés dans la masse. » La surface des parements était revêtue d'un enduit en mortier ou en stuc. Les thermes de Caracalla, entièrement construits en briques et blocage, offrent une application de ce genre d'appareil [2].

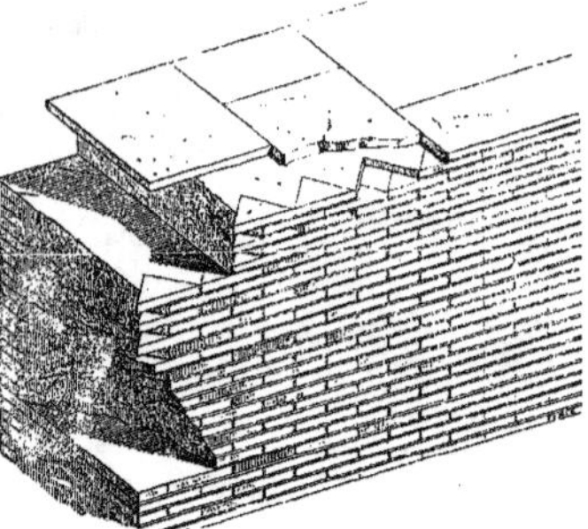

Fig. 10.

Très souvent, les parements compris entre les chaînes horizontales de briques étaient en moellons, de petit échantillon ; c'est pourquoi l'on a appelé les murs ainsi construits *murs de moyen et de petit appareil*, suivant la dimension des moellons. Ici le nombre des cordons de briques et les intervalles qui les séparent n'ont plus rien de fixe ; on trouve dans certaines ruines jusqu'à sept rangs de carreaux posés sur des lits de mortier très épais [3].

L'usage de ces chaînes ou ceintures de grandes briques ne daterait, au dire de quelques savants [4], que du IIIe siècle après Jésus-Christ, principalement du règne de Gallien, mais ce mode de construction se rencontre dans des édifices beaucoup plus anciens : le château fortifié de *Babylon*, où Strabon nous apprend qu'était placée l'une des légions commises par Auguste à la garde de l'Égypte, possédait trois grosses tours cerclées de chaînes de briques [5] ; les restes des murs du quartier des soldats à Pompéi, sont composés alternativement de deux assises de briques et d'une assise de moellons [6]. Dans cette même ville, la porte d'*Herculanum* consistait en deux murs bâtis en couches alternatives de briques et de blocailles [7].

Enfin citons ce passage tiré des quatre livres d'architecture de Palladio [8] : « Lorsque l'on bâtit de briques les murailles d'une ville ou de quelque autre édifice, il faut que les demi-faces du mur soient de carreaux et que le milieu soit rempli de ciment pétri avec de la brique [9], et qu'entre chaque espace de 3 pieds de haut on fasse régner trois rangs de carreaux plus grands que les autres, lesquels ceignent toute la largeur du mur... A Rome, la plus grande partie des édifices antiques, et particulièrement les murs de la Rotonde (Panthéon d'Agrippa) et les thermes de Dioclétien, sont construits de cette manière. Les murs des arènes, à Vérone, sont faits de ciment [10], et entre chaque espace de 3 pieds, il y a trois rangs de carreaux. » Nous pourrions multiplier les exemples d'application de ces chaînes horizontales en

1. *L'Art de bâtir chez les Romains*. Paris, 1873, p. 27.

2. Cf. A. Blouet, *Restauration des Thermes d'Antonin Caracalla* ; — Viollet-Le-Duc, *Entretiens sur l'Architecture*. Paris, 1863, 2 vol., gr. in-8°, tome I, p. 125.

3. A. de Caumont, *Abécédaire d'archéologie*. Ère gallo-romaine. Caen, 1870, p. 58.

4. *Mémoires de la Société royale des Antiquaires de France* ; — Taillefer, *Antiquités de Vérone*, tome Ier, p. 358 ; — *Mémoires de la Société des Antiquaires de Normandie*, tome Ier, p. 33.

5. Rever, *Notice sur l'emploi des chaînes de briques dans les constructions romaines*, in-8°, 1826.

6. Harou-Romain, *Lettre sur l'emploi de la brique chez les Anciens*, publiée dans les *Mémoires de la Société des Antiquaires de Normandie*, ann. 1826.

7. W. Gell et J.-P. Guandy, *Pompeiana*, Londres, 1819.

8. Liv. I, ch. IX.

9. Blocage de tuileaux posés à bain de mortier.

10. Pierres irrégulières ou cailloux scellés avec du mortier.

carreaux de terre cuite antérieures au IIIe siècle; contentons-nous d'admettre que l'usage des assises alternées de briques et de pierres de petites dimensions devint, à partir de cette époque, beaucoup plus répandu qu'il ne l'était auparavant. On retrouve cet appareil très fréquemment usité dans les constructions gallo-romaines, notamment dans les ruines qui subsistent à Soissons; à Alleaume, près Valognes; à Trèves, à Jublains, au Mans [1], etc. L'épaisseur des joints dans les murs ainsi appareillés, épaisseur qui va jusqu'à 0m,02 ou 0m,03, contrairement aux habitudes romaines s'explique par la nécessité de ménager aux parements de faible complexion des moyens de tassement naturel, parallèle à celui du blocage intérieur, que l'on battait énergiquement.

Les cordons de briques étaient encore employés dans l'appareil connu sous le nom d'*opus reticulatum* (œuvre réticulé) ou maçonnerie maillée [2]. Bâtissier [3] dit que les murs des constructions du temps d'Adrien présentent l'appareil réticulé, avec chaînes horizontales en briques. Harou-Romain [4] parle d'un mur de la villa construite par cet empereur en maçonnerie réticulée et divisé en bandes horizontales de 1m,30 à 1m,40 de hauteur, par des assises composées de cinq rangs de briques. Cet appareil n'avait pas encore une cohésion suffisante; aussi était-on obligé de l'encadrer de pierres ou de briques employées comme base ou angles de la construction. On procédait de même à l'égard de l'*opus incertum* ou *antiquum*, appareil formé d'un blocage compris entre deux parements de pierres brutes.

Les Romains ont aussi fréquemment disposé les briques ou les moellons de petit échantillon, suivant des pentes de 45° contrariées ou se rencontrant à angle droit. On voit un exemple de ce mode d'appareil appelé *opus spicatum*, à cause de la ressemblance qu'il offre avec une arête de poisson ou un épi de blé, dans les murs de Thésée (*Tassiaca*, Loir-et-Cher).

Tels sont les divers emplois de la brique dans la maçonnerie romaine. Ajoutons que des arcs de briques étaient souvent noyés dans l'épaisseur des murailles pour consolider l'ouvrage, en reportant les pressions sur des points d'appui déterminés. Enfin, le mortier même qui servait à liaisonner ces appareils révèle l'usage de la terre cuite. « Les mortiers romains, dit M. de Caumont [5], sont composés de chaux vive mêlée de sable et assez ordinairement de brique pilée. »

Après ces quelques données sur l'emploi des briques pour la construction des murs chez les Romains, nous ferons remarquer, d'une manière générale, que la régularité des appareils, de leurs proportions, de l'arrangement des briques est surtout observée dans les premiers siècles de l'empire. Dès la fin du IIe et le commencement du IIIe siècle, les défauts se prononcent et s'accentuent dans ces diverses parties; la largeur des joints, à peine visible dans les constructions anciennes, va toujours augmentant et les assises finissent par être composées de fragments de toute mesure, entremêlés de briques entières.

Ces transformations successives de l'appareil ont même permis de déterminer exactement l'âge des murs, lorsque les édifices auxquels ces maçonneries appartiennent datent des quatre premiers siècles de notre ère. M. Parker [6] indique, à cet égard, un procédé pratique et facile, imaginé par les archéologues romains; il suffit d'appliquer un mètre le long du mur à examiner et de compter le nombre des briques qui, mortier compris, se trouvent dans une longueur donnée. Des observations faites a été déduite la règle générale suivante : Ier siècle, 10 briques par 0m,30, mortier compris; ex. : les arcades de Néron; — IIe siècle, 8 briques; ex. : la ville d'Adrien; — IIIe siècle, 6 briques; ex. : le mur d'Aurélien;

1. A. de Caumont, *Abécédaire*, Ère gallo-romaine, p. 53 et suiv.
2. Dans ce système, les pierres qui forment le revêtement sont disposées de telle façon que les joints décrivent des lignes diagonales et simulent ainsi les mailles d'un filet.
3. *Histoire de l'art monumental*, p. 230.
4. *Lettre sur l'emploi de la brique chez les anciens.*
5. *Abécédaire d'archéologie*, Ère gallo-romaine, p. 60.
6. *Archæology of Rome.*

— IVe siècle, à briques; ex. : le cirque de Maxence et le tombeau de son fils Romulus. C'est tout le contraire que l'on remarque dans les constructions antérieures à l'ère chrétienne. Ainsi, au Panthéon d'Agrippa [1], toute la partie qui a été exécutée antérieurement au règne de Néron offre une exécution bien inférieure à celle des travaux faits du temps de Néron et de Titus. Il n'y a pas, du reste, que la disposition de l'appareil qui serve de guide dans la recherche qui nous occupe; la qualité même de la brique est aussi un indice précieux : les briques les plus anciennes sont, en effet, plus dures, mieux fabriquées, d'un grain plus fin que les briques plus récentes. On a songé aussi à la couleur comme indice d'ancienneté, mais c'est là un témoignage douteux, parce que la coloration des briques dépend de la nature des terres et, dans certaines constructions, les briques de différentes couleurs sont mélangées à ce point qu'on ne peut pas les supposer d'époques différentes. Quels que soient, d'ailleurs, les procédés, plus ou moins ingénieux, qui aient été appliqués au classement chronologique des monuments romains, il ressort de cette étude un fait évident : la décadence de la construction en briques, depuis le premier jusqu'au dernier siècle de l'empire. A la fin même de cette période, on vit élever des maçonneries absolument hétérogènes, composées de matériaux de toutes formes et de toutes dimensions.

PORTES, FENÊTRES. — Dans les édifices romains on trouve aussi la brique employée seule, suivant un usage très ancien déjà, pour former les cintres des portes et des fenêtres et quelquefois mêlée aux claveaux en pierre. Seroux d'Agincourt [2] cite plusieurs exemples de la construction des arcs et plates-bandes romains à l'aide de la brique, entre autres : la décoration en brique de la façade des bains de Paul Émile, où ces matériaux sont placés de champ et de manière à former des claveaux, tant au cintre des niches que dans les plates-bandes pratiquées dans les hauteurs de la frise; un arc très surbaissé, qui surmonte une baie dans un mur en briques du palais des Césars; au-dessus de cet arc en est un second formant décharge, et tous deux sont en briques de champ; une porte extérieure de l'amphithéâtre antique dit *Castrense*, qui se voit à Rome, près de l'église de Sainte-Croix en Jérusalem. Cette porte est pourvue d'arcs dont les voussoirs sont formés par des briques de champ appuyées sur deux rangs d'autres briques posées à plat, suivant la courbure des cintres. M. de Caumont [3] rapporte qu'à l'amphithéâtre de Bordeaux, connu vulgairement sous le nom de *Pallais Gallien*, les cintres des arcades étaient formés de pierres cunéiformes alternant avec des briques posées de champ.

VOUTES. — Les nombreuses constructions voûtées élevées par les Romains présentent un emploi général et très remarquable des matériaux dont nous retraçons l'histoire.

Divers procédés étaient appliqués à la construction des voûtes romaines, exécutées en briques et blocage, lorsqu'elles étaient destinées à recouvrir à de larges espaces. D'une manière générale, deux systèmes prévalaient [4].

Dans le premier, les voûtes étaient pourvues d'une sorte de charpente intérieure, de claire-voie composée d'arcs en briques noyés dans la masse. Cette ossature, faite de briques de grande dimension et fabriquées à bas prix, dans les environs de Rome, était préalablement construite et formait un véritable cintrage, qui permettait de réduire considérablement la charpente provisoire, destinée à donner leur forme aux massifs. De là aussi une grande économie; car les réseaux formés par les arcatures assurant la solidité de la voûte, on pouvait supprimer la moitié des briques qui eussent été nécessaires pour constituer un revêtement complet. Souvent même l'armature ne consistait qu'en arcs-doubleaux, noyés dans l'épaisseur des blocages, mais toujours ayant l'aspect de claires-voies distribuées à la surface de la voûte.

1. Cet édifice fut construit en l'an de Rome 727.
2. *Histoire de l'art par les monuments.*
3. *Abécédaire d'archéologie,* Ère gallo-romaine, p. 340.
4. Choisy, *l'Art de bâtir chez les Romains,* p. 47 et suiv. — Viollet-Le-Duc, *Dictionnaire raisonné de l'architecture française du XIe au XVIe siècle,* art. Construction, Voûte.

La figure 11 montre la disposition ordinairement adoptée pour les réseaux que M. Choisy appelle *armatures à joints convergents*. Ce sont des arcs en briques rectangulaires de 2 pieds antiques de long (un peu moins de 0m,60) sur un demi-pied de large, et qui sont reliés entre eux par des cours de briques carrées ayant 2 pieds de côté. Une salle du palais des Césars, à Rome, présente une application de ce genre d'armature. Quelquefois les arceaux étaient isolés, mais entre leurs claveaux restaient intercalées des grandes briques formant liaison de chaque côté avec le blocage; on voit un exemple de cette disposition à l'aqueduc qu'on croit être celui de Néron et dont les restes sont engagés dans les murs des jardins qui bordent la rue donnant accès à l'église Saint-Étienne-le-Rond. On trouve aussi, notamment dans les galeries qui forment l'enceinte extérieure du Colisée, des nervures formées chacune de deux arceaux accouplés et réunis entre eux, à intervalles rapprochés, par de grandes briques.

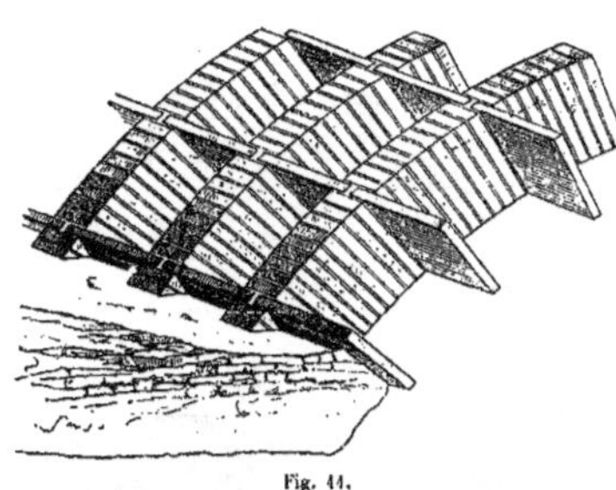

Fig. 11.

Le second système, plus économique encore, consiste en un revêtement de briques posées à plat et formant une sorte de carrelage courbe à l'intrados des voûtes. Les briques employées étaient carrées et avaient 0m,60 de côté. On en voit un exemple au cirque dit de *Maxence*, hors de la porte Saint-Sébastien, à Rome. Ordinairement, un deuxième carrelage, en briques plus petites et souvent discontinues, recouvrait le premier. Le carrelage discontinu présentait plusieurs cas : tantôt les briques qui le composaient formaient simplement couvre-joints sur le premier carrelage, comme on le voit dans quelques salles du palais des Césars; tantôt ces briques de recouvrement étaient seulement établies sur les joints perpendiculaires à l'axe de la voûte, ainsi qu'en témoignent plusieurs tombeaux de la voie Appienne. Quelquefois aussi un certain nombre de briques, posées de champ et plantées dans l'épaisseur du second carrelage, formaient saillie à la surface de l'armature et pénétraient dans le remplissage [1]. Cette dernière disposition se remarque aux thermes de Caracalla, dont la figure 12 présente une coupe perspective, faite sur le tépidarium, d'après un dessin donné par M. E. Viollet-le-Duc à l'École spéciale d'architecture. On y voit une partie de l'édifice restaurée et l'autre disposée de manière à indiquer, dans tous leurs détails, les divers procédés de la construction romaine. Les larges espaces sont recouverts avec la plus grande économie possible. Il n'y a, en effet, d'employés que la brique et le blocage, le premier de ces matériaux comme revêtement ou comme ossature; le second comme massif. Dans les murs, des arases de grandes briques sont posées, de distance en distance, à 1m,34 l'une de l'autre. Des arcs de décharge en briques, noyés dans la construction, répartissent les poussées sur les points d'appui principaux. Quant aux voûtes, leurs arcs de tête sont en grandes briques quadrangulaires, posées ordinairement sur deux rangs et les remplissages en béton. Deux rangs chevauchés de briques à plat forment, comme nous le disions plus haut, un double carrelage cintré continu sous ces voûtes [2].

Les mêmes principes étaient appliqués à la construction des voûtes d'arête; le massif, en maçonnerie brute, était contenu soit par un carrelage en briques à plat, soit par un réseau de briques à jour. Dans le premier cas, l'arête était protégée par une bordure solide de larges briques ou dalles d'angle, dont on retrouve les empreintes à l'une des salles des thermes de Caracalla, à la villa d'Adrien, au palais des

1. Choisy, *l'Art de bâtir chez les Romains*, p. 63 et suiv.

2. Cf. A. Blouet, *Restauration des thermes d'Antonin Caracalla*; — Viollet-Le Duc, *Entretiens d'architecture*; — Id., *Dictionnaire de l'architecture*, tome IX, p. 467.

Césars. Dans le second cas, des arcs diagonaux de brique marquaient la pénétration des demi-cylindres et se trouvaient formés de triples arceaux, reliés deux à deux par des dalles en terre cuite (thermes de Dioclétien), de deux chaînes seulement (portique de Janus Quadrifons) ou d'une chaîne unique (salle du palais des Césars)[1]. Quant aux voûtes sur plan circulaire, dites *coupoles*, les unes étaient armées d'un réseau de briques, comme celle de l'édifice appelé *Torre di Schiave*, à gauche de la route qui conduisait de Rome à Préneste; les autres n'offraient pas un réseau continu, mais simplement des chaînes isolées les unes des autres et partageant la voûte en une série de fuseaux, ainsi que cela se voyait dans une voûte des thermes d'Agrippa. Enfin, pour les coupoles d'un très grand diamètre, les Romains adoptèrent un système particulier. Piranesi a laissé un dessin représentant la carcasse de la coupole du Panthéon, qu'il avait pu observer, lors de réparations d'enduit faites à l'intrados de la voûte. L'ossature de cette coupole, qui a 43^{m},36 de diamètre, est formée d'un système de nervures en briques dont l'écartement est maintenu par des arceaux intercalaires. Ces nervures portent, par le pied, sur des arcs de décharge reposant sur le tambour, et aboutissent, par leur sommet, à un double anneau de briques formant l'œil de la voûte[2]. Les remplissages sont en maçonnerie de blocage évidée en forme de caissons, de manière à rendre la voûte plus légère et à produire un effet décoratif.

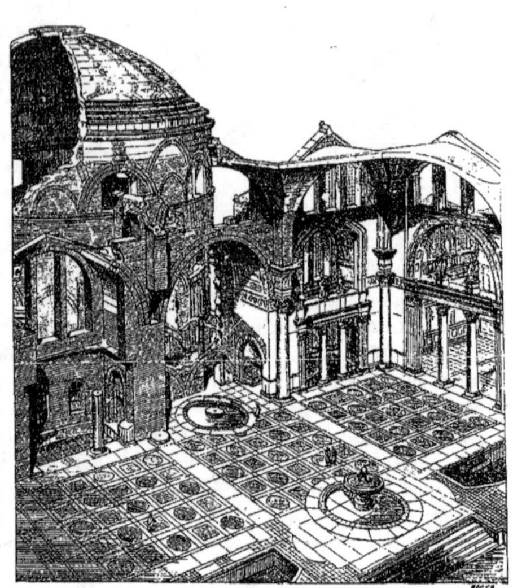
Fig. 12.

On a attribué aux Romains un autre procédé d'allégissement des voûtes, qui consistait dans l'emploi de matériaux très légers, de vases en poterie dans les remplissages, Selon M. Choisy, la portée de ce système a été exagérée : l'ensemble de ces terres cuites représente, en effet, une très faible partie du volume total des voûtes et la place qu'elles occupaient ne semble pas leur avoir été assignée par des raisons d'équilibre; elles sont posées, non pas au sommet des voûtes, de manière à diminuer la poussée, mais aux naissances, c'est-à-dire aux points où leur légèreté ne contribue nullement à la stabilité des cintres. Un monument du IVe siècle, nommé, à cause de cet emploi, *Torre vignattera*, la voûte de Minerve Medica, certains tombeaux élevés sur la via Labicana, le cirque de Maxence présentent des arrangements de cette nature.

Enfin des poteries de ce genre ont été trouvées jusque dans le corps de certains murs, et voici l'origine que M. Choisy attribue à leur usage : l'alimentation du peuple était entretenue à Rome par des produits liquides apportés journellement dans des vases de terre cuite, que l'on jetait, à cause de leur peu de valeur, dans un lieu appelé *Monte Testaccio*, désignation qui dérive précisément de cette con-

1. Choisy, *L'Art de bâtir*, p. 76 et suiv.
2. Choisy, *L'Art de bâtir chez les Romains*, p. 86; — voir aussi Viollet-Le Duc, *Dictionnaire d'architecture*, tome IX, p. 470 et suiv.

tume[1]. L'idée vint alors aux constructeurs d'utiliser ces matériaux légers, faciles à élever aux parties hautes des édifices sans qu'il y eût, de leur part, l'intention d'atténuer la pression et la charge des voûtes. Nous retrouverons, au contraire, cette dernière pensée franchement exprimée dans les constructions postérieures de Ravenne et de Milan, où nous verrons, comme à Saint-Vital, des voûtes sans poussée, obtenues à l'aide de vases enchevêtrés. Mais il est vraisemblable que l'honneur de cette ingénieuse idée revient aux architectes de l'école de Byzance, école qui a inspiré le style de l'édifice que nous venons de citer.

Supports isolés. — Employée à la construction des murs et des voûtes, la brique était parfois aussi utilisée pour la structure des colonnes. La basilique de Pompéi nous offre, sous ce rapport, un appareil des plus curieux. D'après ce qui reste de cet édifice, on voit que les murs et les colonnes engagées étaient composés de blocailles et de briques ordinaires revêtus de stuc; les colonnes isolées étaient en briques d'une forme particulière enduites également de stuc, et superposées les unes aux autres, de façon que leurs joints fussent alternativement recouverts, leurs pointes saillantes formant naturellement le creux des cannelures. Cette disposition est indiquée, en plan, par la figure 13.

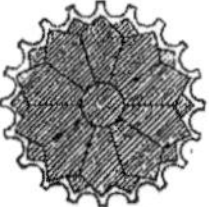

Fig. 13.

Décoration. — Les briques, soumises à des arrangements particuliers, jouaient encore un rôle important comme élément décoratif dans certains édifices de Rome, tels que le temple antique de la Caffarella, près de la porte de Saint-Sébastien, et qui est l'un des plus anciens monuments religieux du paganisme consacrés, plus tard, au culte chrétien. Cet édifice, ainsi désigné du nom d'une ferme voisine, fut élevé en l'honneur de Bacchus. Il est décoré d'un portique soutenu par quatre colonnes de marbre blanc d'ordre corinthien; on y remarque une frise et une corniche en briques, surmontées d'un attique, qui se termine lui-même par un couronnement en briques. Enfin deux autres corniches, en matériaux semblables règnent : l'une, d'aspect denticulaire, dans l'intérieur du portique, au-dessous des colonnes et des pilastres; l'autre, au pourtour des flancs et de la façade postérieure du temple[2].

Non loin de cette église s'élève un édifice bien proportionné, orné de pilastres et de corniches en briques, et connu sous le nom de *Temple du Dieu ridicule,* en vertu d'une tradition qui veut qu'Annibal soit venu camper dans cette vallée étroite et humide, et que, par dérision, le sénat ait consacré ce temple au Dieu ridicule[3]. Nous présentons (fig. 14) de ce petit monument, une vue latérale, d'après les dessins de M. Garrez.

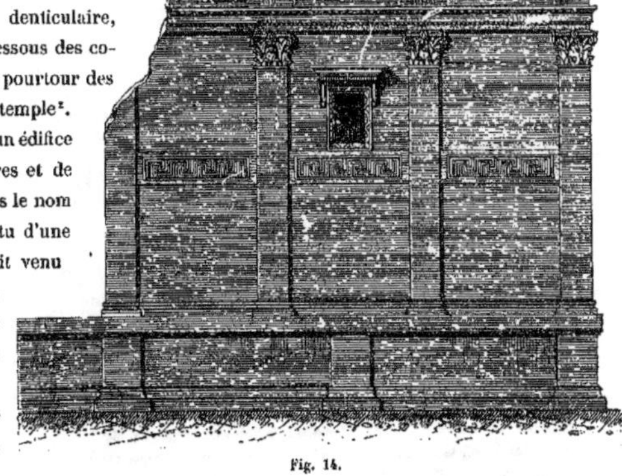

Fig. 14.

Pavements. — La terre cuite entrait fréquemment dans la composition des carrelages romains. Le sol des appartements était muni d'un revêtement formé de plusieurs couches : une première couche, souvent

1. D'autre part, les potiers avaient tous leurs manufactures dans ce quartier, sur les bords du Tibre, dont le voisinage était nécessaire à leur fabrication. Il se peut que, jetant dans cet endroit les débris des pièces cassées ou manquées à la manufacture, ils aient construit à la longue cette colline extraordinaire. Voy. F.-D.-D. Fargasse, *l'Italie.* Paris, 1836, 3 vol. gr. in-8°, Rome, p. 74.

2. Seroux d'Agincourt, *Histoire de l'art par les monuments.*

3. D. Fargasse, *l'Italie.* Rome, p. 70.

exécutée en briques; une seconde, en ciment de petites pierres ou de briques concassées; une troisième enfin, en carreaux de marbre, de terre cuite ou de pierres polies[1]. Parfois une seule couche de ciment mêlé de petits fragments de brique et de pierre dure était assise sur un lit de briques ou de pierres plates[2].

Lorsque le dessus du pavage était fait de briques, ces matériaux étaient posés à plat ou bien de champ, de manière à former l'*opus spicatum*. On voit encore un exemple de cette disposition dans une des salles des thermes antiques d'Amélie-les-Bains[3]. Vitruve, parlant des pavés à découvert, s'exprime ainsi[4] : « Le mieux est de couvrir toute la *ruderatio*[5] avec des carreaux de briques de deux pieds, qui auront, tout autour, des rainures creusées d'un doigt, que l'on remplira de chaux détrempée avec de l'huile, pour bien boucher les jointures, que l'on serrera autant que l'on pourra, en sorte que la chaux enfermée dans ces rainures, venant à durcir, empêche toute espèce d'humidité de pénétrer par ces jointures. Sur ces grands carreaux, ainsi assemblés, on fera le noyau, sur lequel, après qu'il aura été bien battu, on pavera, soit avec de grandes pierres carrées, soit avec de petits carreaux de Tivoli en forme d'épis, en observant de tenir le pavé élevé par le milieu. »

On voit, par ce passage, que les carreaux de briques employés par les Romains atteignaient parfois de très grandes dimensions. On a, en effet, trouvé dans les ruines de Lillebonne des carreaux mesurant $0^{m},40$ de côté. Dans des fouilles exécutées à Laudunum, on en a découvert qui avaient jusqu'à $0^{m},61$, ce qui indique une bonne fabrication, car ces carreaux ne se sont pas déganchis au feu[6]. Certaines salles des thermes, dont nous parlons ci-après, étaient pourvues de pavages dont les éléments avaient des dimensions considérables. Ces carreaux étaient également variés de forme : les uns étaient octogones ou hexagones ; d'autres étaient deux fois plus longs que larges.

Dans les pavés mosaïques, la terre cuite était encore utilisée : les ruines d'une construction romaine, découverte à Jurançon, à 3 kilomètres de Pau, renferment une galerie et différentes salles dont le carrelage est formé de mosaïques de couleur, composées de petits cubes d'un centimètre, les uns en marbre, les autres en terre cuite[7].

Couvertures. — La couverture romaine se composait de tuiles plates et de tuiles courbes. Les premières, appelées *tegulæ*, étaient munies de rebords et affectaient la forme rectangulaire[8]; la figure 15 représente un spécimen qui appartient au Musée de Sèvres.

Les dimensions de ces tuiles variaient de $0^{m},34$ à $0^{m},40$ de long sur $0^{m},23$ à $0^{m},27$ de large. Toutefois, on en a trouvé, à Rome, ayant jusqu'à $0^{m},55$, sur $0^{m},70$, et pesant 27 kilogs, avec rebords de $0^{m},33$ de hauteur.

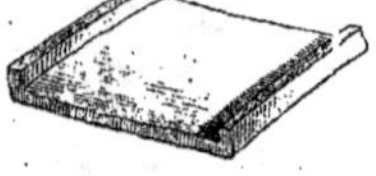

Fig. 15.

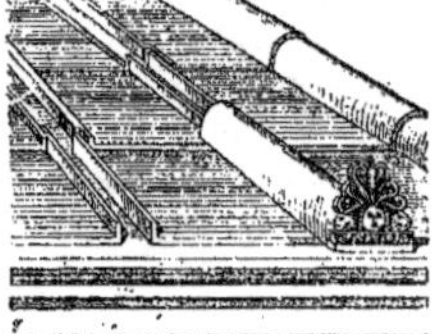

Fig. 16.

Les tuiles creusées ou *imbrices* avaient la forme de dos d'âne ou de demi-cylindres. Nous donnons (fig. 16) une vue perspective d'une partie de couverture romaine

1. A. de Caumont, *Abécédaire d'archéologie*, Ère gallo-romaine, p. 61.
2. Voy. p. 26, le spécimen de briques de pavage conservé au Musée céramique de Sèvres.
3. A. de Caumont, *Abécédaire d'archéologie*, p. 180.
4. Liv. VIII, ch. 1er.
5. Ce mot, qui n'a pas de synonyme en français, servait à désigner un mortier ou enduit grossier, destiné à recevoir sur un mur un enduit plus fin ou, sur le sol d'un appartement, un des lits du carrelage.
6. Amé, *les Carrelages émaillés du moyen âge et de la Renaissance*. Paris, 1859, p. 82.
7. *Id., ibid.* Paris, 1859, p. 10.
8. La forme trapézoïdale a été admise par certains auteurs, entre autres Rondelet et le colonel Emy. Nous n'en connaissons pas d'exemple. « C'est vers le xie siècle, dit M. Viollet-le-Duc, *Dictionnaire raisonné d'architecture*, tome IX, p. 322, qu'on donna dans les provinces du midi de la France qui avaient conservé les traditions antiques, la forme d'un trapèze aux tuiles-canal plates. »

composée de *tegulæ* et d'*imbrices*. Les rebords saillants des premières sont dirigés dans le sens de la pente du toit et se recouvrent au moyen d'encoches pratiquées, au-dessus même de ces rebords, à leur extrémité inférieure, système qui exigeait une main-d'œuvre assez difficile et beaucoup de soins pendant la mise au four. Les joints montants sont cachés par les tuiles creuses posées aussi à recouvrement.

Chaque rangée de tuiles creuses était ordinairement arrêtée, à sa partie inférieure, par une tuile un peu plus grande que les autres, appelée *antéfixe*, et qui, solidement fixée à la corniche, était fermée par le bas. La figure 17 représente une antéfixe du genre de celles qui étaient employées dans les couvertures romaines. Cette tuile est ornée, sur sa face, d'une tête de femme. En outre, elle est pourvue d'une longue queue destinée à être recouverte, en partie, par la tuile suivante et munie d'une sorte d'anse ou poignée servant à la manœuvrer; quelquefois les antéfixes étaient remplacées par un chéneau en terre cuite plus ou moins orné et qui portait, dans l'axe de chaque rangée de tuiles plates, une tête saillante de lion, de loup ou de chien dont la gueule ouverte rejetait au dehors les eaux pluviales.

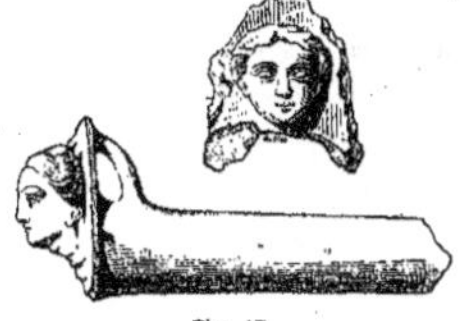

Fig. 17.

Dans ces gouttières en terre cuite, on trouve une variété et souvent une singularité qui étonnent. Les formes en sont quelquefois chargées jusqu'au grotesque; mais probablement cette exagération était-elle cherchée pour produire un plus grand effet. En tout cas, on reconnaît toujours dans ces ornements une large touche et l'on est frappé du sentiment de vérité qui en émane.

Terres cuites d'ornement. — Ces antéfixes et les gouttières décorées de figures rentrent dans la catégorie des terres cuites dites *d'ornement*, dont les Romains faisaient usage longtemps avant l'ère chrétienne. Tarquin l'Ancien employa, pour décorer le Capitole, des sculpteurs étrusques, qui exécutèrent des ouvrages en terre cuite. Des statues de même nature ornaient le faîte des temples, à Rome et dans les villes municipales. C'est en raison même de l'importance de ces travaux et, en général, de l'utilité de tous ceux où l'argile était employée, qu'il s'était établi, à Rome, une école d'ouvriers destinés à exécuter des ouvrages de ce genre. Cette école, ainsi qu'il résulte d'une inscription trouvée à Spaletro, avait reçu le nom de *Collegium figulorum*[1].

Vers la fin de la république, les ouvrages de terre cuite étaient encore très recherchés. Varron cite, parmi les plus célèbres modeleurs, Posis et Arcésilas; ce dernier fut même chargé, par Jules César, de faire une statue de Vénus, qui était fort estimée, bien qu'il n'ait pas eu le temps de la terminer. Dans la suite, sous le règne des empereurs, les bas-reliefs et les ornements en terre cuite se multiplièrent à l'infini sur les frontons et particulièrement sur les frises, à l'intérieur et à l'extérieur des temples, des maisons et des chambres sépulcrales. Les sujets en étaient pris dans la mythologie ou dans l'histoire grecque et romaine, d'autres tenaient aux coutumes. Seroux d'Agincourt[2] cite un certain nombre de fragments ou de bas-reliefs retrouvés dans les ruines de Rome et qui sont aujourd'hui conservés dans les musées modernes. Parmi ces restes, il en est un bien caractéristique : c'est une statue d'Hercule, en bas-relief de terre cuite, accompagnée de l'inscription suivante en vers latins :

Sum fragilis, sed te moneo, ne sperne sigillum.
Non pudet Alciden nomen habere meum[3].

On a aussi découvert, en 1874, près de Velletri, ancienne capitale des Volsques, des bas-reliefs teints

1. A ce propos, M. Parker, *Archæology of Rome*, fait observer que le *figulinus*, ou l'ouvrier fabriquant les petites briques, ne semble pas avoir été le même que le *figularius*, qui travaillait aux tuiles plates et aux faîtières.

2. *Recueil de fragments de sculpture en terre cuite*.

3. « Je suis fragile, mais garde-toi, je t'en préviens, de mépriser cette argile qu'Alcide n'a pas rougi d'honorer de son nom. »

de diverses couleurs et qui ont été recueillis au musée du cardinal Borgia. On y a remarqué des ...gnes de la plus haute antiquité; ces bas-reliefs démontrent que, lors de ces premières tentatives, l'art du modeleur se pratiquait déjà avec un sentiment fort remarquable, quoique encore très éloigné de la correction.

Enfin, Seroux d'Agincourt cite encore des tables de terre cuite sur lesquelles les sculpteurs modelaient des bas-reliefs, des sujets fabuleux, religieux, historiques, des figures allégoriques, termes, vases, meubles, etc., placés souvent dans des divisions formées par des colonnes, ou enfin de simples ornements ou rinceaux et arabesques.

Ces diverses espèces de bas-reliefs, que certains archéologues ont appelés *antéfixes* [1], étaient employés, en raison de leur importance ou des objets qu'ils représentaient, à la décoration des frises intérieures et extérieures des temples et bâtiments publics et particuliers. On les fixait avec des clous, comme l'indiquent les trous circulaires qu'on voit sur ces terres cuites [2]. Caylus parle de bas-reliefs de ce genre, arrêtés par des clous de plomb sur la frise d'une chambre souterraine, découverte dans un lieu nommé aujourd'hui Scrofano et qu'il croit être l'antique Véies, à 16 milles de Rome.

Usages divers de la terre cuite. — Nous venons d'exposer les principales applications de l'argile dans la construction et la décoration des édifices romains en général. Nous allons dire quelques mots de constructions particulières où la terre cuite se trouve employée sous diverses formes.

Dans les enceintes fortifiées des villes ou des campements militaires la brique était utilisée toutes les fois que le temps limité nécessitait une exécution rapide et que la nature des terres se prêtait à la fabrication de pierres artificielles. Ordinairement ces murailles étaient formées de deux épais parements de briques, comprenant entre eux un blocage de tuileaux et de mortier, ou même simplement de terre et de cailloux pilonnés. Quelquefois le massif entier était de briques, ainsi qu'on le voit encore aux débris de l'enceinte d'Aurélien à Rome. A Ostie, les restes que l'on a découverts de l'antique muraille sont construits avec les mêmes matériaux, reliés par un mortier très épais. Dans cette ville, l'une des deux portes qui donnent accès au *castrum* (l'ancienne citadelle), la porte dite *Notre-Dame*, est percée dans un énorme massif de briques. La construction alternée de matériaux de petit appareil était aussi fréquemment appliquée aux murailles des villes.

Dans les ruines de l'enceinte de Senlis, le mur était fait d'un enrochement de moellons à bains de chaux et de mortier, renforcé, d'espace en espace, par des lits transversaux de larges tuiles. Nous avons cité plus haut les murailles à appareil mixte du château de Babylon en Égypte, de Jublains, de Thésée, du Mans, en Gaule. On retrouve la même structure, en Asie Mineure, dans certaines parties des murs de Nicée, qui auraient été construites au IVe siècle [3]. Enfin, la terre cuite n'était pas seulement employée par les parois verticales dans ces sortes d'ouvrages; M. de Vogüé a découvert à Sès, près du groupe volcanique de Sâfa, en Syrie, dans les ruines d'un camp fortifié romain, des voûtes en briques plates carrées, recouvrant les deux étages d'une tour qui occupe le milieu de la face nord de l'enceinte [4].

Des quatre couches qui composaient les voies romaines, la troisième, le *nucleus*, était formée d'un mélange de chaux, de craie, de briques, de tuiles concassées et de terres franches battues ensemble [5].

Parmi les piliers quadrangulaires ou cylindriques que les Romains élevaient, le long des voûtes, soit pour servir à l'ornement de ces voies, soit pour marquer les confins des territoires [6], il y en avait qui

1. Ant. Rich, *Dictionnaire des antiquités romaines et grecques.*

2. W. Smith, *Dictionary of Greek and Roman Antiquities.*

3. Texier, *Description de l'Asie Mineure,* tome I, p. 40.

4. *Syrie centrale,* Architecture civile et religieuse du Ier au VIIIe siècle, 2 vol. in-4°. Paris, 1865-77, tome Ier, p. 71.

5. A. de Caumont, *Abécédaire d'archéologie,* Ère gallo-romaine, p. 30. — Quelquefois cependant le *nucleus* n'était composé que de sable gras et de chaux mélangés et foulés seulement avec de gros cylindres en fer. Voy. Bergier, *Grands Chemins de l'Empire romain,* tome II, ch. XVIII, p. 3 et suiv.

6. A. de Caumont, *Abécédaire d'archeologie,* Ère gallo-romaine, p. 40 et suiv.

étaient construits en briques; telle était la *pile Saint-Mars*, située à quatre lieues de Tours, et qui est formée d'un noyau en moellons de tufeau, enfermé dans un épais revêtement de larges briques de très belle fabrication [1].

La brique était encore fréquemment employée dans la construction des aqueducs. Les ruines connues, à Rome, sous le nom d'*Aqueduc de Néron*, sont des arcades, sur simple ou double rang, avec parements en briques de 0m,40; dans le massif des voûtes se trouvent des briques plus grandes (de deux pieds romains), ainsi que sur le pourtour des cintres [2]. Les arcades de l'aqueduc *Hadriana* sont également construites en briques et les puits qui servent de regards ou de ventilateurs sont en assises alternées de briques et de tufeau. Aux piles des aqueducs de Lyon, nous trouvons l'*opus reticulatum*, interrompu, à des hauteurs inégales, par des cordons de briques. Les arcades sont aussi en maçonnerie mixte; ce même genre de construction se remarque aux aqueducs d'Arles, de Mayence, etc...

On retrouve encore l'emploi de la brique dans les ouvrages d'utilité publique exécutés par les Romains sur toute l'étendue de leur empire. Près de Nicomédie, aujourd'hui Isnikmid, en Asie Mineure, subsistent les ruines d'une grande citerne qui fournissait de l'eau à l'ancienne ville et qui est entièrement

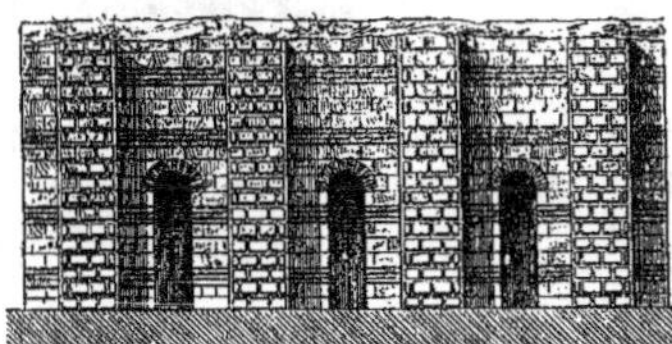

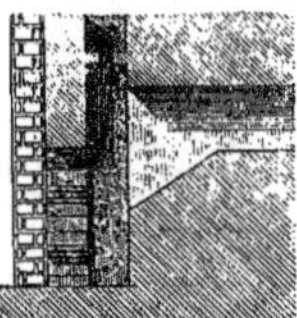

Fig. 18.

en briques [3]. Un des anciens murs de cette cité, qui occupait autrefois le bord de la mer, est bâti de briques et soutenu, de trois mètres en trois mètres, par de grands contreforts de pierre entre lesquels s'ouvraient des égouts. La figure 18, empruntée à l'ouvrage de M. Texier, montre, en élévation et en coupe, la disposition de ce mur.

Les conduits qui distribuaient l'eau aux fontaines, aux bains et aux autres établissements publics et particuliers, étaient de deux sortes : les uns, *fistulæ*, étaient en plomb; les autres, *tubuli*, en poterie. Vitruve préfère ces derniers : « Les tuyaux de poterie, dit-il, ont cet avantage qu'il est fort aisé de les raccommoder quand ils en ont besoin, et que l'eau y est beaucoup meilleure que dans des tuyaux de plomb, dans lesquels il s'engendre de la céruse, que l'on estime être très dangereuse et fort contraire à notre corps [4]. » Toutefois, les Romains ne semblent pas avoir appliqué ce précepte : les *fistulæ* étaient beaucoup plus employées que les *tubuli* [5].

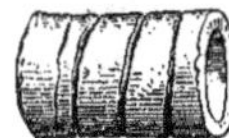

Fig. 19.

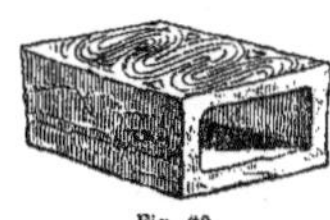

Fig. 20.

Nous donnons (fig. 19) un fragment de tuyau en poterie, de provenance romaine et qui est conservé au Musée céramique de Sèvres. Certaines conduites d'eau étaient formées de tuiles creuses accolées

1. Voy. M. de la Saussaye, *Mémoire sur la pile Saint-Mars*.
2. Bertrand, *les Aqueducs romains*. Paris, 1875, gr. in-8°, p. 64.
3. Texier, *Description de l'Asie Mineure*, tome Ier, p. 24.
4. Liv. VIII, ch. VII. Traduct. de Perrault.
5. Bertrand, *les Aqueducs romains*, p. 66.

et réunies à l'aide de mortier. On a trouvé un canal de ce genre aux *bains de Drévant* dans le département du Cher[1].

Des tuyaux en terre cuite, à section rectangulaire, comme le montre le fragment représenté par la figure 20 et qui appartient au Musée céramique de Sèvres, servaient à chauffer les sables des thermes romains. Ces tuyaux, incrustés dans les murs, ainsi que le représente la figure 21,

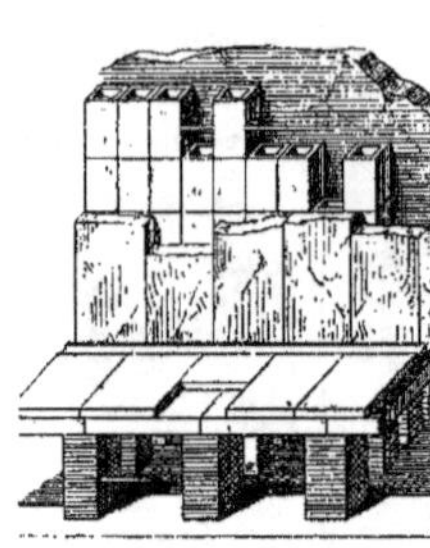

Fig. 21.

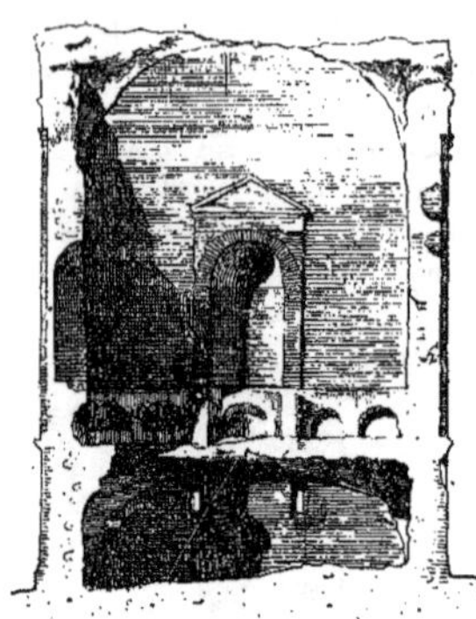

Fig. 22.

puisaient la chaleur dans des fourneaux appelés *hypocaustes* et affectant une disposition toute particulière : chacun de ces fourneaux était une sorte de chambre souterraine, de 0^{m},55 à 0^{m},60 de hauteur, et constituait le plancher même des salles à chauffer. Des petits piliers de briques, ordinairement carrés, soutenaient de grandes dalles en terre cuite, sur lesquelles était établi le pavé des appartements.

Parmi les tombeaux, quelques-uns, disposés en chambres ou chapelles sépulcrales, étaient construits en briques. Nous donnons (fig. 22), d'après un dessin de Garrez, notre maître, la coupe d'un monument de ce genre, situé sur la route d'Albano, dans la campagne de Rome. Enfin, les sépultures romaines nous offrent encore, indépendamment des urnes ou vases cinéraires, certaines applications de terre cuite. Les urnes des familles pauvres, dans les columbaria, étaient placées entre deux lignes de briques ou de tuiles. On a trouvé un certain nombre de sarcophages gallo-romains en terre cuite. M. de Caumont[2] cite même, sur plusieurs points de la France et de l'Angleterre, des tombeaux ou cercueils destinés à recevoir des urnes funéraires et qui étaient construits sur place, au moment de l'inhumation, d'une façon toute particulière; deux murs bas en briques supportaient un toit composé de larges tuiles, posées les unes sur les autres en encorbellement et rapprochées, par le haut, de manière à former dos-d'âne.

1. A. de Caumont, *Abécédaire d'archéologie*, Ère gallo-romaine, p. 158.
2. *Ib.*, *ibid.*, p. 448.

ARCHITECTURE LATINE

L'emploi de la brique est un des principaux caractères du style latin, qui dérive directement de l'art romain. On trouve, en effet, dans les édifices chrétiens bâtis du IVe au Xe siècle, cette matière utilisée soit seule, soit communément avec la pierre. La maçonnerie mixte, à assises alternées, se rencontre très fréquemment avec l'appareil ordinaire en moellons et cordons de briques, ou bien avec l'*opus spicatum*. L'appareil réticulé et l'*opus incertum*, avec chaînes verticales de briques, étaient aussi appliqués [1]. Les parties qui subsistent des murailles de la basilique primitive de Saint-Laurent hors les Murs [2], à Rome, présentent deux rangs de moellons alternant avec une assise de briques. A la cathédrale de Trèves, dont la construction est attribuée de même à Constantin, une seule assise de moellons est placée entre les cordons de briques. Toutefois, le système d'appareil mixte prévalait, surtout en Italie, dans les édifices religieux de l'époque de Constantin. Les monuments latins postérieurs au IVe siècle offrent fréquemment une structure homogène, et des deux sortes de matériaux utilisés jusque-là, c'est la brique qui fut, dès lors, le plus souvent employée. M. de Caumont cite les murs latéraux de l'église de Saint-Apollinaire, à Ravenne, où la brique était seule mise en œuvre. Des cintres mêmes sont formés souvent de grandes briques minces, comme pendant les beaux siècles de l'empire. On voit des arcs semblables dans des édifices tels que l'église du monastère de Saint-Saba, à la basilique de Saint-Clément, l'église de Sainte-Marie in Cosmédin, à Rome, monument qui, malgré des restaurations successives, ont conservé des traces de leur structure primitive [3].

Le mode de construction alternée qui, de l'Italie avait passé en Gaule, se retrouve appliqué, après la domination romaine, à des édifices qui paraissent dater de l'époque mérovingienne. A la partie supérieure des murs latéraux, demeurés intacts, de l'église de la Basse-Œuvre, à Beauvais, on distingue des fenêtres à plein-cintre, à claveaux séparés par des briques et un cordon horizontal, formé de deux rangs de briques, qui court d'une fenêtre à l'autre au niveau des impostes et encadre les archivoltes. L'église de Savenières (Maine-et-Loire) présente, sur sa façade et sur son mur latéral, des cordons de briques à plat ou disposées en épi [4]. Ces assises intercalées à différentes hauteurs se voient encore dans le mur méridional de l'église de Vieux-Pont-en-Auge (Calvados) ; à l'abside de la chapelle de Langon (Ille-et-Vilaine) ; à l'église Saint-Mesmin, près d'Orléans ; à Saint-Martin d'Angers, notamment dans les arcades du transept et dans les murs latéraux. Ce dernier monument, dont les parties conservées ont été construites par l'impératrice Hermengarde, au commencement du IXe siècle, nous offre quelques documents intéressants. Les briques qu'on y remarque, moins fines de pâte que les briques romaines, ont une épaisseur qui varie de 0^m,025 à 0^m,045 et une longueur qui peut atteindre jusqu'à 0^m,43 ; elles sont séparées les unes des autres par une couche de mortier dont l'épaisseur est comprise entre 0^m,013 et 0^m,023. On trouve encore l'alternance de pierres et de briques aux églises de Saint-Eusèbe (Maine-et-Loire) ; de Saint-Christophe, à Suèvres (Eure-et-Loir) ; à l'église de Rugles. Ici une particularité se présente : certaines pierres formant un cordon horizontal sont artificielles et composées d'un béton dans lequel on distingue des fragments de terre cuite affectant une teinte rosée [5].

Dans les édifices que nous venons de citer et qui paraissent tous être antérieurs au Xe siècle, la brique alternant avec la pierre dans l'appareil des murs et des arcades était un élément de décoration extérieure.

1. A. de Caumont, *Architecture religieuse*, p. 11.
2. La première construction de ce monument date de Constantin, qui l'éleva vers 330. — Voy. Le Tarouilly, *Édifices de Rome*, p. 553.
3. Voy. Le Tarouilly, *Édifices de Rome*.
4. Voy. A. de Caumont, *Cours d'antiquités monumentales*, tome IV ; — Gailhabaud, *Monuments anciens et modernes*. Paris, 1850, 4 vol. in-8°, tome II.
5. A. de Caumont, *Abécédaire d'archéologie*, Architecture religieuse, p. 111.

Ce rôle est rendu plus manifeste dans certains monuments du même style. Nous y trouvons la terre cuite employée par incrustation et formant des combinaisons variées, des dessins qui constituent une ornementation régulière. C'est ainsi que le tympan de l'église Saint-Pierre, à Vienne, est orné d'une croix formée de briques incrustées entre deux frontons triangulaires. On a trouvé, à Saint-Samson-sur-Risle, à Vertou, près de Nantes, des briques moulées qui avaient dû être employées dans le même but de décoration extérieure [1].

La couverture des édifices latins était exécutée au moyen de tuiles disposées à la manière antique. Mais, hors de l'Italie, en France par exemple, ces tuiles sont défectueuses, grossières, gauches, se recouvrent mal et sont de plus petite dimension que les tuiles romaines [2]. Quant aux revêtements du sol, ils durent être exécutés suivant les mêmes traditions, les briques et les carreaux de terre cuite étant réservés aux pavages vulgaires [3].

Nous terminerons ce que nous avons à dire sur l'architecture latine en citant une application toute particulière de la terre cuite. Nous avons parlé précédemment d'un procédé d'allégissement des voûtes, qui consiste en poteries placées aux retombées. Nous trouvons une disposition semblable dans la maçonnerie des voûtes de l'église Saint-Étienne-le-Rond, ancien temple circulaire élevé sur le mont Cœlius, à Rome, converti en église, au ve siècle, par le pape Simplice Ier et plusieurs fois restauré. Ces poteries sont des tubes de terre cuite de 0^m,16 à 0^m,20 de longueur sur 0^m,07 à 0^m,08 de diamètre, ayant la forme de la figure 23, et enfilés les uns dans les autres, de manière à constituer avec chacune de leurs files un arc vertical. La surface extérieure de ces cylindres est cannelée en spirale, pour offrir plus de prise au mortier qui les liaisonnait. Aux reins-mêmes de cette voûte et dans le corps des murs qui la supportent se trouvent de véritables amphores, comme celle que représente la même figure. Ces vases sont aussi emboîtés verticalement les uns dans les autres [4]. Le baptistère de Saint-Jean de Ravenne, construit ou restauré, au vi[e] siècle, par l'évêque saint Néon [5], est surmonté d'un dôme formé de tubes cannelés et emboîtés, comme ceux que nous venons de citer, mais en spirale, de manière que la poussée au vide est rendue aussi faible que possible. Cet agencement nouveau paraît être dû à l'influence de l'art oriental, qui commençait déjà à pénétrer en Italie.

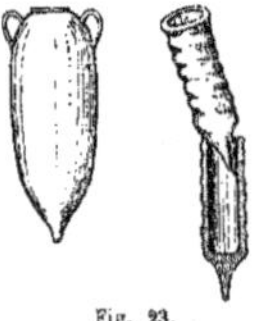
Fig. 23.

ART BYZANTIN

La nature même du terrain sur lequel Byzance a été bâtie, la nécessité qui se présenta, lors de la fondation de cette ville, d'élever promptement un nombre considérable d'édifices, expliquent suffisamment l'emploi de petits matériaux, qui caractérise l'architecture byzantine, surtout dans la cité qui fut le berceau du nouveau style. On ne trouve, en effet, aux environs de Constantinople, que des gisements peu abondants de pierres calcaires et des carrières de marbres de prix, d'une exploitation difficile et coûteuse. Au contraire, les argiles propres à la fabrication des briques sont très communes, et les architectes byzantins trouvèrent là un moyen de remplir leur programme : construire le plus rapidement possible [6]. Cette nécessité explique même l'usage constant de la brique dans les pays où la pierre de taille abonde [7]. Les monuments de l'art

1. A. de Caumont, *Abécédaire d'archéologie*, Architecture religieuse, p. 20, 90.
2. Viollet-le-Duc, *Dictionnaire raisonné d'architecture*, tome IX, p. 322.
3. *Id.*, *ibid.*, tome II, p. 260.
4. Seroux d'Agincourt, *Histoire de l'art par les monuments.*
5. Tarlazzi, *Memorie sacre de Ravenna*, p. 256.
6. F. de Dartein, *Étude sur l'architecture lombarde*. Paris, 1870, gr. in-4°, Atlas, gr. in-f°, p. 30.
7. Texier, *l'Architecture byzantine*, p. 186.

byzantin tirent donc leur caractère de la nature même des matériaux employés : les briques, en effet, par leurs dimensions invariables, les joints nombreux de leur appareil, imposent aux constructeurs des conditions qui impriment à l'œuvre un cachet tout particulier. Les arcatures, les voûtes facilement exécutées avec des éléments de petite dimension, la ligne courbe substituée à la ligne droite dans la fermeture des baies, les arcs de décharge, destinés à prévenir les tassements que peut faire craindre la multiplicité des joints, tels sont les procédés de construction que l'on remarque dans ces édifices.

Les Byzantins employaient les grandes briques romaines de forme carrée. A la cassure et aux empreintes que portent ces matériaux, on reconnaît qu'ils étaient fabriqués avec des terres lavées, foulées dans des moules par les pieds des ouvriers, hommes ou enfants. En outre, les briques byzantines sont pourvues d'inscriptions ou de sigles, croix, monogrammes, légendes même, qui rappellent la destination de l'édifice. Nous citerons notamment les briques des églises Saint-Georges et Saint-Hélie, à Thessalonique, comme chargées de timbres ou sigles chrétiens [1].

Le mode d'emploi de ces matériaux est assez varié; tantôt les briques occupent toute l'épaisseur des murailles ou des massifs, avec ou sans revêtement de pierre ou de marbre, comme on le voit à l'église Sainte-Sophie de Constantinople, à Saint-George de Thessalonique citée plus haut; à Saint-Nicolas de Myra, en Lycie, etc.; tantôt c'est le parement même de la maçonnerie qui est en briques, tandis que le noyau est en béton. Cette disposition était appliquée aux murs d'enceinte, aux voûtes, aux égouts et aux aqueducs. Enfin, l'alternance des assises de briques et de pierres se remarque très fréquemment, aussi bien dans la hauteur des murs que dans les archivoltes des baies; dans ce dernier cas, les cordons de briques présentent même diverses combinaisons, telles que l'appareil en épi. L'église des Saints-Apôtres, à Thessalonique, les tours de l'enceinte de Nicée offrent des arrangements de ce genre [2], ainsi que dans certaines églises de la Grèce. Dans les monuments de cette dernière région, les briques jouent encore un rôle décoratif par la manière dont elles sont posées, leur ajustement présentant des dessins très variés. Par exemple, les joints verticaux des moellons placés en assises alternées sont quelquefois en terre cuite, de façon que chaque pierre se trouve encadrée dans la brique. On voit souvent aussi des motifs de ce genre : une croix grecque au milieu d'un cadre, avec les quatre angles occupés par des courbes, une étoile ou un soleil exécutés de même avec de la brique et entourés par quatre angles droits figurant le *gamma*, emblème de la Trinité. On trouve aussi un autre mode de décoration tiré de l'agencement des briques, notamment à l'église des Saints-Apôtres, à Thessalonique : ce sont des corniches et des impostes formées d'assises de briques superposées, où l'on voit, dans un ou deux rangs, les briques se présenter diagonalement et offrir au dehors leurs angles en saillie. Enfin, des pièces de terre cuite pour moulures et couronnements étaient fabriquées à l'aide de moules. On voit ici que l'art byzantin s'accuse par une certaine originalité en s'éloignant des traditions romaines.

Il est un autre point sur lequel nous croyons utile d'insister : les procédés de construction des voûtes en briques élevées par les architectes de l'Orient se ressentent particulièrement de l'influence asiatique. Nous avons vu, plus haut, de quelle manière étaient appareillées les voûtes en berceau ogival qui recouvraient les égouts du palais de Korsabad; la disposition inclinée des claveaux en terre cuite dispensait de l'usage des cintres pour le bandage de ces voûtes. Or, les Byzantins de Salonique et d'Éphèse, au IVe siècle, usaient de la même méthode pour obtenir le même avantage [3].

Ils posaient dans les voûtes en berceau les assises de briques, jusqu'à une certaine hauteur, à la manière ordinaire, et achevaient, au-dessus, la construction par des tranches de briques posées de champ suivant un plan incliné à 60 degrés. A cause de l'inclinaison des lits, ces briques s'appuyaient

1. Texier, *l'Architecture byzantine*, p. 156, 164.
2. Texier, *Description de l'Asie Mineure*, tome Ier, p. 60.
3. Choisy, *Note sur la qualification des voûtes sans cintrage pendant la période byzantine.*

l'une sur l'autre et l'adhérence du mortier les retenait pendant la pose, jusqu'à ce que le rang fût complet[1].

La coupole de l'église Sainte-Sophie, à Constantinople, qui a environ 35 mètres de diamètre, est construite en briques, mais non pas en briques légères, d'une densité plus faible que celle de l'eau, tirées de l'île de Rhodes, suivant la légende : « Les briques que j'ai été à même d'examiner dans cette partie de l'édifice, dit M. Texier[2], m'ont semblé en tous points conformes aux briques ordinaires. »

C'est au baptistère de Saint-Jean de Ravenne que nous avons remarqué un procédé réel d'allégissement des voûtes, procédé appliqué sous l'influence byzantine. La coupole de l'église de Saint-Vital, bâtie dans la même ville, vers le milieu du VIe siècle, sous le règne de Justinien, nous montre cette influence encore plus accentuée. Ce monument est élevé sur plan octogonal; la rotonde est entièrement construite en briques avec joints de mortier de la même épaisseur que les briques (environ 0^m,03 et 1/2)[3]. La voûte est formée, comme au baptistère de Saint-Jean, de tubes de terre cuite, enfilés horizontalement les uns au bout des autres et montant, par une ligne spirale, jusqu'au sommet de la coupole. Vers les reins de la voûte, cette spirale est fortifiée par un second cordon de ces mêmes tubes, ainsi que par plusieurs rangs de vases en poterie, urnes ou amphores, plantés debout. Le tout est recouvert d'un mortier qui donne à cette maçonnerie, extrêmement légère, une solidité qui, depuis douze siècles, ne s'est pas démentie.

Ce système d'allégissement des voûtes se trouve encore appliqué dans la construction de l'église, beaucoup plus moderne, de Sainte-Marie in Porto. On reconnaît aussi l'usage de la brique dans certaines parties, arcatures, voûtes et pendentifs de l'église de Saint-Marc, à Venise, monument du Xe siècle, qui porte, de même, l'empreinte du style byzantin. Cet art se répandit encore en Sicile et jusque dans les Gaules, mais les édifices construits en totalité ou en partie sous l'influence orientale ne nous offrent que peu d'intérêt, en raison du sujet qui nous occupe.

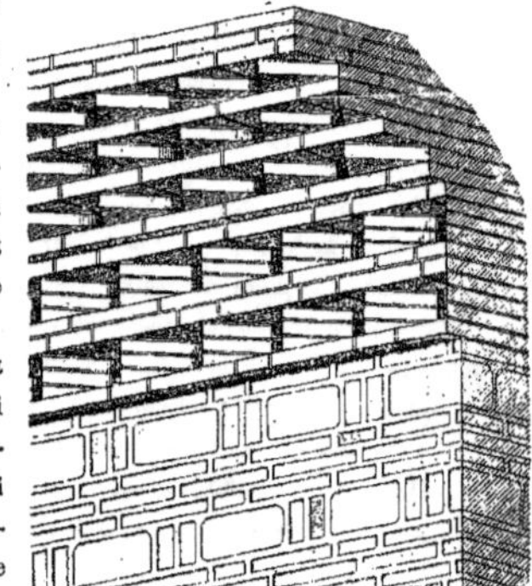
Fig. 24.

Il n'en est pas de même des monuments religieux construits en Russie à partir du Xe siècle et qui se rattachent, par plus d'un côté, au style qui prit naissance à Constantinople. De cette ville, en effet, l'art byzantin s'est répandu sur le littoral de la mer Noire, a envahi la Crimée et s'est ensuite propagé rapidement dans l'empire russe[4].

La Roumanie, par sa situation géographique, s'est trouvée immédiatement exposée à cette influence; aussi cette région conserve-t-elle des traces nombreuses de l'emploi de la terre cuite dans les siècles passés. Aujourd'hui encore les habitations se construisent en briques grossièrement façonnées; mais autrefois la préparation de la terre était plus soignée; l'argile était, comme celle que les potiers emploient de nos jours, fortement mélangée de sable micacé, et les produits se sont parfaitement conservés jusqu'à notre époque. La figure 24 représente un fragment de corniche de l'église de Cozia, dans la vallée de l'Olto (Roumanie), édifice qui date du XIVe siècle et qui a été construit dans le système gréco-byzantin. On trouve encore sur quelques clo-

1. Viollet-le-Duc, *l'Art russe*. Paris, 1877, gr. in-8°, p. 48.
2. *Description de l'Asie Mineure*, t. II, p. 243.
3. De Dartein, *Étude sur l'architecture lombarde*, p. 46.
4. Léonce Reynaud, *Traité d'architecture*, t. II, p. 248.

chers du siècle dernier des boutons décoratifs émaillés en vert ou en jaune, de la forme indiquée par la figure 25 [1], et qui étaient distribués sur les bandeaux, sur les tympans des arcades, etc...

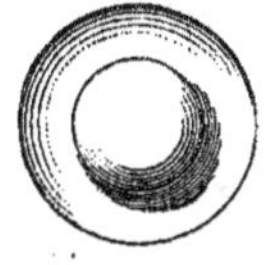

Fig. 25.

La prédominance des terres argileuses sur les gisements pierreux dans l'étendue de l'empire russe explique l'emploi de petits matériaux. C'est pour la structure, et principalement pour la construction des voûtes, que les architectes de cette région suivirent les principes de l'école de Byzance. L'ornementation est plutôt composée d'éléments asiatiques, slaves et touraniens [2]. Plus tard même, on y trouve les traces d'influences hindoue et persane. Cette ornementation consiste surtout en revêtements de pierres, de briques, d'émaux et de peintures. La tour octogonale qui supporte, à Moscou, la coupole centrale de l'église de Vassili Blajennoï, édifice du XVIe siècle, est construite, ainsi que tout l'édifice, en briques et pierres. Les arcatures formant saillie à l'extérieur abritent des tympans recouverts de faïences émaillées, de peintures, de mosaïques sur fond d'or.

Lors même que le style russe, s'éloignant de son origine, abandonne peu à peu la tradition byzantine, sous l'influence plus directe des arts hindo-persans, la brique ne cesse d'être employée comme élément principal de construction : témoin le campanile construit avec cette matière à l'église Saint-Jean Chrysostome de Jaroslaw, bâtie en 1654. C'est à la même époque que des couronnements en briques ou en moellons, posés en encorbellement, remplacèrent les auvents saillants en charpente destinés à abriter les maçonneries et qui étaient dus à la même origine asiatique. Nous empruntons à l'ouvrage de M. Viollet-le-Duc [3] la figure 26, qui représente une de ces corniches en perspective. Des briques émaillées pouvaient être employées dans ce mode de construction et produire de très beaux effets décoratifs. On retrouve aussi les formes massives des monuments de l'Inde dans les porches ou portiques voûtés qui s'appuient fréquemment à la base des édifices et qui reposent sur d'épaisses colonnes renflées construites en briques. Ces matériaux sont encore appliqués à la décoration des façades d'architecture civile, concurremment avec les enduits. Les fenêtres sont parfois encadrées de chambranles ou pilastres surmontés de couronnements en briques apparentes (fig. 27).

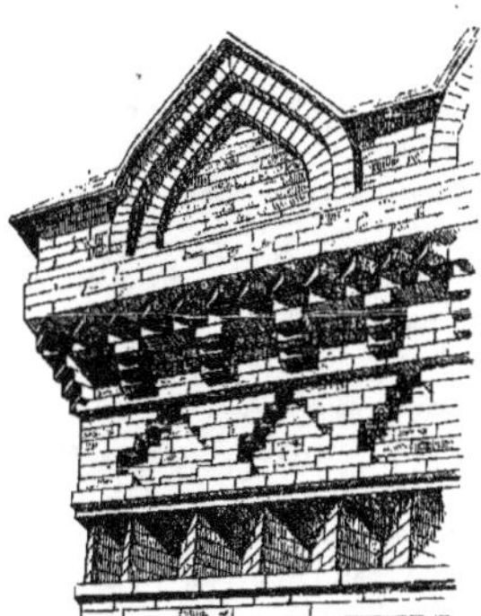

Fig. 26.

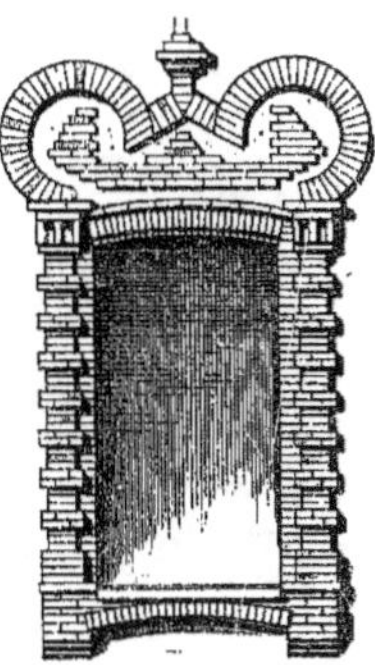

Fig. 27.

Enfin, l'on voit que, dans l'art russe, comme dans la plupart des styles que nous venons d'examiner, la terre cuite, sous ses formes diverses, joue un rôle des plus importants et que l'histoire de cette matière se confond, en quelque sorte, avec l'histoire même de l'architecture.

1. Nous devons ces dessins et les explications qui les accompagnent à l'obligeance de M. A. Lecomte, qui restaure actuellement une église en Roumanie. Si notre cadre nous le permettait, nous figurerions ici des fragments de terres cuites dont M. Lecomte nous a communiqué les dessins et qu'il a découverts dans ses recherches. Ces ouvrages, comme l'indique le caractère de leur ornementation, seraient dus à des artistes potiers italiens qui se rendaient à Moscou pour travailler au Kremlin.

2. Viollet-le-Duc, *l'Art russe*, p. 34.

3. *Ibid.*, p. 176.

ARCHITECTURE MUSULMANE

Lorsque les Arabes s'emparèrent de l'Asie Mineure, de la Syrie et de l'Égypte, ils convertirent en mosquées un grand nombre d'églises, toutes construites dans le goût byzantin; c'est donc à ce dernier style qu'ils empruntèrent les principaux éléments de leur système architectonique; mais la conquête de la Perse, l'étude des monuments construits à Madaïn (Séleucie et Ctésiphon), sous la dynastie des Arsacides et des Sassanides, expliquent aussi le caractère que présente l'architecture musulmane, surtout au point de vue de la décoration. Ainsi donc, sous la double influence que nous venons de signaler, la terre cuite, employée comme briques pour la construction des murs, comme pièces émaillées pour le revêtement des parois, est encore un des matériaux le plus fréquemment usités dans les monuments de l'islamisme. Toutefois, les Arabes surent employer les éléments qu'ils trouvèrent dans les contrées soumises à leur domination : là où les monuments étaient construits avec de grands matériaux, s'élèvent des mosquées et des palais arabes exécutés à l'aide des mêmes éléments [1].

ÉGYPTE.

Dans cette région, par exemple, qui fut conquise par Amrou, un des généraux d'Omar, et dans laquelle l'architecture musulmane peut être regardée comme le *style arabe* proprement dit, les nouveaux conquérants employèrent les deux espèces de matériaux qu'ils trouvèrent dans les édifices déjà existants, la pierre de taille et la brique. Les maçonneries primitives de la mosquée d'*El-Azhar* [2], au Caire, monument qui date du xe siècle après Jésus-Christ, sont formées de colonnes supportant des murs en briques d'une grande élévation et d'un poids considérable, recouvert d'un enduit en stuc. Les constructions postérieures de cet édifice, qui est de plusieurs époques, sont en pierre de taille. Dans cette même ville, la mosquée de Touloun, construite en l'an 877, est tout entière en briques et ses murs sont revêtus d'un fort enduit en stuc, dans lequel sont tracés des entrelacs et des combinaisons de feuilles et de fleurs de la plus grande élégance [3].

Dans un grand nombre de mosquées arabes, les arcades sont construites en pierres appareillées ou en pierres blanches et en briques rouges de deux couleurs. Les coupoles sont élevées sur une base rectangulaire, avec pendentifs formés de niches superposées, et sont bâties en pierres ou en briques posées par assises régulières sur une couche de mortier, et souvent recouvertes de stuc avec entrelacs sculptés. Le mode de construction employé, de nos jours, par les Arabes pour la construction des voûtes et des coupoles, mérite d'être signalé; il est probable qu'il était en usage pour les monuments d'une époque antérieure. Quand il s'agit d'une coupole [4], les constructeurs commencent par élever la voûte sur tout le pourtour, jusqu'au quart de la circonférence du cintre, en pierres placées par assises réglées ou en briques posées à bain de mortier. Lorsque cette première portion de la voûte a fait corps, on emploie des cintres de bois, mais plus habituellement ces cintres se font en briques crues, posées au mortier de terre, le tout établi sur des pièces de bois servant de sablières. On continue la coupole jusqu'à son sommet; puis, lorsque le tassement s'est produit, on enlève les cintres. On opère de la même manière pour toutes les voussures, voûtes ou arcades.

Les minarets, ces tours qui contribuent tant à donner aux mosquées leur physionomie pittoresque, sont quelquefois construits en pierres, le plus souvent en briques revêtues de stuc.

1. Bourgoin, *les Arts arabes*. Introduction, p. 8.
2. Pascal Coste, *Architecture arabe*. Paris, 1839, in-f°, p. 33.
3. *Id. ibid.*, p. 32.
4. Pascal Coste, *Architecture arabe*.

Les autres procédés de construction en usage pour les maisons particulières, pour les établissements publics ou privés ne doivent pas différer sensiblement de ceux qui étaient appliqués avant l'époque moderne. Dans toutes ces manifestations de l'art architectural, la brique joue le principal rôle. Les bains sont construits avec cette matière. Les habitations des riches commerçants sont élevées en pierre jusqu'à la hauteur du premier étage et, au-dessus, en briques revêtues de stuc à l'intérieur; ces demeures renferment ordinairement une cour pavée en briques ou en dalles de Mokatam. Les maisons égyptiennes sont généralement couvertes de terrasses, composées de solives et de planches, sur lesquelles on applique une couche de mortier, puis un rang de briques jointives revêtues d'un dernier enduit. A Alexandrie, les mosquées, les okels sont bâtis en briques cuites, posées sur une couche de mortier de chaux et de sable de 0m,005 d'épaisseur. Les briques employées dans la Basse-Egypte sont les mieux fabriquées. Elles sont bien équarries et ont les pores serrés. Elles ont pour dimensions : 0m,15 de longueur, 0m,09 de largeur et 0m,04 d'épaisseur [1].

ESPAGNE.

Dans cette contrée où l'invasion des Arabes date des premières années du VIIIe siècle, l'architecture des nouveaux conquérants a pris plus spécialement le nom de *style mauresque*. Ici encore nous avons à constater l'emploi général de la terre cuite, utilisée comme élément de construction et d'ornementation. C'est ainsi qu'à la célèbre mosquée de Cordoue, dont la construction date de la fin du VIIIe et du commencement du IXe siècle, les murs sont construits en pierres et en larges briques. Les arcades des nefs sont formées de claveaux alternativement en pierres blanches et en épaisses briques rouges, dont la couleur contribuait à la décoration. On remarque, sur la face orientale, des portes surmontés d'arcs en fer à cheval, dont le tympan et l'encadrement sont décorés en stuc et en terre cuite, et de mosaïques de faïence. Les voûtes légères en briques, dont l'édifice est aujourd'hui couvert, ont été établies, en 1713, pour remplacer les charpentes qui existaient auparavant et qui supportaient des toits en tuiles [2].

A Séville, la Giralda, tour de la grande mosquee, que Yacoub-el-Mansour fit bâtir en 1195, a sa partie inférieure construite en pierres d'appareil et le reste en briques. Des voûtes établies avec les mêmes matériaux supportent des rampes ou plans inclinés qui conduisent, autour d'un noyau central, du bas de la tour à la plate-forme [3]. Les faces de ce monument sont ornées de dessins en réseaux formés de briques polies.

Un autre édifice, dans lequel le style mauresque se montre dans tout son éclat, est l'*Alhambra*, palais bâti au centre d'une vaste forteresse occupant tout le plateau de la Sierra del Sol, à Grenade. L'enceinte de ce monument était entièrement construite de briques dont la couleur rouge lui a valu le nom qu'il porte aujourd'hui (Medinat-Alhamra signifiant *la ville rouge*). La principale entrée notamment est pratiquée dans une grosse tour carrée en briques rouges. Le palais même est en briques revêtues de plâtre et décoré de faïences [4].

1. Voy. pour les détails de la fabrication, Pascal Coste, *Architecture arabe*, p. 80.

2. Voy. Gailhabaud, *l'Architecture du* Ve au XVIIe *siècle*.

3. Girault de Prangey, *Essai sur l'architecture arabe*, p. 106.

4. M. Brongniart définit ainsi la faïence : « poterie à pâte opaque, colorée ou blanchâtre, tendre, à texture lâche, à cassure terreuse, recouverte d'un émail opaque, ordinairement stannifère. » Conséquemment les briques à peine cuites, mais couvertes d'une glaçure, appartiennent à l'histoire de la faïence, lorsque cette glaçure est stannifère. L'origine de cette fabrication ne remonte pas à une époque très ancienne; car les briques de Babylone dites émaillées étaient revêtues d'une glaçure ne renfermant pas d'étain. Les faïences les plus anciennes auxquelles on puisse donner véritablement ce nom, c'est-à-dire les faïences stannifères paraissent avoir été faites en Perse et chez les Arabes. Ces derniers ont revêtu, en Afrique et en Espagne, un grand nombre de monuments de carreaux en terre cuite appartenant à ce genre de poteries et auxquels on a donné le nom d'*azulejos*, du mot *azul*, signifiant bleu d'outremer. Tels sont les carreaux de l'Alhambra, dont la date n'est pas très ancienne puisque ce palais fut construit par Mohamed-ben Alhamar, vers 1273 ou par son fils Mohamed II, mort en 1302. Ces carreaux portaient, pour la plupart l'inscription arabe : *Il n'y a pas de fort si ce n'est Dieu*, devise qui fut adoptée par les fondateurs du royaume musulman de Grenade. Cet emploi de carreaux de revêtement en faïence ou poterie émaillée est encore répandue dans le pays de l'Orient et de l'Afrique septentrionale. (Voy. Brongniart, *Traité des arts céramiques*, t. II, p. 20 et suiv.)

Le vaste *patio de l'Alberca*, ou *cour du Bassin*, que l'on trouvait en arrivant du côté du sud, est entouré d'une galerie à arcades, dont les tympans sont fermés par un réseau de grandes briques plates ou carreaux, placés diagonalement, de manière à composer une série de losanges, auxquels sont attachés des ornements à jour en plâtre. Le soubassement de cette galerie était orné de mosaïques en faïence. La *Cour des Lions*, voisine du *patio d'Alberca*, était, paraît-il, pavée autrefois de grandes briques émaillées, blanches et bleues [1].

Parmi les monuments que Grenade posséda encore et qui avaient fait de cette cité la ville maure par excellence, se trouvait un genre particulier d'édifices consacrés par les musulmans au traitement des malades pauvres et qui recevait le nom de *Moristân*. M. Gailhabaud [2] cite un de ces hôpitaux, dans lequel la brique était encore l'élément principal de la bâtisse. Les matériaux étaient d'une fabrication si parfaite et si soigneusement appareillés qu'il était difficile d'en apercevoir les joints. La couverture était en tuiles émaillées, de couleur blanche et bleue, alternées entre elles, de manière à former une sorte de damier.

ASIE.

Outre les églises chrétiennes que les Arabes convertirent en mosquées dans les provinces d'Asie Mineure et de Syrie, ils construisirent eux-mêmes des édifices religieux pour nous remplis d'intérêt. Le plus gracieux monument d'architecture arabe qui existe encore à Nicée est le temple appelé vulgairement la *Mosquée verte* (Yechil-Djami). Ce monument, qui date de la fin du VIIIe siècle, est accompagné d'un minaret en briques et revêtu de faïences émaillées. La tour est composée de bandes horizontales ondulées et alternativement bleues, vertes et rouges. C'est le vert qui domine et qui a fait donner à l'édifice le nom qu'il porte [3].

Lorsque les Turcomans Seldjoukides, partis du Turkestan, eurent étendu leur domination jusqu'aux cités d'Alep et de Damas, et qu'ils eurent épuisé, pour la construction des monuments religieux, le peu de pierres fournies par les carrières et les édifices byzantins, ils eurent recours à la brique et aux émaux. D'après MM. Flandin et Pascal Coste [4], les monuments que renferme la citadelle d'Erzeroum paraissent appartenir à cette période de l'histoire de l'islamisme. A la forme des coupoles de certaines mosquées, à la courbe de leurs arceaux, aux mosaïques de briques émaillées qui ornent leurs minarets et surtout aux inscriptions coufiques qui les accompagnent, on doit croire que ces édifices ont été élevés sous la domination des Seldjoukides. La ville de Konieh, l'ancienne Iconium, dans la Lycaonie, renferme un *médrécé* ou école religieuse, qui remonterait au XIIe siècle. Le mur extérieur de cet édifice est en briques; la porte, en pierres de taille avec colonnes de marbre.

Dans la cour, on voyait des frises et des impostes en faïences émaillées contenant, dit-on, tout le Coran. Une grande partie de ces revêtements est détruite. La grande salle située au fond de la cour et qui servait aux leçons est conservée. Le bleu est la couleur dominante des émaux qui décorent cette entrée : de là le nom de *médrécé bleu*, donné à cette école. On imaginera aisément le soin qu'exigeait la fabrication des carreaux de revêtement, en songeant que chaque pièce a été cuite pour la place qu'elle devait occuper, les inscriptions ne se répétant pas [5].

Aux Seldjoukides succédèrent, à partir du XIIIe siècle, dans la possession de ces contrées, les Ottomans, qui suivirent, dans leurs constructions, les pratiques de l'art byzantin, modifié par le goût arabe et persan. C'est à Mohammed Ier, fils de Bajazid et petit-fils de Mourad Ier, qu'est due la *Mosquée verte* de

1. Girault de Prangey, *Essai sur l'architecture arabe*, p. 140.
2. *L'Architecture du Ve au XVIIe siècle.*
3. Texier, *Description de l'Asie Mineure*, t. I, p. 50.
4. *Voyage en Perse*, 1840-41. Paris, 1851. 2 vol. in-8 et 6 in-f° de fig.
5. Texier, *Description de l'Asie Mineure*, t. I, p. 148.

Brousse, monument désigné ainsi à cause de la couleur des émaux qui ornaient ses minarets. Le fond de la mosquée est couvert de faïences persanes, figurant deux grands rideaux verts, entre lesquels on aperçoit une corbeille de fleurs. Des plaques émaillées, de couleur verte et bleue, revêtent le pourtour des murs jusqu'à hauteur d'homme. Près de la mosquée est le *turbé*, ou tombeau du fondateur. Ce monument a la forme d'une chapelle octogonale et est revêtu, à l'extérieur et à l'intérieur, de faïences de Perse, dont les ornements sont en relief, particularité que M. Texier [1] dit n'avoir remarquée que dans ce monument. Ce tombeau est surmonté d'une coupole de faïence verte et décoré, comme le médrécé, que nous citons plus haut, par des versets du Coran, ce qui prouve, de même, que chaque morceau de faïence a dû être fait et cuit pour la place qu'il occupe.

PERSE. — ARMÉNIE.

C'est dans la première de ces deux contrées, tour à tour dominée par les Arabes, les Seldjoukides, les Ottomans et les Mogols, que l'on trouve surtout ce mode de décoration, obtenu par les revêtements en faïence émaillée. L'usage de la brique dans le corps même des constructions est aussi répandu dans cette région.

A *Ispahan*, la mosquée de *Baba-Souctah*, ou le *Père Brûlé*, a ses murs couverts de briques émaillées. La coupole qui surmonte et le minaret qui accompagne cet édifice sont pourvus de la même ornementation. De grandes étoiles vertes et blanches se dessinent sur le fond azuré du dôme; le minaret présente une suite de spirales également vertes et blanches qui s'enroulent autour de sa surface d'émail bleu. Mais le plus beau type des mosquées persanes est celle qui fut construite par Chah-Abbas, au XVIIe siècle, vers 1630, et qui porte le nom de *Matchit-Djuma*. L'entrée de ce monument, placé entre deux minarets ornés d'émail bleu, consiste en une haute arcade ayant la forme d'une ogive, dessinée par un faisceau de torsades élégantes revêtues d'émail. Les tympans sont surmontés de fleurs de toutes couleurs et le tout est enveloppé d'un cadre composé de longues tablettes de faïence bleue, sur lesquelles ressortent en blanc des versets du Koran [2]. Bien d'autres mosquées, d'une décoration moins riche, présentent leurs dômes couverts en tuiles vernissées, vertes ou bleues et ornées de dessins jaunes, bleus et rouges [3]. Le palais de Chah-Abbas, dans cette même ville, est décoré, suivant un usage persan, de grands tableaux historiques de 2 mètres de long sur 1^{m},50 de large, et composés de carreaux de faïence à cinq ou six couleurs et portant 0^{m},50 de côté [4]. Les maisons d'Ispahan sont en briques cuites au soleil ou au four. Enfin, du temps de Chardin, on voyait encore dans cette cité un pont appelé *pont de Hasanabad*, et dont les parapets, bâtis en arcades et hauts d'environ 4 mètres, étaient, sur les deux faces, revêtus de plaques émaillées.

Au milieu des ruines qui recouvrent l'emplacement de *Sultanyeh*, subsistent deux mosquées, dont l'une est encore bien conservée. Cet édifice est construit en briques et surmonté d'une coupole revêtue extérieurement de briques couvertes d'un vernis blanc et bleu pâle [5]. On voit aussi, dans cette ville, le tombeau de Chak-Koda-Bendu, fait uniquement de mosaïques en briques monochromes, mais de différentes couleurs [6].

Flandin [7] cite une ruine qu'il a découverte au delà de *Siadeh* et qui lui a paru être un tombeau. C'est un massif carré de briques sur lequel repose une coupole en ruines. Les faces de ce monument sont décorées d'ornements faits de briques de plusieurs dimensions et figurant une quantité de petites niches

1. Texier, *Description de l'Asie Mineure*, t. I, p. 66.
2. Flandin et Pascal Coste, *Voyage en Perse*.
3. Louis Dubeux, *Univers pittoresque, la Perse*. Paris, 1841, p. 17.
4. Brongniart, *Traité des arts céramiques*, t. II, p. 87.
5. Louis Dubeux, *la Perse*, p. 27.
6. Brongniart, *Traité des arts céramiques*, t. II, p. 87.
7. *Voyage en Perse*.

ou d'encorbellement superposés les uns aux autres. D'après le caractère et la physionomie de ce tombeau, sa construction paraît devoir remonter à l'époque des Mogols.

Tabriz, Tebriz ou *Tauris* possède une enceinte en briques séchées au soleil et des tours en briques cuites au four. Parmi les portes, trois sont flanquées de minarets dont la surface est recouverte de faïences émaillées. On voit, dans cette ville, les ruines d'une grande mosquée qui daterait de la fin du XIIIe siècle[1]. De cet édifice la partie la mieux conservée est le portail, admirable mosaïque de petites briques émaillées, dont les dessins ressortent sur un fond d'azur qui a résisté aux injures du temps.

A *Téhéran*, on remarque surtout les portes de l'enceinte, ornées d'émaux de différentes couleurs. Les habitations particulières sont construites en briques crues et sont exposées à une destruction rapide par les pluies abondantes.

En Arménie, la porte d'entrée du château Nakhtchevan, dont la construction paraît être du XIIe siècle, est décorée d'une mosaïque en briques émaillées[2].

La forteresse d'Érivan renferme une mosquée, convertie aujourd'hui en église russe, dont le dôme et la façade sont revêtus d'émaux. Enfin l'on trouve chez les peuples qui habitent le pied du Caucase de très nombreuses constructions en briques, fréquemment émaillées sur une de leurs faces. Les couvertures mêmes sont faites en tuiles pourvues d'un vernissage qui les rend inattaquables aux agents atmosphériques et qui produit un brillant effet décoratif[3].

ARCHITECTURE ROMANE[4]

C'est dans le nord de l'Italie que, concurremment avec l'emploi des voûtes en berceau dans les constructions religieuses, se manifesta d'abord cette tendance à l'élancement dans les supports auxiliaires, colonnettes ou pilastres ajoutés aux piliers, qui est un des traits les plus caractéristiques de l'architecture dite *romane*. C'est aussi dans cette région que nous avons à constater l'emploi général de la brique. La Lombardie particulièrement est la contrée où cet usage paraît avoir été le plus répandu.

A Milan, la plus importante et la plus ancienne des chapelles qui entourent Saint-Laurent, celle dite de *Saint-Aquilin*, est recouverte d'une coupole, entourée, à sa base, d'une galerie extérieure, dont les arcs reposent sur des piliers en maçonnerie de briques. Le mur octogonal qui soutient la voûte est en briques bien cuites, de grande dimension (0m,28 de longueur sur 0m,14 de largeur et 0m,06 d'épaisseur) et séparés par des joints de 0m,02 à 0m,03. Enfin des briques atteignant jusqu'à 0m,45 de longueur et 0m,28 de largeur, sur 0m,06 d'épaisseur, forment le pavage de la galerie supérieure[5].

1. F. de Dartein, *Étude sur l'architecture lombarde*, 2e partie, p. 6 et 7.

2. *Voyage en Perse*.

3. Dubois de Montpereux, *Voyage autour du Caucase*, t. IV, 1840, p. 40.

4. Brongniart, *Traité des arts céramiques*, t. II, p. 88.

5. Nous ne chercherons pas à résoudre ici cette question, sur laquelle les archéologues de tous les âges et de tous les pays ont déjà tant de fois controversé, à savoir : quelle appellation convient-il de donner à chacun des styles qui ont succédé, particulièrement dans les pays de l'Occident, à l'architecture romaine? Décider s'il y a effectivement une architecture *lombarde, romano-byzantine, romane* proprement dite, est en dehors du sujet spécial que nous étudions. Nous laisserons au lecteur le soin de résoudre lui-même le problème, en le renvoyant aux ouvrages dans lesquels cette question nous semble traitée avec le plus d'autorité : nous nous contenterons d'appliquer la désignation générale de *romane* à cette architecture qui s'est développée dans les régions désignées plus haut sous l'influence simultanée des traditions romaines et orientales et même des importations arabes. — Voy. Seroux d'Agincourt, *Histoire de l'art par les monuments*, ouvrage déjà cité; — Léonce Reynaud, *Traité d'architecture*, 4e édition. Paris, 1878, vol. II. Note A sur l'architecture lombarde; — F. de Dartein, *Étude sur l'architecture lombarde*, t. I, p. 498 et suiv.; — Cordero de San Quintino, *Dell' italiana Architectura durante la dominazione longobarda, Brescia*, 1829, p. 28 et suiv.; — Sacchi, *Antichita romantiche d'Italia*. Milano, 1828; — Vitet, *Étude sur les beaux-arts*. Paris, 1827; — Bâtissier, *Histoire de l'art monumental*, p. 467; — Viollet-le-Duc, *Entretiens sur l'architecture*, p. 490, 204; — Rohault de Fleury, *les Monuments de Pise au moyen âge*. Paris, 1866; — Lewis Gruner, *the Therra cotta Architecture of North Italy du* XIIe *au* XVe *siècle*. Londres, 1867, p. 11; — Adolphe Lance, *Excursion en Italie*. Paris, 1873, p. 75 et suiv.

Dans cette même ville, l'église Saint-Ambroise, qui est la réunion de trois constructions d'époques différentes offre de nombreux exemples de l'emploi de la brique. De l'église primitive, qui daterait du IVe siècle, on a seulement retrouvé, dans ces dernières années, les fondements, consistant en piles carrées, dont la partie inférieure est en maçonnerie formée de galets et de morceaux de briques liés par un mortier très dur. Le reste de ces piles, qui supportent la base des colonnes, est en briques de différentes longueurs, soigneusement appareillées. Le chevet, partie la plus ancienne de l'église actuelle, présente un couronnement en arcatures, surmonté d'un bandeau en dents de scie, compris entre deux rangs de briques à plat, dénote l'influence byzantine. La corniche qui termine les murs droits se reliant à l'abside offre une disposition analogue. Le soubassement du chevet est en pierres; le reste de la maçonnerie, en briques de 0m,07 d'épaisseur sur 0m,20 à 0m,30 de longueur et 0m,10 à 0m,15 de largeur. Les briques du couronnement atteignent même jusqu'à 0,m40 de longueur.

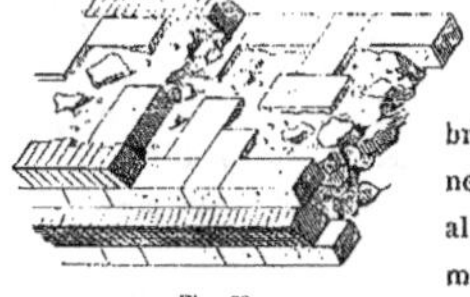

Fig. 28.

Les nefs sont recouvertes par des voûtes d'arêtes exécutées en briques. Les arcs qui en forment l'ossature, particulièrement dans la nef principale, sont les uns en pierres, les autres en briques et pierres alternées. Les appareils des murs sont très intéressants à étudier. Les murailles, dont l'épaisseur ne dépasse pas 0m,60, sont entièrement construites en briques; au-delà de cette dimension, la maçonnerie est formée d'un blocage compris entre deux parements de briques d'appareil, ou, comme le présente la figure 28 [1], d'assises de briques à plat alternant avec des couches de fragments de terre cuite rangés en arête de poisson. Cette dernière disposition n'est appliquée qu'aux parements extérieurs; à l'intérieur toutes les surfaces mises en évidence sont en briques d'appareil avec points lissés au fer. Dans la masse même du blocage sont noyées des briques entières, ajustées contre celles du parement pour augmenter la liaison. Les dimensions ordinaires de ces briques sont 0m,26 de longueur sur 0m,11 de largeur et 0m,06 d'épaisseur.

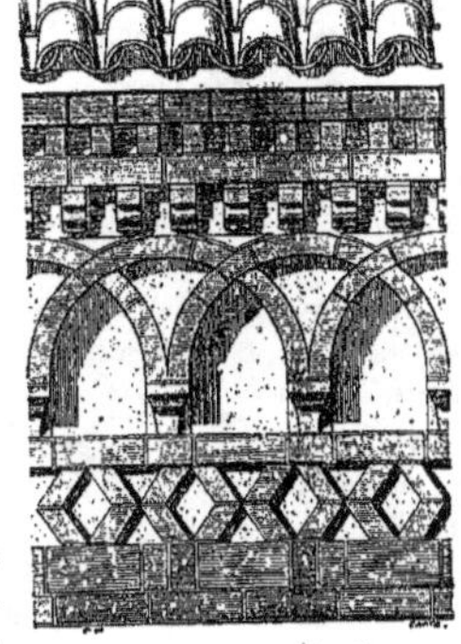

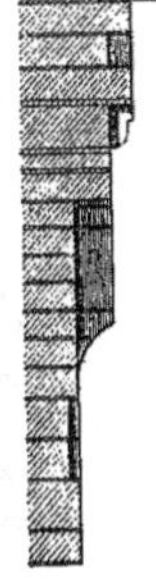

Fig. 29.

Signalons, en passant, l'influence de la construction romaine, dont témoigne cette maçonnerie de blocage avec revêtement en matériaux d'appareil.

La terre cuite est aussi l'élément principal de la décoration, plus particulièrement accentuée dans les corniches du couronnement, qui présentent d'ordinaire, comme motif dominant, de petites arcatures cintrées, appuyées sur des consoles. Nous donnons (fig. 29) un fragment de la corniche du couronnement de la coupole, à cause de son originalité, et bien qu'elle soit de beaucoup postérieure à la reconstruction de la basilique.

C'est une bande d'arcatures aveugles qui s'entre-croisent, de manière à former des ogives; au-dessous est une frise, composée de briques inclinées en sens inverse, et au-dessus une rangée de consoles, surmontées d'une assise de briques en dents de scie. Le tout, d'ailleurs, est en terre cuite.

1. Cette figure, ainsi que la suivante et les détails que nous donnons sur *Saint-Ambroise*, est empruntée à l'ouvrage de M. de Dartein cité plus haut.

Cette matière est employée, sous les formes les plus diverses, dans l'église de *Saint-Gothard*, à Milan. Nous avons à remarquer dans cet édifice, construit par Azzo Visconti sur les ruines de l'église de San Giovanni al Fonti [1], l'admirable solidité qui résulte de l'excellence des matériaux et du soin apporté à l'ajustement des briques, solidité qui ne s'est pas démentie depuis cinq siècles, malgré les intempéries du climat. Ces briques sont de structure et de formes variées [2], suivant les différentes parties de l'édifice où elles sont placées; elles sont cintrées dans les parties circulaires mises en vue. Notons encore un emploi remarquable de la terre cuite à l'église du monastère de *Chiaravalle*, situé près de la même ville et qui fut fondé, au XIIe siècle, en l'honneur de la visite, à Milan, de saint Bernard, abbé de Clairvaux. L'église même, qui ne fut consacrée qu'au commencement du siècle suivant, a un campanile orné, à tous les étages, d'arcatures en briques.

A Pavie, les églises de *Sainte-Euphémie*, de *San Pietro in ciel d'Oro*, qui datent de la même époque que les édifices de Milan cités plus haut, nous montrent la brique employée comme élément principal de la construction et de la décoration. Bien que le dernier de ces monuments ait été en partie détruit au XIVe siècle par les ordres d'un évêque ignorant qui en suspectait la solidité [3], on peut juger, par les restes qui se voient de nos jours, que les injures du temps ont eu beaucoup moins d'effet sur la terre cuite que sur la pierre qui se trouve mêlée avec elle, bien que le climat de Pavie, comparé à celui des autres provinces de la Lombardie, soit particulièrement humide et fangeux. Toute la maçonnerie, d'ailleurs, sauf les parements des piliers isolés, ceux des contreforts du portail jusqu'à mi-hauteur, l'encadrement de la porte et celui des fenêtres de la façade, est faite en briques, épaisses d'environ 0m,07 et séparées par un joint de 0m,01. Ces briques sont régulières et de belle qualité. L'archivolte extérieure des fenêtres de la grande nef est composée de trois rouleaux de brique, dont l'un porte une série de petits losanges moulés en relief [4].

Un monument de cette ville dont la construction remonte à une époque sur laquelle les archéologues ne sont pas d'accord est l'église de Saint-Michel [5], qui paraît dater du XIe siècle. Les maçonneries de cet édifice sont formées d'un noyau en blocage et de parements en pierres ou en briques. Ces derniers matériaux sont surtout employés dans les parties supérieures. Dans la crypte, les arcs qui relient les colonnettes sont composés de briques, tantôt solitaires, tantôt associées par deux ou par trois et intercalées parmi des claveaux de pierre. Les voûtes sont bâties en briques ainsi que les parois lisses des murailles, sauf dans leurs parties inférieures. Au point de vue de la décoration, l'église de Saint-Michel offre d'heureux exemples de l'emploi de la terre cuite. La grande nef, notamment, est couronnée, sur la première moitié de sa longueur, d'une corniche en briques très simple, et présente, dans la seconde moitié, une série d'arcatures, portées sur des colonnettes formant une ornementation des plus élégantes. Dans la partie supérieure du mur de la coupole on remarque des cordons de briques posées en dents de scie [6].

D'autres monuments religieux de Pavie sont pour nous du plus grand intérêt. L'église de *Saint-Théodore*, dont la fondation date du XIIe siècle, est presque entièrement construite en briques de 0m,07 d'épaisseur, très régulières et très belles, avec des joints de 0m,01 à 0m,015 d'épaisseur. L'appareil offre ceci de remarquable que, dans chaque assise, à deux ou trois briques posées en carreau succède une brique, formant boutisse. En outre, les piliers sont accompagnés de colonnes engagées, dont les bases se composent de très grandes briques moulées exprès. Enfin les consoles qui supportent les corniches extérieures sont aussi en terre cuite.

1. Lewis Gruner, *The Terra cotta*....., p. 21.
2. Sacchi, *Antichità romantiche d'Italia.*
3. Lewis Gruner, *The Terra cotta*....., p. 14.
4. F. de Dartein, *Étude sur l'architecture lombarde*, p. 277.
5. Voy. les ouvrages que nous avons cités dans la note, p. 47.
6. F. de Dartein, *Étude sur l'architecture lombarde*, p. 236 et suivantes.

L'église *Saint-Lanfranc*, qui, selon certains témoignages, aurait été fondée à la fin du XIe siècle, et, selon d'autres, à la fin du XIIe [1], a sa façade exécutée en briques, sauf l'encadrement de la porte et une ou deux assises du soubassement ; les parements anciens des murs latéraux sont aussi en belles briques de 0^m,26 à 0^m,31 de longueur, 0^m,12 à 0^m,14 de largeur et 0^m,065 à 0^m,07 d'épaisseur. Le campanile est décoré d'arcatures faites avec des briques bien cintrées et très régulières. Le pavé primitif du monument se composait d'une espèce de béton de briques, de couleur rose, qu'on a retrouvé dans plusieurs églises de cette époque, et dont on fait encore usage aujourd'hui, sous le nom de *calastruzzo* [2].

A l'église de *Saint-Lazare*, construite vers le milieu du XIIe siècle, et située à environ 1500 mètres de la porte Sainte-Justine, il n'y a que les colonnettes de la façade et les chapiteaux, les bases et les linteaux des portes qui ne soient pas en briques. Les traverses d'appui des arcatures qui couronnent le chevet et les longs côtés, sont en terre cuite moulurée ; enfin, les colonnettes mêmes qui soutiennent ces arcatures sont en briques. Cet édifice est surtout très remarquable par la beauté et la régularité des briques qui composent l'appareil. Ces briques mesurent 0^m,27 de longueur sur 0^m,13 de largeur et 0^m,07 d'épaisseur, avec joints en mortier de 0^m,01 [3].

De l'ancienne église *Santa-Maria del popolo* il reste quelques vestiges, entre autres une petite partie de la crypte, qui suffisent pour témoigner de l'emploi de la terre cuite. A part les chapiteaux des piliers, la construction est entièrement exécutée en briques de très grandes dimensions ; celles des parements intérieurs ont 0^m,43 de longueur sur 0^m,23 de largeur et 0^m,07 d'épaisseur. Les bases mêmes des piliers sont en terre cuite [4].

La *Rotonde de Brescia*, qui date du IXe siècle [5], présente, au sommet de son tambour, un couronnement en briques, formé d'une frise qui comprend deux rangées de zigzags, et d'une corniche composée de petits arcs que surmontent des assises de briques, alternativement lisses et en dents de scie. Cette décoration extérieure témoigne de l'influence byzantine, tandis que la disposition générale et le système de construction donnent à cet édifice un caractère essentiellement romain.

Dans cette même ville, l'ancien palais de la république, le *Broletto*, offre un ensemble de belles constructions en brique du XIIe siècle. Bien que cet édifice ait été défiguré par le temps et par la main des hommes, on y voit encore de belles ouvertures à plein-cintre dont les archivoltes, à plusieurs rangs, montrent leurs claveaux de marbre et de brique alternés. Des ornements en terre cuite d'un modelage très remarquable sont parfois mêlés à la brique et au marbre [6].

A l'église *Saint-Zénon* de Vérone, monument qui fut construit de 1043 à 1178 [7], et qui, rappelant la basilique par son plan, est roman par ses détails, les façades latérales sont élevées par assises alternées de marbre et de briques.

L'église *Sainte-Sophie* de Padoue, dont la construction appartient à deux époques différentes, offre un remarquable exemple de l'emploi de la terre cuite dans sa partie la plus ancienne, l'hémicycle du chevet, datant du IXe siècle [8]. La presque totalité de cette portion du monument est exécutée en briques. On retrouve encore ces matériaux, disposés à bâtons rompus, comme les pièces d'un parquet, et diversement colorés, dans le revêtement des voûtes en cul-de-four des niches intérieures. Des briques simples ou moulurées, disposées en redans, accompagnent aussi les arcs de la galerie de circulation établie à la

1. Robolini, *Notizie storiche di Pavia*, t. III, p. 69-70, 92 et t. IV, p. 128 et 129.
2. F. de Dartein, *Étude sur l'architecture lombarde*, p. 289.
3. *Id. ibid.*, p. 292.
4. Brambilla, *la Basilica di Santa Maria del popolo*, p. 18, pl. II et IV.
5. Voy. F. Odorici, *Antichità christiane di Brescia*, 2e partie, p. 29-63.
6. A. Lance, *Excursions en Italie*, p. 296.
7. *Id. ibid.*, p. 288.
8. F. de Dartein, *Étude sur l'architecture lombarde*, p. 59.

naissance de la voûte qui recouvre l'abside. Enfin, l'on remarque aux montants des fenêtres du deuxième étage des assises alternées de pierres et de briques.

Tels sont les édifices lombards [1], antérieurs au XIIIe siècle, qui méritent d'être signalés par l'emploi des matériaux faisant l'objet de cette étude. Parmi les monuments des siècles suivants que l'on peut regarder comme appartenant à une époque de transition, il en est qui ne sont pas moins intéressants.

La célèbre *Chartreuse de Pavie*, qui s'élève à cinq milles de cette ville, et qui fut fondée en 1396 par Galéas Visconti, est pour nous un témoignage de l'habileté des constructeurs et des artistes de ce temps. Appareils des murs construits en briques, arcs en briques posées seules ou alternant avec des claveaux de pierre, frises, corniches, sculptures en terre cuite, toutes ces parties de l'édifice sont admirablement conservées. Comme nous l'avons déjà dit à propos de l'église de Saint-Gothard, on voit par là que la terre cuite résiste très bien aux injures du temps : les dégradations que l'on remarque parfois dans ces constructions sont dues soit à une négligence dans la pose d'une des pièces, soit à un choc accidentel ou bien encore à l'action destructive des herbes qui s'accrochent aux moindres fissures. D'ailleurs, le mortier généralement mis en usage pour unir les briques et les pierres était si bien trituré et dosé dans de si justes proportions, qu'il n'a fait qu'acquérir, par le temps, une solidité à toute épreuve. La *Chartreuse de Pavie* nous montre encore que les artistes de cette époque recherchaient la variété non seulement dans la forme, dans les contours, mais encore dans les couleurs. C'est ainsi qu'ils corrigeaient la monotonie des grandes surfaces de terre cuite ou de briques à teinte foncée, par l'interposition d'enduits en stuc et de marbres de différentes couleurs.

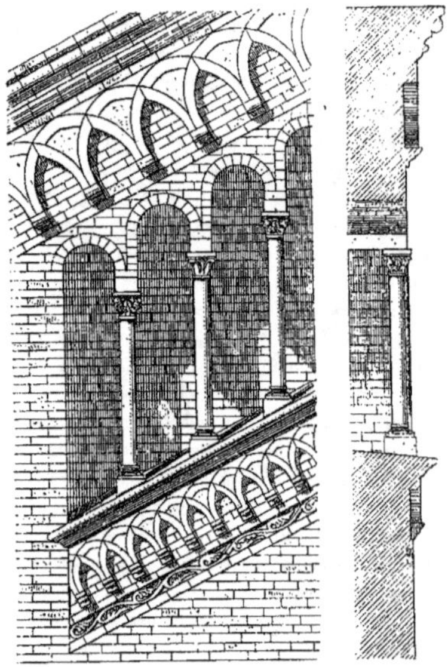

Fig. 30.

La cathédrale de Crema est un monument dont la fondation n'est pas fixée à une date précise, mais qui paraît être de la fin du XIIIe ou du commencement du XIVe siècle. La presque totalité de cet édifice est en briques et la décoration en terre cuite. Cette matière s'y trouve même aujourd'hui dans un état parfait de conservation. Nous donnons (fig. 30) un fragment du couronnement du fronton d'après l'ouvrage de Lewis Gruner [2]. Des colonnettes qui, par leur caractère, semblent appartenir au style ogival, sont surmontées d'arcades en plein-cintre et séparent deux séries d'arcatures accompagnées de bandeaux en terre cuite moulurée. La même habileté d'exécution se remarque dans les terres cuites employées à l'ornementation de l'église de *San-Rustico* à Caravage, à quelque distance de Bergame.

Les nombreux exemples que nous venons de citer suffisent pour indiquer le rôle important joué par

1. Ce terme est employé ici dans le sens géographique.
2. *The Terra cotta*....., p. 38. pl. XVI, XXII.

la terre cuite, à l'époque que nous considérons, dans l'architecture du nord de l'Italie. Cette région est si riche en ouvrages de ce genre, que Thomas Hope l'appelle *la grande contrée de brique.*

Nous ne voyons pas, en effet, cette matière aussi répandue dans les constructions des pays voisins. Cependant l'usage de la maçonnerie alternée en pierre et brique, importé par les Romains, était resté en vigueur, sur certains points du midi de la France, pendant les périodes gallo-romaine et mérovingienne. A partir du IXe siècle, la brique ne fut plus employée dans cette région ou fut employée seule. Toutefois, dans certains monuments de cette époque, à l'église de Saint-Sernin de Toulouse, par exemple, les remplissages, les voûtes, les parements unis sont en briques, tandis que les piles, les angles, les tableaux de fenêtre sont en pierre. On attribue ce mode d'emploi des deux matériaux à l'absence de pierre dans cette partie du Languedoc[1].

Nous insisterons sur le monument précité, à cause de son importance et de l'intérêt tout spécial que nous offre sa récente restauration, exécutée d'après les dessins de Viollet-le-Duc.

L'église de Saint-Saturnin, vulgairement dite de Saint-Sernin, se distingue des édifices religieux de cette époque par la complète harmonie de ses proportions; elle est, pour l'architecte, un témoignage éclatant de ce que l'on peut obtenir par les relations judicieusement appréciées que les parties doivent avoir entre elles ou avec l'ensemble, effet obtenu ici sans le secours de l'ornementation et malgré l'emploi de matériaux très ordinaires. Brûlée à plusieurs reprises, la basilique a été reconstruite, pour la dernière fois, vers le milieu du XIe siècle. Son abside, à chapelles rayonnantes, l'une des plus remarquables et des plus complètes que l'on puisse trouver dans les églises romanes, fut terminée en 1095 et consacrée par le pape Urbain II. L'édifice fut achevé dans les premières années du XIIe siècle et augmenté dans plusieurs de ses parties au XVIe siècle. La figure 31 représente, à l'échelle de 0^m,01 pour mètre, l'élévation de la façade occidentale restaurée[2]. On y remarque l'emploi de la pierre pour la double porte en plein-cintre, la rangée de consoles qui surmonte cette base, les fenêtres à colonnettes et archivoltes du premier étage, la rosace placée au-dessus, la petite baie géminée ouverte dans le haut du pignon et les modillons qui accompagnent les rampants. La brique domine dans les massifs de maçonnerie qui flanquent le porche. Le soubassement et les glacis des contre-forts sont en pierre, ainsi qu'un certain nombre d'assises intercalées dans les rangs de briques. La pierre est encore utilisée dans les modillons et le chéneau qui couronnent le tout. Le grand clocher central, bâti vers le milieu du XIIIe siècle, est de forme polygonale. Il offre une application d'un principe de l'école de Périgueux mis en pratique pour certains édifices religieux de nos provinces méridionales[3] : les pendentifs de la coupole sont couverts par des triangles à ressauts, et du socle carré portant sur les quatre piles et les arcs doubleaux la construction arrive à l'octogone parfait. Ce clocher, en briques avec colonnettes d'angle en pierre, présente trois étages de fenêtres géminées en plein-cintre et deux étages de baies terminées en triangle à leur partie supérieure. Cette description suffit pour indiquer clairement le mode d'emploi simultané de deux espèces de matériaux dans cet édifice. Notons encore les archivoltes en pierres et briques alternées du triforium.

Nous terminerons en signalant un mode particulier de jointoiement dont on remarque l'usage à la fin du XIe siècle, dans les provinces méridionales de la France voisines du Centre : les joints sont saillants, mais à section convexe et n'arrêtent pas l'humidité qui coule le long des parements; ils sont donc moins sujets à se dégrader par l'effet de la gelée. Dans quelques régions, au contraire, en Auvergne, par exemple, on faisait des joints légèrement saillants, mais à arêtes vives, et exposés, par suite, à l'inconvénient que nous faisons ressortir ici[4].

1. Viollet-le-Duc, *Dict. raisonné de l'architecture française*, t. II, p. 250.

2. Ce dessin a été fait d'après le projet de restauration de Viollet-le-Duc, déposé au bureau des Monuments historiques, au Ministère des Beaux-Arts.

3. Viollet-le-Duc, *Dict. raisonné de l'architecture française*, t. III, p. 300.

4. Voy. *Monographie de Saint-Saturnin*, publiée par la Société d'archéologie du Midi, 1854.

Fig. 31.

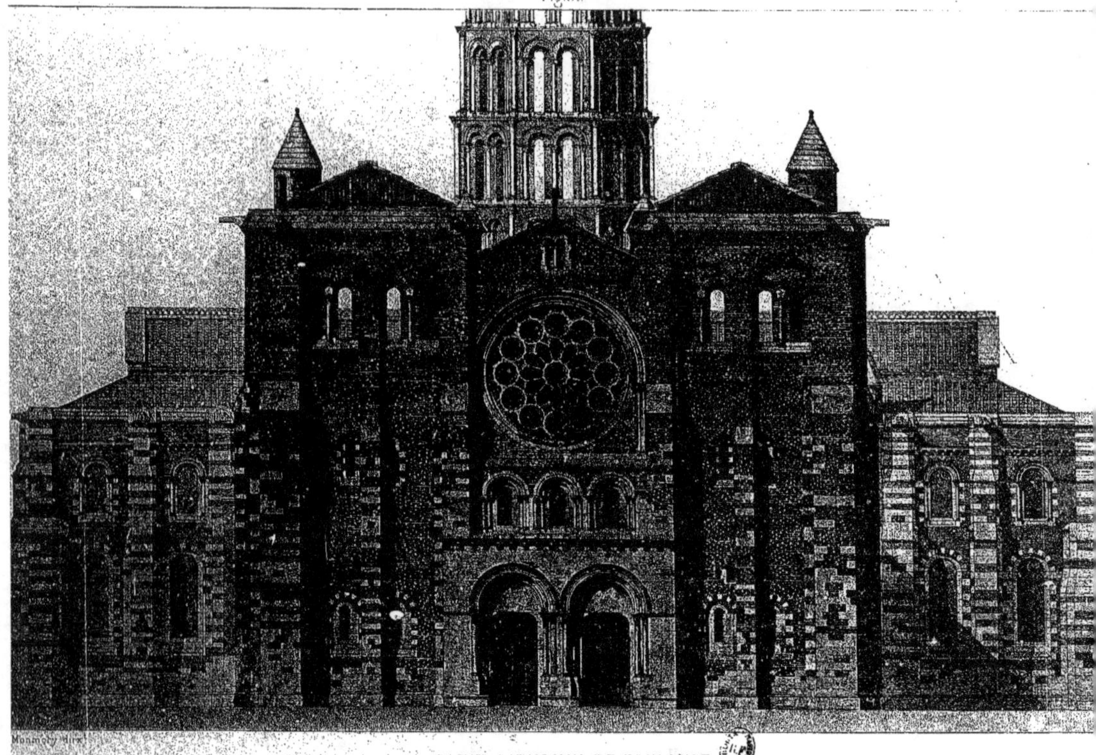

Monmory dirx

SAINT SATURNIN DE TOULOUSE

(Façade Occidentale)

RESTAURATION DE VIOLLET-LE-DUC.

Si la terre cuite était alors d'un usage restreint pour la construction même des murs, dans les régions occidentales de l'Europe, cette matière était généralement utilisée pour le revêtement des parois horizontales. Viollet-le-Duc[1] regarde comme vraisemblable l'emploi des carrelages en briques de couleur à l'époque carlovingienne, emploi qui permettait d'obtenir des pavages rappelant, par leur aspect, les mosaïques romaines. En outre, on conçoit qu'il était facile de fabriquer partout de la brique et de lui donner des tons variés par une couverte cuite au four. Mais l'auteur que nous venons de citer déclare ne connaître aucun carrelage en terre cuite antérieur au XIIe siècle; les carreaux qu'il regarde comme les plus anciens qu'il ait rencontrés appartiennent aux chapelles absidiales de l'église abbatiale de Saint-Denis et sont du temps de Suger. Toutefois certains documents permettent d'attribuer, à coup sûr, un usage plus ancien aux pavements de couleur en terre cuite. Le musée céramique de Sèvres renferme, sous le n° 9306, des débris de carreaux qui ont été trouvés dans les fouilles pratiquées dans le lit de la Seine, en 1850. Ces fragments sont formés d'une pâte grossière et ornés d'espèces de rosaces d'un travail barbare. Une glaçure d'un vert foncé recouvre le tout. M. Amé[2] pense que ces carreaux sont gallo-romains et considère que le spécimen le plus ancien, à date certaine, est le carreau que l'on a découvert, lors des fouilles de 1852, sur l'emplacement de l'ancienne église du monastère de Sainte-Colombe-les-Sens. Ce morceau de terre cuite porte une inscription gravée sur laquelle on lit encore le monogramme du Christ XPE. Un vernis très épais, de couleur vert foncé, le recouvre, et les lettres, remplies par de l'émail, paraissent presque noires. Ce carreau remonterait au IXe siècle. D'autre part, M. Demmin possède, dans sa collection, deux petits fragments triangulaires, de 0m,025, en terre cuite rouge engobée de terre blanche et recouverts, l'un d'un vernis translucide qui lui donne une nuance jaunâtre, l'autre d'un vernis minéral noirâtre : « Ces carreaux, dit M. Demmin[3], appartiennent à la seconde époque des six qui divisent ce genre de céramique uniquement destiné à couvrir le sol. Ils représentent l'espèce la plus ancienne en usage au moyen âge, où ils remplacèrent les cubes et les triangles encore plus petits de la mosaïque en pierre ou en verre opaque, pavage de la première époque...... Ces rares spécimens qui proviennent de l'abbaye d'Anchin à Fecquencourt, près de Douai (Nord), détruite en 1789, datent du XIe siècle. » Enfin, M. de Caumont[4] fait mention de pavages en terre cuite émaillée datant de la même époque : « M. Digot, rapporte le savant archéologue, en a remarqué dans l'église romane de Mousson qui datent du XIe siècle. »

Quoi qu'il en soit de l'époque précise où ce genre de revêtement fut adopté, il n'en est pas moins certain que le système des carrelages formés de pièces de rapport variées en couleur était arrivé, vers la fin du XIIe siècle, à un haut degré de perfection. Y a-t-il lieu d'entrer ici dans tous les détails de fabrication et de disposition que comporte l'analyse de ces pavements du moyen âge? Ce serait sortir des limites que nous nous sommes imposées. Qu'il nous suffise de renvoyer le lecteur aux ouvrages dans lesquels ces questions sont traitées avec le développement qu'elles méritent[5]. Nous dirons seulement, pour donner une idée de la méthode usitée à l'époque romane : 1° que ces pavages se composent ordinairement de bandes formant des dessins variés, séparées par des bordures étroites; 2° que chaque carreau portant sa couleur, c'est l'assemblage des diverses pièces qui produit les dessins prévus. Ajoutons enfin que certains carrelages de chapelles du XIe siècle présentaient des encadrements de pierres unies. Ce fait est aussi caractéristique des pavements de cette époque, tandis qu'au siècle suivant la terre cuite seule est employée pour le carrelage.

1. *Dict. raisonné de l'architecture française*, t. II, p. 260.
2. *Les Carrelages émaillés*, p. 93.
3. *Histoire de la céramique.*
4. *Abécédaire d'archéologie*, architecture religieuse, p. 291.
5. Voy. A. Ramé, *Étude sur les carrelages historiés du XIIe au XVIIe siècle.* — E. Amé, *les Carrelages émaillés* — Viollet-le-Duc, *Dict. raisonné de l'architecture française*, art. *Carrelage*.

Ainsi donc, soumis encore à l'influence des traditions antiques et voulant imiter les mosaïques des derniers temps de l'empire, les artistes romans trouvaient dans la terre cuite vernissée des ressources que leur refusait l'absence de marbres à tons variés.

La même matière, employée avec sa coloration naturelle, formait alors l'élément principal de la couverture, particulièrement dans le midi de la France. Cette région conserva le système romain, c'est-à-dire la toiture en tuiles plates rectangulaires, avec tuiles creuses de recouvrement, pendant les premiers siècles du moyen âge. Mais la fabrication des pièces était absolument défectueuse et, dès le XIe siècle, on renonça à la forme rectangulaire pour la forme trapézoïdale. Comme l'indique la figure 32, les tuiles s'emboîtaient l'une dans l'autre, sans encoche et par l'introduction du petit côté dans le plus grand. Le Languedoc et la Provence appliquaient ce système, qui présentait un inconvénient particulier : la difficulté de fixer les tuiles destinées à recouvrir les arêtiers. Il semble, en effet, que ces tuiles ne pouvaient être maintenues qu'à grand renfort de mortier, mauvaise garantie contre les mouvements inévitables des charpentes et les efforts du vent. Les architectes du moyen âge, surtout dans les constructions soignées, savaient parer au mal : si les édifices étaient voûtés, des arêtiers de pierre, avec rebords de recouvrement, étaient placés à la rencontre des pans de couverture, et leurs joints étaient simplement garnis de ciment. Les tuiles approches étaient coupées obliquement et se logeaint sous les rebords. Dans le cas de toitures reposant sur des charpentes sans voûtes sous-jacentes, les arêtiers étaient formés de tuiles spéciales, munies d'oreillons qui s'emboîtaient sur les tuiles couvre-joints des pans de combles. Enfin, dans les provinces du midi et de l'ouest de la France, au XIe et au XIIe siècles, les constructions ordinaires étaient pourvues de tuiles gouttières, posées à la base des couvertures pour recevoir les eaux pluviales. Ces tuiles, d'une grande longueur (on en a trouvé qui mesurent 0^{m},65) étaient plus étroites à une extrémité qu'à l'autre, de manière à former emboîtement (fig. 33) et, de plus, elles étaient munies d'un rebord qui permettait de les sceller sous l'égout du toit. Offrant trop de prise aux intempéries de l'atmosphère, les tuiles romaines à recouvrement avaient été abandonnées, dans les provinces du nord de la France, pour le système de couvertures en tuiles plates. Ces dernières étaient, à cette époque, pourvues, à la partie supérieure (fig. 34), d'un rebord formant un crochet continu, que retenaient des lattes clouées sur les chevrons.

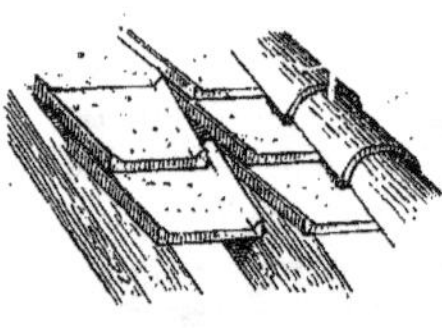

Fig. 32.

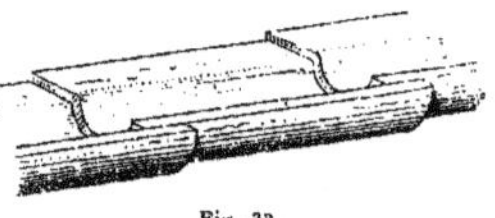

Fig. 33.

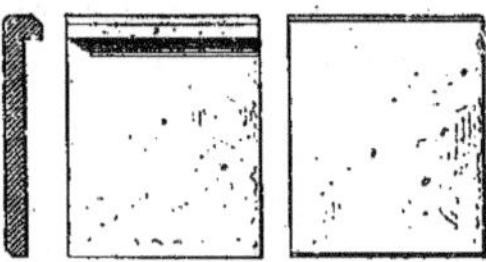

Fig. 34.

Le faîtage des combles de la période romane était composé soit de pierres pleines ou ajourées, soit de tuiles de grande dimension posées jointives et souvent accompagnées d'ornements qui formaient, à la partie supérieure du toit, une crête ou décoration continue. L'extrémité de la ligne faîtière, dans les couvertures en tuiles, était occupée par un autre motif d'ornementation, auquel on a donné le nom d'épi, et qui enveloppait l'about supérieur du poinçon. Toutefois, la fragilité de ces objets ayant amené leur destruction rapide, nous n'en possédons pas qui datent de l'époque romane[1]. C'est à peine si l'on retrouve quelques traces de ces accessoires dans les bas-reliefs et les manuscrits.

1. Viollet-le-Duc, *Dict. raisonné de l'architecture française*, t. V, p. 272.

ARCHITECTURE OGIVALE

L'architecture italienne du moyen âge ne présente pas, dans ses évolutions successives, les brusques changements que l'on voit s'opérer dans certaines autres contrées. Le passage d'une forme caractéristique à une autre s'opère avec plus de ménagements. Tels édifices que nous avons cités dans le précédent chapitre appartiennent à la fois au style roman et au style ogival. Mais, si nous considérons les monuments dans lesquels le plein-cintre est partout remplacé par l'ogive, c'est encore dans l'Italie septentrionale que nous devons aller recueillir les plus nombreux exemples de l'emploi de la terre cuite. Dans cette région, dont le sol est si riche en dépôts argileux, les architectes avaient compris l'avantage que peut offrir cette matière sur l'élément pierreux et par son bon marché et par sa facilité de modelage, qui se prête mieux à la fantaisie de l'artiste. Puissent ces réflexions servir aux constructeurs de nos jours, qui voient s'épuiser rapidement les gisements calcaires exploités jusqu'ici ! Certes on peut reprocher à l'argile de ne pas procurer à la décoration en terre cuite la finesse atteinte par le ciseau du sculpteur avec la pierre de taille; mais cette matière est suffisante toutes les fois qu'il s'agit d'un effet général et qu'on veut non pas simplement obtenir un assemblage de détails finis et précis, mais une esquisse vigoureuse, harmonieuse et partant susceptible de produire une forte impression.

Ces qualités nous les trouvons réunies dans certains monuments des cités italiennes. Pavie, par exemple, renferme de très remarquables édifices en briques du XIVᵉ siècle. L'église de *Santa Maria del Carmine*, construite en 1373[1], est en briques avec soubassement en pierre; les joints de la maçonnerie sont très soigneusement faits, à l'aide d'une chaux de première qualité. Les saillies des parties ornementées, corniches, bandeaux, archivoltes, sont ménagées avec tant de justesse, les sculptures sont travaillées avec un tel goût que l'effet produit sur l'œil du spectateur est saisissant. L'entablement à double rampant de la façade mérite surtout l'attention : il offre (fig. 35) dans ses arcatures, ses torsades, ses enroulements, ses bandeaux arrondis et accompagnés de modillons, une très belle application de la terre cuite moulée. Les colonnes et les piliers distribués à l'intérieur de l'église sont également en briques et appareillés avec tant de soin que la forme cylindrique des fûts paraît sans défaut; c'est à peine si l'on peut distinguer les joints[2].

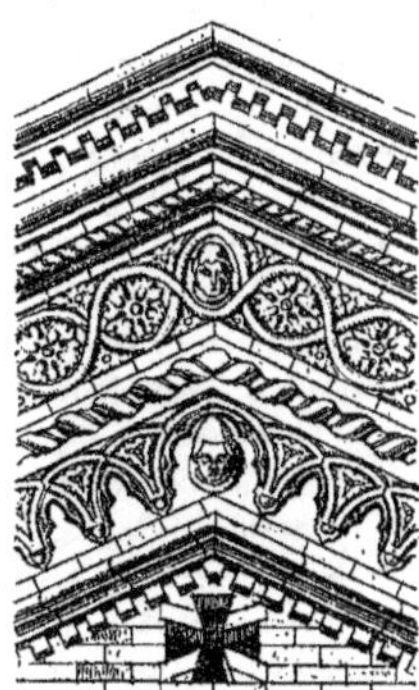
Fig. 35.

Cet édifice offre, dans son ensemble, une grande uniformité de teinte, qui est due à l'emploi exclusif de la terre cuite. Il n'en est pas de même pour le château de Pavie, monument élevé par Galéas Visconti et dont il ne reste que deux grandes tours et quelques arcades. Les briques et la terre cuite entraient bien pour une large part dans la construction et la décoration de cet édifice, mais les colonnes, les chapiteaux et quelques corniches étaient en pierre. Des imitations de marbres, peintes à fresque, ajoutaient, par leurs brillantes couleurs, à la variété de la décoration.

Si les édifices en briques du moyen âge n'ont pas, dans les autres provinces de l'Italie, la même importance qu'en Lombardie, on trouve néanmoins dans un grand nombre de villes, telles que Lucques, Pise, Sienne, Ferrare, Ravenne, Bologne, Rome, etc..., des constructions de ce genre qui ont pour nous le plus grand intérêt. Nous ne pouvons les citer toutes; nous en signalerons seulement quelques-unes.

1. Malaspina de Sannazaro, *Guide à Pavie*, Pavie, 1819.
2. Lewis Gruner, *the Terra cotta...*, page 29.

A Pise, la tour du *Vicolo Santa Margherita* a ses archivoltes décorées de moulages en terre cuite : une autre tour, dite de la *Via delle belle Torri* porte une frise de brique, qu'on voit encore à l'angle du *Vicolo del Cuore*. Dans cette même ville, sur la façade des anciennes maisons, notamment des vieilles constructions qui entourent l'église San Michele, on voit, encastrés dans des assises de briques, de vieux écussons de terre cuite qui « rappellent, au milieu des mutilations du temps, la touche spirituelle des vieux sculpteurs pisans[1] ».

A Lucques, au palais Guinigui, qui date du XIIIe siècle, les piles du portique d'entrée ou vestibule sont seules en pierre ; le reste est en briques.

De même que Pise, Lucques, Pistoie, la ville de Sienne renferme des édifices où la terre cuite, la pierre et le marbre se trouvent combinés de la manière la plus habile au point de vue de l'effet et de l'économie. Aussi ne saurions-nous trop insister sur les avantages que présente ce genre d'architecture, applicable aux pays où la pierre est chère et qui offre, en même temps, plus de gaieté que la brique employée seule. Le palais Buonsignori, que l'on suppose élevé à la fin du XIIIe siècle[2], se fait remarquer, à Sienne, par l'emploi de la brique et de la terre cuite mêlées à la pierre dans sa construction. Toutes les arcades ogivales sont douées d'une particularité de construction que nous devons signaler ici : les joints des briques qui forment les claveaux de ces arcades ne convergent pas, comme d'ordinaire, vers le centre des segments d'arcs de l'ogive, mais sont dirigés vers le point d'intersection de la ligne des naissances et de l'axe de l'ouverture. Ces briques ont 0m,29 de longueur sur 0m,06 d'épaisseur et ont été amincies à la meule par le bout qui forme l'intrados de l'arc. Le soubassement de l'édifice est en briques d'une dureté extrême, appareillées avec le plus grand soin et dont la couleur rouge et la surface unie sont très bien conservées. Au-dessous des fenêtres du premier étage on remarque une arcature ogivale en terre cuite, supportée par des consoles qui seules sont encastrées dans la construction, tandis que les fragments de brique, de peu de saillie, qui composent l'arcature sont simplement plaqués, n'étant maintenus que par les consoles et la corniche en marbre placée au-dessus[3].

Dans la même ville, le Palais public possède une façade extérieure toute en briques, à l'exception du rez-de-chaussée. Les façades de la cour intérieure sont également construites en briques ; les piles mêmes des arcades du rez-de-chaussée sont faites avec ces matériaux.

A San-Gemignano, une des maisons qui entourent la place dite *de la Citerne* et qui semble dater du XVe siècle, a son rez-de-chaussée en pierre ; le reste est en briques rouges et blanches.

Ces villes de la Toscane, de la province de Sienne, étaient construites sur un sol qui se prêtait merveilleusement à la fabrication ; aussi toutes, excepté Florence, qui pouvait se procurer facilement de la pierre par blocs de toutes dimensions, ont-elles leurs vieux quartiers presque entièrement construits en briques et en terre cuite d'ornement.

Nous ne quitterons pas la péninsule italique, qui nous fournit tant de documents précieux pour l'étude que nous poursuivons, sans faire mention des monuments en briques d'Asti, très remarquables par leur caractère sévère, leur grande simplicité et l'heureux choix des moyens de construction et de décoration. La cathédrale, notamment, offre un exemple tout particulier des combinaisons de la pierre et de la brique. Signalons, de plus, un procédé intéressant appliqué aux constructions anciennes de cette cité : un peu de peinture noire et des enduits blancs, employés en grandes surfaces pour détacher les contreforts ou bien combinés en petites parties avec la couleur rouge de la brique, forment des bandeaux ou des archivoltes imitant une sorte de mosaïque[4].

1. Rohault de Fleury, *la Toscane au moyen âge*, Paris 1870, in-fol.
2. Verdier et Cattois, *Architecture civile et domestique au moyen âge et à la Renaissance*, Paris, 1857, 2 vol. in-4°, t. Ier, p. 27 et suiv.
3. *Id., ibid.*, t. Ier, p. 51 et suiv.
4. C. Daly, *Revue générale d'architecture*.

Passons aux contrées voisines de l'Italie. Les provinces méridionales de la France sont encore les régions qui présentent les spécimens les plus intéressants de constructions en briques, pendant la période ogivale; et, parmi ces exemples, on ne saurait en citer un plus beau que l'ancien couvent des Jacobins de Toulouse, édifice qui date de la fin du XIIIe siècle. Ce monastère, transformé aujourd'hui en caserne d'artillerie, comprend une église à deux nefs, un réfectoire, deux cloîtres, une salle capitulaire, une sacristie et une chapelle, dite de Saint-Antonin, occupée par une écurie. Toutes ces constructions son en briques et exécutées avec le plus grand soin. L'emploi de la pierre se remarquait aux meneaux des fenêtres, détruits depuis quelques années. Les arcatures en briques du grand cloître sont portées par des colonnes en marbre gris des Pyrénées. Le sommet des murs de l'église présente, au dehors, un aspect des plus monumentaux, grâce à un parti que l'on trouve adopté quelquefois dans les édifices religieux de cette région : une galerie de circulation en briques, placée sous le chéneau, permet de faire le tour de la construction et reçoit le jour par des baies circulaires ouvertes sur l'extérieur. Du côté de l'intérieur, cette galerie est percée de petites fenêtres vitrées par lesquelles on peut examiner les voûtes. Enfin ce véritable chemin de ronde est porté par des arcs également en briques, dont les retombées s'appuient sur les contreforts. Mais le clocher qui s'élève sur le flanc nord de l'église est encore la portion la plus originale du monument. C'est là que l'on remarque les procédés nouveaux appliqués par les architectes de cette époque, procédés modifiés en raison de la nature même des matériaux mis en œuvre. Ce clocher, bâti sur plan octogonal, est tout en briques, sauf les bandeaux, les gargouilles, les chapiteaux et les pinacles, qui sont en pierre, et les colonnettes de la balustrade supérieure, qui sont en marbre. Sur les cinq étages qui divisent la tour, les quatre derniers sont percés de fenêtres doubles dont le haut est triangulaire, comme nous l'avons déjà vu pour le clocher de Saint-Sernin. La figure 36, qui représente une de ces baies, fait comprendre cette disposition particulière, motivée par l'emploi, dans toute la construction, d'un seul échantillon de brique. Il n'y a que les briques des arcs de la balustrade supérieure qui soient moulées en claveaux [1].

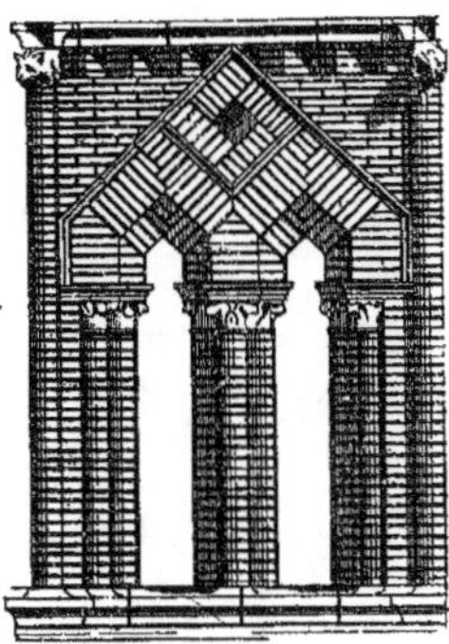
Fig. 36.

Nous remarquerons que le clocher du couvent des Jacobins n'est pas couronné par une flèche, tandis qu'on trouve des tours surmontées de pyramides à huit pans en briques à Toulouse même, à Caussade, à Montauban.

Parmi les édifices religieux de l'époque ogivale que renferme encore la cité toulousaine, nous citerons l'église des Cordeliers, entièrement construite en briques, et l'église du Taur, qui offre un pignon en briques ajouré, par le haut, d'un double rang de fenêtres disposées comme celles du clocher des Jacobins.

Le chef-lieu du département du Tarn, Alby, possède, comme Toulouse, des monuments très intéressants pour notre sujet. L'église de Saint-Salvi, dont la construction fut commencée à la fin du XIIe siècle et continuée pendant le XIIIe, a sa nef toute en briques et une tour dont le couronnement, flanqué d'une tourelle crénelée, est construit avec les mêmes matériaux.

La cathédrale de cette ville, fondée par Bernard de Castanet, en 1282 [2], consacrée en 1480, sous l'invocation de sainte Cécile et seulement achevée en 1512, est l'une des constructions en briques les plus

1. Viollet-le-Duc, *Dict. raisonné de l'architecture française*, t. III, p. 394.
2. Girault de Saint-Fargeau, *Dict. géographique de la France*.

importantes qui existent. Cet édifice, récemment restauré par M. César Daly, présente, dans son ensemble, une masse régulière, dominée par une tour de forme colossale. A l'exception des meneaux des

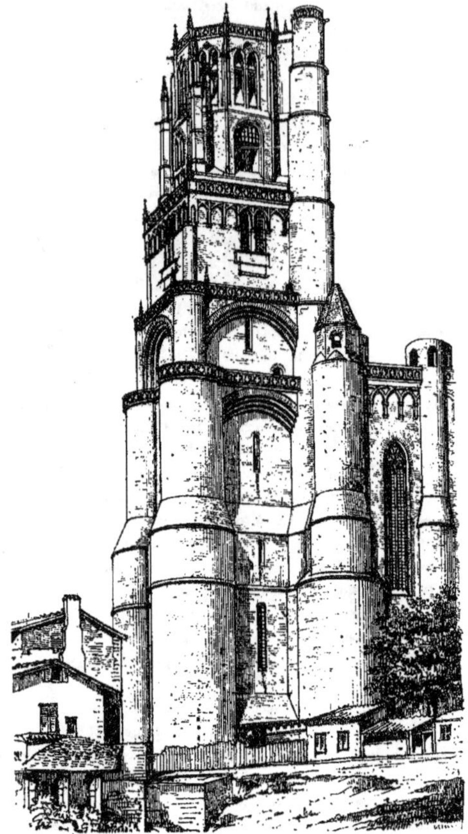

Fig. 37.

fenêtres, des balustrades et de la clôture du chœur, qui sont en pierre, toute la construction est en briques de 0m,35 de longueur sur 0m,27 de largeur et 0m,05 d'épaisseur[1]. Ces matériaux, noircis par les siècles, ont résisté au temps comme la pierre la plus solide.

1. C. Daly, *Revue générale d'architecture*, t. XV, p. 248.

« L'effet général produit par la vue extérieure de la cathédrale d'Alby, dit M. Hippolyte Crozes [1], ne ressemble en rien à la plupart des monuments de cette époque. La solidité et la nudité des masses qui composent cet édifice, la gravité du style empreint de pesanteur n'excitent pas un sentiment profond d'admiration et de surprise, mais seulement ce degré d'intérêt qui naît de la sévérité des lignes et du grandiose des proportions. »

Les murs, hauts de 40 mètres, sont lisses et flanqués, à des distances égales, de contreforts dont la section horizontale est un arc de cercle à flèche courte. Ces sortes de tourelles donnent au monument (fig. 37) l'aspect d'un ouvrage militaire [2]. Prosper Mérimée, frappé de la forme circulaire de ces contreforts, qu'il dit être sans exemple en France, a pensé que l'architecte, se défiant de ses matériaux, a voulu éviter les angles saillants, qui sont les premiers à se détériorer. Il semble cependant plus naturel de croire, d'après une tradition généralement admise, que le plan primitif était d'élever tous les contreforts au-dessus de la toiture et d'en former des tourelles, comme l'a compris l'artiste chargé de la restauration.

A l'extrémité occidentale est le clocher ou donjon flanqué de tourelles, élevé de 78^{m},55 au-dessus du sol, quadrangulaire à sa base et graduellement rétréci, pour donner place à des galeries en pierre découpées à jour. « C'est, dit Prosper Mérimée, la masse de briques la plus élevée qu'on connaisse, sauf les pyramides de l'Amérique septentrionale [3]. »

On voit à Simorre, dans le département du Gers, une autre église fortifiée du XVIe siècle, qui est toute

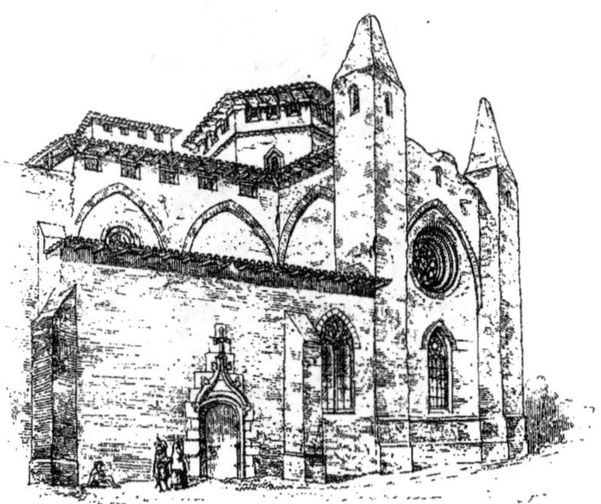

Fig. 38.

en briques, sauf certains encadrements et meneaux de portes et de fenêtres. Quelques assises de pierre occupent aussi les angles des contreforts à leur partie supérieure. La figure 38, faite d'après un dessin

1. *Notice sur l'église métropolitaine d'Alby*. Toulouse, 1841.

2. La cathédrale d'Alby n'est pas, du reste, la seule église du Midi qui pût, au besoin, servir de forteresse; il en était de même des cathédrales de Narbonne et de Béziers. Voir Viollet-le-Duc, *Dict. raisonné d'architecture*, t. II, p. 380.

3. *Notes d'un voyage dans le midi de la France*. — Voir aussi Hippolyte Crozes, *Monographie de la cathédrale d'Alby*, 3e édition, 1 vol. in-18. Toulouse, 1861.

de Viollet-le-Duc, représente l'état de ce charmant édifice, avant la restauration dont il est l'objet sous la direction de M. Laisné. Comme pour les édifices religieux, la construction en briques était alors fréquemment appliquée aux monuments civils et aux habitations particulières.

Au Capitole de Toulouse, qui sert aujourd'hui d'hôtel de ville, l'ancien donjon, actuellement restauré

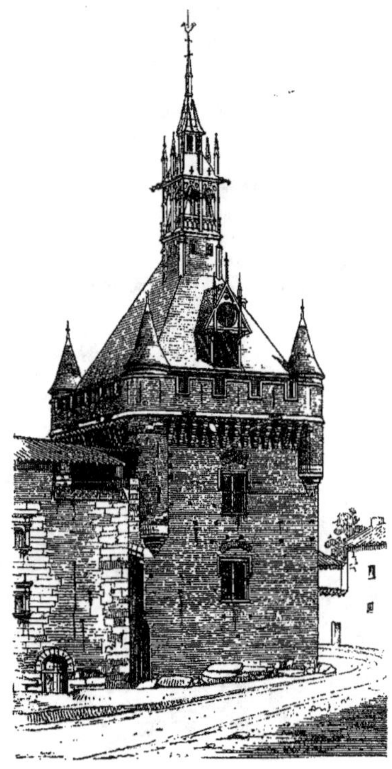

Fig. 39.

(fig. 39), est construit en briques, sauf les encadrements des fenêtres et le soubassement, qui sont en pierre.

Dans la même ville, le collège Saint-Raymond, édifice du XIVe siècle, dont nous donnons (fig. 40) une vue perspective, est un bâtiment à plan rectangulaire, avec tourelles en encorbellement sur les angles. Toute la maçonnerie, y compris les mâchicoulis et les créneaux qui couronnent la face et les pignons, est en briques. Les linteaux, meneaux et appuis des fenêtres sont en pierre. Enfin de nombreuses maisons de Toulouse, d'Alby, de Caussade, etc., témoignent, par leur construction, de l'emploi de la terre cuite.

Viollet-le-Duc, dans son *Dictionnaire raisonné de l'architecture française* [1], donne l'élévation d'une maison de Caussade (Tarn-et-Garonne), dans laquelle les bases des piles du rez-de-chaussée, les colonnettes des fenêtres, les bandeaux et les sommiers sont seuls en pierre dure et tout le reste en briques.

Il nous reste à dire quelques mots sur les dimensions que présentait alors cette dernière matière mise en œuvre. Les briques en usage dans le midi de la France avaient ordinairement 0m,33 sur 0m,25 et 0m,06 d'épaisseur, et l'on donnait souvent aux joints de la maçonnerie 0m,04 à 0m,05. Ces proportions étaient quelquefois de beaucoup dépassées : c'est ainsi que les briques qui ont

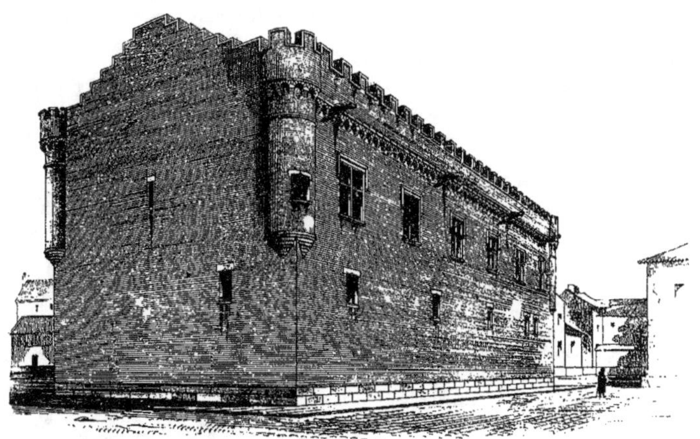

Fig. 40.

servi à la construction du pont de Montauban, édifié au XIVe siècle, portent 0m,40 de longueur, 0m,28 de largeur et 0m,05 d'épaisseur. Quant à l'usage de la terre cuite moulée, très répandu en Italie, comme nous l'avons vu ci-dessus, il se réduisait, dans les provinces que nous venons de parcourir, à de petits modillons placés parfois dans les corniches, à des moulures simples, telles que des cavets et quarts de rond. Pour obtenir des effets décoratifs, les constructeurs tantôt taillaient la brique, tantôt la posaient diagonalement, les angles en saillie, ou par assises alternées, en épis, de champ ou de plat.

Dans les régions du centre et du nord de la France, l'élément dominant de la bâtisse était la pierre. La brique n'était utilisée que comme remplissage entre les poteaux, décharges et tournisses des pans de bois, d'un usage fréquent aux XVe et XVIe siècles. Posées de manières différentes, les briques formaient des dessins variés contribuant à l'ornementation. Nous citerons les maisons de Verneuil (Eure), dont MM. Verdier et Cattois ont fait le relevé [2]. L'une de ces habitations, construite au XVe siècle, offre, sur presque toute l'étendue de sa façade, des compartiments en damier de pierre blanche, de brique et de

1. Tome VI, p. 236.
2. *Architecture civile et domestique*, t. II, p. 116 et 123.

silex noir, alternant symétriquement. L'autre maison, qui date du siècle suivant, présente aussi un damier de pierres et de briques posées de toutes façons (fig. 41).

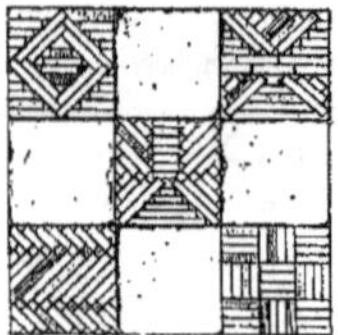

Fig. 41.

A Lisieux, on voit encore quelques maisons du XVIe siècle, en pans de bois avec remplissage en briques placées soit horizontalement, soit en épis. Enfin dans la ville de Tours se trouve une très curieuse habitation en briques et pierres, datant du XVe siècle et connue sous la fausse désignation de *maison de Tristan*[1]. Tous les murs sont en briques rouges; la pierre est employée au rez-de-chaussée et aux encadrements des baies, excepté aux cintres de la porte et des fenêtres d'une tourelle qui flanque la construction. L'escalier renfermé dans cette tourelle, et dont nous donnons (fig. 42) une vue perspective, est des plus intéressants : le noyau, de 0m,425 de diamètre, et la voûte rampante sont en briques comme les murs qui forment la cage. Les rives des marches sont en bois, et les remplissages des marches et des contre-marches sont également en briques. La main courante, incrustée dans les parois du mur, est seule en pierre de taille. Les dimensions des briques employées sont 0m,23 de longueur, 0m,115 de largeur et 0m,55 d'épaisseur. On voit que les constructeurs du moyen âge savaient surmonter les plus grandes difficultés d'appareil avec des matériaux qui semblent mal se prêter à des combinaisons de ce genre.

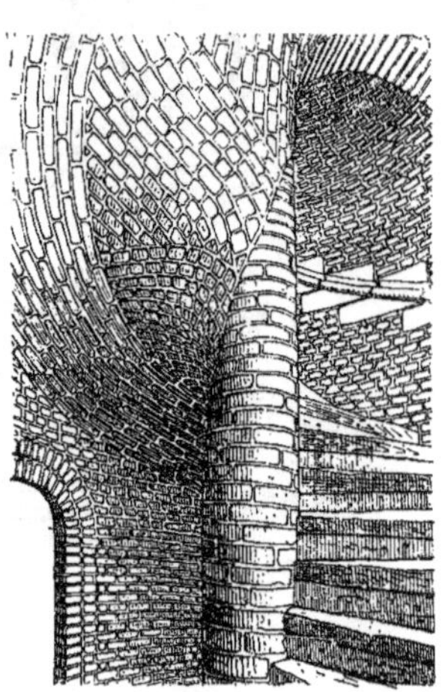

Fig. 42.

Ici donc la brique est utilisée pour la construction de voûtes rampantes; nous la trouverons appliquée au hourdis des planchers dans une maison de la fin du XVe siècle, à Chartres. Dans cette habitation, citée par Viollet-le-Duc[2], existe un plafond garni de solives posées sur l'angle, scellées dans les murs et dont les intervalles sont occupés par des voûtains en briques. Cette application particulière de la terre cuite, que beaucoup croient dater de notre époque, n'est donc pas une innovation.

Les pays voisins de la France ne sont pas moins intéressants, sous le rapport de la construction en briques. En Allemagne, le duché de Brandebourg renferme des monuments remarquables qui ont été bâtis du XIIe au XVIe siècle et dans lesquels cette matière a été utilisée. On trouve aussi à Mariembourg, à Lubeck, à Dantzig, à Schwérin, de curieux édifices, séculiers ou ecclésiastiques, élevés en briques. Parmi les constructions de ce genre qui méritent le plus l'attention, on cite l'église de Sainte-Catherine, à Brandebourg, dont la plus riche partie, la chapelle du Saint-Sépulcre, a été édifiée, à la fin du XIVe siècle, en briques de diverses couleurs, ornées de dessins très variés.

La Belgique et la Hollande nous fournissent de précieux documents. Tels sont les édifices publics et privés que renferme notamment la ville de Bruges. Le Beffroi, tour de trois cents pieds d'élévation, qui couronne la halle et date de la fin du XIIIe siècle, est une des constructions en briques les plus remarquables que l'on puisse citer. Ses galeries, ses belles fenêtres, ses clochetons, ses tourelles suspendues, la forme octogone de son dernier étage, sa balustrade supérieure, lui donnent un aspect d'une richesse

1. Voy. Mame, *la Touraine*, p. 83.
2. *Dict. raisonné de l'architecture française*, t. VII, p. 205.

extraordinaire. La figure 43 représente ce magnifique clocher, qui peut être comparé aux beffrois de Bruxelles, d'Ypres, de Gand, de Nieuport et d'Alost. Un très curieux emploi de la brique se remarque aussi sur le côté latéral de l'hôtel de ville de Bruges, vaste bâtiment où se tenait encore, au siècle dernier, le tribunal ou palais du *Franc*[1].

Enfin l'on peut encore citer, comme exemples intéressants de constructions en briques, dans la même ville, le pignon méridional du transept de la cathédrale, construit au commencement du xve siècle; la façade orientale de l'hôtel de Grunthuuse, presque de la même époque; la maison consulaire des

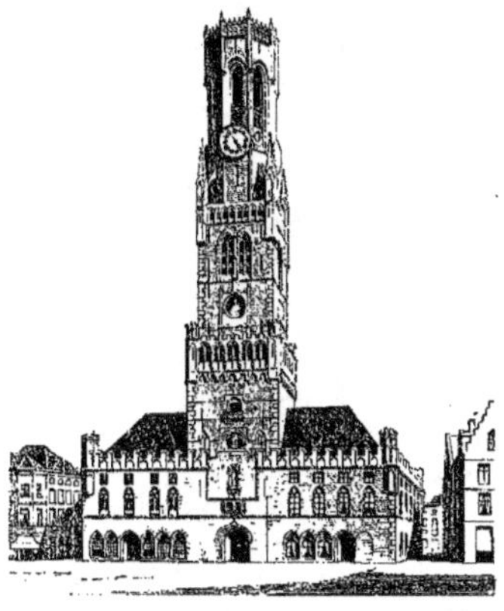

Fig. 43.

Orientaux, bâtie par maître Jean van de Poele, en 1478[2], et un grand nombre d'habitations particulières, édifiées au xvie siècle.

A Anvers, nous avons à signaler particulièrement la *Halle à la viande*, vaste et solide construction qui date de 1501 et qui peut être considérée, à tous égards, comme un des plus remarquables types de l'architecture civile du moyen âge[3]; nous y remarquons surtout la maçonnerie, faite de briques, alternant avec des chaînons de pierre de taille.

En Angleterre, pays dont le sol renferme une argile à briques excellente et abondamment répandue, l'histoire des monuments présente une lacune considérable dans l'emploi de la terre cuite. Les Romains s'en servirent jusqu'au ve siècle. Selon quelques auteurs, les Flamands auraient rétabli en Angleterre l'emploi de ces matériaux[4]; il est vrai qu'à cette époque un grand nombre de fabriques pour étoffes de laine furent élevées par des gens de cette nation dans le pays d'outre-Manche; mais on n'a pas, à cet égard, de document positif. Il nous suffit de savoir que la construction en briques ne devint d'un usage général que vers le règne de Henri VI et celui d'Édouard IV, c'est-à-dire au xve siècle. A partir de cette époque, des édifices importants furent bâtis en briques, particulièrement dans les comtés de l'Est et dans toutes les parties de l'Angleterre où la pierre n'est pas commune. La halle de Little Wenham, construite

1. Voy. Schayes, *Histoire de l'architecture en Belgique.*
2. Verschelde, *les Anciennes Maisons de Bruges.* Bruges, 1875, 1 vol., p. 41.
3. Lonnig, *Album historique de la ville d'Anvers,* avec notices historiques, par H. Mertens. Anvers, 1868, p. 51.
4. Voy. C. Daly, *Revue générale d'architecture,* t. Ier, p. 159.

en 1260 ou 1280 dans le comté de Suffolk, passe pour le plus ancien édifice anglais élevé en briques modernes. Le château de Caistor, près Lincoln, est encore un bel exemple de construction en briques datant du moyen âge.

Comme à l'époque romane, l'emploi de la terre cuite, pendant la période dite ogivale, ne se bornait pas à la construction des murs. Cette matière était utilisée aussi pour le revêtement des parois horizontales et la couverture des édifices.

En Italie, le pavé dit *à la vénitienne*, qu'on remarque dans la salle du palais des doges, à Venise, est un assemblage ou plutôt un béton de marbre cassé irrégulièrement en morceaux de 0m,027 de grosseur, agglomérés à l'aide d'un ciment de briques pilées et de chaux.

En France, les carrelages en terre cuite *mosaïque* des XIe et XIIe siècles firent place, dès le XIIIe siècle, aux carrelages à incrustation. Aux dessins composés de pièces à formes variées succédèrent des carreaux ordinairement carrés et incrustés de terres de couleurs différentes, rouge sur jaune ou jaune sur rouge; le noir était réservé pour les encadrements. Notons ici que la terre cuite émaillée n'était employée que pour les carrelages qui n'étaient pas exposés à l'usure par l'effet d'une circulation nombreuse. Dans les lieux très fréquentés, les pièces étaient posées sans couverte et alternées souvent avec des dalles de pierre et même des carreaux de marbre[1]. Cependant M. Amé cite[2], comme carrelage vernissé du XIVe siècle, celui de la salle capitulaire de Bayeux, au centre duquel on voit, en guise de rosaces, un beau labyrinthe de 3m,80 de diamètre, construit, dans le même système que le pavé, avec des carreaux émaillés.

Nous nous contenterons d'indiquer ici les caractères principaux des carrelages du XIIIe au XVIe siècle. Dans les carreaux du XIIIe, si l'exécution est inférieure à celle que présentent les pavements du XIIe siècle, les procédés de fabrication sont néanmoins simplifiés. La couleur rouge domine, et les dessins sont formés de carreaux isolés ou assemblés, soit quatre par quatre, soit seize par seize, donnant ainsi lieu aux combinaisons les plus variées. Comme types de carrelages du XIIIe siècle, on cite ceux des chapelles de la cathédrale de Laon[3] et le pavé de la salle du trésor de l'ancienne cathédrale de Saint-Omer[4]. Dans les carrelages du XIVe siècle, les dessins affectent des formes plus grêles, les surfaces unies augmentent. Les chiffres, les inscriptions, les armoiries et même des représentations humaines apparaissent. Sous le rapport de la couleur, les tons verts, bleu clair se montrent tandis que le noir devient rare. Ces caractères s'accentuent pendant le XVe siècle; le dessin devient mou, les formes en sont lourdes, épaisses. Enfin, vers le milieu de XVIe siècle, on voit naître la vogue des pavés faïencés, qui font leur apparition avec la Renaissance. Il y eut aussi, pendant le moyen âge, au XVe siècle notamment, des carrelages ornés de dessins en relief exécutés avec des terres très dures et qui empêchaient de glisser à la surface du pavement.

Si nous passons aux applications de la terre cuite à la couverture des édifices à partir du XIIIe siècle, nous avons à noter, en Champagne, un remarquable emploi de tuiles de deux espèces. Les premières, dites *ordinaires*, ont 0m,35 sur 0m,215 de largeur; elles sont percées d'un trou qui permet de les clouer sur les chevrons et d'un crochet qui les retient aux lattes. Elles sont rectangulaires et légèrement convexes par-dessus, pour offrir moins de prise au vent. Le long des arêtiers on donnait aux tuiles la forme de

1. Viollet-le-Duc, *Dictionnaire raisonné d'architecture*, t. II, p. 265.

2. Les *Carrelages émaillés*.... C'est ici le cas de préciser le sens de ces deux termes : *vernissés* et *émaillés*. Les *carrelages vernissés* sont ceux dont la glaçure, à base de plomb, est translucide et d'une teinte légèrement jaunâtre, quand elle n'a pas été mélangée avec des oxydes métalliques. C'est le caractère des pavés employés en France du XIe au XVIIIe siècle. Les *carrelages émaillés* sont ceux dont la couverte a pour base l'oxyde d'étain, qui la rend opaque et dissimule la teinte de l'objet qui revêt cette couverte. Tels sont les carreaux de fabrique arabe et ceux qui ont été exécutés au XVIe siècle. M. Amé propose donc la terminologie suivante : il appelle indistinctement *pavés vernissés* ou *émaillés* ceux dont la couverte translucide laisse voir les tons de la terre cuite; pavés à *surface mate* ceux qui ne sont pas revêtus d'un vernis; *pavés faïencés* ceux dont la couverte est opaque et cache la nature de la terre.

3. Viollet-le-Duc, *Dictionnaire raisonné de l'architecture française*, t. II, p. 274.

4. Voy. *Annales archéologiques*, publ. par M. Didron aîné, t. XI, p. 65.

trapèze. Les autres tuiles, celles dites *du comte Henri*, rectangulaires aussi, étaient de plus petite dimension que les précédentes et ordinairement émaillées sur le pureau. La cathédrale de Troyes était couverte avec cette tuile émaillée et présentait une mosaïque de couleur rouge, noire et blanc jaunâtre[1]. Les avantages de ce dernier genre de tuiles sont les suivants : les pluies et les neiges y glissent plus facilement; elles sont moins perméables et plus résistantes. Notons que le bleu et le blanc sont proscrits de ces couvertures, la première de ces couleurs ne tranchant pas assez sur le ciel et faisant l'effet de trous dans le toit, la seconde étant froide et n'offrant pas non plus une opposition vigoureuse[2]. Le musée céramique de Sèvres possède une tuile oblongue, recouverte, en partie, d'un vernis de couleur verdâtre et qui provient du toit de la chapelle de l'abbaye de Saint-Denis. Ce curieux échantillon, déjà six fois séculaire, donne une idée de ce qu'était l'art du tuilier aux XIIIe et XIVe siècles. Sauval cite la couverture du château de Beauté-sur-Marne, construit par Charles-V, en 1373, dont les couleurs étaient si vives et opposées avec tant d'art, qu'on eût pris de loin cette toiture pour une belle mosaïque.

Dans quelques provinces du centre de la France, telles que le Nivernais, le Poitou, on fabriquait des tuiles en forme d'écailles, dès le commencement du XIIIe siècle. Dans les Flandres, à partir du XVe siècle, la tuile en S, dite *tuile flamande*, encore en usage de nos jours, était généralement employée. Dans tout le Midi était appliqué le système de couverture en tuiles creuses, système dans lequel les tuiles-canal étaient simplement des tuiles couvre-joints retournées. Cette coutume dure encore et commence seulement à faire place aux couvertures en tuiles à emboîtement.

Quant aux faîtages des combles, ils étaient recouverts par des tuiles faîtières accompagnées d'ornements soudés avant la cuisson ou rapportés. Le vernissage était habituellement appliqué. Les extrémités de ces faîtages étaient occupées, au XIIIe siècle, par des épis en terre cuite ayant ordinairement la forme de colonnettes dont le chapiteau était couvert d'un cône, cet ensemble étant composé de pièces vernissées s'emboîtant les unes dans les autres et enveloppant le poinçon. Plus tard, au commencement du XIVe siècle, les épis présentèrent l'aspect de véritables pinacles. Au XVIe siècle, la faïence remplaça la terre cuite dans la fabrication de ces ornements. Enfin cette dernière matière était encore fréquemment appliquée, au moyen âge, à l'exécution des mitres ou couronnements des tuyaux de cheminée.

RENAISSANCE

ITALIE

A l'époque de la Renaissance, le mode de construction en briques fut particulièrement en usage. Parmi les grands architectes qui eurent pour ce genre de matériaux une sorte de prédilection et qui s'en servirent fréquemment, de préférence à la pierre, nous citerons l'Italien Palladio, qui vivait au XVIe siècle. Cet éminent artiste avait remarqué que les édifices anciens construits en briques étaient beaucoup mieux conservés que ceux où l'on avait employé la pierre. A ce sujet, rappelons l'opinion de Quatremère de Quincy, à savoir que les briques, étant beaucoup plus poreuses que la pierre, attirent la chaux et se lient fortement entre elles, de manière à constituer une seule masse; les pores trop serrés de la pierre s'opposent, au contraire, à cette liaison intime; d'ailleurs, avec les briques on peut alléger les charges et ces matériaux ne sont pas sujets à être calcinés par l'incendie. L'emploi de la brique dans la construction de Saint-Pierre de Rome est-il motivé par cette double raison ou par la facilité et la rapidité d'exécution qu'offre cette matière ? Toujours est-il que le stylobate circulaire établi par Michel-Ange pour supporter le tambour de la coupole est formé de deux murs, l'un intérieur, épais de $4^{m},50$ et

1. Viollet-le-Duc, *Dictionnaire raisonné de l'architecture française*, t. IX, p. 329.
2. Voy. César Daly, *Revue générale d'architecture*, t. XII, p. 294.

construit en blocage revêtu de briques avec quelques parties en pierres de taille; l'autre extérieur, de $2^m,45$ d'épaisseur et construit de même en briques et en pierres de taille. Le mur du tambour est exécuté en maçonnerie de blocage, petites pierres et briques, le parement intérieur en briques revêtues de stuc et l'extérieur en travertin. Une disposition analogue se remarque à l'attique circulaire que Jacques de la Porte et Dominique Fontana firent poser au-dessus de la partie construite par Michel-Ange. Enfin les deux coupoles qui surmontent le tout et qui se relient entre elles par la base sont également en briques de $0^m,16$ sur $0^m,32$ et $0^m,35$ d'épaisseur. Les arêtiers seuls sont revêtus de pierre. La lanterne est également en briques avec placage en pierre, et ici le revêtement est même disposé, à l'intérieur, de manière à épouser les saillies que présente la maçonnerie de briques. Sainte-Marie-des-Fleurs, à Florence, a sa double coupole. à proportions aussi vastes que celle de Saint-Pierre, également construite en briques. Mais un fait curieux à constater est le suivant : tandis qu'à la basilique romaine les briques du dôme ont leurs joints normaux à la courbure de la voûte, à Sainte-Marie-des-Fleurs, ces matériaux affectent une disposition toute particulière, mais qui se rapproche de l'appareil en épi; les joints sont tantôt verticaux, tantôt horizontaux.

Ici donc la brique est employée dans le corps même de la construction. L'Italie offre aussi des monuments dans lesquels cette matière est utilisée pour l'effet extérieur. Parmi ces édifices, l'un des plus remarquables est, à Crema, l'église Santa-Maria della Croce, dite encore *Sanctuaire de Crema*, et qui date de la fin du xve siècle. Les pilastres, les archivoltes, les encadrements des fenêtres, les médaillons les consoles sont en briques apparentes ou en terre cuite; il n'y a guère que les colonnes de la galerie supérieure de la rotonde qui soient en pierre. La vue de cet édifice donne lieu à une observation particulière, qui peut s'étendre, d'une manière générale, aux constructions d'un âge récent. Les briques qui ont servi à l'exécution de ces édifices sont de couleur plus foncée que les anciennes et voici pourquoi : étant de qualité inférieure, ces briques sont très sensibles à l'action des agents atmosphériques; une sorte de croûte, formée par la poussière et l'humidité qui s'attachent à leur surface, donne, avec le temps, au bâtiment entier, une teinte d'un gris terreux qui en vieillit l'aspect[1].

Le palais de la Chancellerie, à Rome, édifice reconstruit par Bramante dans les dernières années du xve siècle, nous offre aussi un bel exemple de l'emploi de la brique laissée apparente. L'habile architecte, qui avait déjà utilisé pour les étages inférieurs les colonnes de l'ancienne basilique de San-Lorenzo in Damazo, démolie lors de la reconstruction du palais, n'ayant plus à sa disposition de matériaux en marbre tout façonnés, eut recours au travertin pour les pilastres placés, aux étages supérieurs, directement au-desssus des colonnes; et, pour faire valoir le motif adopté, un mur de briques d'un bel appareil servit à détacher ces pilastres « heureuse combinaison de matériaux, dit Le Tarouilly[2], où se montrent toutes les ressources, toute la fécondité du génie, qui sait, à l'occasion, dissimuler les difficultés qu'il avait à vaincre et jusqu'à la pauvreté de ses moyens d'exécution! » Au palais Farnèse, restauré au milieu du xvie siècle, par Sangallo et Michel-Ange, et que l'on regarde comme le type le plus vrai, le mieux caractérisé du palais romain, la façade est construite en briques si bien appareillées, à joints si finement établis, qu'un observateur superficiel prendrait cette maçonnerie pour de la pierre; cependant, il n'y a que l'entablement, les bandeaux, les bossages, les croisées y compris chambranles, colonnes et frontons, qui soient exécutés en travertin.

Indépendamment de cet emploi mélangé de la brique et de la pierre, le premier de ces matériaux était fréquemment employé dans les monuments pour former le corps même de la bâtisse, dont le parement extérieur était un placage en marbre.

Les carrelages en terre cuite, composés de briques de formes très diverses, avec ou sans bordures de pierre, étaient aussi en vogue pendant la Renaissance italienne; témoins l'ancien pavage en terre

1. Lewis Grüner, *the Terra cotta...* p. 58.
2. *Édifices de Rome*, p. 224.

cuite du vestibule du palais de Farnèse et le carrelage que l'on remarque dans les salles du rez-de-chaussée de la villa du pape Jules, à Rome[1]. Ce dernier pavement, que représente la figure 44, est d'une combinaison très ingénieuse et d'un dessin fort agréable. Cet ouvrage nous montre que l'art, en cette contrée, se retrouve même dans les détails les plus modestes et les moins remarqués.

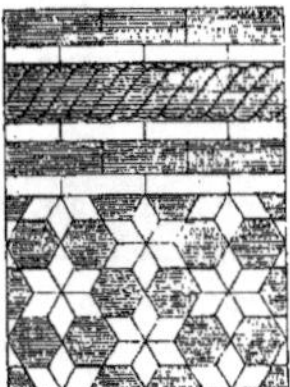
Fig. 44.

Considérée dans ses applications les plus relevées, la terre cuite, recouverte d'émail, fournit alors un des éléments les plus précieux pour la décoration architecturale. Nous avons vu précédemment qu'à l'époque où apparurent en France et en Italie les premières terres vernissées, depuis longtemps déjà la Perse et l'Arménie revêtaient leurs édifices de plaques émaillées, soit que l'émail employé fût analogue à celui des vraies faïences, c'est-à-dire qu'il fût à base d'étain, soit qu'il dût rentrer dans la catégorie des vernis silico-alcalins. La conquête arabe fit passer en Espagne et dans les dépendances de cette contrée les procédés de l'Orient. Nous avons parlé des *azulejos* ou briquettes carrées recouvertes d'émail qui décoraient les palais mauresques de Séville, de Grenade et de Cordoue. Des fabriques arabes se fondèrent dans les îles Baléares et de là l'importation de la faïence se fit en Italie[2], au commencement du XVe siècle, à peu près à l'époque où Luca Della Robbia, sculpteur de Florence, recouvrait d'un émail d'étain des figures et des bas-reliefs en terre cuite. Luca avait-il eu connaissance du procédé pratiqué en Espagne? On l'ignore. Toujours est-il que le sculpteur florentin sut faire de cette invention un usage tellement original qu'elle passa pour lui être personnelle. Voulant mettre à l'abri des injures du temps les ouvrages de terre cuite qu'il fabriquait, « il trouva, dit Vasari[3], qu'une couverte vernissée, faite d'étain, de terraghetta, d'antimoine et d'autres minéraux mélangés et cuits au feu d'un fourneau fait exprès, produisait fort bien cet effet et rendait les ouvrages de terre presque éternels ». M. Demmin, au contraire, n'accorde à Della Robbia aucun mérite comme céramiste[4]. Quoi qu'il en soit, Luca commença d'abord par donner à la terre cuite la durée, le poli et une blancheur approchant de celle du marbre. Plus tard, il varia les tons de la couverte, puis se fit aider pas ses frères et par ses neveux, et la famille conserva l'exploitation du procédé jusque dans la seconde moitié du XVe siècle[5].

L'innovation des Della Robbia « aussi habilement mise en œuvre, dit M. Léon de Laborde[6] que chaleureusement accueillie, marcha rapidement à son extension vers l'architecture ». Les premiers essais du sculpteur florentin eurent lieu sur les tympans intérieurs et extérieurs des édifices. Luca décora de médaillons en terre cuite émaillée en relief ou à plat l'église d'Or-San-Micheli, à Florence. On voit de lui, à San-Miniato, un médaillon en terre cuite émaillée représentant une vierge à mi-corps tenant l'Enfant Jésus. Du temps même de cet artiste, les Duccio, élevés à son école, faisaient alterner, sur la façade du palais Vitelli, à Città di Castello, des mascarons en terre émaillée et des grotesques en marbre.

A Luca succéda Andrea Della Robbia, son neveu, auteur des figures d'enfants en demi-relief, en matière semblable, que l'on voit sous le portique de *l'Hôpital des Innocents, à Florence*[7]. Vinrent ensuite les fils d'Andrea; mais alors apparurent les couleurs criardes, les sculptures grossièrement exécutées et

1. Le Tarouilly. *Édifices de Rome*, p. 299 et p. 461.

2. Les Italiens donnèrent à cette faïence le nom de *majolica*, qui dérive, suivant Scaliger, de *Majorica*, Mayorque. Voy. Brongniart, *Traité des arts céramiques*, t. II, p. 55; — Paul Lacroix et Ferd. Seré, *le Moyen âge et la Renaissance*. Paris, 1848-1850, 5 vol. in-4°. Céramique, fol. II.

3. *Le vite de più eccellenti pittori*... Éd. Lemonnier, t. III, p. 64; — voir aussi Baldinucci, *Notizie de professori del designo*, etc., éd. de Florence, 1845, t. I, p. 453.

4. *Histoire de la Céramique*.

5. César Daly, *Revue générale d'architecture*, t. XV, p. 34.

6. *Étude sur les arts au XVIe siècle*, p. 15.

7. Voy. Barbet de Jouy, *les Della Robbia, études sur leurs travaux, suivies d'un catalogue de leurs œuvres*. Paris, 1855, in-8°.

conçues sans prévision de la place qu'elles devaient occuper; la décadence arriva rapidement et fit abandonner le procédé[1].

FRANCE

C'est un Della Robbia que François Ier chargea de l'édification du château de Madrid, au bois de Boulogne. L'usage de la terre cuite comme élément de construction commençait d'ailleurs à se répandre en France, dès le commencement du XVIe siècle, pour les habitations seigneuriales ou princières.

Le château que nous venons de citer et qui fut démoli à la fin du siècle dernier s'appelait aussi le château de Boulogne, à cause de sa situation. Il servait au roi de rendez-vous de chasse. Cet édifice mérite une mention toute spéciale, parce qu'il se distinguait de tout ce qui avait été construit jusqu'alors, comme demeure de plaisance, tant en France qu'en Italie. C'est en 1528 que commencèrent les travaux, sous la direction de Jérôme Della Robbia, qui s'était adjoint le maître-maçon Pierre Gadier[2]. Nous n'avons pas à entrer dans la description détaillée de ce palais, dont il reste à peine quelques émaux conservés au musée de Cluny; nous insisterons seulement sur le système général de décoration en terres cuites émaillées qui faisait du château de Boulogne une œuvre unique en France. Quelques citations suffiront, d'ailleurs, pour donner une idée de l'effet produit par ce charmant édifice : Androuet Ducerceau dit à ce propos[3] : « Fait au reste la plus grande partie des enrichissements du 1er et du 2e estage, par le dehors, de terre émaillée. La masse est fort esclatante à la veuë, comme vous pouvez voir par les dessins et eslévations que je vous ai desseignez, d'autant qu'il n'est pas jusques aux cheminées et lucarnes qui ne soient remplies d'œuvres de sculpture. » D'autre part, Poncet de La Grave rapporte ceci[4] : « La masse entière est toute couverte de basses-tailles travaillées délicatement, enduites d'une infinité, d'une grande quantité d'émaux ou plaques de terre cuite vernissée en couleur, qui font un effet surprenant, lorsque le soleil les frappe. C'est César Della Robbia[5] qui a fait ces bas-reliefs qui sont variés à l'infini et remplissent les entre-colonnes, les coudées et le massif des cheminées ».

Quand François Ier mourut (1547), le château de Madrid n'était pas achevé; il restait encore la façade du nord. Ce fut sous Henri II, vers 1550, que Philibert de l'Orme fut chargé de terminer les deux étages supérieurs de cette façade. Dans l'ouvrage qu'il a publié sur *l'Architecture*, cet illustre architecte blâme l'emploi de la terre cuite émaillée dont on avait fait usage dans la décoration des trois façades achevées de ce palais, et il ajoute qu'il s'est bien gardé de l'employer dans la façade du nord. Il appelle même dédaigneusement l'édifice un château de faïence. Nous ne partageons nullement l'opinion de Philibert de l'Orme à cet égard. De tout temps, en effet, on s'est plu à marier de brillantes couleurs aux formes de l'architecture, et nous aurions trop d'exemples à citer, pris à toutes les époques de l'art, pour prouver que la polychromie appliquée à l'extérieur des édifices, loin de provoquer le blâme, peut, au contraire, ajouter un grand charme à l'architecture, quand on en fait un judicieux emploi.

A la suite de ces premiers essais, l'art de la sculpture en terre émaillée de différentes couleurs acquit un grand développement en France, et bientôt cette contrée, grâce au talent de Bernard de Palissy, n'eut plus rien à envier à l'Italie en ce genre. François Ier fit établir, à Limoges, une manufacture

1. César Daly, *Revue d'architecture*, t. XV, p. 40.

2. Voy. dans la *Renaissance monumentale* de M. A. Berty, la notice sur le château de Madrid; — Viollet-le-Duc, *Entretiens sur l'architecture*, t. I, p. 334 et suiv.

3. *Les plus excellents Bastiments de France*, 1 vol., p. 4.

4. *Mémoires intéressants pour servir à l'Histoire de France*, t. IV, p. 309.

5. Vasari, qui parle de tous les membres de cette famille, ne fait pas mention de César Della Robbia. Cependant la salle principale du château était ornée de superbes bas-reliefs représentant les Métamorphoses d'Ovide et que l'on s'accorde à attribuer à César Della Robbia, et, de plus, dans le compte des travaux on trouve les ouvrages en terre cuite émaillée, par César Della Robbia, portés pour une somme de 38,860 livres (environ 388,260 francs). Il faut donc croire ou qu'il y a eu erreur de prénom, ou que Vasari a omis de parler de ce sculpteur, et supposer que César et Jérôme Della Robbia ont travaillé conjointement à Madrid.

d'émaux sous la direction de Léonard Limosin et fonda, en même temps, à Rouen, une fabrique de terres vernissées, sous la direction de Bernard de Palissy.

C'est encore à ce prince proclamé par l'histoire, « le père des arts et des lettres », que l'on doit la construction des châteaux de Saint-Germain[1] et de Fontainebleau, monuments dans lesquels la brique se trouve employée avec la pierre.

Voici ce que dit du Cerceau du premier de ces palais : « Les parements, tant dedans que dehors, et encognures, sont de brique assez bien accoustrée. » On a pu reconnaître, lors des récents travaux de restauration exécutés par Millet, que les matériaux employés à la construction du château de Saint-Germain laissaient beaucoup à désirer sous le rapport de la mise en œuvre; mais l'alliance de la brique avec le moellon y produit un très-heureux effet, et présente, selon nous, un puissant argument contre l'emploi exclusif de la pierre de taille pour les demeures somptueuses. Du côté de la cour, les contreforts sont en pierre jusqu'au niveau du premier étage et au-dessus en moellons avec les arêtes en brique. Les murs compris entre ces contreforts sont en moellons; mais les bandeaux, les arcs supérieurs, ainsi que les piédroits, les frises et les archivoltes des fenêtres sont en brique. Du côté opposé, les contreforts intérieurs, ainsi que ceux qui ont été récemment construits à l'extérieur, sont en pierre; quant aux murs, ils sont composés de moellons et de briques, comme sur la cour. Ainsi les points d'appui sont en pierre, tandis que les remplissages et les parties en arête ou en saillie, auxquels ne convenait pas le moellon, sont en brique. Cette dernière matière est donc employée ici comme un auxiliaire utile à la construction en même temps qu'à l'effet. Elle colore agréablement les ombres portées par les corniches, les arcs et les contreforts; elle donne, en outre, aux façades, une grande chaleur de ton, lorsque le soleil les frappe. La figure 45 représente une travée de la façade donnant sur les jardins; on peut apprécier ici l'emploi raisonné des matériaux : la pierre est adoptée seulement pour les contreforts et les parties qui reçoivent directement l'eau, telles que les corniches, appuis, etc., c'est-à-dire là où elle est indispensable. La brique est utilisée tantôt comme moyen de construction, en piédroits et en arcs de décharge, tantôt comme moyen décoratif et de coloration, sous les bandeaux et les corniches.

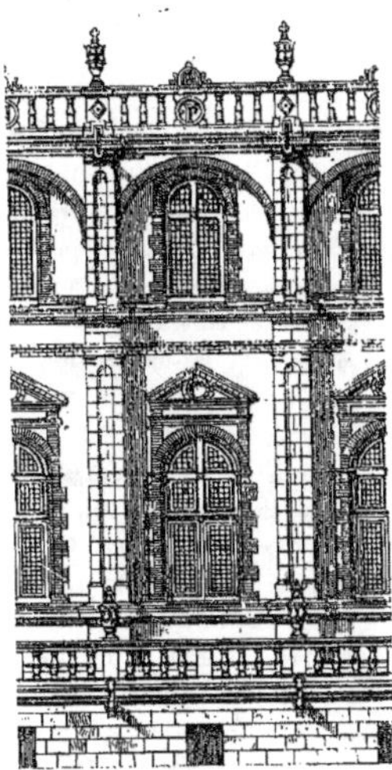

Fig. 45.

Au palais de Fontainebleau, qui existait, comme le château de Saint-Germain, avant François Ier[2], mais qui fut également reconstruit par ce prince on remarque l'emploi de la brique dans certaines parties, notamment aux pilastres du premier étage de la Cour Ovale, aux chambranles et aux pilastres du pavillon de la Porte dorée. L'aile de Louis XII au château de Blois est une construction en brique et pierre des premières années de la Renaissance française. Les premières assises sont de pierre dure, le reste est de brique, à l'exception des chaînes, des pilastres, des chambranles des fenêtres, de l'enta-

1. L'origine du château de Saint-Germain remonte, suivant l'abbé Lebœuf (*Histoire du diocèse de Paris*), à Louis le Gros. Brûlé par les Anglais quelque temps avant la bataille de Crécy, cette demeure royale fut réédifiée par Charles V. Il ne reste, de cette époque, qu'une tour carrée surmontée d'un campanile. François Ier voulut reconstruire le monument dans le style nouveau et l'influence du règne de ce prince sur les destinées de Saint-Germain fut telle qu'on peut, en quelque sorte, le considérer comme le vrai fondateur du château.

2. Voy. *Monographie du palais de Fontainebleau,* dessinée et gravée par Rodolphe Pfnor, accompagnée d'un texte historique et descriptif par M. Champollion-Figeac, Paris, 1863, 2 vol. in-fol.; — Vatout, *Histoire des résidences royales de France*, Fontainebleau, 1840, 1 vol. in-8°.

blement et des grandes lucarnes, qui sont en pierres de taille. Le château d'Anet, commencé en 1552, par Philibert de l'Orme présente une très curieuse application de la brique au pavage[1].

Nous voyons, par ces divers exemples, l'usage de la brique se généraliser pour les demeures princières. Si cette matière est moins employée dans les constructions religieuses, nous pouvons cependant citer quelques monuments de ce genre dans lesquels la construction en brique est appliquée, notamment l'église de Tilloloy, à 6 kilomètres de Roye (Somme). Cet édifice, bâti vers 1550, et qui semble moins appartenir au style de Henri II qu'à celui de François Ier, est construit en pierres blanches et en briques rouges, qui forment un vigoureux contraste. On remarque surtout à l'intérieur l'heureux effet produit par les nervures en pierre des voûtes, se détachant sur le fond de briques[2].

Enfin, à partir de la seconde moitié du XVIe siècle, on renonça à bâtir autrement qu'en pierre ou en brique les maisons de la bourgeoisie ou de la noblesse. La construction en pan de bois, très répandue jusque-là, fut réservée pour les demeures des artisans. Les exemples abondent. La ville de Toulouse, en particulier, possède de nombreuses maisons en briques datant de cette époque. Tels sont les hôtels d'Assezat, de Telznis, de Laborde, de Pierre, etc.; la maison de la rue Saint-Rome, bâtie en pierre et briques, les encadrements seuls des fenêtres étant en pierre. Terminons en citant une construction d'une destination toute spéciale, mais très intéressante par la nature et la disposition de ses matériaux : le colombier de Boos, chef-lieu de canton de la Seine-Inférieure, est une sorte de tour octogonale dont le soubassement, les chaînes d'angle, le larmier et la corniche sont en pierre; le reste est en briques rouges, naturelles ou vernissées, vertes et noirâtres, produisant des mosaïques de divers dessins. A l'étage supérieur, des briques moulurées forment, sur chaque pan, quatre arcatures en plein-cintre, avec trèfles ou quatre-feuilles, et dont plusieurs sont ornées d'une bande de carreaux émaillés. C'est là, du reste, avec le château de Madrid, un des rares exemples de l'emploi, en France, des carreaux émaillés à l'extérieur des édifices. Ainsi, la maison souvent citée de la rue du Chariot-d'Or, à Beauvais, n'est pas un témoignage de l'emploi général de ce système de décoration au XVIe siècle. « Il est contraire aux vraisemblances, dit M. Berty[3], que cette maison ait jamais été autre chose qu'une exception plus ou moins rare, ce qui ressort de ses carreaux semés sans ordre et de leurs motifs, où l'on ne distingue aucune trace de conception architectonique. Ces carreaux grossiers paraissent simplement les restes ingénieusement utilisés de matériaux destinés à des constructions diverses. »

Quant à l'usage des faïences pour les revêtements intérieurs, il était très-répandu, tant pour les murs que pour le sol des appartements. Les planchers et murs au rez-de-chaussée de la plupart des châteaux du XVIe siècle et surtout des résidences et chapelles royales en étaient ornés. Le musée céramique de Sèvres possède plusieurs échantillons très remarquables de carreaux de cette époque. Les uns proviennent du château d'Écouen, bâti par Jean Bullant, en 1542, et qui avait ses planchers, les murs de plusieurs appartements et ceux de l'oratoire attenant à la chapelle, recouverts de carreaux émaillés faits, pour le connétable de Montmorency, par Bernard Palissy. Les autres sont du château d'Anet. On sait, en outre, que plusieurs chapelles de l'église de Gisors avaient leurs parois revêtues de carreaux de ce genre, composant un riche assortiment d'arabesques[4]. Quant aux productions en terre cuite émaillée, sorties des ateliers de Bernard Palissy, et destinées, sous le nom de *rustiques figulines*, à décorer les jardins, les grottes, les fontaines et les vestibules des habitations somptueuses, elles étaient fort nombreuses. Mais on ne trouve au musée de Sèvres qu'un seul fragment de chapiteau qui puisse démontrer la vérité de cette assertion des écrivains du XVIe siècle[5].

1. Nous reviendrons sur le carrelage du château d'Anet, qui fait l'objet d'une des planches de cet ouvrage.
2. Voy. Ad. Berty, *la Renaissance monumentale en France*, Paris, 1864, 2 vol. gr. in-4°.
3. *La Renaissance monumentale en France*.
4. Brongniart, *Traité des arts céramiques*, t. II, p. 400.
5. Lacroix et Seré, *le Moyen Age et la Renaissance*, t. IX, fol. VIII.

Les couvertures en tuiles émaillées avec ornements en terre cuite étaient aussi d'un usage très répandu à cette époque. Les épis en faïence étaient particulièrement recherchés dans la seconde moitié du XVIe siècle. De nombreuses fabriques de ces pièces décoratives existaient aux environs de Lisieux, dans la vallée d'Orbec[1]. Mais, comme le dit Viollet-le-Duc[2], la plupart de ces objets, composés de plusieurs pièces, ornées avec le goût le plus varié et retenues par une tige de fer scellée au poinçon du faîtage, ont été achetés par les marchands de curiosités et vendus aux amateurs comme des faïences de Palissy. Des produits de cette nature étaient encore fournis aux provinces environnantes par les fabriques de Rouen, de Beauvais, de Nevers; mais ils ont disparu par suite de l'incurie et de la mode des combles dépourvus de toute décoration.

Ces applications de la terre cuite à l'ornementation intérieure ou extérieure des édifices cessèrent peu à peu d'être en usage pendant le XVIIe siècle. Mais, à cette époque, on voit toujours la construction en briques adoptée, sinon pour les grands monuments, du moins pour les demeures princières, les hôtels et habitations privées. Un des caractères de l'architecture du temps de Henri IV et de Louis XIII est même la recherche des effets pittoresques par le mélange de la brique, de l'ardoise et de la pierre.

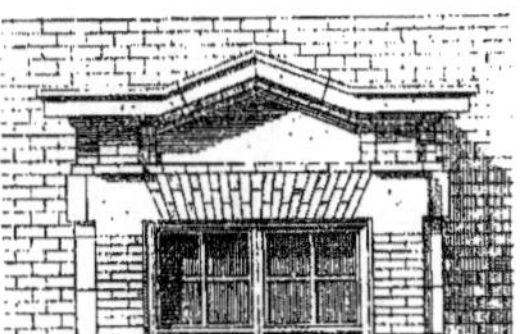

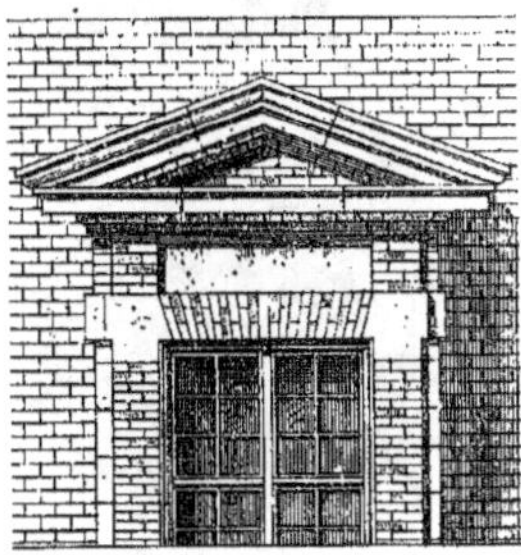

Fig. 46.

Un des plus beaux exemples de cette méthode de bâtir nous est fourni par les constructions que Henri IV fit ajouter au palais de Fontainebleau. Sur les façades de la Cour qui porte le nom de ce prince, les bandeaux qui séparent les étages, les chambranles et les linteaux des fenêtres sont en briques; il en est de même pour les pavillons qui s'élèvent de chaque côté de l'entrée de cette cour sur la place d'Armes. La figure 46 représente des encadrements de fenêtres appartenant à cette cour. On voit que la pierre n'est employée que pour les sommiers, les moulures de couronnement et le remplissage des frises. La façade de la Galerie des Cerfs, qui date aussi de ce prince, est en briques; la pierre est seulement employée pour le soubassement, les pilastres du rez-de-chaussée, les bandeaux qui divisent la hauteur, les gaines et l'encadrement des niches du premier étage[3]. Les bâtiments de la Cour des cuisines, que le palais de Fontainebleau doit encore à Henri IV, offrent aussi l'exemple de l'emploi simultané de la brique et de la pierre. Même mode de construction pour les châteaux de Monceaux et de Verneuil, que ce prince fit construire, le premier pour Gabrielle d'Estrées, le second pour Henriette d'Entragues.

La place Royale, aujourd'hui place des Vosges, la place Dauphine doivent encore être mentionnées comme constructions importantes en brique et pierre du règne de Henri IV. Les trente-cinq pavillons qui entourent la première de ces places sont de la plus grande simplicité, mais le mélange des matériaux déguise un peu leur nudité. Les bâtiments de la place Dauphine présentent un aspect analogue; on n'y voit, comme décoration, que les bossages qui accentuent les assises.

A l'exemple du monarque, les grands seigneurs appliquaient à leurs propres demeures le mode de construction en matériaux de différents aspects.

1. Voy. le *Bulletin monumental*, de M. de Caumont, t. XVI, notes sur quelques procédés céramiques du moyen âge.
2. *Dictionnaire raisonné de l'architecture française*, t. V, p. 276.
3. Voy. Pfnor, *Monographie de Fontainebleau*.

Décrivant l'hôtel de Rambouillet, ancien hôtel Pisani, Sauval s'exprime ainsi[1] : « C'est une maison de briques rehaussée d'embrasures, d'amortissements, de chaînes, de corniches, de frises, d'architraves et de pilastres de pierre. Quand Arthénice[2] l'entreprit, la brique et la pierre étaient les seuls matériaux que l'on employât dans les grands bâtiments. Ils avaient paru avec tant d'applaudissements sur les murailles de la place Dauphine, de la place Royale, des châteaux de Verneuil, de Monceaux, de Fontainebleau et de plusieurs autres édifices publics ; la rougeur de la brique, la blancheur de la pierre et la noirceur de l'ardoise faisaient une nuance de couleur si agréable en ce temps-là, qu'on s'en servait dans tous les grands palais, et l'on ne s'est avisé que cette variété les rendait semblables à des châteaux de cartes[3] que depuis que les maisons bourgeoises ont été bâties de cette manière. »

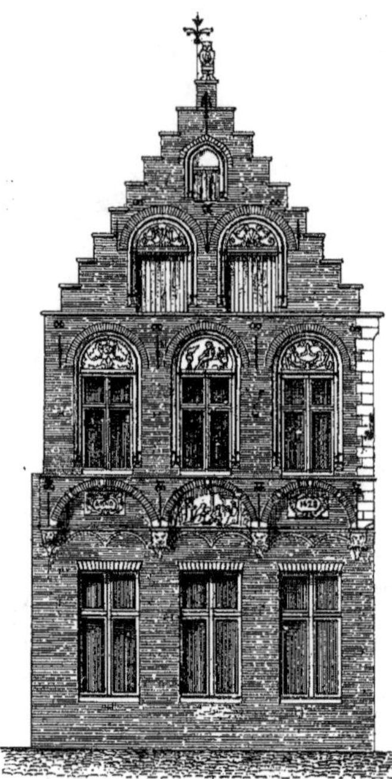

Fig. 47.

PAYS ÉTRANGERS

L'Allemagne, les Pays-Bas et l'Angleterre, à l'époque de la Renaissance, continuent à faire usage de la construction en briques. MM. Verdier et Cattois[4] citent, comme très curieuse, une maison du XVIe siècle à Halberstadt, ville de Prusse. La façade de cette construction est en pan de bois avec remplissage en briques. Ces matériaux affectent trois dispositions différentes : les assises sont verticales, horizontales ou inclinées.

Dans les Pays-Bas, la ville de Bruges se distingue par ses maisons en briques. La figure 47 empruntée à l'ouvrage de M. Ch. Verschelde[5] représente le pignon d'une maison de la rue du Fil qui porte le millésine de 1628 et qui, construite dans le style Renaissance, a été l'objet d'une restauration récente. Tout le pignon est en briques ; la pierre n'est employée que pour quelques sommiers et claveaux, ainsi que pour les archivoltes des baies cintrées et les bas-reliefs. Ceux-ci représentent la Vanité et l'Adoration des mages. Hors de la ville, le long de la route qui mène de Saint-Michel au *Lappersfort* se trouve une porte monumentale avec étage, construite en briques et donnant accès à la ferme appelée *'t Goet ten Briele*, propriété de l'hôpital St-Jean depuis des siècles. Une des fenêtres de cette construction a conservé en partie son gracieux réseau taillé en briques, et permet de juger de la beauté primitive de l'ensemble, qui a probablement été construit vers le milieu du XVIe siècle.

A Anvers, les façades en briques étaient d'un usage assez fréquent, au XVIe siècle, pour les habitations des différentes classes d'habitants.

1. *Histoire et recherches des antiquités de la ville de Paris*, Paris, 1724, 3 vol. in-f°, t. II, p. 201.
2. Anagramme que Malherbe composa du nom de Catherine, marquise de Rambouillet.
3. Cette critique est de Saint-Simon au sujet de l'ancien château de Versailles, bâti sous Louis XIII.
4. *Architecture civile et domestique au moyen âge et à la Renaissance*, t. II, p. 122.
5. *Les Anciennes Maisons de Bruges.*

Dans l'ancienne principauté de Liège, les maisons étaient toutes en bois, avec remplissages en briques.

En Angleterre, nous avons vu que l'usage de la brique s'était rétabli vers le XIIIe siècle, après avoir été abandonné pendant plusieurs siècles. Pendant la Renaissance, cet usage n'a pas cessé d'être en vigueur.

TEMPS MODERNES

Malgré les dépôts si nombreux et si variés de pierres calcaires que l'on exploite en Italie, l'emploi de la terre cuite est encore aujourd'hui très répandu dans la péninsule. A Rome notamment, l'on façonne des briques et des tuiles d'une qualité supérieure, grâce à une argile blanche et rouge, très abondante et éminemment propre aux ouvrages de cette nature, qui se rencontre soit dans l'intérieur, soit aux portes mêmes de la ville.

Les briques, en particulier, font un excellent usage. Dans les plus beaux édifices, on les emploie, même pour les parements extérieurs, conjointement avec le travertin et le pépérin, qu'on réserve alors pour les corniches, les bandeaux, les chambranles, les chaînes à bossages qui fortifient, d'ordinaire, les angles des façades. Les briques modernes de Rome se classent en *briques ordinaires, grosses briques, grosses briques carrées* et *briques minces carrées*. Ces divers matériaux sont plus longs et plus larges que les briques de nos contrées, mais présentent une moindre épaisseur. Les *briques ordinaires*, dont on se sert le plus souvent pour la confection des murs, ont 0m,279 de long sur 0m,139 de large et 0m,037 d'épaisseur; les *grosses briques* ont 0m,334 sur 0m,167 et 0m,046; les *grosses briques carrées* ont, sur deux de leurs dimensions, 0m,235 et 0m,046 d'épaisseur; les *briques minces carrées* ne diffèrent des précédentes que par l'épaisseur, réduite à 0m,041. Pour le carrelage des appartements, des vestibules, des portiques et des loges découvertes, on fait usage d'une espèce particulière de briques appelées *quadrucci* et qui ont 0m,260 de long sur 0m,102 de large et 0m,041 d'épaisseur[1].

C'est en Italie que l'art de faire des briques flottantes, qui avait été complètement perdu, fut retrouvé vers l'an 1790, par Fabroni, professeur à Florence. Il découvrit, à Castel del Piano, près de Sienne, une terre d'un blanc cendré, très légère, qu'il désigna sous le nom de *farine fossile* et qui est composée de silex, de chlorite, d'eau et d'un peu de terre glaise. Fabroni, en y ajoutant un vingtième d'argile, en fit des briques qui, suffisamment cuites, conservaient encore une grande légèreté et une solidité égale à celle des briques ordinaires, avec une pesanteur spécifique inférieure à celle de l'eau. Le professeur italien pensait avoir retrouvé la matière des briques flottantes des anciens[2]. Cette légèreté, jointe à leur solidité, rendait ces briques très propres à entrer dans la construction des voûtes qui doivent avoir peu de poussée. De plus, en raison de leur porosité, elles conduisaient fort mal le calorique et pouvaient former, autour d'objets que l'on aurait voulu garantir de l'action du feu, une enveloppe presque impénétrable à la chaleur.

Quant aux tuiles, elles sont de deux sortes : les unes, plates avec rebords, ayant la forme de trapèzes et nommées *tegole;* les autres, creuses, appelées *canali* et servant à recouvrir les joints des premières. C'est le mode de couverture que nous avons déjà vu précédemment appliqué aux constructions du moyen âge dans les provinces méridionales de la France. Seulement les tuiles romaines sont placées sur une aire ou carrelage en briques de 0m,03 d'épaisseur, reposant elles-mêmes sur les chevrons et jointes avec du mortier.

Parmi les matériaux en terre cuite employés en Italie, il faut encore mentionner les poteries servant

1. Le Tarouilly, *Édifices de Rome moderne*, p. 74.
2. Brongniart, *Traité des arts céramiques*, t. Ier, p. 258.

de conduites et de tuyaux de descente, ces divers objets ayant des dimensions très variées. Les tuyaux dits *condotti della Maddalena* ont 0m,251 de diamètre intérieur et leur hauteur, non comprise l'embouchure, est de 0m,409; ceux dits *Monte Cavallo* sont de la même hauteur que les précédents, et leur diamètre intérieur est de 0m,176; ceux dits de *Civita-Vecchia* ont 0m,158 de diamètre.

A côté des matériaux de construction, n'oublions pas les produits décoratifs, tels que les terres émaillées et coloriées à la façon de Lucca della Robbia. La péninsule italique possède un certain nombre de fabriques de ces produits et plusieurs de ces maisons étaient dignement représentées à l'Exposition universelle de 1878.

L'Allemagne est toujours un des pays où la brique est le plus fréquemment employée. A Munich, par exemple, les environs fournissent plusieurs variétés d'argiles qui, par leurs mélanges dans des proportions déterminées, permettent d'obtenir, à la cuisson, des nuances très diverses.

On pouvait juger à la dernière Exposition universelle des progrès comparés faits par les diverses nations de l'Europe et la fabrication des produits de terre cuite applicables à la construction. L'Autriche s'y trouvait particulièrement représentée par la Société anonyme de Wienerberg, qui avait exposé une quantité considérable de briques et d'objets d'art en terre cuite tout à fait remarquables. La Société minière et de briques de Posth avait aussi exposé plusieurs échantillons de briques d'une forme élégante, d'un grain fin et avec arêtes vives.

A l'aide de calibres particuliers, on façonne encore, en Allemagne, des briques dont les parements sont ornés de dessins en relief. Ce dernier mode de décoration est très souvent appliqué aux édifices : l'école d'architecture de Schinkel et l'église de Werder, à Berlin, en sont les types les plus parfaits.

De même qu'en Italie on fait des briques dites *légères* avec une terre extraite des bruyères de Lunebourg (à Oberlohe) et de quelques autres endroits de l'Allemagne.

L'Angleterre est encore une contrée où l'usage des briques a pris une très grande extension depuis la Renaissance. Il reste dans plusieurs provinces anglaises de très belles constructions en brique des XVIIe et XVIIIe siècles. Notons ce fait que les ornements y sont en partie moulés et en partie taillés dans les briques après leur cuisson.

A Londres et aux environs, où manque la pierre de taille, toutes les maisons sont bâties en briques. Un grand nombre d'exploitations et de fabriques établies notamment au nord de la Tamise, à Stepney, Hackney, Tottenham, Hammersmith, Brentfort, etc..., fournissent des briques de couleurs et qualités appropriées aux bâtiments, soit pour les murs de façades ou de séparation intérieure, soit pour les caves, les voûtes, les encadrements de croisées. On en exporte une très grande quantité pour les colonies d'Amérique, Québec, etc. La bonne qualité des briques anglaises est prouvée par leur grande durée dans un climat humide.

L'art de fabriquer les carreaux émaillés est aussi en grande vogue en Angleterre, surtout depuis le commencement de ce siècle. Le Musée céramique de Sèvres possède des échantillons très brillamment décorés tant par les couleurs que par les ornements, qui ont été fabriqués par Wedgwood, en 1836, et, plus tard, par Chamberlin et Cie, de Worcester. Tout récemment, l'Exposition universelle de 1878 nous a montré les magnifiques carrelages émaillés de la maison Doulton et Cie; les carreaux décorés dans le genre des majoliques qui avaient été exposés par MM. Maw et Cie, de Campbell, MM. Graven, Dunnil et Cie, MM. Brick et Tile, Simpson, etc. On a de même pu remarquer, parmi les produits anglais en terre cuite, les tuiles cannelées de MM. Colthurst, Symons et Cie, les briques à peintures émaillées de MM. Joseph Cliff et fils, les briques bleues de Wood et Ivery, fabriquées à West Bromwich, lesquelles briques renferment une quantité considérable d'oxyde de fer et sont très propres au pavage des trottoirs, étables, voies publiques, etc. Il semble aussi que ces matériaux pourraient jouer un rôle considérable dans les décorations polychromes architecturales.

En Hollande, pays privé de pierres de construction, mais offrant, à très peu de profondeur, surtout près des embouchures des grands cours d'eau, une terre propre à faire des briques, la fabrication de ces matériaux a conservé, de nos jours, une très grande activité. Toutes les maisons sont construites en briques, les canaux en sont revêtus, les trottoirs des villes et des routes en sont pavés. Les Hollandais fabriquent aussi en terre cuite des produits moulurés, avec lesquels ils remplacent complètement la pierre de taille. On voyait au Champ de Mars, en 1878, dans la section hollandaise, un portail roman, avec colonnes engagées, qui était entièrement construit avec des matériaux de cette espèce. On fait encore en Hollande des briques et des tuiles vernissées qui s'exportent dans les pays du Nord, dépourvus, par la nature de leur sol, des terres propres à faire économiquement des briques et des tuiles.

C'est principalement sur les bords de l'Yssel, près de Gouda, aux environs de Delft; d'Harligen, dans l'Est-Frise, que sont établies les plus grandes briqueteries et tuileries.

De même qu'en Hollande, l'usage des briques est général en Belgique. On utilise même ces matériaux pour la construction des enceintes fortifiées. « Dans les vastes travaux d'agrandissement de la ville d'Anvers, dit M. Aug. Gratry, on a mis en œuvre, jusqu'ici, près d'un milliard de briques, indépendamment des maçonneries d'appareil et de moellon employées dans plusieurs ouvrages[1]. » Quant aux produits de terre cuite applicables à la décoration, les Belges en font aussi un emploi très fréquent. L'usine Léonard, de Verviers, avait envoyé à l'Exposition universelle de 1878 des briques ornementées et des tuiles vernissées; la maison Utzschneider-Jaunez et Cie, de Jurbise, y avait exposé de très jolis carrelages. Enfin les produits de M. Josson, d'Anvers, sont très estimés en France. L'Espagne est une des contrées de l'Europe où les produits céramiques appliqués à l'industrie du bâtiment sont les plus remarquables au point de vue de la matière et du bon marché. On a remarqué au Champ de Mars, il y a deux ans, les carreaux, les briques crues, les briques cuites pleines ou creuses, d'une argile si fine de grain et sonore comme du cristal, les tuiles de MM. Nolla et Garetta, les faïences décorées reproduisant l'ancienne école de M. Sanchez Corral, de Talanera, et les beaux *azulejos* de Valence et de Séville. C'est à Triana, faubourg de cette dernière cité, qu'existent d'assez nombreuses fabriques de faïence stannifère. On y fait des plaques de faïence qui reçoivent des sujets de peinture ou des ornements colorés propres à la décoration des églises.

En France, l'usage des constructions en briques a été particulièrement en honneur, après la Renaissance, sous le règne de Louis XIII. C'est souvent même par le mélange de ces deux matériaux que se reconnaissent certains châteaux de cette époque. Le plus célèbre est l'ancien château de Versailles, que le roi fit construire dans cette localité pour servir de rendez-vous de chasse. Cet édifice, qui devait être le germe du vaste monument élevé plus tard par Louis XIV, forme aujourd'hui, dans le palais de Versailles, la partie centrale qui entoure la cour de marbre. Après Louis XIII, l'usage de la brique devint plus rare pour les constructions princières. Cependant nous devons citer le palais Mazarin, dont l'architecture, mélange de briques et de pierre, est d'une ordonnance peu remarquable. Pendant la seconde moitié du XVIIe et durant le XVIIIe siècle tout entier, l'usage de la terre cuite pour la décoration des édifices importants subit un arrêt. L'emploi de cette matière subsiste néanmoins pour la maçonnerie des habitations dans certaines régions, telles que le Nord et le Midi de la France.

De nos jours aussi, dans les mêmes provinces, des villes entières sont construites en briques. A Paris même, où la pierre de taille abonde, et où jusqu'alors on ne faisait guère usage de la brique que pour des murs de séparation intérieure et pour les remplissages, une réaction s'opère en faveur de la terre cuite, employée comme élément de construction et d'ornementation. Des édifices de fondation toute récente, tels que les marchés, dont les Halles centrales représentent le type, nous montrent la brique utilisée concurremment avec le fer; au collège Chaptal, cet élément se combine avec la pierre et le métal; dans de nombreux hôtels des quartiers neufs, la brique est laissée apparente, formant des murs pleins, des

1. *Description des appareils de maçonnerie les plus remarquables employés dans les constructions en briques*; 1 vol. in-8°. Bruxelles, 1866.

chaînes verticales ou horizontales intercalées avec des assises de pierre. L'emploi des terres cuites décoratives tend également à se généraliser. Nous avons pu admirer, en 1878, au Champ de Mars, les produits d'un de nos premiers fabricants, M. Muller, qui, en dehors de la brique et des tuiles ornementées de son système, avait exposé des chéneaux, des faîtages, des garnitures de rives de pignons et divers motifs de décoration en terre cuite, exécutés sur des dessins très élégants.

Enfin nous avons pu constater aussi, dans ce grand concours des nations, que la faïence recommençait à prendre, en France, comme autrefois en Italie, un caractère monumental, en s'appliquant sur les surfaces murales, dont elle rompt la monotonie. Contentons-nous de citer les panneaux décoratifs, les plaques de revêtements qui ornaient les arcades du porche des Beaux-Arts, au centre du Champ de Mars et qui provenaient de l'usine Deck; la porte donnant accès à cette même section sous le porche opposé et dont l'ornementation avait été exécutée par la maison Lœbnitz; la brillante décoration, due à M. Parvillée, qui recouvrait les murs intérieurs et la porte du pavillon de l'Algérie; les faïences émaillées de MM. Muller et Cie qui, dans le pavillon du ministère des Travaux publics, se mariaient au métal de manière à faire de cette construction une sorte de type architectural.

Nous terminerons ici cet aperçu historique, qui montre quel a été le rôle de la terre cuite dans le passé et quelles ressources peut offrir aux architectes du présent et de l'avenir une matière d'extraction si facile et susceptible de pouvoir prendre toutes les formes et toutes les colorations qu'on veut lui donner.

DEUXIÈME PARTIE

FABRICATION ET USAGES

I

GÉNÉRALITÉS

Pris dans son acception générale, le mot *brique* désigne une pierre de construction artificielle de peu de volume, ayant la forme d'un parallélipipède rectangle et dont les dimensions varient suivant les localités, mais de manière que la longueur soit, autant que possible, égale à deux fois l'épaisseur, plus un joint. La même désignation s'applique toutefois à des matériaux de construction formés des mêmes éléments que les briques proprement dites, mais qui ont une autre forme, en raison d'une destination particulière. C'est ainsi qu'il y a des briques *cintrées* pour la construction de certaines cheminées, des briques *en coin* pour l'exécution de voûtes de petit rayon. De plus, on peut façonner des briques avec des matières très diverses, de l'argile crue, du plâtre, des agglomérés, de l'argile durcie par une cuisson plus ou moins énergique. Nous limiterons notre tâche à l'étude des pierres artificielles, *briques*, *tuiles*, *carreaux* ou *poteries*, composées essentiellement d'argile.

ARGILES

Provenance. — On admet généralement que les argiles proviennent de la décomposition des roches ignées feldspathiques, telles que les granites, les gneiss, les porphyres, etc. Cette décomposition s'est effectuée, en grande partie, pendant les âges géologiques, sous l'influence de l'eau, de l'air, de l'acide carbonique, de la chaleur et de l'électricité, l'effet destructif de ces agents devant être alors beaucoup plus puissant que de nos jours. Les produits décomposés furent ensuite délayés, puis entraînés par les eaux pluviales et transportés dans les lieux où nous les trouvons aujourd'hui. Quand ces produits sont restés en place ou lorsque, par hasard, dans leur transport, ils n'ont pas été souillés par des matières étrangères, ils forment le *kaolin* ou *terre à porcelaine*, qui est le type des argiles pures. Quand, au contraire, ces produits ont été charriés au loin, ils sont presque toujours mélangés à des sables, à de l'oxyde de fer, à du carbonate de chaux en proportions variables. De plus, l'action entraînante des eaux a pu s'opérer souvent sur une roche incomplètement décomposée et lui enlever, pour les mêler à la masse, plusieurs de ses parties constituantes telles que quartz, micas, feldspaths, pyrites, etc. Ce sont ces mélanges de kaolin et de matières étrangères qui constituent les *argiles ordinaires* ou *terres à briques*.

Caractères généraux. — On conçoit aisément la variété qu'un tel mode de formation a pu produire dans la composition des terres argileuses. Toutefois, ces terres ayant toutes pour base le kaolin (silicate d'alumine hydraté), produit principal de la décomposition du feldspath (silicate d'alumine combiné avec un autre silicate alcalin terreux), présentent des caractères communs, parmi lesquels ceux qui intéressent le plus les fabricants de terres cuites sont : la *plasticité*, la *transformation à la cuisson*, le *retrait*.

La *plasticité* est cette propriété que possèdent les argiles de former avec l'eau une pâte tenace, douce à la main, facile à travailler, à mouler, se soudant à elle-même, durcissant par la dessiccation. Cette propriété résulte de la combinaison des trois corps, silice, alumine et eau, mais c'est surtout à l'eau qu'elle doit être attribuée, bien que les argiles les plus alumineuses soient généralement les plus plastiques. L'eau que renferment les argiles est, en effet, de deux provenances : l'une, dite *eau de carrière* ou *eau hygroscopique* et dont la proportion dans la matière peut varier sans altérer ses qualités essentielles; l'autre, dite *eau combinée*, qui fait partie de la constitution même de la substance. Or, l'eau de carrière disparaît si on chauffe l'argile à 100° C., sans que la terre ait perdu ses propriétés, qu'elle reprend si on l'humecte de nouveau; tandis que cette matière, portée au rouge, perd son eau de combinaison et se transforme en un corps dur, sonore, dépourvu de toute plasticité, même quand on l'humecte, et ayant éprouvé un *retrait*, c'est-à-dire une diminution de volume qui varie de 2 jusqu'à 20 pour 100 [1]. En dehors de ces propriétés essentielles, il est d'autres caractères qui permettent de déterminer promptement la nature de ces terres argileuses. En effet, si on les laisse exposées à l'air, les argiles donnent une matière blanche ou grise, souvent colorée par des mélanges fortuits d'oxydes métalliques, douce au toucher, dégageant par le frottement une odeur particulière, s'écrasant sous une faible pression et assez dure quand elle est sèche. Dans ce dernier cas, les argiles happent fortement à la langue et si on les humecte avec un peu d'eau, elles répandent encore une odeur particulière dont la cause est inconnue jusqu'ici.

Classification. — Outre ces caractères généraux, et en raison même des circonstances diverses dans lesquelles leur formation s'est accomplie, les argiles présentent, suivant les gisements, des propriétés particulières très variées. Brongniart a proposé pour ces matières, considérées sous le rapport de leur emploi dans l'art céramique, une classification basée sur leur état de pureté [2]. Il distingue : l'*argile plastique*, l'*argile figuline*, les *marnes argileuses*, les *marnes calcaires* et les *marnes limoneuses*.

Les *argiles plastiques*, dites aussi *argiles pures*, sont essentiellement composées de silice, d'alumine et d'eau dans les proportions suivantes : sur 100 parties, 45 à 80 de silice, 15 à 40 d'alumine, quantité d'eau pouvant aller jusqu'à 18 pour 100. Ces argiles peuvent être regardées comme formées chimiquement d'un silicate d'alumine hydraté à proportion définie, dans le rapport de 57,42 pour 100 de silice à 42,58 d'alumine, mélangé avec un excès de silice ou d'alumine. On n'y rencontre qu'accidentellement des corps étrangers; mais on y trouve toujours de la potasse et de la soude. Présentant une grande plasticité, un façonnage aisé, une grande résistance à l'imbibition comme à la dessiccation, une infusibilité absolue à la température d'environ 129° (Wedg), à moins qu'elle ne soit souillée de fer ou de gypse, l'argile plastique est la base des produits réfractaires tels que creusets, pots de verrerie, cazettes à cuire la porcelaine, etc.

L'*argile figuline* contient toujours 5 à 6 pour 100 de chaux à l'état de carbonate et de silicate. C'est une matière liante, moins tenace que l'argile plastique, ramollissable à une haute température, prenant une couleur rouge ou jaune à la cuisson. On peut l'employer à la fabrication des faïences communes, des terres cuites et des briques.

Les *marnes* sont des argiles plus ou moins mélangées de carbonate de chaux et souvent de sable. Elles font effervescence avec les acides, et entrent généralement en fusion à une température peu élevée.

1. C'est sur le principe du retrait des argiles à la cuisson, augmentant avec la température, qu'a été fondé le pyromètre de Wedgwood.
2. Voy. *Traité des arts céramiques*, t. Ier, p. 60 et suiv.

Leur classification est basée sur les proportions des éléments qui les composent : les *marnes argileuses* ne contiennent que 10 à 12 pour 100 de carbonate de chaux; elles sont plastiques, se travaillent assez facilement, prennent une grande dureté à la cuisson et sont employées à la fabrication des briques et des poteries communes; les *marnes calcaires* sont celles dans lesquelles la proportion de carbonate de chaux dépasse les chiffres qui précèdent; elles sont de couleur blanche ou grise, solides à l'état cru, mais se désagrègent facilement sous les influences atmosphériques; employées seules, elles ne forment pas avec l'eau une pâte réellement plastique et ne servent que comme matières dégraissantes, ainsi que nous le verrons plus loin; les *marnes limoneuses*, légères, poreuses et friables, de couleur brune, quelquefois très foncée, forment avec l'eau une pâte assez liante, mais sans solidité à la cuisson; on en fait des briques consommées sur place et appelées *briques de pays*.

Matières étrangères.— Le carbonate de chaux qui entre dans la composition des marnes ou terres à briques proprement dites n'est pas, comme nous l'avons fait observer plus haut, le seul corps étranger à la constitution même de ces matières que l'on rencontre dans les argiles. On y trouve : 1° des grains de *quartz*, reconnaissables à leur cassure inégale, non *lamelleuse*, à leur dureté, leur couleur et leur transparence; 2° des cristaux plus ou moins nets, opalins, de *feldspath;* 3° des lamelles très minces, larges, de mica; 4° des cristaux ou grains de pyrite de fer ou bisulfure de fer, lourds, ayant l'éclat métallique et la couleur jaune du laiton; 5° d'une manière générale, de l'oxyde de fer à l'état de peroxyde anhydre ou hydraté, colorant la masse en rouge dans le premier cas, en jaune dans le deuxième, cette dernière teinte passant, du reste, au rouge par la calcination de l'argile; une faible proportion d'oxyde de fer suffit pour diminuer notablement la propriété réfractaire de l'argile; 6° des alcalis (potasse et soude), dont le poids s'élève jusqu'à 2 ou 3 pour 100, une petite quantité d'alcali étant également suffisante pour rendre l'argile ramollissable à une haute température; 7° des matières organiques, qui colorent la masse en brun, en gris ou en noir et qui exhalent une odeur bitumineuse par le frottement et la calcination. Ces argiles, soumises à une température peu élevée, peuvent prendre et conserver une couleur noire due à la présence du charbon; si on les porte à une chaleur plus élevée, le charbon se brûle en certaines places qui blanchissent ou qui rougissent si l'argile est ferrugineuse.

Gisement. — Les argiles plastiques, telles que celles qui appartiennent aux deux premières catégories que nous venons d'énumérer, se présentent ordinairement, dans la nature, en amas, à peu près lenticulaires et ellipsoïdes allongés, compris entre les terrains tertiaires de toutes les époques et les terrains crétacés. Elles renferment souvent des pyrites, des cristaux de gypse, des amas de fer oligiste terreux (ocre rouge), de limonite terreuse (ocre jaune) qui les rendent fusibles. On n'y trouve pas de débris de corps organisés. Les marnes argileuses peuvent se rencontrer dans presque tous les terrains, surtout dans les terrains tertiaires. Elles sont bien plus répandues à la surface du globe que les argiles plastiques et se présentent dans les terrains *infra* et *supra*-crétacés en couches puissantes, couvrant presque entièrement certains pays. C'est pourquoi ces terres, si abondantes et d'exploitation si facile, propres, en outre, à donner des poteries et faïences communes, ont été employées à la fabrication des poteries antiques. Les marnes limoneuses, parmi lesquelles on range les terres franches, sont plus superficielles encore, plus répandues, plus faciles à travailler; elles abondent dans les vallées de grande étendue et à toutes les embouchures des grands fleuves.

Analyse des argiles. — Les gisements découverts, il importe de déterminer, d'une façon précise, la nature des terres que l'on veut employer à la fabrication des briques, des tuiles et autres produits céramiques. Il faut donc procéder à un examen approfondi de la matière première.

Tout d'abord, il est nécessaire de connaître la proportion des sables qui entrent dans la composition d'une argile et la nature de ces sables; car, plus une argile renferme de sable quartzeux, plus elle jouit de la propriété réfractaire. Au contraire, plus elle contient de sables feldspathiques et micacés, plus elle est disposée à entrer en fusion. Il en est de même si la terre renferme en abondance de la chaux sous la forme de carbonate ou de phosphate. C'est au moyen d'un délayage et d'une décantation, plusieurs fois répétés, qu'on parvient à séparer ces matières, qui ne sont que mélangées mécaniquement à l'argile proprement dite. On fait sécher les résidus sableux, puis on les examine à la loupe pour déterminer la nature de leurs différentes parties. Il est clair que, par cette opération, on extrait aussi de l'argile les pyrites qui affectent la terre à la cuisson et qu'on apprend à connaître leur proportion. Les autres éléments que renferme la masse argileuse se déterminent à l'aide de réactions chimiques dans le détail desquelles nous n'avons pas à entrer ici. Nous dirons seulement, d'après M. Salvetat : 1° que l'*acide silicique* contenu dans la terre examinée peut être mis en évidence par l'action de l'acide chlorhydrique étendu sur une quantité donnée de la matière, mélangée avec trois ou quatre fois son poids de carbonate de soude; 2° que la liqueur, privée d'acide silicique, puis traitée par l'ammoniaque, l'acide chlorhydrique et la potasse caustique permet d'évaluer la quantité d'*alumine;* 3° que l'oxyde de fer, abandonné sur un filtre dans l'opération précédente, avec la chaux et la magnésie, est obtenu par l'action successive de l'acide chlorhydrique et de l'ammoniaque; 4° que la *chaux* est reconnue dans la liqueur, ainsi purgée de l'oxyde de fer et de l'alumine, à l'aide de l'oxalate et du carbonate d'ammoniaque; 5° enfin que les alcalis (potasse et soude) se déterminent, pour un poids quelconque de matière argileuse pulvérisée, en transformant, par l'emploi successif de divers réactifs, cette matière en deux chlorures doubles de platine, de potassium et de sodium que l'on sépare à l'aide de l'alcool; l'évaporation donne les poids respectifs des chlorures, d'où l'on déduit le poids des alcalis renfermés dans l'argile.

Modifications naturelles et artificielles des argiles. — Les moyens de reconnaître la composition des terres argileuses étant indiqués, il importe, avant d'entrer dans les détails de fabrication, d'insister sur les modifications que subissent ces matières à la cuisson, et, par suite, sur les procédés que l'on peut appliquer pour obtenir des produits présentant des qualités déterminées.

Nous admettons, avec MM. Bonneville, Jaunez et Paul [1], deux sortes de modifications naturelles : les unes dites *chimiques*, les autres *physiques*. Les modifications chimiques sont basées sur l'état de pureté de la matière et sur la tendance qu'ont les corps étrangers à se combiner, à température élevée, avec le silicate simple d'alumine qui constitue l'argile et à former avec lui un silicate multiple ordinairement plus fusible. Cette combinaison n'a pas lieu lorsque la terre est suffisamment pure; le produit, dans ce cas, est poreux. Si l'argile est impure et la température à laquelle on la soumet peu élevée, la matière cuite est encore plus poreuse et friable. Enfin les impuretés peuvent être assez nombreuses et dans un état tel que la formation du silicate multiple se produise à une température basse ou élevée; dans le premier cas, on obtient un produit dur et imperméable; dans le second, une matière scarifiée ou même un verre véritable, coulant et fluide. Ce dernier effet est à redouter; car les pièces, ramollies par une trop forte cuisson, se soudent entre elles et forment une seule masse qu'il faut défourner à coups de pioche.

Le *retrait* [2] est la principale modification physique de l'argile à la cuisson et varie, en moyenne, de 10 à 15 pour 100 pour les terres à briques. Cette diminution de volume s'accomplit en deux temps, d'abord pendant la dessiccation de la pâte à l'air libre après le moulage, ensuite pendant la cuisson.

La nature des pâtes, le mode de façonnage sont les deux causes principales de la retraite et de ses différences. Les pâtes très plastiques et les pâtes fusibles sont celles qui éprouvent, en général, le retrait le plus considérable; les premières grâce au dégagement de l'eau par la dessiccation, les autres à cause du rapprochement des molécules produit par un commencement de fusion. Quant au mode de façonnage, il influe de différentes façons; la forme donnée aux produits est très importante à cet égard : la tuile mécanique, par exemple, est plus sujette à se déformer que la brique; cet effet est surtout prononcé s'il y

1. *La Fabrication des briques et des tuiles*, Paris, 1879, p. 6 et suiv.
2. On dit indifféremment la *retraite* ou le *retrait* des argiles.

a eu des inégalités de pression pendant le moulage; enfin les pâtes employées immédiatement après leur préparation subissent une retraite plus grande que celles qu'on a abandonnées à elles-mêmes pendant quelque temps.

L'observation de ces phénomènes a conduit à rechercher les moyens de fournir artificiellement aux argiles une plasticité convenable, suffisante pour rendre le travail de la terre facile, mais assez faible pour empêcher la pâte de s'attacher aux outils, et lui procurer une dessiccation rapide, égale et une cuisson uniforme. Il n'y a guère, en effet, que les terres franches, destinées au moulage des briques dites *de pays*, que l'on emploie telles qu'on les trouve, soit que le prix de vente de ces briques ne permette pas de faire la modification préalable, soit que les produits qu'on veut obtenir n'aient besoin ni d'une grande régularité ni d'une très bonne qualité.

Les substances qu'on ajoute ainsi à l'argile, pour permettre de la travailler plus facilement ou en changer les propriétés natives, sont, pour la plupart, connues sous le nom de matières *dégraissantes, amaigrissantes* ou *antiplastiques*, parce qu'elles ont pour but de diminuer la plasticité de la terre généralement trop grasse, de lui donner plus de porosité, facilitant ainsi le départ de l'eau d'imbibition ou de combinaison, soit à la dessiccation, soit au four, enfin de régulariser la retraite. Le sable, les ciments, les scories de forges, les laitiers des hauts fourneaux, le mâchefer, le carbonate de chaux, les cendres, la sciure de bois, les charbons et les escarbilles, tels sont les corps que l'on utilise pour *dégraisser* les terres argileuses.

Le *sable*, et notamment le sable siliceux, tamisé s'il est mélangé de gros grains de gravier, tient le premier rang comme matière antiplastique. Il accroît même l'infusibilité des argiles, tandis que les sables feldspathiques, micacés, ferrugineux, calcaires, rendent, au contraire, les pâtes plus fusibles. Les *ciments* ou matières plastiques déjà cuites, telles que débris de gazettes, briques, tuiles, poteries, creusets, etc., broyés et introduits dans les terres, en diminuent, comme les sables, la plasticité trop grande ou leur donnent des propriétés plus réfractaires. Les *scories de forges*, les *laitiers des hauts fourneaux*, le *mâchefer*, pulvérisés, fournissent de très bons résultats comme matières dégraissantes, mais ne donnent pas des produits aussi réfractaires que les sables siliceux. Le *carbonate de chaux*, la *craie* ont des effets qui varient avec le degré de chaleur auquel les terres sont portées. Si la température, à la cuisson, est assez élevée pour chasser l'acide carbonique et permettre à la chaux de se combiner tout entière avec le silicate d'alumine, on obtient des produits durs et résistants; mais si cette combinaison, difficile à réaliser, n'a pas lieu, la chaux caustique, disséminée dans la masse, foisonne à l'air et fait éclater la brique. Pour ces raisons, le carbonate de chaux est généralement exclu comme substance dégraissante. Les *cendres*, au contraire, introduisant dans la pâte les alcalis qu'elles renferment, fournissent des produits bien cuits, sonores et propres à résister aux influences atmosphériques. La *sciure de bois* a l'inconvénient de se détruire à la cuisson et de laisser des vides qui rendent les briques légères, mais peu résistantes. Les *charbons* et les *escarbilles*, brûlant au sein de la masse, régularisent et activent la cuisson; la terre, cuite dans ces conditions, présente de petites cavités; mais elle est légère, sonore et de très bonne qualité. Enfin, l'argile elle-même, d'une certaine composition, peut servir à modifier une autre argile. C'est ainsi qu'à une argile trop grasse, trop plastique et trop tenace, on peut mélanger une argile sableuse, une argile ferrugineuse ou calcaire pour en modifier les produits.

Il est encore bien d'autres substances, telles que les pierres ponces, les tufs, les pouzzolanes, les laves, les basaltes, trapps, les schistes argileux, les arkoses, les grès argileux, etc., qui, ajoutés à l'argile, permettent d'en changer les qualités. Mais nous ne pouvons entrer dans le détail de ces divers mélanges; le choix de ces matières et la détermination des proportions dépend entièrement des circonstances, qui sont : 1° la nature des argiles que l'on traite et dont il faut étudier les caractères; 2° la composition et les propriétés de la substance qui doit servir à modifier ces caractères; 3° celle des produits qu'on se propose d'obtenir ou qui sont demandés; 4° la facilité de se procurer les ingrédients qu'on veut faire entrer dans les pâtes; 5° enfin, le prix de ces ingrédients et les frais qu'occasionnent leur préparation, leur mélange et la cuisson des produits ainsi composés. Ces combinaisons sont donc, avant tout, subordonnées à la question de localité et, en second lieu, entièrement dépendantes de l'expérience. Nous ferons seulement observer que, quelle que soit la matière dégraissante employée, il y a avantage à introduire dans la pâte des antiplastiques à grains fins, parce qu'ils procurent un mélange plus intime et tendent à faciliter la combinaison des éléments entre eux, de manière à assurer l'homogénéité des produits.

II

DES BRIQUES

BRIQUES CRUES

Bien que l'emploi des briques durcies au feu tende à remplacer partout celui des briques séchées au soleil, l'usage de ces derniers matériaux, qui remonte aux temps les plus reculés, est encore assez répandu pour que nous entrions, à ce sujet, dans quelques détails. Les briques crues présentent, en effet, l'avantage de pouvoir se faire avec toutes les terres, à l'exclusion de celles qui sont trop sablonneuses et n'exigent pour mélange que des substances à peu près sans valeur, telles que de la paille, du foin, de l'herbe, des feuilles, des roseaux, etc.

En France et dans le midi de la Russie, voici comment l'on procède à la fabrication des briques crues. Sur le sol qui doit servir à cette fabrication, on creuse un bassin circulaire de 5 à 6 mètres de diamètre et l'on enlève une couche d'environ $0^m,33$ de profondeur. On bêche le fond de ce bassin; puis on y verse assez d'eau pour transformer en boue épaisse la terre remuée, que l'on fait ensuite piétiner par un cheval ou un bœuf, jusqu'à ce que l'eau soit uniformément absorbée; on ajoute alors les matières végétales qui doivent donner à cette pâte de la liaison. Cette opération du piétinement se recommence plusieurs fois, toujours avec addition d'une nouvelle quantité d'eau et dure de un à trois jours, suivant la température. La terre ainsi préparée reçoit dans des moules la forme parallélipipédique et les briques moulées sont soumises au séchage à l'air libre, et enfin mises en pile, si on ne les emploie pas de suite. Le printemps et l'automne sont les saisons les plus favorables à la dessiccation, qui est alors plus lente et plus égale. Il importe d'ailleurs que cette dessiccation soit complète, sans quoi la gelée, augmentant le volume de l'eau non évaporée, entraînerait la destruction de la matière.

En Orient, et particulièrement en Perse, la terre argileuse, mêlée de paille courte, est pétrie avec les pieds par des ouvriers, puis façonnée dans des moules et trempée dans un baquet d'eau, mêlée avec de la paille hachée plus menue que celle qui entre dans le corps de la brique. Il suffit de deux ou trois heures pour donner à ces briques une consistance telle qu'on peut les ranger à claire-voie à l'abri du soleil pour les faire sécher.

Dans la construction des murs en briques crues, le mortier que l'on emploie est de la pâte qui a servi à la fabrication. Il est nécessaire de recouvrir les surfaces extérieures d'un enduit protecteur, de couches de peintures à la chaux ou d'un recrépissage à la chaux mélangé d'argile. Ces constructions se conservent mieux dans les pays chauds et secs que dans les climats froids et humides; cependant on observe, en Russie, que les habitations en briques crues, très nombreuses dans les provinces du Midi, résistent très bien à des automnes très humides et à des froids considérables, alternés quelquefois de dégels. Dans ces contrées, du reste, on garantit contre les pluies la surface extérieure des murs en briques crues, soit à l'aide de goudrons ou d'huiles appliqués à chaud, soit avec des couleurs à l'huile ou au lait, ou bien encore avec une espèce de vernis composé de cendres de bois tamisées, de chaux vive tamisée et d'huile. En Perse et, en général, dans toute l'Asie, les enduits extérieurs dont on recouvre les constructions en briques crues sont formés d'argile et de paille hachée ou d'une espèce de mortier fait avec un mélange de chaux et de plâtre pilés et corroyés ensemble.

BRIQUES CUITES

Formes et qualités. — Ce n'est pas arbitrairement que, depuis une époque fort ancienne, on a choisi pour ces matériaux la forme d'un parallélipipède à trois dimensions inégales, mais ayant entre elles un rapport déterminé. Ce rapport, qui est tel, comme nous avons dit plus haut, que la longueur d'une brique soit à peu près égale à deux fois l'épaisseur plus un joint, a pour but principal de faciliter l'appareillage. En effet, on construit beaucoup de cloisons qui ont pour épaisseur une brique mise de champ ou à plat avec joints croisés, puis des murs et des cloisons ayant pour épaisseur la longueur d'une brique où l'on croise les joints, c'est-à-dire qu'à un rang de briques en boutisse, on fait succéder un rang de deux briques en long, ou bien les briques sont en boutisse et en long de deux en deux; on peut encore donner au mur l'épaisseur d'une longueur et largeur de brique, ou de deux longueurs de brique, etc. Ces divers modes d'appareillage facilitent la main-d'œuvre et augmentent la solidité des constructions; mais ils exigent pour l'élément qui les constitue, pour la brique, la régularité géométrique, qui a aussi pour effet de donner à toutes les assises une égale hauteur et d'assurer l'uniformité du tassement de la construction.

A cette qualité, d'autant plus nécessaire que l'appareil est laissé plus en vue, les bonnes briques doivent joindre l'homogénéité dans toute la masse, l'absence de fissures et de défauts, une dureté qui les rende capables de résister à une forte pression, une certaine facilité de taille qui permette aux maçons de les couper à une longueur et d'après une forme déterminées suivant le besoin. L'usage que l'on compte faire de ces matériaux influe aussi sur les qualités particulières que l'on doit en attendre. Ainsi, les briques destinées aux constructions extérieures ou exposées à l'humidité doivent être compactes, dures, sonores et surtout résister à l'absorption. S'il s'agit, au contraire, de constructions intérieures et auxquelles on veut donner peu de poids, les briques peuvent être légères, poreuses et faciles à tailler. L'appareillage des voûtes et des arceaux exige des briques moulées très exactement et assez compactes pour résister aux pressions qu'elles peuvent éprouver. Les briques employées au pavage des salles extérieures, des trottoirs et quelquefois des chaussées doivent être d'une extrême dureté; celles enfin que l'on destine à la construction des fours et des fourneaux doivent être réfractaires, c'est-à-dire supporter, sans se ramollir ou se fendre, de hautes températures. Ces diverses qualités sont obtenues par une bonne et régulière fabrication et surtout par le choix de la terre et sa préparation.

Choix de la terre. — Toutes les terres argileuses sont bonnes pour faire des briques, quand on ne cherche pas à en fabriquer qui soient d'une qualité spéciale et lorsqu'on y fait les additions de matières convenables. Celles que l'on emploie le plus généralement pour la fabrication des briques ordinaires sont des terres maigres, auxquelles on mélange un peu d'argile servant de liant, des argiles gréseuses et des marnes argileuses. Dans certaines localités, on emploie des argiles plus ou moins sableuses et des marnes calcaires ou limoneuses; mais, en général, on doit exclure les terres qui renferment trop de calcaire (plus de 15 à 20 pour 100) ou de silex, sans quoi la chaux que donnerait le calcaire à la cuisson, s'éteignant spontanément, détruirait les briques, et les fragments de silex les briseraient en éclatant au feu. On doit également rejeter les argiles contenant de trop grandes quantités de pyrites de fer volumineuses. Lorsque ces pyrites sont très petites, comme il arrive souvent, il faut les laisser; elles contribuent à la bonne qualité des briques ordinaires par la combinaison de l'oxyde de fer avec l'argile. Toutes ces terres ne doivent être ni trop grasses, ni trop maigres pour fournir de bonnes briques. La terre trop maigre, c'est-à-dire chargée de silice, se dessèche facilement sans se tourmenter ni se gercer; mais elle ne peut acquérir une dureté suffisante à la cuisson, faute de liant, et donne des briques peu sonores; on peut la reconnaître à ce qu'elle crie sous la dent, ne donne pas de copeaux, si, fraîche, on la coupe avec un couteau et est incapable de se façonner en cylindres d'une certaine longueur et résistants. Toutefois, lorsque cette terre siliceuse renferme une petite quantité de chaux, ce dernier élément peut provoquer, à une température élevée, la formation d'un silicate double qui empâte la masse et fournit alors d'excellents produits. La terre qui, au contraire, est trop argileuse, c'est-à-dire qui contient trop d'alumine, est sujette à se déformer et à se fendiller à la dessiccation et à la cuisson; on la reconnaît à ce qu'elle est onctueuse quand on l'écrase sous la dent, et à ce qu'elle fournit une pâte collante, lorsqu'on l'humecte. Il faut amaigrir cette terre avec des matières de la nature de celles que nous avons indiquées plus haut.

Ce premier examen étant appliqué aux gisements que l'on veut exploiter, on façonne plusieurs échantillons en briquettes à vives arêtes et on les soumet à la cuisson dans un fourneau fait exprès ou dans un four à chaux; on se rend compte ainsi de l'action du feu sur ces terres, action qu'il est surtout important de connaître. Ces divers essais peuvent être plus promptement et plus sûrement exécutés si l'on a déjà procédé à l'analyse chimique, dont nous avons parlé ci-dessus.

FABRICATION DES BRIQUES

Il y a deux modes de fabrication de ces matériaux : l'un s'exécute en pleins champs, l'autre en usines; mais, quel que soit le système adopté, la fabrication des briques nécessite toujours la série des opérations que nous énumérons ici : *extraction des terres, transport des terres, préparation des terres et fabrication des pâtes, moulage, séchage, cuisson.*

Extraction des terres

Cette opération se pratique soit à *ciel ouvert*, soit à *ciel couvert*, c'est-à-dire souterrainement et en galerie.

Le premier de ces procédés s'applique à un banc d'argile qui se présente par affleurement à la surface du sol, ou qui n'est recouvert que d'une couche de terres faciles à enlever. Le banc se taille par gradins à l'aide d'outils spéciaux, sortes de bêches dont le fer est à angle droit avec le manche.

L'extraction à ciel couvert a lieu dans deux cas : soit lorsque le banc se montre au jour sur les flancs d'une vallée, mais est surmonté d'une masse épaisse de roches plus ou moins dures; soit lorsque ce gisement, qui ne s'est pas révélé par affleurement à la surface du sol, n'est qu'à une certaine profondeur, facile à déterminer par quelques coups de sonde. Dans le premier cas, on attaque le banc par galeries; dans le second, par puits et galeries. Si l'on est obligé de creuser un puits, on choisit, pour effectuer le percement, le point que l'on juge le plus avantageux pour le transport des matières extraites, l'écoulement des eaux, la facilité des communications, en tenant compte de la forme même du gisement et des circonstances locales; on donne au puits une section carrée ou circulaire, et l'on en consolide les parois au moyen d'étrésillons ou d'un cuvelage, suivant la nature des terres à soutenir. Lorsqu'on est arrivé au banc d'argile, on le perce dans toute son épaisseur et l'on procède à l'exploitation en creusant des galeries que l'on étrésillonne au fur et à mesure qu'on avance. Le transport des terres vers le puits s'effectue au moyen de petits chariots ou wagonnets roulant sur des rails établis sur les patins qui portent les étais. Ces chariots amenés au puits sont enlevés à l'aide d'un treuil ou d'un système élévatoire quelconque.

Enfin, quel que soit le mode d'extraction adopté, nous ferons remarquer que cette opération peut être exécutée pendant l'été, si l'on veut employer la terre de suite, mais qu'il vaut mieux exploiter et approvisionner en hiver, si la disposition des lieux et l'état des chemins le permettent. En effet, la main-d'œuvre est moins chère en cette saison et, de plus, la terre, extraite à cette époque, puis abandonnée à l'action des pluies, des gelées et des dégels successifs, se divise en particules ténues et gagne en qualité.

Transport des terres

La question du transport des terres a surtout de l'intérêt au point de vue de l'économie, si la fabrication se fait à couvert ou en usine et cette opération s'exécute, suivant la distance, au moyen de brouettes, de tombereaux et de wagonnets sur rails. Ce dernier système, qui est le plus avantageux, lorsque la briqueterie établie aux approches du lieu d'extraction jouit d'une certaine importance, exige la construction très simple de chemins de fer à ornières creuses ou saillantes. Les ornières saillantes ou rails proprement dits sont usités le plus généralement.

Préparation des terres

Une terre argileuse, comme nous l'avons fait remarquer plus haut, ne peut être mise en œuvre immédiatement après son extraction. Il faut faire subir à cette terre quelques opérations qui en rendent la manipulation plus facile, la débarrasser des corps nuisibles tels que morceaux de craie, pyrites de fer, etc., et souvent aussi y ajouter les matières destinées à en modifier les qualités. Certaines argiles n'ont cependant besoin que de passer par l'une ou l'autre de ces opérations, qui augmentent nécessairement les frais d'un produit dont le prix doit être peu élevé.

Hivernement, pourrissage. — Nous avons dit que l'extraction des terres faite en automne est préférable, parce qu'elle permet de laisser exposer, pendant la saison d'hiver, les matières argileuses à l'action des agents atmosphériques. Il est, en effet, reconnu, depuis les temps anciens[1], qu'une masse de terre argileuse est bien plus ductile, bien moins susceptible de fissures quand elle a été divisée par la pluie, la gelée et le dégel. On favorise l'action météorique en remuant, de temps en temps, avec la pioche et la pelle, les tas extraits de la carrière. Au printemps, lorsque la masse a subi une division convenable, il est plus facile d'enlever à la main les cailloux, les pierres, les racines, les pyrites, etc. Tous les briquetiers ne peuvent pas, il est vrai, supporter les frais qu'entraîne ce travail préparatoire; la plupart même se contentent de laisser la terre exposée en couche mince à la pluie, à partir de l'extraction jusqu'au moment de l'emploi.

L'opération du *pourrissage*, onéreuse aussi pour les produits communs, en raison des manipulations qu'elle exige, peut s'appliquer à des terres destinées à donner des produits d'un prix assez élevé. Cette opération, particulièrement avantageuse pour les argiles grasses et compactes, s'effectue de la manière suivante : on dispose la terre, comme pour le délitement, en tas ou *meules* qui sont remaniés, arrosés de temps à autre et maintenus constamment humides pendant plus ou moins de temps; quelquefois encore la masse argileuse, après avoir été abreuvée d'eau, coupée et remaniée, est déposée dans des fosses où, avec le temps, elle acquiert la maturité convenable. Le pourrissage, dont la cause, encore mal définie, paraît être la décomposition des matières organiques qui accompagnent l'argile, améliore singulièrement les propriétés de la terre et la dispose à fournir, à la cuisson, des produits d'une très grande résistance.

Lavage. — Certains fabricants opèrent la préparation de la terre par le *lavage*, qui a pour objet de délayer la terre dans de l'eau et faire couler la boue, soit à travers des grilles ou claies en osier, soit sur des déversoirs, dans des bassins où elle se dépose et où on la laisse jusqu'à ce qu'elle ait acquis, par la dessiccation, une consistance suffisante pour être moulée. Ce moyen d'épuration est excellent; il permet

1. Pline, liv. XXXV, chap. XIV.

la séparation complète de tous les corps étrangers qui se trouvent dans l'argile; mais il est très dispendieux et ne doit être employé que pour la fabrication des briques de qualité supérieure. Le lavage se pratique particulièrement en Angleterre, dans les briqueteries établies aux environs de Londres.

Taillage, passage entre cylindres. — L'extraction des terres, opérée longtemps avant leur mise en œuvre et les manipulations que nous venons d'énumérer, le loyer des aires, fosses ou bassins de pourrissage et de lavage exigent une avance de capitaux dont les intérêts grèvent nécessairement la production; aussi supprime-t-on, la plupart du temps, ces opérations préliminaires. Mais les terres qui n'ont été ni hivernées ni lavées ne sauraient être employées, au sortir de la carrière, à la fabrication des pâtes; il faut en écarter les pierres et réduire la masse en petits fragments de même volume. Dans les briqueteries de peu d'importance, on se contente de diviser la terre et d'extraire ou de briser les pierres en coupant à la pelle dans tous les sens l'argile extraite mise en tas. Dans les usines plus importantes, on emploie des procédés mécaniques. On brise la terre si elle est sèche. Si elle est humide, ou bien elle ne renferme que peu de pierres et alors on la coupe en minces copeaux, à l'aide d'une machine appelée *tailleuse;* ou bien la quantité de pierres est notable; on broie, dans ce cas, la terre entre des *cylindres* très rapprochés. Quelquefois on applique successivement les deux procédés, en ayant soin de *tremper* l'argile avant son passage entre les cylindres.

Le principe sur lequel repose la construction des *tailleuses* employées dans un grand nombre d'usines est le suivant : un plateau circulaire en fonte, monté sur un arbre vertical ou horizontal est percé de fentes dirigées suivant des rayons et garnies de lames ou couteaux d'acier. Si l'on imprime à ce plateau un mouvement de rotation, la masse argileuse, mise en contact avec les lames, est coupée par celles-ci et, passant à travers les fentes, tombe dans la fosse de trempage, ordinairement placée au-dessous.

Les *cylindres* sont de deux sortes, à surface unie ou cannelée. La disposition générale est celle-ci : la terre provenant de la carrière est jetée dans une trémie placée au-dessus des deux cylindres en fonte tournant autour d'un axe horizontal et entre lesquels cette terre se trouve entraînée. Les cylindres mêmes sont écartés de 4 à 5 millimètres au minimum, de manière à briser les cailloux qui passent avec l'argile. Les cylindres cannelés, s'emboîtant l'un dans l'autre, ont l'avantage de mieux diviser la masse et de la déchirer en deux sens contraires, en vertu de la différence de vitesses qui existe entre la surface d'une saillie et le fond de la cannelure correspondante. Des lames d'acier, disposées horizontalement, pénètrent jusqu'au fond des cannelures et râclent la terre qui s'y attache. Un seul passage entre les cylindres cannelés suffit quelquefois pour le broyage des cailloux. Les cylindres à surface unie conviennent surtout lorsque la terre renferme des pierres calcaires, qu'il faut réduire en poudre, pour éviter les grains de chaux vive qui feraient éclater la brique à la cuisson. Ces cylindres, écartés seulement de 1 à 2 millimètres, tournent avec des vitesses différentes.

Fabrication des pâtes

Trempage. — Rendues plus homogènes par le taillage ou le broyage, les terres argileuses ne contiennent pas toujours la quantité d'eau suffisante pour que la masse ait une consistance propre aux manipulations ultérieures. L'opération du *trempage* a donc pour objet d'imbiber l'argile jusque dans ses parties intérieures, de l'imprégner d'une quantité d'eau plus ou moins grande par un contact prolongé avec ce liquide. Cette opération s'effectue ordinairement dans des fosses, revêtues, sur leurs parois, de planches jointives ou de maçonnerie. On y jette l'argile sur laquelle on fait arriver peu à peu de l'eau jusqu'à ce qu'elle en soit recouverte sur une épaisseur de $0^m,04$ à $0^m,05$. Pendant son séjour dans cette fosse, la couche de terre, dont la hauteur ne doit pas dépasser 1 mètre, est remuée de temps en temps. La durée du trempage se règle, par expérience, suivant le degré de ténacité ou de cohésion de la masse argileuse; les terres bien sèches ou suffisamment divisées s'imprègnent plus vite que celles qui sont à moitié humides ou qui renferment des morceaux un peu gros. Très fréquemment une journée suffit; mais, en général, on juge que l'opération est terminée, quand les fosses présentent une masse de consistance douce, grasse et homogène. Le trempage se fait quelquefois en même temps que l'addition des matières destinées à modifier les qualités de l'argile; il est préférable d'effectuer cette dernière opération en même temps que le malaxage, dont nous parlerons p loin. D'ailleurs, nous verrons aussi que le trempage, nécessaire dans la fabrication des briques à la main, peut être supprimé, dans un grand nombre de cas, par la fabrication mécanique.

Corroyage par marchage. Procédé ordinaire. — Le *corroyage* de l'argile destinée au façonnage des briques, tuiles ou carreaux est l'opération préparatoire indispensable. Son objet est de faciliter le moulage, le séchage et la cuisson de ces produits, de leur donner de la densité, de l'homogénéité, du poids et une grande résistance à la rupture. Le corroyage, qui se fait aujourd'hui presque partout avec des machines, se faisait autrefois avec les pieds. Ce dernier moyen qui s'emploie d'ailleurs encore dans quelques localités se pratique de la manière suivante :

Lorsque la terre a été suffisamment imbibée d'eau par le trempage, on creuse à côté de la fosse principale une seconde fosse plus petite de 2^{m},50 sur 1^{m},50 et 1 mètre de profondeur et à laquelle on donne le nom de *marcheux*. Dans cette seconde fosse, également revêtue de maçonnerie, un ouvrier jette la terre déjà trempée; puis, muni d'une bêche, commence le corroyage. C'est ce qu'on appelle *marcher la terre*, et, par suite, l'ouvrier qui opère est un *marcheur* ou *marcheux* comme la fosse même. Il foule l'argile avec ses pieds nus et, à l'aide de sa bêche, la coupe et la retourne en tous sens. Dans la fabrication des briques ordinaires ou dites *du pays*, le trempage et le corroyage, effectués de la sorte, sont regardés comme suffisant à la préparation de la pâte. Il faut, dans ce cas, que l'ouvrier *marcheur* ait soin, tout en foulant la terre, d'en extraire les racines, les fragments de craie, les pierres et les morceaux de pyrites qui s'y trouvent mélangés. Cette méthode est assez répandue dans le centre de la France. Si l'on veut obtenir des produits de meilleure qualité, on répand la pâte par parties, et un ouvrier lui fait subir un second corroyage en la marchant de nouveau.

C'est aussi après cette opération que l'on ajoute les modificatifs reconnus nécessaires suivant la qualité de l'argile extraite, et tout en remuant le mélange de manière à le rendre bien homogène, on y verse une quantité d'eau suffisante pour l'amener à l'état de pâte ductile.

Corroyage par la méthode flamande ou wallonne. — Dans le nord de la France et dans une partie de la Belgique, on procède soit par le marchage, soit par le battage. On s'installe sur le banc même d'argile à exploiter et l'on enlève toute la terre végétale. Si l'argile propre à la fabrication présente une surface égale et plane, on trace simplement sur le terrain un parallélogramme, dans lequel on fouille la terre, à la houe ou à la bêche, à une profondeur d'environ 0^{m},50 à 0^{m},60, mais sans l'enlever. On arrose et on humecte la terre pendant plusieurs jours, puis on la *marche* en la retournant à la pelle. Si la disposition du gisement ne permet pas de procéder ainsi, on rejette sur le côté de la fouille la terre extraite et l'on en forme une couche que l'on *marche* ensuite. Il peut être avantageux, comme on le pratique souvent, d'employer des chevaux ou des bœufs à piétiner la terre, que l'on retourne à la pelle, après chaque piétinage, en ayant soin de l'arroser. Ce mode de corroyage très rapidement exécuté, mais très imparfait, ne convient qu'à la fabrication de briques grossières, propres seulement à être employées dans les ouvrages où la forme des briques est de peu d'importance. Si l'on veut obtenir des produits de meilleure qualité, on corroie la terre par le *battage*, et, à ce sujet, nous donnerons quelques détails sur cette méthode de fabrication en plein champ, très bonne pour le façonnage des briques de pays.

La terre végétale étant enlevée, on extrait la quantité d'argile suffisante pour faire le nombre voulu de briques, en se basant sur le chiffre de 1^{m},25 de fouille par mille briques. On jette l'argile à 2 ou 3 mètres de là, en la retournant de manière à ce que la terre de la surface se trouve mélangée avec celle du fond, puis on la livre à un atelier composé de six ou sept hommes, qu'on nomme dans le pays une *table de brique* et qui comprend : un *mouleur* chef d'atelier, deux *batteurs*, un *brouetteur*, un ou deux *porteurs*, un *manœuvre*. Dans certaines localités, il n'y a qu'un marcheur et deux mouleurs, dont l'un est en même temps brouetteur et manœuvre.

Ces ouvriers, qui entreprennent de façonner toute la terre nécessaire pour un fourneau, depuis son extraction jusqu'à sa mise en place pour le séchage, commencent par préparer l'emplacement où doit s'effectuer le travail. Ils tracent un parallélogramme d'environ 5,000 mètres carrés, non compris la surface de la fouille, pour une briqueterie qui doit produire de 500,000 à 600,000 briques. Ils disposent un abri pour leur sable, dont la provision est de 1 mètre cube pour 5,000 briques. Ils nivellent le terrain en lui donnant une légère pente pour l'écoulement des eaux, puis ils le divisent en deux parties égales, dont l'une devra former une aire et l'autre, recevoir les *haies* ou piles de briques exposées au séchage. Ces piles devront occuper chacune un emplacement de 3 mètres environ et être espacées entre elles de 6 mètres pour le travail des briques. Chaque emplacement est aussi entouré d'une rigole pour l'écoulement des eaux pluviales et le sol est partout damé et sablé. L'aire, parfaitement dressée, est, en particulier, saupoudrée de sable fin. Ces dispositions préliminaires étant achevées, les deux *batteurs* arrosent le profil des terres extraites et mises en tas pour le bien imbiber; ils coupent ensuite avec des pelles ces terres vers la base du profil et les rejettent à 2 mètres environ. Dès qu'ils ont achevé un tas d'à peu près 0m,25 à 0m,30 d'épaisseur sur 2m,50 à 3 mètres de diamètre, ils l'arrosent abondamment. Puis, avec une houe, ils déplacent peu à peu cette masse de terre et la remanient de même deux fois de suite, en l'arrosant fréquemment, en écrasant les mottes de terre avec le talon de la houe, et en ayant soin d'enlever toutes les pierres. La terre, ainsi corroyée, est disposée en un tas de 1 mètre à 1m,50 de hauteur, à l'aide de pelles en bois, parce que la masse devient un peu collante. Le tas achevé, les deux ouvriers unissent et polissent la surface, et recouvrent de paillassons, pour que la dessiccation ne soit pas trop rapide. La grande quantité d'eau nécessaire à cette opération est puisée, à proximité, dans des mares, des ruisseaux, ou fréquemment dans un puits creusé par les briquetiers eux-mêmes. De ce travail des batteurs, très pénible, mais très important, dépend surtout la qualité des produits. On a calculé qu'il faut à peu près une heure et demie à deux hommes pour la préparation d'un bloc de terre d'environ 2 mètres cubes.

Corroyage mécanique. — Le marchage de la terre est une opération longue, pénible, quelquefois même dangereuse pour la santé des ouvriers; aussi a-t-on cherché à remplacer cette méthode par le pétrissage mécanique, qui consiste, soit à faire passer la terre entre une ou plusieurs paires de cylindres en fonte, unis ou cannelés, soit à faire passer ces cylindres sur la terre, ou bien encore à opérer, tout à la fois, le corroyage et le mélange de la terre avec les modificatifs, au moyen de *tinnes à malaxer* ou *tonneaux malaxeurs*.

Les cylindres dont nous avons parlé plus haut peuvent être employés à cette opération. L'argile, seule ou mélangée dans les proportions convenables, est versée dans la trémie et passe une ou plusieurs fois, suivant le besoin, entre les cylindres. Ce mode de corroyage est appliqué par certains fabricants; mais nous ne le recommanderons pas; nous ne pensons pas, en effet, qu'il puisse donner à la terre une homogénéité parfaite.

On a employé quelquefois, pour broyer les terres à briques, des appareils à meules verticales tournant dans une auge circulaire ou sur un même plateau, comme dans un moulin à huile. Dans ces systèmes, appliqués notamment en Angleterre, la terre est broyée, retournée et broyée de nouveau avec assez de perfection. On peut, en même temps, avec une extrême facilité, y ajouter l'eau nécessaire, les modificatifs en telle quantité qu'on le juge utile et prolonger l'opération à volonté. Mais il faut signaler, à côté de ces avantages, le prix élevé de ce genre de machines et la force considérable que leur travail dépense.

A ces divers appareils on a substitué aujourd'hui presque partout les *tinnes* ou *tonneaux malaxeurs*, construits sur le même principe que les tonneaux employés pour la confection du mortier. Ce sont des cylindres en bois, tôle ou fonte, de 0m,50 à 0m,80 de diamètre, placés verticalement et ouverts à leur partie supérieure. Au milieu de chacun de ces cylindres tourne un arbre en fer, muni, sur la hauteur, de lames qui divisent et triturent la terre que l'on met dans le tonneau avec les modificatifs qu'on y ajoute. Les lames sont légèrement inclinées, tout en restant perpendiculaires à l'arbre, de manière que leur ensemble forme une surface hélicoïdale, et, suivant le sens dans lequel on fait tourner l'arbre, la terre se trouve chassée vers le bas du tonneau, muni, soit d'une ouverture placée sur la surface extérieure du cylindre, soit de deux ouvertures percées sur le fond de chaque côté de l'arbre. L'expulsion de la terre malaxée est facilitée par une branche à deux ou trois lames fixées, contre le fond, à la partie inférieure de l'arbre. Ce dernier est mis en mouvement, soit par un levier double calé sur l'arbre, comme dans un manège, et auquel on attèle des chevaux ou des bœufs, soit par un système de transmission que fait fonctionner une machine à vapeur. Le chargement de la terre se fait d'une manière régulière et méthodique. Lorsqu'il y a des matières à mélanger, on les jette par fractions alternativement avec la pâte argileuse, amenée des fosses de trempage. Vu l'importance de cet appareil dans l'art du briquetier, on a cherché à le perfectionner et l'on a imaginé bien des malaxeurs, mais qui tous dérivent du même principe; celui que nous venons de décrire peut fournir, suivant la nature de la terre et le nombre de tours de l'arbre, de 8 à 15 mètres cubes de pâte triturée par jour.

Telle est la série d'opérations qui conviennent à la préparation des terres, lorsqu'on veut obtenir des produits de bonne qualité; mais ordinairement toutes ces manipulations ne sont pas appliquées; on se contente d'en combiner quelques-unes qui paraissent devoir suffire, en raison de la nature des terres et de la destination des produits fabriqués. C'est l'expérience ici qui sert de guide pour le choix des opérations qu'il s'agit d'effectuer.

Nous nous contenterons de citer quelques exemples de préparations appliquées aux terres à briques dans certaines usines importantes des environs de Paris.

A Sarcelles (Seine-et-Oise), dans la fabrique de M. Duparc, les briques sont façonnées avec un mélange de terre argilo-sableuse ou terre franche, qui forme le sol naturel du terrain et d'une certaine quantité de glaise verte provenant de la côte d'Écouen. Cette glaise est amenée en dépôt à proximité d'une tailleuse horizontale qui la découpe; puis elle est placée dans des fosses où on la délaye aussi claire que possible. La terre franche, déjà humectée d'eau, est portée à la brouette près des fosses à glaises et sur chaque brouette l'on met une pelletée de glaise délayée. On déverse ensuite, au moyen d'une rampe, la brouette dans le malaxeur, qui opère le mélange et qui fait lui-même partie d'une machine Middleton servant à façonner la brique. La terre malaxée est, en dernier lieu, cylindrée par une paire de cylindres à grand diamètre, qui la refoulent à travers la filière.

Dans l'usine de M. Blot, à Pontcarré (Seine-et-Marne), les briques sont fabriquées aussi avec deux sortes d'argile, une terre verte et une terre franche que l'on humecte suffisamment et que l'on fait passer dans un malaxeur. A la sortie de cet appareil, se trouve un petit cylindre uni en fer, de $0^m,12$ à $0^m,13$ de diamètre, tournant rapidement autour de son axe, et qui sert à dégrossir la terre et garder les plus grosses pierres; c'est-à-dire que, vu le petit diamètre du cylindre, la pierre ne peut pas se prendre et roule dessus; on la retire à la main avec un petit bâton de terre molle. La terre passée à ce cylindre est mise en ballons par un gamin, placée sur une toile sans fin et montée dans le grenier, où on la passe dans un autre cylindre uni de $0^m,20$ à $0^m,25$, qui finit d'écraser tous les corps étrangers et mélange encore la terre pour une dernière fois. De là, elle est mise dans la machine qui doit la transformer en briques.

Ces exemples suffisent pour montrer combien peuvent varier, dans la pratique, les modes de préparation des terres à briques.

Moulage

Lorsque les terres ont été malaxées, c'est-à-dire rendues parfaitement homogènes, il reste à les *mouler*, ou à les façonner. Bien des systèmes sont employés pour effectuer cette opération; mais tous peuvent se classer en deux grandes catégories : *le moulage à la main et le moulage à la machine.*

Ce dernier procédé, qui permet d'employer des terres plus fermes et de supprimer souvent certaines opérations, telles que le trempage, qui semble, en outre, devoir fournir une production plus considérable, est-il le plus avantageux ? La question a été fort discutée. Nous inclinons à penser que la première méthode, qui est naturellement la plus ancienne, est encore préférable dans un grand nombre de cas, au double point de vue de la qualité et de l'économie. En effet, avant de subir le moulage à la main, les argiles sont transformées en une pâte très molle, qui, jetée en bloc dans un moule, ne donne pas lieu au feuilletage, à la schistosité, résultant forcément de l'emploi de pâtes plus ou moins dures. Celles-ci, en effet, soit qu'on les fasse passer dans une filière, soit qu'on les comprime dans un moule, n'en prennent la forme que par suite du glissement des molécules d'argile les unes sur les autres, ce qui donne lieu à de véritables facettes qui ne se collent plus par suite du manque d'eau. Une très forte cuisson produisant un commencement de vitrification annule ce mauvais effet; sans elle, il y aurait sûrement désorganisation, feuilletage des briques peu cuites. Ici surtout, dans un temps plus ou moins long, l'on observe ce que peut produire une bonne fabrication. On ne manquait pas, à l'origine, de soumettre les argiles à l'hivernage, au pourrissage et au délayage avec l'eau. On formait alors des pâtes très homogènes et l'on moulait naturellement à la main. Le moulage à la machine, qui date d'une soixantaine d'années environ, se fait, en général, avec des pâtes fermes et donne très fréquemment lieu à de la schistosité, qui amène une décomposition plus ou moins rapide, suivant les pays, les alternatives de gelée et de dégel et la nature de l'argile. En un mot, plus la terre sera homogène, moins les produits seront critiquables. plus elle sera composée de parties inégales de dureté et de plasticité, plus il y aura de glissement dans le filetage ou la compression mécanique; par conséquent plus de schistosité. Nous croyons donc devoir donner la préférence, sous le rapport de la qualité, aux briques moulées à la main, quand la préparation de la terre a été soignée.

Les différences de qualités des argiles influent aussi considérablement sur la qualité des briques qui peuvent être produites, soit à la main, soit mécaniquement, et c'est une erreur de croire qu'on fabrique toujours plus économiquement à la machine. Ainsi, en Belgique, en Hollande, dans certains comtés d'Angleterre, dans le nord de la France, un bon ouvrier briquetier fabrique couramment dans sa journée de 7 à 8,000 briques; le même ouvrier, en argile de Paris, fera 1,100 briques au plus et, en Bourgogne, de 2 à 3,000, suivant le choix de la terre. Le fabricant doit donc, avant de décider un mode de fabrication, se rendre bien compte de ce que peut produire dans la localité un briquetier à la main.

Ajoutons à ces considérations celles tirées des frais que peuvent entraîner l'achat d'une machine, et, par conséquent, l'intérêt du capital avancé, l'entretien annuel de cette machine, les réparations quelquefois considérables qu'elle exige, les ouvriers qu'il faut pour la conduire, enfin le moteur puissant qui doit lui faire exécuter les opérations qu'effectue la main du mouleur. De nos jours, les moyens de transport étant devenus plus nombreux et plus faciles, les travaux entrepris dans certaines villes plus considérables, on considère comme avantageux, dans beaucoup d'endroits, l'établissement d'usines où l'on façonne les briques par des moyens mécaniques. C'est donc, comme nous le disions plus haut, l'étude des conditions locales, guidée par les considérations que nous venons d'exposer, qui peut seule déterminer le fabricant dans le choix du procédé.

Moulage à la main. — Le façonnage des briques à la main s'effectue soit en plein air, par la méthode dite *ordinaire* ou par la méthode *flamande*, soit à couvert.

Ces divers procédés ne diffèrent les uns des autres que par de légers détails. Il faut toujours, comme on l'a vu précédemment dans la préparation des terres par la méthode flamande, une aire plus ou moins étendue, des fosses, une table et des mouleurs.

Les briques, bien que façonnées à la main, sont néanmoins *moulées*. Les briques ordinaires de forme parallélipipédique sont fabriquées à l'aide de *moules* ou caisses rectangulaires en bois, sans fond, garnis de métal et dont les dimensions sont égales à celles des briques à produire, augmentées de la retraite que prend la pâte après la cuisson. Quelquefois ces moules sont assez longs pour qu'on puisse y mouler deux briques à la fois et, dans ce cas, ils sont coupés en deux par une traverse en bois. Le mouleur sable un moule, afin que la terre ne s'y attache pas, et le place sur une table également couverte de sable, et qui porte 1 mètre environ de hauteur, 1m,30 de longueur et 1 mètre de largeur. Il remplit ensuite ce moule, en l'y jetant fortement, d'une masse de terre à brique préparée et amenée par un brouetteur; il comprime cette masse, dont il enlève l'excédent avec la main et unit la surface supérieure avec un couteau de bois ou de fer qu'on nomme *plane*. Un apprenti, nommé *porteur*, saisit alors le moule, le retourne sur champ, afin que la terre ne glisse pas, et le transporte sur la partie de l'aire où les briques sont mises à sécher. Il fait sortir chaque brique du moule, après avoir posé ce dernier à terre et sur champ, en le retournant subitement à plat, puis retirant le moule, en observant l'aplomb pour ne pas déformer la brique. Quelquefois, et surtout dans le mode de fabrication à couvert, le transport des briques s'effectue à l'aide de planchettes sur lesquelles le mouleur a démoulé lui-même sa brique; ces planchettes sont posées sur des brouettes et portées à l'aire de séchage, où les briques sont mises à plat en rangs bien alignés.

On peut, sans modifier le procédé de fabrication qui vient d'être décrit, changer la forme et les dimensions des moules, suivant les usages du pays et l'emploi auquel on destine les briques; on peut ainsi faire des briques qui s'appliquent à tous les cintres, à toutes les voûtes, à toutes les formes de murs demandées par le commerce.

Moulage par machines. — Il est absolument impossible de décrire les nombreux procédés mécaniques qui ont été inventés pour le façonnage des briques. Il est même très difficile de classer les machines construites pour cet usage en les réunissant [illegible] groupes similaires. Cependant M. Salvétat a proposé une classification dressée d'après le principe fondamental sur lequel repose la construction de ces appareils et sur leur effet :

1° Machines qui imitent le moulage à la main.

2° Machines qui font le moulage par un mouvement de rotation continu;

3° Machines qui font le moulage avec un moule qui découpe;

4° Machines qui font le moulage au moyen d'une filière et qui découpent ensuite, soit avec un couteau, soit avec un fil.

Une autre classification, présentée par M. Malepeyre, ingénieur, est la suivante :

1° Moulage des briques par l'action alternative d'un piston;

2° Moulage par laminage, c'est-à-dire par l'action de cylindres ou de rouleaux;

3° Moulage par l'action d'une hélice;

4° Moulage avec un moule qui découpe;

5° Moulage par des moyens divers.

Cette classification renferme de nombreuses subdivisions qui montrent combien sont nombreux les procédés mécaniques qui ont pu être imaginés[1]. Nous resterons, quant à nous, sur ce sujet, dans les généralités, nous bornant à citer quelques-unes des machines que nous regardons comme donnant de bons résultats.

Tout d'abord, ne considérant que l'état des terres livrées à la fabrication mécanique des produits argileux, on peut établir dans cette fabrication deux grandes divisions bien distinctes :

1° Le moulage en *terre molle*, c'est-à-dire en terre détrempée;

2° Le moulage en *terre dure*, c'est-à-dire en terre brute, telle qu'elle sort de la carrière et sans addition d'eau.

Entre ces deux extrêmes, il y a bien des intermédiaires que nous représenterons par un terme moyen,

1. Voy. *Encyclopédie* Roret, *Manuel du briquetier*, Paris, 1864, p. 265; — Bonneville, *la Fabrication des briques et des tuiles*, p. 31.

le moulage en *terre ferme* ou *demi-dure*, et nous appellerons *fabrication en terre molle* toute fabrication dans laquelle seront employées des terres soumises au trempage, soit avant d'être livrées aux machines qui opèrent la trituration, soit, comme il arrive fréquemment, dans le malaxeur même qui dessert l'appareil mouleur.

Le moulage en terre molle, que nous avons déjà vu appliqué dans la fabrication des briques à la main, donne de bons résultats, sans grandes dépenses d'installation première et avec peu de main-d'œuvre; mais il ne fournit que des produits dont la régularité est imparfaite et la dessiccation très lente. Le moulage par machines donne des produits plus corrects, et, comme la terre molle se prête mieux au mélange avec les modificatifs, c'est encore sur des pâtes ainsi préparées qu'opèrent la plupart des machines donnant de bons résultats. La fabrication des briques en terre dure fournit des produits plus compacts qu'en terre trempée, mais entraîne une installation mécanique plus coûteuse, par la dépense de forces qu'elle exige, et un prix de cuisson plus élevé, en raison de la densité plus forte des briques mises au four. Ce mode de fabrication convient très bien, au contraire, aux tuiles et aux carreaux, comme nous le verrons plus loin. Quant à l'emploi de la terre sèche, il n'est nullement avantageux pour la fabrication des briques, parce qu'il exige préalablement le séchage complet de la matière, puis le broyage et le façonnage. De plus, dans ce système, on ne met nullement à profit cette propriété si précieuse de l'argile, la plasticité, en vertu de laquelle cette matière, réduite en pâte humide et soumise à la cuisson, donne un corps dur, résistant, homogène. Les produits obtenus jusqu'à ce jour ont laissé à désirer sous le rapport des qualités; les briques sont peu sonores; et, si elles ne sont pas soumises à un degré de cuisson capable de souder les différentes molécules, il y a solution de continuité et elles se désagrègent facilement; enfin cette méthode exige des machines très puissantes et par conséquent très coûteuses; le seul avantage qu'elle présente est l'économie de place et d'installation de séchoirs. « Néanmoins, dit M. Gédéon Lacroix dans un mémoire sur les *Divers procédés mécaniques de fabrication des briques*[1], ce système est peut-être lucratif : 1° dans la fabrication des briques réfractaires formées de quartz et de chaux comme liant, parce qu'alors le feu seul opère la soudure des molécules, bien que, pris séparément, ces deux corps soient infusibles; le moulage n'a plus pour but que de donner la forme et les dimensions; 2° dans la fabrication des briques factices en scories, laitiers de hauts-fourneaux, briquettes de charbon, parce que la chaux ou le brai remplissent le même office que la chaux dans le cas précédent. »

Examinons maintenant, d'une manière générale, comment les moyens mécaniques ont été appliqués à la fabrication des briques, étant données les diverses natures de terre. La première idée qui se présenta à l'esprit des inventeurs fut d'imiter le travail à la main, comme l'indique très bien la classification de M. Salvétat; de là une catégorie de machines se composant d'une série de moules ou cadres en fonte auxquels on imprime un mouvement continu ou un mouvement de va-et-vient par des combinaisons mécaniques plus ou mois ingénieuses. Ces moules, dans la première partie de leur course, se remplissent en passant sous une trémie qui contient la terre; dans la seconde partie, ils passent sous une pièce qui exerce la pression nécessaire, et, dans la troisième partie, les produits se démoulent au moyen de pistons et tombent ou se placent d'eux-mêmes sur des tablettes pour être portées aux séchoirs.

Parmi les machines de cette espèce, nous citerons la machine *Carville*, qui date de 1840 et qui exécute, à la fois, le mélange et le pétrissage des terres, le moulage et le démoulage des briques. Cette machine se compose d'un malaxeur qui alimente les moules placés sur une chaîne sans fin se mouvant horizontalement au-dessous du tonneau broyeur. Un rouleau de fonte, tournant autour d'un axe horizontal, comprime dans les moules la terre sortie du malaxeur. Le fond des moules est un plancher mobile, formé de pièces articulées qui composent également une chaîne sans fin. Les briques sont démoulées par une tige verticale

1. Voy. *Bulletin mensuel de l'Union céramique et chaufournière de France*, 3e année, p. 444.

munie d'un double repoussoir et qui fait mouvoir un balancier. Les briques démoulées tombent sur un plancher d'où on les enlève. Cette machine permet de mouler 1,500 briques à l'heure[1]. Il faut, pour son action, un cheval et dix personnes, hommes ou enfants.

A cette catégorie d'appareils peuvent se rattacher certaines machines étrangères, qui présentent des dispositions spéciales dignes d'être mentionnées. Telle est la machine anglaise de Th.-S. Derhamleed, brevetée par Morand, et qui travaille la terre presque aussi molle qu'à la main. L'argile est préparée dans un malaxeur vertical, dont le fond est mobile et formé par une table ronde, de diamètre plus grand que celui du malaxeur et ayant son axe à environ $0^m,35$ de l'axe de ce dernier. Cette table, qui fait environ 4 tours à la minute, est munie de six moules à brique, à fond mobile, qui passent d'abord dans le malaxeur, où ils se remplissent d'argile; puis sous une forte plaque fixe en fer. Là le fond de ces moules se lève et comprime fortement la brique contre la plaque. Cette pression achevée, le moule quitte la plaque de fer, et son fond continue à se lever jusqu'à ce qu'il se trouve au niveau de la table; la brique est alors sortie du moule et enlevée par les ouvriers. Le mouvement du fond des moules, qui s'effectue alternativement de bas en haut et de haut en bas, est produit par des plans inclinés placés immédiatement au-dessous de la table tournante. On a donc, à chaque rotation, six briques parfaitement moulées, ce qui fait environ 1,500 briques à l'heure.

Citons encore la machine américaine de Winn, qui travaille aussi la terre molle et qui comprend, comme éléments principaux : un malaxeur vertical, à la base duquel et formant corps avec lui est adaptée une caisse de fer sans fond. Cette caisse renferme, d'une part, le mécanisme qui règle le passage de l'argile du malaxeur aux moules et, d'autre part, le piston qui doit comprimer la matière dans ces moules, assemblés par six sur une table horizontale, qui est située à $0^m,06$ environ au-dessous de la caisse. Le piston comprime six briques d'un seul coup; quand il se relève, la rangée de moules pleins avance automatiquement et est remplacée par une rangée de moules vides; les premiers sont enlevés par l'ouvrier qui les transporte au séchoir. Au dire de son inventeur, cette machine, pourvue d'un moteur à vapeur, peut produire jusqu'à 40,000 briques par jour[2]. Il est indispensable de mouiller et de sabler les moules vides, avant de les placer sous le piston, pour empêcher l'adhérence de l'argile. La difficulté du démoulage est, en effet, un défaut commun à la plupart des machines moulant en terre molle, et cet inconvénient a fait imaginer une foule de dispositifs qui ne résolvent pas complètement cette importante question.

Après les machines dont l'action se rapproche le plus du travail manuel, il faut citer celles qui opèrent le moulage par la propulsion d'une ou plusieurs hélices et parmi lesquelles se classent deux appareils très connus : celui de M. Brethon, de Tours, et celui de MM. Jardin et Cazenave.

La première de ces machines consiste principalement en un tonneau malaxeur, qui donne la terre, sous l'action d'une portion d'hélice, en bande continue, au travers d'une filière. Cette terre est ensuite coupée par des fils en fragments de la dimension d'une brique. Les produits de cet appareil sont bons, mais il est nécessaire que la matière soit cylindrée avec le plus grand soin.

La machine Jardin-Cazenave ajoute le laminage au même mode de propulsion de la terre. Dans cet appareil, inventé par M. Jardin et perfectionné par MM. Cazenave et Cie, la terre sortant du malaxeur est prise entre deux cylindres lamineurs garnis de feutre ou de buffle, et transformée en un prisme de l'épaisseur d'une brique et de largeur égale à deux largeurs de briques. Ce prisme, à sa sortie des cylindres, rencontre un fil de fer, tendu dans un plan vertical, qui le coupe en deux autres prismes continus ayant la largeur et l'épaisseur d'une brique. Un appareil coupeur automatique divise ces deux prismes en briques de longueur déterminée, qui se déposent sur des planchettes et sont transportées aux séchoirs. Si

1. Voy. *Bulletin de la Société d'encouragement*, 1841, p. 153 à 159.

2. Voir la *Notice* de M. Boutry, sur les *Machines à briques à l'Exposition universelle de Vienne, en 1873*, publiée par le *Bulletin de la Société de l'Union céramique*, 2e année.

la terre a été bien malaxée, cette machine, très économique, peut produire 10,000 bonnes briques par journée de 10 heures. Mais elle convient surtout aux terres liantes, qui n'ont pas besoin d'être comprimées. Les briques nécessitent le rebattage.

Les machines moulant en terre dure sont excessivement nombreuses; les plus usitées opèrent par pression ou agglomération et reposent sur ce principe : jeter une certaine quantité de terre dans une alvéole et l'y comprimer fortement. Cela paraît très simple, mais présente certaines difficultés dans la pratique. En effet, quelques machines ne font agir qu'un piston pressant la terre d'un seul côté; les produits sont alors plus serrés sur une face que sur les autres et, n'étant pas homogènes, se fendillent au séchage et à la cuisson. Pour remédier à ce défaut, on a imaginé d'abord des appareils qui font agir deux pistons simultanément sur les deux grandes faces des briques, puis des machines dans lesquelles les pressions s'exercent par degré et successivement; mais on n'a pu supprimer tout à fait l'inégalité de pression qui existe entre le centre et les faces comprimées. De plus, ces appareils conviennent surtout aux terres franches; car les terres plastiques, ainsi pressées, adhèrent trop fortement aux parois du moule.

La machine *Durand*, qui appartient à ce système, donne de bons produits. Dans le premier de ces appareils la terre tombe d'une trémie entre deux pistons, qui la conduisent et la compriment dans un moule, l'en retirent et la laissent tomber sur une courroie sans fin qui l'emmène. Un perfectionnement dû à MM. Wehyer, Loreau et Cie est le suivant : un des pistons compresseurs est creux et reçoit un courant de vapeur qui, desséchant la superficie de la brique, rend le démoulage pour les argiles grasses et humides plus facile. D'autres perfectionnements ont été introduits dans cette machine qui, s'adaptant à toutes les terres, permet surtout le moulage des terres très maigres et peut fournir environ 10,000 briques par jour. En outre, le séchage est très rapide, vu le peu d'humidité des produits, et le rebattage n'est pas nécessaire.

Il faut citer, comme agissant aussi par agglomération, la machine *Julienne*, qui convient parfaitement aux exploitations de moyenne importance, présente une extrême solidité, se manœuvre à bras d'homme et moule la terre non préparée. Elle est composée de deux moules qu'on remplit de terre et dont la partie supérieure est fermée par une pièce de fonte, dite *col de cygne*, oscillant autour d'un axe et maintenue fixe par un taquet. Le fond des moules est formé par deux pistons rectangulaires, dont le mouvement ascendant, produit par un système de leviers, comprime la terre dans les moules et l'en fait sortir après que le col de cygne a été relevé. Cette machine, desservie par un homme et un enfant, peut donner de 3,500 à 4,000 briques par journée de 10 heures. On peut fabriquer en toute saison, et quelques jours suffisent pour le séchage, la terre n'ayant que son humidité naturelle. Toutefois, nous pensons que la qualité des produits ne peut être supérieure qu'avec des terres tout à fait exceptionnelles et qu'on ne rencontre que dans les environs de Paris.

En raison des défauts que nous avons signalés plus haut et que l'on reproche aux machines à agglomération, on a cherché à fabriquer par *étirage*. Les appareils imaginés sont également très nombreux; leur construction repose sur la propriété que possèdent les argiles de se laisser étirer au travers d'une filière. L'impulsion est donnée à la terre par un piston, par une ou plusieurs hélices ou enfin par un système de laminage.

Dans le premier cas, ces engins consistent en une boîte de fonte dans laquelle l'argile, préalablement travaillée à l'aide des cylindres ou du tonneau malaxeur, est emprisonnée et comprimée par un piston doué d'un mouvement alternatif et qui force la terre à sortir par un bec présentant la forme et les dimensions du produit que l'on veut obtenir. Les machines de ce genre, appelées *galetières*, très variées dans leurs dispositifs, ont toutes à vaincre certaines difficultés matérielles, par exemple celle de faire sortir de la filière une bande de terre dont la section offre des angles vifs et droits. Il arrive souvent, à cause du frottement contre les parois des orifices, à cause aussi de la maigreur ou de la fermeté de la pâte, que ces angles sortent déchirés et fendillés. Ce défaut peut être faible, auquel cas on le corrige en passant sur les angles une éponge mouillée; mais il est souvent accentué et a beaucoup préoccupé les constructeurs. Les expériences faites en 1856, par M. Schlickeysen sur l'écoulement des terres par les filières ont démontré que : 1° la terre, étant bien préparée et ductile, refoulée verticalement à travers un orifice en tôle rectangulaire et en minces parois, sort en un boudin sans liaison, qui s'ouvre sur les quatre angles jusqu'au milieu; 2° si on augmente l'épaisseur des parois, de manière à en faire un ajustage cylindrique, le boudin d'argile acquiert de la liaison, mais il se rompt perpendiculairement à son axe de pression, à des intervalles assez rapprochés; 3° si on augmente de plus en plus l'épaisseur des parois ou la longueur de l'ajutage, le ballon de terre se sépare alors seulement en deux, suivant un plan passant par l'axe de pression; cette séparation est due au ralentissement de vitesse des molécules extérieures par suite de leur frottement contre les parois de l'ajutage; les deux morceaux se recourbent vers l'extérieur : c'est donc l'influence du frottement qu'il faut combattre, et l'on obtient ce résultat en perçant les ouvertures coniques de dehors en dedans, ce qui diminue la surface frottante; 4° si l'ajutage est conique de dedans en dehors, de telle sorte que la plus grande base soit du côté de la masse comprimée, la cohésion du boudin augmente, mais toute la surface est couverte de stries, et les arêtes sont dentelées et défectueuses. Certains constructeurs se sont contentés de l'application d'un ajutage cylindrique dont la longueur ne doit pas excéder trois ou quatre centimètres. Un moyen que M. G. Lacroix[1] cite comme efficace consiste à faire arriver un filet d'eau sur le pourtour de l'orifice, dans l'intérieur, autour de la terre et un peu avant sa sortie du bec. Dans cet espace annulaire, il est bon de placer de la toile métallique garnie de toile ordinaire pour empêcher la terre de venir s'y loger et pour faciliter, en même temps, le circuit de l'eau, qui facilite beaucoup l'écoulement. Les filetières de ce genre prennent le nom de *filetières humides*.

Un autre inconvénient des machines à étirer est de rendre le produit lamellaire, surtout quand on emploie des terres travaillées par les cylindres percés ou cannelés, parce que chacune des particules fournies par ces engins se trouve étirée en feuilles, et quelques portions, plus travaillées que les autres, se font un passage au travers des parties moins glissantes; de là ce lamellage reproché aux galetières et qui est moins accentué avec la terre malaxée au tonneau.

Les machines dans lesquelles la propulsion se fait au moyen d'hélices font elles-memes la préparation de la terre. Celle-ci est amenée dans un malaxeur vertical ou horizontal et chassée par les lames dans des ouvertures ou filières qui ont la forme qu'on veut donner aux briques. Nous citerons comme appartenant à ce système les machines *Hertel* et *Joly*.

Le premier de ces engins est très répandu en Europe. Il se compose d'un malaxeur horizontal, qui forme le corps de la machine et au-dessus duquel est placée une paire de cylindres broyeurs en fonte; quelquefois même, il y a deux paires de rouleaux superposées; à la sortie du malaxeur se trouve la filière, que l'on peut changer à volonté, suivant les produits que l'on désire obtenir; puis vient la coupeuse, qui coupe ces produits en longueur ou largeur voulue. Les coussinets de l'un des cylindres ne sont pas complètement fixes; ils s'appuient contre une butée élastique qu'une vis de pression permet de serrer à volonté. Cette élasticité a l'avantage d'éviter les ruptures et de faciliter le concassage des pierres qui peuvent se trouver mélangées à l'argile. L'arbre qui tourne à l'intérieur est muni de lames qui sont droites, mais ajustées de telle façon que le tout forme une espèce d'hélice entrecoupée et irrégulière. Cette disposition est très importante dans ce genre d'appareil, car il s'agit d'opérer simultanément un bon mélange et de faire avancer la terre; une vis régulière ou hélicoïdale non entrecoupée n'a qu'une action de propulsion; elle ne malaxe pas. Entre les lames qui tournent, il y a des contre-lames fixes et ajustées au corps du malaxeur; ces dernières empêchent le recul des matières lorsque l'hélice doit opérer une forte pression. La machine Hertel prépare donc elle-même les argiles d'une manière irréprochable, sans qu'on ait besoin

1. Mémoire sur *La Fabrication des briques*, déjà cité.

de retremper les terres ou de leur faire subir une préparation préalable. Cet engin peut débiter environ 1,500 briques à l'heure.

La machine *Joly-Barbot*, de Blois, qui est l'une des plus répandues dans l'outillage du briquetier, se compose : 1° d'un bâti sur lequel sont montés tous les organes du mouvement ; 2° de deux cylindres laminant la terre et écrasant tous les corps durs qu'elle contient ; 3° d'un malaxeur horizontal à deux hélices, recevant directement des cylindres la terre laminée et la poussant au travers de la filière, disposée selon les produits que l'on veut fabriquer ; 4° d'un découpeur spécial. L'appareil Joly travaille en terre demi-dure.

Un Allemand, M. *Schlickeysen*, a construit une machine qui rentre dans la catégorie de celles que nous venons de décrire. Elle comprend une paire de cylindres placés, suivant un eligne oblique, c'est-à-dire l'un des cylindres étant plus élevé que l'autre de la moitié de son diamètre environ, au-dessus d'un malaxeur horizontal et à l'une de ses extrémités. Ce malaxeur est formé d'une enveloppe cylindrique en métal, munie, à l'intérieur, d'un arbre de couche portant une hélice coupée par sections ; il se termine, du côté opposé aux cylindres, par une filière à briques, dite *filière humide*, qui permet à la terre de sortir facilement sans se déchirer. Cet engin est une véritable réduction de la machine Hertel, qu'il peut remplacer pour une fabrication restreinte.

Parmi les machines anglaises du même système, nous citerons les appareils *Clayton* et *Witehead*. Dans la machine Clayton la terre est malaxée par un cylindre vertical, puis refoulée par le bas, dans une chambre renfermant un piston rectangulaire, qui chasse alternativement la terre par deux filières opposées. Les prismes argileux formés cheminent sur des systèmes de petits rouleaux mobiles et sont découpés par des fils tendus sur un châssis mobile. Pour éviter la déformation du prisme de terre sur ses arêtes, les filières sont pourvues, de chaque côté, d'un rouleau mobile monté sur un arbre vertical. Ces rouleaux constituent les limites latérales de la filière. Cet engin peut fabriquer 12,000 briques par journée de 10 heures. La machine Witehead diffère de la précédente en ce que les filières sont pourvues de quatre rouleaux au lieu de deux.

Il existe aussi des machines à étirer qui doivent leur force de propulsion à un jeu de cylindres emboîtés dans une caisse de fonte ayant la forme d'un entonnoir plat et dans laquelle ces cylindres refoulent l'argile, qu'ils laminent et forcent à traverser le bec de sortie d'une filière. Ce système, qui donne cependant des produits de bonne qualité, dépense une trop grande force motrice et subit de fréquentes avaries dues à l'usure.

Enfin, l'on a encore des machines opérant par la force née d'une masse quelconque, volant ou pilon. Tel est l'appareil imaginé par M. Gregg, de Philadelphie, et qui, au dire de son inventeur, produirait 25,000 briques en dix heures. Cet engin a pour pièce principale un plateau tournant, en fonte, portant trente-deux moules divisés en huit parties par séries de quatre moules reliés solidement ensemble et dont le fond est mobile. La terre préparée par le cylindre est versée dans un malaxeur placé immédiatement au-dessus d'une série de quatre moules ; cette terre, en raison de son propre poids et sous l'effort de lames disposées en spirale, descend et remplit les moules. Un mouvement de rotation imprimé alors au plateau conduit ces moules sous quatre pistons en fonte qui s'y ajustent parfaitement. Ces pistons, pesant chacun 125 livres, sont élevés à la hauteur de $0^m,80$, au moyen de deux cames qui, en les abandonnant, les laissent retomber, indépendamment l'un de l'autre, à trois reprises différentes, sur la terre contenue dans les moules, et en forment ainsi des briques solides et compactes. Le mouvement du plateau reprend alors ; une nouvelle série de moules, pleins de terre malaxée, vient se placer sous les pistons et ainsi de suite. La sortie des briques hors des moules se pratique comme dans la machine Derhamleed, précédemment décrite et avec laquelle ce dernier appareil présente une assez grande analogie.

Toutes ces machines, qui offrent une production considérable et qui fournissent des briques de très bonne qualité, conviennent aux grandes exploitations et peuvent être alors avantageuses, à la condition, toutefois, que leur travail subisse le moins d'arrêts possible.

Quant aux machines à mouler en terre sèche, elles ne peuvent servir qu'au façonnage de briques destinées à être employées en grosse construction et tendent, d'ailleurs, à disparaître, comme nous l'avons fait observer plus haut. Il faut d'abord sécher l'argile, en l'étendant sur une aire ou dans une chambre chauffée par les chaleurs perdues des fours, puis la broyer et la placer dans des moules semblables à ceux que l'on emploie pour la terre dure et dans lesquels une pression lente d'agglomération vient façonner le produit. Nous citerons, parmi ce genre d'appareils, la machine de M. Mac-Henri, de Liverpool. C'est un châssis, animé d'un mouvement de va-et-vient, qui porte deux séries de sept moules dont le fond est formé par des pistons. Ces moules se remplissent de terre, en passant sous une trémie qui contient un rouleau destiné à presser les briques. Après quoi, les tiges des pistons se soulèvent légèrement et les briques sont de nouveau comprimées par un rouleau et une plaque de contre-pression. Plus loin les pistons se soulèvent encore et les briques peuvent être enlevées, au moyen d'un rafleur, manœuvré soit à la main, soit mécaniquement. Avant d'être amenée à la trémie, la terre a été préalablement desséchée dans une étuve, puis réduite en poudre dans un cylindre broyeur.

Il existe encore d'autres machines à mouler la terre que celles que nous venons de décrire; mais, nous l'avons dit plus haut, nous avons voulu seulement citer des exemples et nous conclurons en renouvelant les remarques déjà faites : la terre dure, employée spécialement au façonnage des briques et surtout des briques pleines, ne fournit, par l'agglomération, que des produits d'une valeur médiocre, à moins que l'on n'opère sur des argiles tout à fait exceptionnelles; et, par le galetage ou le filetage, que des produits susceptibles de schistosité et de fendillement à la cuisson. La fabrication en terre molle nous paraît donc préférable, et le système qui convient le mieux nous semble être le suivant : tremper l'argile dans des fosses, la cylindrer à l'aide de cylindres unis et la malaxer au tonneau. Quant aux machines les plus propres à effectuer le moulage, ce ne sont pas, à notre avis, les appareils composés de séries d'alvéoles dans lesquelles le démoulage est difficile, mais plutôt ceux qui opèrent la propulsion en malaxant encore la terre et la chassant par des filières.

Séchage.

Au moment même de leur fabrication, les briques façonnées par voie humide à la main ou mécaniquement renferment une assez grande quantité d'eau. On estime que les produits sortant des machines en contiennent environ 1/5 de leur poids à sec. Cette eau existe dans les briques, nous l'avons déjà vu, sous trois formes différentes : 1° sous forme de mélange; c'est l'eau qui a été ajoutée pour les besoins de la fabrication et qui, s'évaporant à l'air, est dite *eau d'évaporation;* 2° à l'état hygroscopique, et qui, pour être chassée, exige une température de 100 à 120°; 3° à l'état de combinaison chimique, nécessitant, pour être évaporée, une température de plus de 300°. C'est l'eau d'évaporation qu'il s'agit d'éloigner par le séchage proprement dit; l'eau hygroscopique et l'eau combinée sont expulsées ensuite par la cuisson.

Pour satisfaire aux meilleures conditions d'économie et de bonne fabrication, le séchage doit être aussi rapide et aussi complet que possible; de plus, la dessiccation doit pouvoir s'opérer, sans qu'il en résulte de préjudice pour la qualité des briques. Cette dernière condition est aussi importante que difficile à réaliser; car, même à la suite d'un séchage rationnel et exécuté avec tous les soins nécessaires, les briques deviennent souvent défectueuses.

Tout d'abord, la dessiccation doit être opérée assez lentement pour que les pores superficiels restent ouverts et permettent à l'eau de sortir des parties profondes. Cette condition est nécessaire pour éviter le retrait inégal de la brique. Le temps de séchage doit varier suivant la densité de la matière qui compose les produits, cette densité variant elle-même avec la quantité d'eau que renferment les briques et en raison inverse de cette quantité. L'évaporation doit se faire d'une manière égale sur la surface et dans toute la masse des briques. Celles-ci ne doivent pas être exposées à des températures différentes; il faut qu'elles soient, de tous côtés, accessibles à l'air. Notons, en outre, que les argiles grasses retiennent l'eau plus

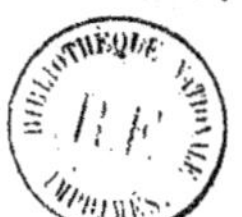

fortement que les maigres; aussi les briques façonnées avec ces argiles sont-elles plus fortement endommagées par un séchage irrationnel. La dessiccation complète, c'est-à-dire l'expulsion de toute eau qui peut être évaporée à la température ordinaire, demande, lorsque le temps est favorable, quinze jours, trois semaines et plus. Si le temps est mauvais, la dessiccation, même très prolongée, reste incomplète, et les briques sont introduites dans le four avec une grande portion de leur eau. Souvent aussi cet inconvénient résulte de ce que les séchoirs sont devenus insuffisants pour les besoins croissants de la fabrication. Dans tous les cas, le séchage est complété dans le four par l'enfumage, opération préliminaire de la cuisson, qui s'exécute avec un feu modéré et dont la durée est assez variable. Souvent il suffit de deux ou trois jours; d'autres fois, il en faut six et plus. Enfin, le degré de dessiccation peut être apprécié d'après la couleur des briques mises au séchoir. Les briques vertes ont un aspect foncé, les sèches offrent une coloration beaucoup plus claire.

Les procédés employés actuellement pour le séchage des briques et les opérations qu'on leur fait subir pendant cette période varient en raison des produits que l'on veut obtenir, des contrées dans lesquelles on fabrique, de l'importance et de la nature de la fabrication. On les divise en deux catégories: le *séchage en plein air* et le *séchage sous abris ou hangars*. Nous ne dirons que quelques mots des essais tentés pour obtenir le séchage artificiellement, essais qui n'ont guère eu lieu que sur des produits chers, comme la tuile, et qui ne nous paraissent pas devoir être appliqués à un produit aussi bon marché que la brique.

Séchage en plein air.— Ce procédé convient aux briques de qualité ordinaire et s'emploie surtout dans la fabrication dite flamande ou wallonne.

Nous avons vu précédemment que le porteur chargé de démouler les briques fraîchement faites les posait à plat sur une aire sablée. Si le temps est couvert et qu'il survienne, par éclaircies, des coups de soleil un peu vifs, susceptibles de produire une dessiccation irrégulière, il faut saupoudrer ces briques de sable pour modérer l'évaporation; en cas de pluie, on les couvre de paillassons. Au bout de dix ou douze heures, lorsque les briques commencent à se raffermir, on les relève sur champ, à la place même qu'elles occupaient, et, quand elles ont pris assez de consistance pour qu'on puisse les manier sans les déformer, on les *pare*, c'est-à-dire qu'on enlève, avec un couteau de bois, les bavures qu'a laissées le moule, ainsi que les ordures que la brique fraîche peut ramasser; puis on procède au *mettage en haie*. A cet effet, on forme, avec les briques, sur un sol parfaitement damé et recouvert d'une couche de sable de $0^m,10$ à $0^m,15$ d'épaisseur, une sorte de muraille à claire-voie comprenant, sur sa hauteur, quatorze à dix-sept assises de briques posées de champ. Le premier lit est formé de quatre rangées de briques, dont la plus grande dimension est perpendiculaire à la ligne de front. Les lits supérieurs ont une direction oblique, contrariée, pour chaque lit, avec celle du lit inférieur; on ne monte les différents lits qu'au fur et à mesure de la dessiccation de la dernière assise posée. On termine ces haies en gradins et on les recouvre de paillassons, destinés à protéger les briques contre la pluie et les rayons d'un soleil trop vif. Les briques mises en haie y restent jusqu'au moment de la cuisson.

Cette manière d'opérer est très économique, bien qu'elle donne beaucoup de déchets; mais elle ne fournit pas des produits très réguliers. Quand on veut obtenir des briques homogènes, d'une grande densité et pourvues d'arêtes droites et nettes, il faut les *rebattre* et les dresser avant qu'elles ne soient trop sèches à l'extérieur. A cet effet, le *rebatteur*, qui doit apporter à ce travail une grande habitude, beaucoup d'adresse et d'attention, frappe une ou deux fois chaque brique avec une *batte* en bois sur un banc ou sur une table, le plus normalement possible à la surface de ce banc ou de cette table. C'est dans cette position perpendiculaire de la batte que consiste tout l'art du rebattage. Cette opération est très importante, puisque c'est d'elle que résultent la régularité et l'uniformité des briques. Aussi a-t-on inventé des machines spéciales qui exécutent le rebattage des briques et que l'on a appelées *presses rebatteuses*.

Les rebatteuses mécaniques ont de l'analogie avec les balanciers à battre les monnaies. En même temps qu'elles compriment et redressent les briques dans tous les sens, elles impriment le nom et la marque du fabricant. Ces engins sont très simples; dans ceux de fabrication ancienne, la pression s'opère à l'aide d'un levier mû à bras; dans des rabatteuses plus nouvelles, l'ouvrier, au lieu d'agir sur un levier, tourne, au moyen de poignées, un volant vertical en fonte, qui transmet, par un mécanisme spécial, au piston compresseur, le mouvement alternatif de descente et de montée; telle est la presse rebatteuse de MM. Bourry. Enfin, il existe d'autres appareils qui diffèrent totalement des précédents par leur construction. Ainsi la presse exposée par M. Pinette, au Champ de Mars, en 1878, est à mouvement continu automatique; le moule est porté par une base qui repose sur des bancs en caoutchouc, de sorte que la pression s'exerce à la fois sur les deux faces du produit d'une façon égale et régulière.

Séchage à couvert. — Dans les briqueteries permanentes et surtout dans les localités exposées à des pluies fréquentes, le séchage s'effectue à couvert. Les briques sont mises en haie sous des hangars en bois couverts de chaume ou de genêt, quelquefois de tuiles; les hangars doivent être assez élevés pour que les ouvriers puissent passer sous les abouts. L'on ménage, entre chaque haie, un passage libre de $0^{m},70$ à $0^{m},80$. Aujourd'hui, les séchoirs sont généralement disposés de façon que le rebattage puisse y être opéré facilement. Les briques ne sont plus alors mises en haie, mais posées sur des rayons. Quand elles ont acquis une consistance suffisante, on les rebat et on les remet sur les planches pour achever de sécher. Cet usage, quoique dispendieux, est excellent; car les briques, ne supportant que leur propre poids, ont une tendance moins grande à se déformer.

Séchage artificiel.— Il est généralement admis qu'il n'y a pas de moyen de séchage qui puisse concourir avec celui de l'exposition à l'air libre sous des hangars. Ce n'est pas que l'on manque, à cet égard, de procédés très divers appliqués dans un grand nombre d'industries; mais tous les systèmes employés sont trop coûteux pour la dessiccation des briques, produits dont la valeur est relativement très faible. Cependant il est certain que l'état atmosphérique n'est pas toujours favorable à la dessiccation des terres moulées, que cette opération ait lieu à l'air libre ou même sous des hangars; aussi les pertes et les déchets que l'on doit aux intempéries des saisons se traduisent-ils par un déficit quelquefois important; il y a, de plus, dans ces conditions, incertitude sur le chiffre de production que l'on peut atteindre dans l'année. Bien que le séchage artificiel soit très difficile à obtenir pour la brique, en raison de son épaisseur et des tendances diverses que présentent les différentes qualités d'argile à se prêter à la dessiccation, il est donc désirable de s'affranchir des influences atmosphériques, afin d'obtenir une fabrication régulière, et même, s'il est possible, pendant la mauvaise saison. Des essais ont été faits dans ce sens. Nous ne citerons que pour mémoire la manière d'opérer le séchage artificiel qui se pratique dans quelques localités de l'Angleterre, principalement à Suffolk. Les produits sont placés sous des abris ou maisons à sécher qui sont garnis de calorifères. Les briques y restent de douze à dix-huit jours pour arriver à une dessiccation complète. L'idée qui s'est présentée naturellement chez les fabricants a été de chercher à utiliser la chaleur perdue des fours qui servent à la cuisson des briques et de trouver des dispositions au moyen desquelles les briques rapprochées de ces fours puissent être portées, en peu de temps, au point de siccité convenable pour être ensuite soumises à la cuisson. Il semble qu'on puisse arriver ainsi à une dessiccation rapide, égale, facile à graduer, et obtenir un travail continu, bien circonscrit par journée, une surveillance aisée, une main-d'œuvre modérée et une fabrication soignée. Nous reviendrons sur cette question en faisant la description des fours et nous citerons alors quelques applications qui ont été faites de ce principe. Quant aux moyens divers employés dans certaines industries, tel que le chauffage à l'air chaud, à la vapeur ou à l'eau chaude, la dessiccation accélérée par des ventilateurs, nous le répétons, ce sont des procédés trop dispendieux pour la fabrication d'un produit d'aussi mince valeur que la brique.

Cuisson.

La *cuisson* est la dernière opération de la fabrication des briques et c'est aussi la plus importante, en raison des difficultés qu'elle présente et des résultats qu'elle donne. On procède à la cuisson lorsque les briques ont acquis un degré de dessiccation convenable, ce que les praticiens reconnaissent en en cassant quelques-unes et jugeant, à l'aspect, au toucher et à la couleur, du degré d'humidité que ces produits peuvent encore renfermer. D'une manière générale, cette opération s'effectue de deux façons, soit *en plein air*, ce qui s'appelle *en tas, en meule* ou *à la volée;* soit *dans des fours,* dont la disposition et le mode de chauffage sont très variés. Le premier de ces procédés était autrefois le seul appliqué ; on l'emploie encore aujourd'hui avec la méthode flamande, dans les départements du nord de la France, en Hollande, en Angleterre, enfin dans tous les pays où le charbon est à bas prix, où les matériaux de construction sont chers et où les besoins de la fabrication ne sont que temporaires.

Cuisson a la volée. — Ce mode de cuisson, qui consiste à déposer les briques en tas sur une aire convenablement dressée, est pratiqué par un atelier spécial, qu'on appelle une *main de briqueteurs*, et qui est généralement composé de treize hommes : un *cuiseur*, chef d'atelier, qui conduit le feu ; deux *enfourneurs*, qui montent le four ; trois *entre-deux*, qui servent les enfourneurs et leur font passer les briques et le combustible ; sept *brouetteurs*, qui mènent au fourneau tous les matériaux nécessaires. Le montage d'un four en plein air et la conduite du feu sont des opérations très délicates ; il importe donc, au premier chef, d'y employer des hommes habitués, depuis longtemps, à ce genre de travail ; aucun exposé de la manière de procéder ne saurait suppléer ici à l'expérience et à l'habileté des ouvriers. Quoi qu'il en soit, voici comment l'on procède.

L'aire choisie pour l'emplacement du four est un terrain uni, que l'on dresse, au besoin, de façon que les eaux ne puissent y séjourner, ni former courant quand il pleut. Sur cette aire on trace au cordeau un carré de grandeur variable, suivant la quantité de briques à cuire et qui délimite la base du tas. On commence alors la construction du fourneau, en disposant les briques de champ par assises. A la partie inférieure, on a soin de ménager, en leur donnant un écartement d'un mètre, d'axe en axe, des vides qui doivent servir de carneaux ou foyers. Ces vides, qui règnent parallèlement d'un bout à l'autre du four, ont la hauteur de quatre assises de champ ; leur largeur sur le sol égale cinq épaisseurs de briques, largeur que l'on diminue d'assise en assise, de manière à pouvoir fermer complètement ces foyers par la cinquième assise. En outre, il part de la voûte de ces conduits deux ou trois vides verticaux qui servent de cheminées et facilitent la mise en feu. Il est d'usage aussi de recouper les foyers par un autre carneau perpendiculaire aux premiers et ménagé à la partie centrale du tas. De plus, les rangs des deux premières assises sont formés de briques mises en contact par leurs extrémités, mais espacées latéralement, tant vide que plein, de façon à recevoir une certaine quantité de houille en morceaux de $0^{m},03$ à $0^{m},04$ de côté. Le pied du four, et principalement le pourtour des foyers, doit être fait en briques cuites de bonne qualité, pour qu'elles n'éclatent pas au feu et ne s'écrasent pas sous la charge. Avant de voûter les carneaux, on remplit ceux-ci de bois sec recouvert de morceaux de charbon pour l'allumage du fourneau ; on voûte avec la cinquième assise, sur laquelle on répand une couche de houille demi-grasse de 5 ou 6 centimètres d'épaisseur, puis on allume les foyers, après avoir eu soin de remplir aussi de charbon les vides laissés par les briques du pourtour. Lorsque le feu est d'égale intensité partout et se communique au premier lit de houille, ce qui exige de huit à dix heures, on continue l'enfournement, en plaçant alternativement deux ou trois assises de briques et une couche de charbon et diminuant chaque fois l'épaisseur du combustible. Dans ces assises les briques sont toujours disposées sur champ et croisées à angle droit d'un lit à l'autre, de manière à lier plus intimement l'ensemble du tas.

Le succès de l'opération dépend de la régularité du feu, ce qui exige certaines précautions. Afin d'éviter les déperditions de chaleur et de rendre la distribution du feu aussi uniforme que possible en tous les points de la masse, on garnit l'extérieur, au fur et à mesure de l'enfournement, d'un placage d'argile dégraissée avec du sable, pour qu'elle ne se fendille pas et ne se détache pas des parois, aussitôt qu'elle est échauffée. En outre, lorsque les premières assises de briques crues ont été posées, on a eu soin de maçonner les entrées des carneaux avec des briques cuites et de l'argile, afin de ralentir la combustion.

Enfin, lorsque celle-ci n'est pas d'égale intensité partout, le cuiseur y remédie, soit en répandant une certaine quantité de charbon aux endroits où la flamme gagne trop rapidement la surface, afin de l'arrêter; soit en activant le feu, s'il n'est pas assez vif, par le secours d'un tirage, ce qu'il effectue en desserrant les briques ou bien en pratiquant des ouvertures sur le pourtour. On se garde aussi de l'influence du vent, qui peut rendre la cuisson irrégulière, au moyen de paillassons portés par des chevrons qu'on plante autour du fourneau.

Dans la construction même du tas, quelques précautions doivent être également prises : les briques formant les assises sur lesquelles on répand la houille doivent être moins écartées les unes des autres que celles des autres lits, pour que leurs joints ne laissent pas tomber le charbon sur les assises inférieures. Les briques de bordure doivent être serrées, et surtout bien assises, afin de concentrer la chaleur à l'intérieur du four et de consolider, autant que possible, les parements, qui doivent être construits bien d'aplomb. Malgré ces précautions, il y a toujours des lézardes, par suite du tassement inégal qui se produit et qui est dû à ce que le charbon se consume plus complètement dans le milieu du tas que sur le pourtour, où l'intensité du feu est moindre. L'enfournement terminé, on recouvre le four du placage d'argile et on l'abandonne à lui-même.

L'expérience a démontré qu'on ne peut opérer la cuisson des briques à la volée sur moins de 50,000 briques et que les meilleurs résultats s'obtiennent avec des fours de 2 à 300,000 briques et formés de vingt-quatre assises. Mais on en construit fréquemment qui renferment de 5 à 600,000 briques. La durée de cette opération, et, par conséquent, la cuisson de ces produits, varie de quinze à vingt-cinq jours. On y emploie de 3 hectolitres 1/4 à 5 hectolitres par mille de briques.

Dans les régions où la tourbe est abondante, on l'utilise de préférence à la houille, à cause de son bas prix. Les procédés d'enfournement, c'est-à-dire le montage et l'allumage du tas, sont les mêmes; seulement les lits de combustible sont plus épais, 6 à 8 centimètres au lieu de 15 millimètres. La cuisson des briques est plus uniforme; mais le tassement est considérable, irrégulier et nécessite, par conséquent, de très grandes précautions pour la construction du fourneau.

Cuisson dans des fours. — Depuis longtemps, l'irrégularité de la cuisson des briques dans les fours en plein air, les déchets qu'entraîne ce genre de travail, la difficulté de trouver des ouvriers très habiles, ont fait renoncer à cette méthode dans toutes les briqueteries établies en permanence ou les fabrications d'une certaine durée. Dans ces usines on a remplacé le procédé primitif par la cuisson dans des fours en maçonnerie, de formes variées et dont les parois sont des murs très épais, destinés à concentrer le mieux possible la chaleur. Les uns sont élevés directement sur le sol, d'autres sont creusés en terre. Quel que soit leur aménagement, ces appareils comprennent toujours : un *foyer*, dans lequel se place le combustible, un *laboratoire*, qui renferme les objets soumis à la cuisson, une *cheminée* ou conduit par lequel s'échappent les produits de la combustion. Combinées de toutes sortes de façons, ces diverses parties ont donné lieu à l'infinie variété de fours dont on fait usage pour la cuisson des briques. Celle-ci s'opère au moyen du bois, de la tourbe, de la houille ou du coke.

On divise les fours en deux grandes catégories : les *fours intermittents*, dans lesquels le travail est interrompu après la cuisson, jusqu'à ce que le refroidissement de la masse permette de recommencer l'opération; et *les fours continus*, qui restent constamment en activité pendant une campagne plus ou moins prolongée, jusqu'à ce que des avaries graves obligent à éteindre le feu et à suspendre les travaux. Des fourneaux de la première catégorie, les uns sont entièrement découverts, les autres sont couverts, c'est-à-dire surmontés d'une voûte percée de trous qui laissent échapper la fumée et servent au tirage.

Fours découverts. — Les appareils de ce genre sont les plus simples. Le four rectangulaire est le plus généralement et le plus anciennement adopté; ce n'est autre chose que le fourneau en plein vent, décrit ci-dessus, avec foyers et enveloppe construits en maçonnerie. Il est composé de quatre murs formant un rectangle de 10 à 12 mètres de longueur sur 8 ou 9 de largeur et 6 de hauteur. Ces murs présentent un fruit : ils ont au moins deux mètres d'épaisseur à la base et 0m,80 au sommet. On les renforce souvent par des arcs-boutants en maçonnerie ou bien avec des cadres formés, soit de madriers, soit de poutres en fer qui se relient extérieurement, afin d'éviter la poussée du feu et le fendillement des parois. Pour le même motif et aussi pour empêcher la déperdition de la chaleur, les matériaux qui entrent dans la construction de ces murs doivent être mauvais conducteurs et très réfractaires. Souvent, pour plus d'efficacité, on laisse entre cette chemise et l'enveloppe en maçonnerie un espace libre, que l'on comble avec des corps mauvais conducteurs, tels que cendres, sables siliceux, pierres ou débris de briqueterie; parfois même on laisse cet espace complètement libre, l'air étant aussi mauvais conducteur de la chaleur. Les fondations du fourneau doivent être établies sur un terrain bien sec, en bons matériaux, peu susceptibles de s'imprégner d'humidité. Quant aux foyers, ce sont des voûtes cylindriques de dispositions différentes, suivant la nature du combustible employé. Si l'on chauffe au bois, ce sont de petites voûtes en briques cuites, d'environ 0m,60, quelquefois de 1m,00 de largeur et de hauteur, s'étendant sur toute la largeur du fourneau et qui sont écartées de 1m,50 à 2m,00. Si l'on chauffe à la houille, les foyers, construits également en briques cuites, sont pourvus de grilles en fonte qui ne s'étendent pas sur une longueur de plus de 2m,60; leurs dimensions sont les mêmes que pour les foyers au bois, mais leur écartement n'est que de 0m,80 à 1m,00. Dans toute exploitation bien dirigée, les fours sont entourés, à quelque distance, d'un mur ou de piliers sur lesquels on appuie une toiture légère, assez élevée pour que la flamme ne puisse l'atteindre et qui protège ces appareils contre la pluie. La contenance ordinaire de ces fours varie de 25,000 à 100,000 briques.

Comme pour la cuisson à la volée, la conduite du feu est ici d'une très grande importance. On commence par l'*enfumage*, c'est-à-dire qu'on fait un très petit feu, pour chasser progressivement l'humidité des briques, sans les fissurer ou les déformer; on augmente peu à peu la température, puis enfin, l'on donne le grand feu, qu'il faut tenir bien régulier, soit avec des abrivents, soit en chargeant de terre gâchée le dessus du four, du côté où la combustion marche trop vite, soit en distribuant intelligemment le combustible dans les foyers. Quand la cuisson est suffisante, on maçonne les bouches des foyers et on couvre le dessus de terre gâchée; peu à peu la température intérieure s'abaisse; après plusieurs jours la masse est refroidie et l'on peut défourner.

Ces fours peuvent être *simples*, comme ceux que nous venons de décrire, ou *doubles*, c'est-à-dire formés de deux fours simples accolés.

Fours couverts. — On reproche avec raison aux fours découverts de laisser perdre une portion considérable de la chaleur développée par le combustible, bien qu'on ait soin de couvrir la partie supérieure avec des briques et qu'on la charge de terre. On sait, en effet, que la chaleur qui n'est pas réverbérée par une voûte s'échappe par la partie supérieure et se dissipe dans l'air, sans profit pour le produit. Il en résulte que les briques placées dans le haut du four ne sont pas suffisamment cuites. De plus, on ne peut garantir entièrement ces appareils de l'influence des changements atmosphériques sur la marche de l'opération, et, par suite, sur la proportion des déchets ou des produits inférieurs. On a donc imaginé de fermer les fours, c'est-à-dire de les couvrir d'une voûte qui réfléchit la chaleur sur les produits enfournés et qui est percée de trous destinés à laisser échapper les gaz chauds, après leur passage à travers les briques.

Ces appareils sont de forme tantôt rectangulaire, tantôt circulaire. Les fours rectangulaires possèdent un ou plusieurs foyers, au-dessus desquels est établie une *sole* en briques, percée d'un grand nombre de trous par lesquels la flamme des foyers pénètre dans la masse enfournée. Les gaz produits par la combustion s'échappent par des ouvreaux ménagés dans la voûte supérieure et communiquant avec une cheminée d'appel. Une même cheminée peut desservir plusieurs fours. Les briques sont disposées dans ces appareils de manière que la flamme puisse en rencontrer toutes les faces, et, de plus, les rangs sont croisés ou inclinés les uns par rapport aux autres, afin que la tendance de cette flamme à monter verticalement se trouve contrariée; c'est ainsi qu'on obtient le maximum d'effet. Quant à la cuisson, elle comprend deux périodes : le *petit feu* pour l'enfumage, et le *grand feu*, qui s'opèrent au moyen du bois, de la tourbe, de la houille ou du coke, suivant les localités. Le prix étant mis à part, c'est le premier de ces combustibles qui fournit les meilleurs résultats; la chaleur qu'il donne est toujours égale et les gaz qu'il produit communiquent des qualités toutes particulières aux briques cuites. Il laisse peu de cendres, mais il a besoin d'être renouvelé souvent pour produire la même chaleur que la houille. Celle-ci fournit une chaleur plus forte à la base du four qu'au sommet et expose aux coups de feu, qui entraînent la fusion des briques et leur adhérence entre elles. Il faut donc, lorsqu'on emploie ce combustible, que l'opération soit faite avec soin et par un homme ayant une grande expérience de la conduite du feu. Pour obtenir de bons résultats par le chauffage à la tourbe, il importe que cette dernière soit bien sèche, sans quoi l'eau, qu'elle contient en grande quantité, se transformant en vapeur, nuit d'autant plus à la cuisson que celle-ci est plus avancée; mais il faut aussi que la tourbe contienne encore beaucoup de filaments de végétaux peu altérés, afin de donner la flamme qui est nécessaire.

Les fours circulaires ont leurs foyers répartis autour des produits soumis à la cuisson, qu'il est ainsi plus aisé de maintenir égale.

Dans certaines circonstances toutes particulières, pour satisfaire, par exemple, à des besoins momentanés et diminuer les frais de premier établissement, on a construit des *fours enterrés*. Ces appareils sont des fosses dont les parois, garnies de briques crues, supportent une voûte percée de trous pour le départ des gaz et de la fumée. Une pente d'arrivage permet l'accès de la porte du four et le chargement. S'il est possible, on construit ce genre de fours sur un point saillant au-dessus du sol ou sur un talus, afin de l'adosser au terrain. Si la nature des lieux ne se prête pas à cette disposition, on peut néanmoins se dispenser de faire une fouille, en élevant le four directement sur le sol et formant autour un remblai en talus. Cette méthode est pratiquée en Suède, en Belgique et dans quelques départements du nord de la France.

Les fours intermittents simples offrent l'inconvénient d'une grande déperdition de chaleur, soit à travers leurs parois plus ou moins épaisses, soit par la cheminée d'appel. Aussi, depuis longtemps a-t-on cherché à diminuer ces pertes en accolant, adossant ou rapprochant plusieurs fours simples les uns des autres et construisant ainsi ce qu'on a appelé des fours *multiples*. Dans ces appareils, les flammes qui ont servi à cuire un four sont employées dans les fours voisins à échauffer des produits enfournés jusqu'à ce que les gaz produits par la combustion n'aient plus que la température nécessaire pour effectuer le tirage.

Quant aux conditions générales auxquelles est soumise la construction même des fours, elles sont les suivantes. Les dimensions varient entre quinze et cinquante mètres cubes; ce dernier chiffre ne doit pas être dépassé, car les grands fours n'offrent pas une grande solidité et ne permettent pas une cuisson égale des produits dans toutes les parties du fourneau. Les grandes grilles occupant toute la longueur du four sont préférables à celles qui ne s'étendent que sur une portion de cette longueur; elles rendent plus égale la répartition de la chaleur. On admet qu'il faut de 200 à 250 kilog. de houille pour cuire un mille de briques ordinaires, et l'on calcule les petites grilles, en supposant une consommation de 1 kilogramme de houille par décimètre carré et par heure, et les grandes, en admettant une consommation de 0 kil., 350 seulement de houille par décimètre carré et par heure. La section de la cheminée est prise égale aux 2/5 de la surface de la grille, que l'on suppose toujours calculée pour une consommation de 1 kilogramme de houille par décimètre carré et par heure[1]. Cette cheminée est pourvue d'un registre qui permet de régler le tirage et de l'arrêter lors du refroidissement. Il faut donner aux carneaux qui s'ouvrent sur la sole et à ceux qui servent à l'échappement des gaz une section au moins égale à celle de la cheminée.

Enfin, les matériaux doivent être d'excellente qualité, et nous insisterons sur ce point, vu l'impor-

1. Bonneville, *Fabrication des briques*, p. 40.

tance du sujet et l'emploi fréquemment adopté de murs épais construits en mauvais matériaux sur un sol mal préparé. On se contente, le plus souvent, quand on établit un four sur un terrain reconnu bon, de faire une petite fondation sous les murs en simple mortier de terre et de briques ou pierres; si le terrain est jugé mauvais, on exécute cette fondation en béton ou en maçonnerie, avec mortier de chaux et de sable, laissant au feu le soin de sécher le sol. Ce procédé paraît défectueux; car si la dessiccation de la terre est, en effet, le résultat de la cuisson, ce qui absorbe déjà une certaine quantité de calorique, l'effet contraire se produit lorsque le four n'est plus en feu : la terre séchée absorbe l'humidité; une dessiccation nouvelle est nécessaire, lorsque l'on recommence à cuire. Cet inconvénient, moins appréciable dans les fours à feu continu, cause néanmoins dans ces appareils une perte constante de calorique; il importe donc, avant d'élever les maçonneries, de rendre le sous-sol imperméable. Les parois intérieures doivent se faire, autant que possible, en briques réfractaires et surtout jointoyées avec un mortier de terre et de sable assez résistants au feu pour ne pas se fendre ni couler, ce qui produirait l'affaissement des murs. Les voûtes ne doivent pas être formées de plusieurs arcs superposés; en effet, si les briques et le mortier qui les joint ne sont pas réfractaires, un retrait peut se produire dans le premier arc, qui s'affaisse en laissant un vide au-dessus; quand, au contraire, ces briques sont bien reliées sur toute l'épaisseur de la voûte, celle-ci s'abaisse tout entière, en cas de retrait, sans trop se déformer. Le mur extérieur peut être fait avec les matériaux disponibles les plus économiques. Il est bon de laisser entre ce mur et la chemise de briques un espace que l'on remplit de matières compressibles, afin de permettre au mur intérieur la dilatation inévitable produite par la cuisson; ce système est excellent, il serait même, d'après M. Castelier[1], préférable au vide laissé dans le même but par certains constructeurs et à l'emploi de bois ou de fer pour retenir les murs; car, dans ce dernier cas, la dilatation se fait moins facilement; il y a souvent rupture des bois ou fers ou dislocation des murs. Notons cependant que l'usage des armatures est général et que l'on a coutume de placer au niveau du carrelage une forte ceinture qui fait tout le tour du fourneau, lorsqu'il n'est pas enterré jusqu'à cette hauteur.

Fours continus. — L'invention de ces fours a permis de réduire, dans une forte proportion, la dépense du combustible, en utilisant mieux la chaleur produite. Cette invention est attribuée aux Allemands; il est certain que les appareils de ce genre les plus répandus ne sont que des imitations ou modifications plus ou moins heureuses du four construit par MM. F. Hoffmann et Licht, de Berlin, mais la voie avait été déjà ouverte, dans le sens de la cuisson continue, par MM. Muller et Gilardoni. Le four imaginé par ces derniers constructeurs est composé de chambres communiquant entre elles, pouvant s'isoler les unes des autres après la cuisson, et dont le nombre est déterminé par la production demandée et par le temps de refroidissement nécessaire aux produits cuits avant le défournement. Ces chambres peuvent être juxtaposées de manières différentes selon l'emplacement. Dans le cas où elles sont accolées sur la longueur et adossées sur deux rangs, la marche de l'opération est celle-ci : le feu se commence diagonalement à chaque four extrême, pour passer de là dans les suivants, qui profitent ainsi de la chaleur perdue. De l'une des rangées le feu passe dans l'autre, et la cuisson peut ainsi se continuer indéfiniment. Dans ce four, on peut cuire des matières délicates et soignées, la combustion ayant lieu sous la sole. Le prix de revient est naturellement assez élevé.

Les fours à cuisson continue, dits *Hoffmann*, qui consistent en une seule galerie dans laquelle la direction des gaz provenant de la combustion s'opère au moyen d'un écran métallique mobile, sont les plus économiques et les meilleurs pour la fabrication des produits ordinaires tels que briques et tuiles. Nous décrirons en détail le four inventé par MM. Hoffmann et Licht, qui sert de type à tous ces appareils et qui, présenté à l'Exposition universelle de 1867, a mérité un grand prix.

Observons, tout d'abord, que, pour obtenir un enfournement et un défournement réguliers et continus

1. *Bulletin de l'Union céramique*, 3e année.

dans un seul four et pour présenter les objets à cuire à l'action du feu, plusieurs dispositions générales peuvent être adoptées : le déplacement des objets mêmes, celui du four qui les contient, et, enfin, celui du feu. C'est ce dernier mode qu'ont choisi MM. Hoffmann et Licht. Le principe sur lequel repose la construction de leur appareil est le suivant : l'air froid est admis dans un canal circulaire renfermant les produits ; cet air refroidit les objets cuits, s'échauffe lui-même, alimente le feu, échauffe peu à peu les objets qui sont à cuire et sort enfin par la cheminée, près de son point d'introduction. Nous allons expliquer, à l'aide de la figure 48, comment cette opération est réalisée.

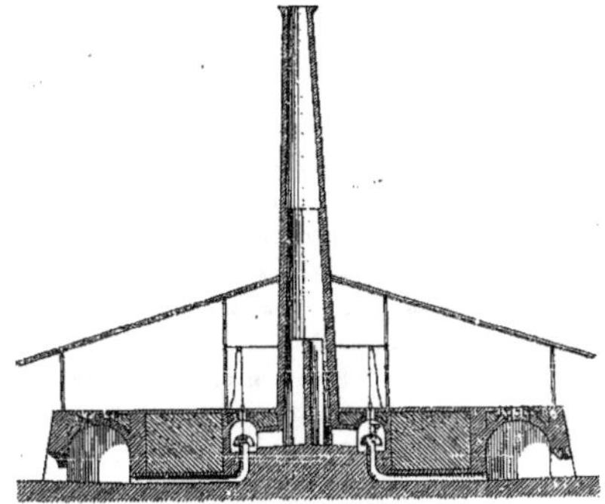

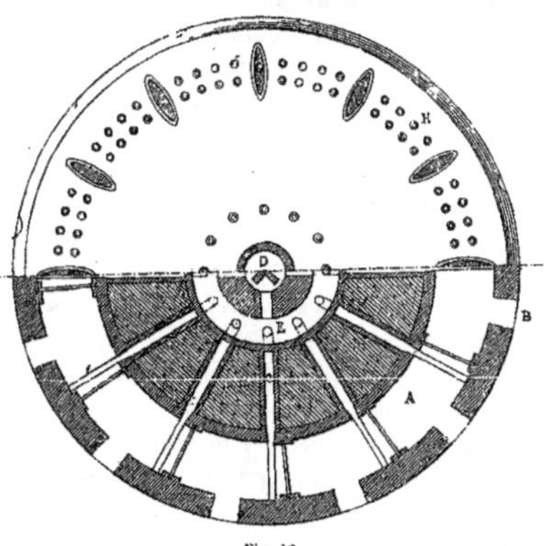

Fig. 48.

La forme annulaire, considérée comme présentant le plus de solidité, a été choisie pour ce four. La chambre qui reçoit les chargements est un canal circulaire A, auquel on peut avoir accès par un certain nombre de portes B, ménagées, à intervalles égaux, sur le pourtour extérieur. Des carneaux C, en nombre égal à celui des portes, mettent ce canal en communication avec la cheminée D, et peuvent être ouverts ou fermés à l'aide de cloches ou soupapes en fonte F. Un registre G ou écrou mobile en tôle peut glisser dans les rainures H, pratiquées à la partie supérieure, immédiatement derrière les conduits de tirage, et boucher successivement le four par autant de sections verticales qu'il y a d'ouvertures et de carneaux. Des ouvertures M, traversant la voûte du four, reçoivent le combustible, qui tombe à travers la masse des produits placés sur la sole et entre lesquels on a ménagé, en enfournant, un nombre suffisant de carneaux, pour assurer le passage des zag chauds. Ces ouvertures sont peu éloignées les unes des autres, et chacune d'elles peut être fermée hermétiquement, au moyen d'une cloche de fonte pénétrant dans une rainure pleine de sable.

Supposons le registre descendu suivant l'une des sections indiquées plus haut, ou placé dans cette position par les portes d'enfournement, comme on le fait aujourd'hui ; la porte qui est avant et le conduit d'appel qui vient immédiatement après ce registre ouverts ; enfin toutes les autres issues et tous les canaux fermés. Il est évident que si, par un moyen quelconque, on détermine le tirage dans la cheminée, l'air entrera par la porte, parcourra toute la longueur du four jusqu'à l'autre côté du registre, puis s'élancera dans le carneau ouvert en ce point et de là dans la cheminée. Admettons que, dans ces circonstances, le four soit rempli de briques, de manière que l'air, dans la première moitié du canal, passe sur des produits déjà cuits et qu'il s'agit de refroidir ; que cet air alimente ensuite le feu, entretenu par le combustible jeté de la partie supérieure, et qu'il passe dans la seconde moitié du four à travers des briques non cuites; il en résulte : 1° que l'air entré par la porte ouverte enlève, dans la partie de son trajet, aux briques cuites la chaleur qu'elles possèdent encore pour la ramener dans le foyer; 2° qu'arrivant ainsi au siège de la combustion avec une haute température, cet air active le feu, en diminuant la quantité de combustible nécessaire; 3° que les produits gazeux de la combustion et l'air non brûlé servent à commencer la cuisson du compartiment qui vient après le foyer et à échauffer régulièrement le reste des produits enfournés, de telle sorte qu'il faut très peu de temps pour les cuire avec une quantité de combustible réduite au minimum. Il n'y a de chaleur perdue que celle indispensable pour établir le tirage de la cheminée.

On voit que, dans cet appareil, le foyer est placé dans le compartiment diamétralement opposé à celui dont la porte est ouverte. Lorsque les briques, dans le voisinage immédiat de cette porte, sont presque froides, on peut les extraire et les remplacer par des briques crues, fermer le four avec le registre en avant de la porte suivante, ouvrir cette porte, fermer la précédente, ouvrir le conduit d'appel correspondant, fermer celui qui était ouvert et pousser le feu en avant. De la sorte, le foyer exécute le tour du four; le défournement et l'enfournement ont lieu d'une manière continue; les deux portes placées près du registre sont ouvertes en même temps, pour que ces deux dernières opérations puissent se faire simultanément.

MM. Hoffmann et Licht ont aussi diminué la quantité de chaleur perdue par rayonnement, en isolant le foyer par une couche de cendre, de sable ou d'autres matières non conductrices placées entre celui-ci et le mur intérieur. Les portes sont à double paroi. Du côté du four elles se composent d'une brique ou plaque de terre réfractaire assujettie et lutée avec de l'argile, et, à l'extérieur, d'une porte en tôle bien ajustée. Des plaques en asphalte, coulées dans les fondations, garantissent toute la construction contre l'humidité qui peut s'élever du sol. Les conduits d'appel débouchent dans une chambre annulaire E, qui communique avec la cheminée par quatre coupures qu'on laisse ouvertes constamment. Cette cheminée, qui occupe le centre de notre figure, peut être établie en dehors, à la condition qu'on la relie par un conduit avec la chambre où aboutissent les canaux de tirage.

Le chargement du combustible, qui s'opère au milieu des briques déjà rouges, se fait par petites quantités, deux ou trois kilogrammes à la fois et à intervalles très rapprochés. De cette façon la combustion s'effectue de la manière la plus parfaite. Quant à la quantité de combustible nécessaire, elle dépend de sa qualité et de la résistance que les terres offrent à la cuisson. Il faut généralement 100 kilogrammes de houille menue, de qualité moyenne, pour cuire mille briques de terres ordinaires.

Les dimensions de ces fours peuvent varier beaucoup. Les plus grands qu'on ait construits appartiennent à la briqueterie de Drasche, à Vienne. Sur un grand nombre de fours Hoffmann, que renferme cet établissement, quelques-uns possèdent de vingt-huit à trente-deux compartiments, contenant chacun 40,000 briques format de Vienne, c'est-à-dire ayant une capacité de 80 mètres cubes environ. Ces fours ont deux jeux de feu et peuvent produire 80,000 briques par jour. Ce sont les circonstances locales, les besoins et la nature des argiles à traiter qui permettent seuls de juger, pour chaque cas particulier, quels sont la grandeur et le nombre de compartiments qu'il est nécessaire d'adopter. Si l'on est exposé à enfourner des produits très verts, il est avantageux d'avoir un grand nombre de compartiments, le séchage et l'enfumage exigeant un temps plus long. Mais il est toujours préférable d'enfourner des produits suffisamment secs. En tout cas, il y a peut-être avantage à construire un grand four que plusieurs petits, parce que le cube de maçonnerie est moindre proportionnellement, et qu'il faut le même nombre de chauffeurs pour un grand et pour un petit four. Mais il ne faut jamais faire de four plus grand que ne comporte l'importance de la fabrique; car on est parfois obligé, dans ce cas, de retarder la marche du feu, ou de ne s'en servir que d'une manière intermittente. S'il est besoin, il vaut mieux forcer le feu et faire plus d'un compartiment par jour.

Quant à la forme générale de ces fours, elle peut être indifféremment elliptique ou circulaire sous le rapport du bon fonctionnement. Au point de vue des frais de construction, il vaut mieux faire les fours ronds pour une production journalière de 3 à 6 ou 7,000 briques; pour les fours de 6 à 10,000, il n'y a guère de différence; mais au-dessous de ce chiffre, les fours allongés ou oblongs reviennent moins cher de construction et occupent un emplacement moins grand. Quoi qu'il en soit, ces deux formes sont excellentes, au point de vue de la solidité des maçonneries, qui, sans ferrements proprement dits, ne subissent pas de dislocation considérable.

On voit que dans les fours Hoffmann le principe appliqué consiste à déplacer le feu par rapport aux marchandises à cuire et à l'amener successivement aux endroits qui ont été déjà progressivement échauffés, presque jusqu'à température de cuisson, par les gaz chauds. M. Demimuid, dans un four dont l'emploi ne s'est pas généralisé, avait suivi cet autre mode : le déplacement des objets à cuire par rapport au foyer, en sens inverse des produits de la combustion, de manière à leur faire rencontrer les gaz déjà refroidis, puis les gaz successivement de plus en plus chauds qui achèvent la cuisson. L'appareil de ce constructeur était un long canal rectiligne, incliné de 25° à 40° et terminé, à sa partie inférieure, par un foyer. En haut du canal, on introduisait des wagons en fer chargés des marchandises à cuire; ces wagons, en descendant sur des rails, rencontraient successivement les gaz du bas, presque froids en haut; mais de plus en plus chauds, à mesure qu'on approchait du foyer. La cuisson complète s'opérait au-dessus du foyer même et enfin les wagons étaient introduits dans une chambre de refroidissement. L'usage des fours Demimuid ne s'est pas répandu, à cause des difficultés pratiques que présente la construction de ces appareils et de l'entretien considérable de matériel qu'ils nécessitent.

Les perfectionnements que l'on a apportés au four Hoffmann dans ces dernières années ne sont d'une réelle importance que pour la cuisson de produits spéciaux; telle est, par exemple, la construction de carneaux d'enfumage, dont nous parlerons à propos de la cuisson des tuiles. Sous le rapport de la forme on a fréquemment abandonné, dans les usines d'importance secondaire, la disposition elliptique ou circulaire pour la forme rectangulaire, considérée comme moins coûteuse. Le four Hamel n'est ainsi qu'une modification dans la forme du four Hoffmann; nous en parlerons en décrivant plus loin le four Simon, qui n'est lui-même qu'un four Hamel modifié. Nous citerons quelques-uns des fours dont l'Exposition universelle de 1878 nous a montré les modèles.

M. C.-E. Bourry avait exposé plusieurs fours continus rectangulaires composés de deux galeries parallèles et dans lesquels les désavantages résultant de la solution de la continuité de la galerie de cuisson ont été neutralisés, autant que possible, par une disposition qui assure la continuité de l'enfournement dans les conduits qui réunissent les deux galeries. Les armatures en bois ou en fer sont rendues inutiles par le mode de construction de cet appareil, semblable à celui qui a été adopté pour le four Hoffmann. De plus, on peut non seulement appliquer à ce four les carneaux d'enfumage, mais encore utiliser, pour sécher les marchandises vertes, la chaleur qui se trouve en excès au défournage, c'est-à-dire qui provient de l'excès de calorique contenu dans les produits cuits et n'a pu être ramené au feu. Voici la disposition spéciale adoptée à cet effet par M. Bourry : le four est recouvert de plusieurs étages de séchoirs; au-dessus de la sole supérieure du four se trouve un réseau de conduits dans lesquels se rend l'air chaud, pris dans les compartiments de défournement; cet air peut être amené dans les séchoirs, à l'endroit voulu, par des tuyaux verticaux mobiles.

On voit que ce mode de séchage diffère totalement du procédé appliqué dans un certain nombre d'anciens fours et qui consistait à utiliser la chaleur perdue par le rayonnement du four. Dans la construction primitive de leur four, MM. Hoffmann et Licht avaient disposé des séchoirs autour de leur appareil. Chacun de ces séchoirs était suffisant pour deux jours de travail; celui qui était placé en avant de chaque porte, et qui servait à charger cette partie du four, fournissait, en briques crues et sèches, la quantité nécessaire à ce service. Des chemins de fer reliaient entre eux les séchoirs, les moulages et les magasins de dépôt. Cette disposition semble présenter une certaine économie de transport et une dessiccation des briques crues opérée assez également et indépendamment des influences atmosphériques, sans toutefois renoncer aux avantages qu'un temps favorable, par exemple un vent sec et un air chaud, peuvent présenter souvent. Mais il y a lieu de faire observer ici combien est grande la quantité de chaleur perdue par le rayonnement d'un four à feu continu; ce calorique, pour être remplacé, coûte beaucoup plus de combustible que si on établissait un système de chauffage spécial, qui offrirait encore l'avantage de mieux distribuer la chaleur, et de pouvoir augmenter et diminuer le degré de chauffage, suivant les besoins et la température extérieure, puis de régler cette chaleur aux divers endroits des séchoirs, suivant les degrés de dessiccation où se trouvent les produits qui y sont placés. Ce système conviendra surtout à des produits chers tels que la tuile. Nous en parlons ici pour ne pas y revenir et nous empruntons la plupart des détails qui suivent à un rapport de M. Bourry sur la *Question des séchoirs artificiels*, publié par le *Bulletin de l'Union céramique*.

Dans la fabrique de faïences de Sarreguemines, on a établi, il y a une douzaine d'années, un séchoir artificiel composé de grandes salles bien closes et garnies d'étagères sur lesquelles se déposent les produits à sécher. La chaleur provenant d'une source quelconque est amenée dans ces salles par des tuyaux en tôle, de $0^{m},50$ à $0^{m},60$ de diamètre environ, placés aussi haut que possible et dans toute la longueur des salles; ces tuyaux sont pourvus d'ouvertures que l'on peut ouvrir et fermer à volonté. Sur le plancher sont disposés d'autres tuyaux de même dimension et également pourvus d'ouvertures. L'air chaud qui arrive par les conduits supérieurs est ensuite aspiré par un ventilateur à travers les ouvertures des tuyaux inférieurs. Ce système, qui fonctionne très bien, serait peut-être avantageux pour des produits tels que la tuile; mais il serait certainement trop dispendieux pour la brique.

M. Bock a imaginé un four, breveté dans tous les pays, qui a pour objet unique la dessiccation des briques, tuiles, carreaux, etc. Cet appareil consiste en un tunnel droit, à l'une des extrémités duquel se trouve une cheminée de ventilation. Ce four est chauffé par de la vapeur d'échappement amenée par un conduit dans un système de tuyautage placé dans le bas du four. Ce tuyautage est construit de telle manière que la chaleur va en augmentant, depuis l'entrée du four jusqu'à la sortie de la cheminée. La température passe ainsi de 20° à 60° environ. On pourrait remplacer la vapeur par de l'air chaud ou par les produits de combustion d'un foyer quelconque. L'air qui doit traverser le foyer pour la dessiccation des produits y entre par le même côté que les briques et sort par la cheminée, à l'autre extrémité. Au fur et à mesure que cet air avance et absorbe l'humidité contenue dans les produits, il est chauffé à un degré plus élevé, ce qui augmente constamment, comme on le sait, sa faculté d'absorber de l'humidité. On a calculé que pour faire évaporer 700 kilogrammes d'eau pouvant être contenus dans un millier de briques sortant de la machine, il fallait à 20°, 48,750 et, à 60°, 4,850 cubes d'air. Il importe que la température, la force de l'absorption de l'air et sa vitesse, puissent être réglées suivant l'état hygrométrique où se trouve le produit pendant toute l'opération de la dessiccation. Les briques façonnées sont placées sur des wagonnets, que l'on pousse dans le séchoir sur une voie ferrée traversant la longueur du four. A mesure qu'un wagonnet sort avec les produits secs, on le remplace, à l'autre extrémité, par un wagonnet de briques, nouvellement moulées. Dans les circonstances spéciales où ce four a été essayé, la nature de l'argile a permis de sécher les briques en trente-six heures. Lorsqu'on a voulu sécher plus promptement, ces briques se sont fissurées. Le temps nécessaire à la dessiccation et le degré de chaleur qu'il faut donner dépendent donc de la nature des argiles qu'on a à traiter.

Enfin, M. Bourry cite un autre système de séchage artificiel, combiné avec le four annulaire Hoffmann. Le séchoir consiste en une galerie circulaire établie autour du four et au même niveau; elle est environ deux fois plus large que la galerie de cuisson et est munie de portes d'entrée, en face de chaque porte d'enfournement du four. Le séchoir est partagé en compartiments comme le four annulaire; on le remplit en entier, sauf deux compartiments. On utilise, pour la dessiccation des briques, l'excès d'air chauffé qui se trouve entre le compartiment qu'on défourne et le feu, et qui, refoulé en arrière immédiatement sous la voûte, constitue de la chaleur perdue. Cet air chaud est pris en haut du four, à quelques compartiments en arrière du feu. Porté à la température d'environ 80°, quand il entre dans le séchoir, il vient toucher les briques déjà à peu près sèches et traverse ensuite les produits de plus en plus humides; sa température s'abaisse, en se saturant d'humidité; puis il est aspiré par une cheminée spéciale, placée au centre de la cheminée même du four. Il s'opère alors un séchage lent et constamment progressif, les produits étant toujours entourés d'une température plus élevée que celle qu'ils ont eux-mêmes et d'un air déjà assez saturé d'humidité pour ne pas absorber trop rapidement l'humidité contenue dans les objets à sécher. Ce système, dont les résultats n'ont pas encore été suffisamment sanctionnés par l'expérience, semble néanmoins présenter certains avantages. Les produits peuvent être ainsi séchés avec moins de risques que dans les séchoirs à air libre, car ils sont complètement à l'abri de l'influence atmosphérique, et le séchage se fait systématiquement et régulièrement, nuit et jour et par tous les temps.

Parmi les fours dont on a pu étudier les modèles à l'Exposition universelle de 1878, nous citerons encore le four exposé par M. Joly-Barbot, de Blois. Cet appareil se compose d'une série de compartiments placés sur deux lignes parallèles et communiquant les uns avec les autres par des carneaux qui s'ouvrent et se ferment à l'aide de registres manœuvrés de l'extérieur. Ces registres permettent d'isoler chaque compartiment après la cuisson des produits qu'il contient, et, par suite, l'emploi du chauffage intermittent, dans le cas où la marche du feu serait entravée par une cause quelconque. L'enfournement des produits s'opère de façon à diviser chaque compartiment en deux parties; un foyer à grille, disposé pour le chauffage à la houille et au bois, est placé sur l'un des côtés; les gaz produits par la combustion s'élèvent jusqu'à la rencontre de la voûte, en suivant la courbure, et viennent se renverser dans la seconde partie, où ils trouvent les carneaux de communication et passent au compartiment suivant. Les produits récemment enfournés, avant d'être mis en communication avec le compartiment en feu, sont réchauffés graduellement, au moyen de l'air qui a servi à refroidir les produits cuits. Cette communication s'établit par un conduit ménagé à la partie inférieure du four et sur lequel chaque compartiment peut être ouvert à l'aide d'un registre spécial.

Le four Simon est également formé de deux galeries parallèles rectangulaires et voûtées, mises en communication, à leur extrémité, par un conduit. Une petite galerie, placée entre les deux grandes galeries, sert de chambre de fumée. Les murs sont en maçonnerie brute de moellons, avec parois intérieures en briques réfractaires. Entre ces deux murs et jusqu'à la naissance de la voûte règne un vide. L'ensemble des maçonneries est relié par une armature élastique. Les compartiments sont munis chacun d'une porte d'enfournement et de défournement et d'un canal qui, aboutissant à la chambre de fumée, les fait communiquer avec la cheminée au moyen de valves en fonte. Ces valves plongent dans un bain de sable et constituent une fermeture hermétique. Le mode de chauffage est le même que dans les fours Hoffmann : des orifices fermés par des obturateurs en fonte, avec poignée et bain de sable, sont percés à la partie supérieure du four, et espacés les uns des autres à une distance calculée d'après la nature des produits à cuire et du combustible à brûler. Pour faciliter la mise en marche du four, à l'une des extrémités des galeries d'enfournement sont placés des foyers, qui évitent de consumer une trop grande quantité de combustible. C'est là une des modifications apportées par M. Simon au four Hamel, qui a servi de type, comme nous le disons plus haut, à l'appareil que nous décrivons présentement. Les autres modifications consistent dans les procédés appliqués à l'enfumage préalable des produits. Cette opération s'effectue soit à l'aide d'un foyer spécial pour chaque compartiment, ménagé dans le mur extérieur du four, soit au moyen d'un foyer mobile ou poêle à cloches, d'assez grandes dimensions, placé sur le four même et dont le tirage se fait à travers le compartiment nouvellement enfourné. Nous devons observer, en passant, que des dispositions analogues avaient déjà été essayées par divers constructeurs pour le four Hoffmann. C'est ainsi que, dans cet appareil, on avait tenté l'enfumage préalable, en disposant dans les portes mêmes d'enfournement un petit foyer avec plâtrage. Quant au foyer mobile servant à l'enfumage du dernier compartiment enfourné, M. Bourry rapporte, dans le *Bulletin de l'Union céramique*[1], que ce système, susceptible de donner de bons résultats, a déjà été appliqué, il y a plus de quinze ans, sur les fours Hoffmann, et notamment sur un de ceux appartenant à MM. Bradley et Craven, à Wakefield en Angleterre; cette particularité était ignorée du constructeur français, à l'intelligence et aux connaissances pratiques duquel M. Bourry se plaît à rendre hommage. Le four Simon est destiné à être chauffé à la houille; mais on peut le rendre apte à brûler toute sorte de combustibles, tels que coke, anthracite, tourbe, bois, lignites et même des combustibles liquides, graisse, goudron, huile, etc. On peut également, à l'aide de dispositions particulières, le chauffer au gaz, avec l'adjonction d'un gazomètre, ou même, si les circonstances le permettent, utiliser pour le chauffage les gaz provenant des hauts fourneaux de la métallurgie, ou bien encore les gaz résultant de la carbonisation des houilles, bois, etc.

Parmi les constructeurs qui ont aussi cherché à perfectionner les fours Hoffmann, nous citerons M. Martin, de Marseille, qui a modifié cet appareil en faisant, comme MM. Muller et Gilardoni, le feu en dessous, mais dans une galerie. On a ensuite successivement rapproché les grilles, placées sur la sole même, en y jetant, comme Hoffmann, le combustible par le haut. Ce système abandonne donc l'avantage de ne brûler qu'avec l'air qui s'est échauffé en passant sur les produits à refroidir, puisque les grilles ont leurs cendriers communiquant avec l'air libre. Tous les soi-disant perfectionnements qui consistent à alimenter ces grilles avec l'air chaud sont des complications et ne donnent pas d'économie sérieuse; on y renoncera si l'on n'y a déjà renoncé.

Les fours du système Hoffmann conservent donc, à notre avis, la supériorité sur les autres appareils à feu continu, pour la cuisson des briques. Mais tous ces fours présentent l'inconvénient d'une grande perte de place dans l'enfournement, ce qui constitue une dépense inutile. Pour le cas des briques, il faut ménager des puits de chauffage, écartés d'environ $1^m,00$; s'il s'agit de produits de choix, il faut également réserver, entre chaque rang de ces produits, une séparation de $0^m,10$ à $0^m,14$ de haut en bas. Dans ce dernier cas, on conçoit aussi que la combustion se faisant au milieu de la masse, des taches se montrent sur les marchandises cuites, à moins que ces marchandises ne soient protégées par des briques, ce qui complique l'enfournement. De plus, dans ce système on n'est pas absolument maître du refroidissement, et il y a des argiles sensibles qui ne peuvent s'en accommoder. Le dernier perfectionnement est celui qu'a apporté M. Muller, en faisant le feu en dessous et chargeant les grilles à la cuillère, de sorte qu'il peut remplir le four. Il en résulte économie et simplicité de construction et, de plus, économie dans la cuisson, qui peut se faire par des manœuvres au bout de peu de jours.

Nous terminerons cette étude des fours à feu continu en citant l'appareil très ingénieux de MM. J. et C.-J. Forster, de Normanton, Yorkshire (Angleterre), récemment breveté. Ce nouveau procédé repose, comme le four Demimuid, sur le principe du déplacement des produits à cuire. Le four a l'aspect d'un tunnel dont la longueur est d'environ $33^m,00$; la largeur, $2^m,50$ et la hauteur sous clef, $3^m,30$. A l'orifice d'entrée se trouve la cheminée; les foyers, au nombre de huit, quatre de chaque côté, sont placés à peu près au milieu du four. L'entrée est fermée par un registre en fer, qui permet l'introduction des briques crues; l'orifice de sortie est muni de portes métalliques. Une voie ferrée règne dans toute la longueur du four. On charge les briques à cuire sur des trucs en fer pouvant recevoir chacun 5,000 briques, empilées de façon à épouser la forme du four. Une disposition spéciale empêche ces trucs d'être très sensiblement attaqués par l'action de la chaleur. Le chargement complet comporte neuf trucs, soit 45,000 briques. La chaleur émise par les foyers se dirige vers l'orifice de sortie; les briques, au moment de leur séjour devant ces foyers, sont portées au rouge et même au blanc; elles se refroidissent, à mesure qu'elles approchent de la sortie, tandis que les briques crues se sèchent et s'échauffent dans leur transport vers la bouche des foyers. Chaque truc reste de six à huit heures devant les foyers, de sorte que ce four cuit, en vingt-quatre heures, de 15 à 20,000 briques. Un

1. 3e année, p. 329.

modèle de four du même genre avait été exposé, en 1878, dans le pavillon de l'Union céramique, au Trocadéro, par M. Curot. Dans cet appareil, les parties extrêmes de la galerie ont leur voûte surélevée et forment deux sortes d'étuves ou chambres : celle du chargement, remplissant le rôle de chambre d'enfumage; celle du côté de la sortie, de chambre de refroidissement. Les foyers extérieurs, placés vers le milieu du four, sont au nombre de quatre. Sur seize wagons que renferme constamment l'appareil, il y en a trois dont la charge s'enfume, trois qui commencent à cuire, quatre qui sont en cuisson, trois qui s'éloignent du feu, et trois qui sont en refroidissement. La cheminée d'appel est placée aux 2/5 environ de la longueur totale.

Fours semi-continus. — Il est certain que l'usage des fours continus a amené de notables changements dans l'économie industrielle, sous le rapport de la fabrication des produits céramiques. La cuisson continue a donné, dans beaucoup de cas, des avantages très marqués, notamment dans les grandes installations. Mais, dans les usines de médiocre importance, où les exigences de la fabrication ne suffisent pas pour alimenter les appareils, cet usage devient onéreux. Ajoutons à cela que les fours de cette catégorie n'ont pas donné tous les résultats qu'on pouvait en attendre; certaines argiles même sembleraient ne pas s'accommoder aisément de ce mode de cuisson, au point que le rendement en produits de première qualité, avec des terres de cette nature, serait inférieur à celui des anciens fours. Certains constructeurs ont donc cherché à modifier les fours à feu continu, de manière à profiter des avantages et à supprimer les inconvénients que ces appareils présentent. Ils ont imaginé, pour cet effet, des fours intermittents dits *semi-continus*.

MM. Boulet frères avaient présenté, à l'Exposition universelle de 1878, un modèle de four ayant pour objet de remplir ces conditions et de convenir ainsi aux petites installations. Cet appareil se compose d'une série de fours ordinaires, adossés les uns aux autres sur une même ligne. Les produits de la combustion de chacun des compartiments peuvent, au gré du cuiseur et au moyen de registres, passer soit dans la cheminée, soit dans le compartiment voisin. Les foyers du four et les portes d'enfournement sont alternativement d'un côté et de l'autre, afin d'éviter la longueur des conduits ou carneaux; de cette façon, les gaz sortant au bout d'un compartiment n'ont qu'à traverser l'épaisseur du mur pour se trouver aux foyers du suivant. Si l'on suppose 4 fours placés à la file et que le grand feu ait lieu dans le 3e, le four n° 1 est en refroidissement et l'air échauffé traverse le n° 2 pour déboucher dans l'autel des foyers du n° 3. Cet air échauffé rend la combustion complète, et les produits du n° 3 traversent le four n° 4, en l'enfumant et de là passent dans la cheminée.

M. C.-E. Bourry avait exposé, de même, un four semi-continu, formé d'une seule galerie droite et voûtée, close de murs à ses extrémités. Dans l'un de ces murs sont ménagées les portes d'un ou plusieurs foyers fixes, suivant la largeur du four; à l'autre extrémité est un carneau conduisant à la cheminée. Le chargement du combustible s'effectue, comme dans le système Hoffmann, par des ouvertures pratiquées dans la voûte du four et fermées à l'aide de cloches en fonte avec bains de sable. Plusieurs portes d'enfournement sont établies sur l'un des côtés longitudinaux de l'appareil. L'enfournement complet étant effectué, on allume, dans les foyers fixes, le petit feu qui doit opérer l'enfumage. Celui-ci terminé, on passe au grand feu, comme dans les fours Hoffmann. Bien qu'il n'y ait aucune séparation dans la galerie, si nous appelons compartiment n° 1 l'espace compris entre les foyers fixes et la première porte, compartiment n° 2 l'espace compris entre cette porte et la suivante, etc., on voit que le feu avance graduellement du premier au dernier compartiment. Ici l'alimentation se termine et pendant la marche totale de l'opération les produits du compartiment n° 1 ont eu le temps de refroidir; on commence à défourner et à renfourner. S'il y a neuf ou dix compartiments, on peut faire en sorte que le compartiment n° 1 soit déjà en grand feu, pendant que la cuisson s'achève dans le n° 9 ou 10. Ce four, pouvant être agrandi suivant les besoins, convient aux installations de toute importance; il peut même être transformé en four continu rectangulaire, par l'addition d'une seconde galerie parallèle à la première et communiquant avec elle par ses extrémités.

Nous citerons enfin le four semi-continu imaginé par M. Bull, ingénieur anglais, et qui se distingue par la façon toute particulière dont se fait l'enfournement et par le peu de frais que cet appareil coûte à établir. C'est une galerie droite ouverte par le haut et pourvue d'une sole en pente, de 1m,00 de hauteur sur 7 à 8m,00 de longueur. Des foyers fixes sont établis au point le plus bas dans toute la largeur du four et le tirage de ces feux s'opère d'abord par les trous et les puits de chauffage ménagés dans la masse des produits enfournés, comme dans le four annulaire; plus tard, lorsque le feu a pris toute sa force, ces ouvertures sont bouchées, et l'appel a lieu naturellement par l'effet de la pente que présente le four. L'enfournement s'effectue de la manière suivante : sur la sole du four on pose d'abord des piles de trois briques à plat en élévation longitudinale, ces piles étant distancées l'une de l'autre, de manière à former de petits carneaux se continuant dans toute la longueur du four. Ces conduits sont coupés par d'autres carneaux transversaux, à chaque endroit où l'on place un puits de chauffage. Les carneaux longitudinaux sont alors recouverts de couches de briques alternativement posées à plat et de champ, ces dernières étant espacées entre elles de manière à former des poches qu'on remplit de combustible. On dispose ainsi quinze à dix-huit couches de briques. A l'extrémité du four, on établit une petite cheminée, de hauteur suffisante pour que les chauffeurs ne soient pas incommodés par la fumée. On voit que ce four est de construction très simple; il n'y a ni compartiments, ni carneaux de tirage, ni chambre à fumée, ni même de cheminée proprement dite.

Fours chauffés au gaz. — Le four à gaz paraît théoriquement le meilleur et le plus logique des appareils. C'est, en effet, l'oxyde de carbone produit dans des gazomètres qui, en rencontrant l'air chaud provenant du refroidissement des objets cuits dans une galerie ou dans une chambre, présente la combustion la plus complète. Cependant nous ne recommanderons pas ce mode de chauffage, d'ailleurs trop dispendieux, pour les produits qui cuisent généralement à basse température, comme la brique ordinaire. Pour ceux qui exigent une forte cuisson, comme la bonne tuile, nous savons que les résultats sont bons; nous reviendrons donc sur le sujet en parlant de ce dernier genre de produits. Nous dirons seulement ici quelques mots de fours employés en Allemagne et qui servent aussi bien à la cuisson des briques ordinaires qu'à celle des briques dites *de parement* ou des poteries.

Le four de Mendheim se compose de dix-huit chambres, disposées en deux séries parallèles que sépare un canal de fumée. Le gaz provenant de la houille, brûlée dans des générateurs spéciaux placés hors du four, arrive, par des conduits, dans la chambre que l'on veut chauffer; là il rencontre un courant d'air qui a traversé les chambres où la cuisson est déjà achevée et qui s'est échauffé graduellement, avant de parvenir au compartiment qu'il s'agit de cuire. Cet air, dont la température est fort élevée, opère, dans cette chambre, la combustion du gaz, en développant une chaleur intense. La flamme se propage alors dans les compartiments voisins, dans le sens de l'appel de l'air, et les gaz de la combustion, qui suivent cette direction, se rendent, par des orifices ménagés à cet effet, dans le canal de fumée, qui les conduit à la cheminée, construite en dehors du four, à l'extrémité opposée aux gazomètres. La marche de ce four est la même que celle du four Hoffmann; la construction en revient plus cher, à cause des générateurs et des cloisons qui s'y trouvent en plus; mais le four a l'avantage de pouvoir servir aussi à la cuisson des produits fins.

Le four allemand de Hermann Siebert comprend deux galeries parallèles, reliées entre elles, à leurs extrémités, par deux canaux et séparées par un espace où circule un gazogène mobile sur rails, qui peut envoyer le gaz dans les deux galeries à volonté. Celles-ci, destinées, l'une à la cuisson des briques ordinaires, l'autre à la cuisson des briques de parement et des poteries, sont divisées en compartiments. Chacun de ces compartiments est chauffé par deux feux de gaz, disposés en face l'un de l'autre. La combustion s'opère dans les galeries, suivant les principes bien connus, de manière à utiliser rationnellement la chaleur des produits gazeux auxquels elle donne naissance, avant leur dispersion dans l'atmosphère. L'enfumage des objets fraîchement introduits s'obtient par un mode de chauffage spécial.

Nous terminons ici ce rapide exposé des moyens divers employés pour la cuisson des briques. Quant à indiquer le meilleur mode à suivre, nous répéterons ce que nous avons dit pour les différentes méthodes de moulage : c'est la nature des argiles, jointe à l'étude des conditions locales, qui peut seule guider le fabricant dans le choix du procédé.

QUALITÉS DES BRIQUES

Nous avons déjà dit quelques mots, au commencement de ce chapitre, sur les qualités que doivent présenter les briques suivant leur destination. Ces qualités varient, en raison non seulement de la nature des terres et du mode de préparation que les argiles subissent, mais aussi du genre de cuisson qu'on leur applique. De plus, dans une même fournée, les briques ne sont pas cuites d'une manière uniforme. Ce défaut, sensible surtout dans la cuisson à la volée, l'est encore pour les briques cuites au four, à cause de la difficulté qu'on éprouve à distribuer dans ces appareils la chaleur d'une façon parfaitement régulière. Ainsi, il arrive fréquemment que les briques les plus voisines des foyers sont surcuites ou vitrifiées, tandis que les briques voisines des parois de la voûte ou placées dans les angles ne sont pas suffisamment cuites. Il n'y a guère que les briques occupant le centre des masses qui aient reçu le coup de feu nécessaire à une bonne cuisson. C'est pour cette raison que, dans le défournement, on est obligé de trier les briques et de mettre de côté celles qui constituent le déchet ou ne peuvent être livrées au commerce que pour des constructions grossières, telles que murs de clôture, pavages d'ateliers, etc. Mais sur ces mêmes briques qui occupent le centre des masses, le voisinage plus ou moins immédiat du foyer de la chaleur, la distribution inégale de celle-ci dans toute l'étendue du four, l'action particulière des courants d'air ou des flux de chaleur sur la pâte des briques, qui n'est pas toujours parfaitement homogène, influent de telle façon qu'on trouve dans une même fournée des briques différentes d'aspect, de couleur, de densité, etc.; il faut donc, dans les usines où la fabrication est très importante, opérer un second triage, dans lequel on met à part les briques qui se sont tourmentées au feu ou qui ont perdu leurs formes régulières, celles qui ne sont plus de ce calibre, celles qui présentent des fissures, des cavités, etc. Tous ces produits ne constituent certainement pas une perte sèche; ils sont vendus à bas prix à de petits consommateurs ou servent à faire des remplissages.

Les caractères qui permettent, en général, de reconnaître les bonnes briques sont : l'*homogénéité*, la *dureté*, la *régularité* dans la forme, dans les dimensions et dans la couleur, la *facilité de taille*, la *résistance à l'absorption*.

L'*homogénéité* se reconnaît à l'absence de fissures et de défauts, à une texture égale, un grain fin et serré dans la cassure, ne s'émiettant pas sous le doigt.

La *dureté* a pour indices le son clair que rend la brique quand on la frappe, et la résistance à la fente et à l'écrasement, qui lui permet de supporter de fortes charges. Des expériences ont été faites sur les efforts auxquels on peut soumettre ces matériaux jusqu'au point de rupture. Si l'on considère différentes natures de briques soumises à la traction, le tableau suivant indique la valeur de l'effort qui détermine la rupture pour une section de 1 centimètre carré :

Briques de Provence très bien cuites	19 kil., 5
— ordinaires, faibles	8 kil., »
— de Bourgogne, brunes	20 kil., 7
— de pays, Paris, fort cuites	11 kil., 9

Pour les briques résistant à la compression, voici la valeur de la charge, par centimètre carré, qui produit l'écrasement, suivant diverses qualités de ces matériaux :

Briques dures très cuites	150 kil.
— rouges	60 »
— mal cuites	40 »
— brûlées ou vitrifiées	100 »
— flamandes, tendres	18 »
— de Bourgogne, brunes	150 »
— de Sarcelles, brunes	125 »
— de Bourgogne (Montereau)	110 »
— de Passy	90 »
— de Sarcelles	48 »

La *régularité de formes* comprend un extérieur uni, lisse, à vives arêtes, non déjeté, de telle sorte que dans les maçonneries les joints soient de même épaisseur et le tassement uniforme. La *régularité des dimensions* est indispensable pour les mêmes raisons et pour que l'appareil satisfasse l'œil, quand il est mis en vue.

Cette dernière condition entraîne aussi la *régularité de ton*. La couleur des briques est, d'ailleurs, extrêmement variable : elle peut passer par toutes les nuances, depuis le blanc jusqu'au bleu vert, au bleu noir et au noir. Lorsque les briques sont de bonne qualité, leur coloration est uniforme dans toute la masse, comme on peut s'en assurer par l'examen de la cassure. Quelquefois, cependant, cette uniformité de ton n'existe qu'à la surface ou seulement à une faible profondeur, la partie centrale de la brique présentant une teinte toute différente. La surface des briques de fabrication défectueuse offre des nuances diverses; cela tient à la présence de corps étrangers qui existaient dans les briques ou qui s'y sont déposés pendant le séchage ou pendant la cuisson. Enfin, la coloration des briques peut aussi être altérée par des influences atmosphériques.

Ne considérant ici que les briques de bonne fabrication, nous observerons que la couleur de ces matériaux dépend de la nature de l'argile dont elles sont formées, des matériaux de combustion employés pour la cuisson, de la chaleur du four et de la qualité des gaz développés. Ce sont les corps étrangers tels que le fer, la chaux, le manganèse, la magnésie, les alcalis, le soufre, etc., diversement combinés avec l'argile pure dans les terres à briques, qui produisent des colorations différentes, en raison de leur prédominance dans la matière première. Les agents qui influent le plus sur la couleur des terres cuites, après ces corps étrangers, sont les gaz des foyers. Parmi ces gaz, les uns sont normaux et existent toujours; les autres sont accidentels et variables, suivant la nature du combustible. Les gaz normaux sont l'acide carbonique, l'oxyde de carbone, la vapeur d'eau, des hydrocarbures, l'azote, l'oxygène, etc.; les gaz accidentels sont l'acide sulfureux, l'hydrogène sulfuré, le sulfure de carbone, etc. Tous ces gaz produisent des couleurs différentes; on peut dire, d'une manière générale, que les gaz réducteurs produisent des teintes foncées; une oxydation subséquente rend les couleurs plus claires. L'acide sulfureux provenant des combustibles qui renferment du soufre s'oxyde au plus haut degré, et se transforme en acide sulfurique, qui, absorbé par la surface des briques, leur donne une coloration rouge plus ou moins intense. Ce fait explique comment des briques blanches ou jaunes, faites avec de l'argile contenant beaucoup de chaux, sont souvent tachées partiellement par une coloration rouge; cela tient à ce que leurs surfaces libres, c'est-à-dire non recouvertes dans le four par d'autres briques, ont seules absorbé l'acide sulfurique produit. La transformation de l'acide sulfureux en acide sulfurique s'effectue dans les hautes températures et lorsque l'atmosphère du four est *oxydante*, c'est-à-dire lorsque les gaz de la combustion contiennent en excès de l'oxygène. C'est ce qui arrive dans les fours à marche continue et notamment dans le four annulaire, où la quantité d'air atmosphérique et, par suite, d'oxygène qui traverse le four, est plus grande qu'il n'est nécessaire pour brûler complètement le combustible.

Les dépôts blancs ou gris qui se produisent pendant la cuisson sont des efflorescences salines, qui se sont formées pendant le séchage ou bien des poussières de cendres qui se sont attachées aux briques pendant l'enfumage.

Parmi les bonnes briques, il en est de couleur rouge-brun foncé et dont la surface présente parfois des parties vitrifiées. Il ne faut pas toujours se fier à cette dernière apparence, due souvent à l'impureté de la terre ou à sa mauvaise préparation, qui l'empêche de bien résister au feu.

On peut aussi, de la manière suivante, donner aux produits soumis à la cuisson une coloration bleue qui les pénètre dans la masse : quand le four est cuit, on ferme tout, puis sur la voûte du dessus on coule de l'eau pour refroidir; pendant ce temps-là, on remplit le foyer de fagots de bouleau munis encore de leurs feuilles ; les flammes ne peuvent se produire, puisque l'accès de l'air est interdit, et les fagots donnent une fumée intense, qui pénètre l'argile encore rouge et lui fournit la coloration cherchée.

Il existe, en Angleterre, des usines dans lesquelles on s'occupe spécialement de la fabrication des briques et tuiles bleues. L'une des plus importantes se trouve à West Bromwich, dans le Staffordshire. La matière employée pour cette fabrication est une terre argileuse pourprée, renfermant une proportion considérable d'oxyde de fer, et avec laquelle on façonne des briques d'une très grande dureté. Ces produits offrent donc une très grande résistance à l'usure par frottement et aux influences atmosphériques. Au dire des fabricants, une brique de ce genre, soumise à l'aide de la presse hydraulique à une pression de 100,000 kilogr., s'est légèrement fendue. On pourrait donc employer cette matière à la construction de phares, brise-lames, ponts, etc., ouvrages exposés à l'action destructive des éléments.

La *facilité de taille* est nécessaire, vu l'usage que l'on fait des briques dans les appareils; il faut que l'ouvrier briquetier puisse couper ses briques suivant les besoins, abattre une saillie, compléter une assise, faire un remplissage, etc.

Enfin, la *résistance à l'absorption* est un des principaux indices de bonne qualité pour les briques. D'après M. Salvétat, 100 kilogrammes de briques sèches absorbent, en moyenne, $13^k,14$ d'eau. Il s'ensuit que les briques peuvent devenir plus ou moins gélives, suivant leur porosité et leur degré de cuisson. Il est bon de vérifier si une brique donnée peut résister à l'action de la gelée et, à cet effet, voici, d'après M. Brard, comment l'on procède. On fait bouillir cette brique, pendant une demi-heure, dans une dissolution saturée à froid de sulfate de soude, puis on la suspend, par un fil, au-dessus de la capsule dans laquelle elle a bouilli. Au bout de vingt-quatre heures, la surface est recouverte de petits cristaux, que l'on fait disparaître par une nouvelle immersion dans la dissolution; ces cristaux se reforment et l'on reproduit la même opération pendant cinq jours. Si la brique est gélive, elle abandonne de petits fragments au fond de la capsule; si elle ne l'est pas, la cristallisation du sulfate de soude n'en détache pas la moindre particule. On a profité précisément de cette faculté d'absorption des briques pour essayer de les rendre imperméables. Un ingénieur, M. Sébille, a imaginé, pour atteindre ce résultat, d'immerger tout ou partie des produits céramiques à imperméabiliser dans un bain légèrement chauffé d'huiles lourdes provenant de la distillation des goudrons de gaz ; la durée de l'immersion est de deux minutes et doit être faite de préférence à la sortie du four. Au dire de l'inventeur, les produits céramiques injectés de la sorte peuvent recevoir toute espèce de peinture ; ils prennent également le plâtre, les mortiers de chaux, le ciment. Quatre ou cinq rangs de ces briques suffiraient pour empêcher l'humidité de monter dans les murs par l'effet de la capillarité.

BRIQUES DIVERSES

Briques ordinaires.

Briques de Bourgogne. — En France, les briques les plus estimées sont les *briques de Bourgogne*, dont il se fait, à Paris, une très grande consommation. Elles sont d'un rouge pâle, chargées de petites taches brunes, produites par des matières vitrifiées. Elles donnent parfois des étincelles sous le choc de l'acier et pèsent 2,500 kilogrammes par mille. On trouve, dans le commerce, trois qualités de ces briques, différentes entre elles par leur couleur rouge, grise ou brune, mais qui ont toutes pour dimensions : 0m,22, 0m,11 et 0m,054. Il en entre 630 dans un mètre cube de maçonnerie, 140 dans un mètre superficiel de mur ayant 0m,22 d'épaisseur, et 70 dans un mètre superficiel de cloison de 0m,11 d'épaisseur.

Briques façon Bourgogne. — La construction utilise, à Paris, des briques façonnées dans la ville même ou aux environs et dont le prix est moins élevé. Il y a plusieurs catégories de ces sortes de briques, toutes comprises sous la dénomination de *briques façon Bourgogne* : 1° la brique de *Vaugirard*, qui comprend deux qualités : la première ayant comme dimensions 0m,22×0m,11×0m,06 ; la seconde, 0m,22×0m,11×0m,065 à 0m,07 ; ce sont ces deux espèces qui sont plus spécialement appelées *briques façon Bourgogne ;* 2° les briques de *Pantin*, des *Buttes-Chaumont* ou d'*Aubervilliers*, de mêmes dimensions, mais de moins bonne qualité que les précédentes ; 3° la brique de *Passy*, de 0m,22×0m,11×0m,07 ; 4° les briques de *Bicêtre*, de *Montrouge*, de *Châtillon* et de *Villejuif ;* 5° les briques faites avec les mêmes terres non moulées, ces terres n'étant pas broyées et les briques étant simplement estampées ; elles ont pour dimensions 0m,21 de longueur, 0m,10 de largeur et un peu moins de 0m,06 d'épaisseur. En prenant pour dimensions moyennes de ces diverses espèces de briques, 0m,22, 0m,11 et 0m,065, on a constaté qu'il en entre 560 dans un mètre cube de maçonnerie, 130 dans un mètre superficiel de mur de 0m,22 d'épaisseur, 65 dans un mètre superficiel de cloison de 0m,11.

Briques de grosses constructions. — Depuis le développement des voies de communication, les briques dites de *pays*, c'est-à-dire celles qu'on fabrique dans les endroits mêmes où on les emploie, tendent à se rapprocher le plus possible, sous le rapport des dimensions, des briques de Bourgogne. Cependant, on utilise encore, dans un certain nombre de localités, des briques dites de *grosses constructions* et qui ont ordinairement 0m,24 à 0m,27 de longueur, 0m,10 à 0m,17 de largeur et 0m,06 à 0m,07 d'épaisseur. C'est surtout dans cette catégorie de briques, fréquemment cuites à la volée, qu'on en trouve dont la pâte est encore délayable par l'eau.

Briques de fourneaux, de cheminées et de carrelages. — Les briques destinées à ces sortes d'ouvrages ayant à résister à une certaine température ou à des frottements et des chocs continuels doivent être dures, compactes, lourdes et bien cuites. Les briques de Bourgogne, homogènes, et particulièrement dites *des bonnes marques*, c'est-à-dire marquées de deux lettres des meilleurs fabricants, sont assez réfractaires pour être employées dans la construction des fours usuels ; mais ce ne sont pas des briques réfractaires proprement dites.

Demi-briques. — On façonne des briques qui n'ont que la moitié de la longueur et d'autres qui n'ont que la moitié de l'épaisseur des briques ordinaires. Les premières peuvent servir à couper les joints sans avoir à casser des briques entières et les secondes à racheter une hauteur donnée, sans exiger trop de temps pour la taille. On emploie encore ces dernières à la construction des cloisons des caves.

Briques creuses.

On a donné ce nom à des briques présentant, sur leur épaisseur, des vides cylindriques ou prismatiques, percés dans le sens de leur longueur, parallèlement à l'une de leurs arêtes. L'usage de ces briques, inventées par M. Borie, est très répandu depuis quelque temps, à cause des avantages qu'elles offrent au constructeur : 1° *légèreté ;* 2° *résistance* au moins égale à celle de briques pleines, quand elles sont fabriquées avec des terres de bonne qualité ; 3° *inconductibilité*, l'air qu'elles renferment conduisant mal la chaleur.

Sous le rapport de l'économie, la fabricaion mécanique s'impose pour ce genre de produits. En effet, la fabrication à la main entraîne une perte de temps considérable et ne donne que des produits trop mous, difficiles à manœuvrer et trop coûteux. Le procédé mécanique employé repose sur ce principe :

forcer la terre, refoulée par un système de pistons, de laminoirs ou d'hélices, à passer par des filières, disposées de telle sorte que les ouvertures de la filière donnent les pleins de la brique et que les parties pleines donnent les trous. Il y a là une certaine complication de formes qui exige une argile liante et parfaitement homogène; la préparation de la terre doit être très soignée, de manière que tous les corps durs, cailloux, noyaux, etc., soient brisés ou éliminés. Les argiles maigres ne sont guère employées ici que pour dégraisser les terres trop grasses. Un retrait de 1/8 environ sur les dimensions entre une brique sortant du moulage et la même brique, sèche, prête à la cuisson, indique que le mélange argileux est en proportions convenables; un retrait moindre correspond à un mélange manquant de plasticité et se moulant imparfaitement; ce défaut se corrige par une addition d'argile ou par l'élimination de l'excès des matières siliceuses. Au contraire, un retrait plus prononcé correspond à des produits qui courent le risque de se fissurer à la dessiccation et à la cuisson; dans ce cas, on doit diminuer la plasticité de la terre par l'addition de matières inertes.

Parmi les divers appareils qui servent au moulage des briques creuses, nous citerons : 1° la machine Borie ou Clayton, où la brique se fait en jetant la terre dans une caisse de fonte, dont la paroi supérieure s'ouvre à charnière; la compression de la pâte s'opère au moyen d'un piston qui la pousse au travers d'une filière disposée de manière à former la brique creuse; celle-ci se coupe à la longueur déterminée avec des fils de fer et se transporte avec une fourchette en bois ou sur des claies aux séchoirs; 2° la machine de M. Ainslie, dans laquelle la propulsion à travers la filière est faite par un système de cylindres lamineurs; on jette la terre travaillée entre ces cylindres, qui la pelotonnent et la chassent dans une espèce d'entonnoir, dont la sortie est la section de la brique. Cet appareil marche d'une manière continue, tandis que le précédent fonctionne par intermittence. La machine Clayton peut cependant arriver à produire jusqu'à 8,000 briques par jour.

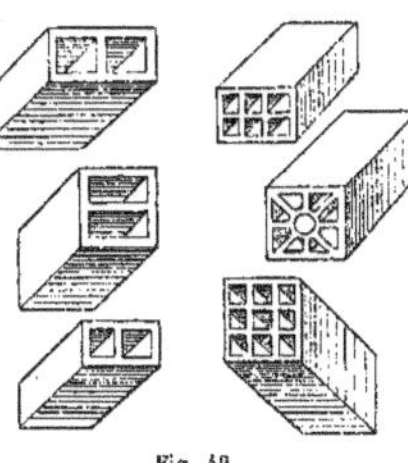
Fig. 49.

Quant aux formes et aux dimensions que l'on donne aux briques creuses, elles varient suivant les usages locaux et les besoins particuliers. On distingue les briques à grandes, à moyennes et à petites cavités. La figure 49 représente plusieurs types que l'on trouve généralement dans le commerce.

L'usage de ces matériaux est très répandu en France, depuis quelque temps; mais il ne l'est pas encore assez, en raison des avantages considérables qu'ils présentent. En effet, au point de vue de la fabrication, les briques creuses offrent, dans leur masse, des vides sensiblement égaux aux pleins; il y a économie de 50 pour 100 de matière première; de sorte qu'en supposant même la valeur de cette matière insignifiante, il faut toujours moins de travail pour l'extraire, la transporter et la manipuler. Le séchage se fait plus facilement et d'une manière plus complète, par suite de la compression que le moulage exerce sur ces briques, à l'intérieur comme à l'extérieur; la pâte en est plus compacte et plus ferme. De plus, la cuisson, qui s'opère dans les mêmes fours que ceux qu'on emploie pour les briques ordinaires, est plus parfaite, le feu agissant au dehors comme au dedans; cette cuisson exige moins de combustible et s'effectue plus rapidement. Enfin, les briques creuses, à dimensions égales, étant beaucoup moins lourdes que les briques pleines, les transports sont moins coûteux.

Au point de vue de l'usage, ces matériaux procurent une diminution de la main-d'œuvre sur le chantier de construction, surtout si elles sont de grandes dimensions, auquel cas, il y a économie de mortier. Leur faible poids les rend très avantageuses pour les voûtes et les cintres, dont les pieds-droits, moins chargés, peuvent recevoir moins d'épaisseur. Leur emploi est aussi indiqué par les murs surmontant des arcs surbaissés. Des briques creuses, hourdées au mortier dans des planchers en fer, peuvent former une paroi horizontale d'une solidité très suffisante. Ces briques conduisent mal la chaleur, de sorte que, si on les utilise pour les murs extérieurs, les appartements doivent être plus chauds en hiver et plus frais en été. Enfin elles livrent moins facilement passage à l'humidité et amortissent mieux le son. On a même songé à se servir de ces matériaux pour établir une ventilation invisible dans les pièces. Quant à la résistance qu'offrent les briques creuses, elle ne diffère pas sensiblement de celle des briques pleines, lorsqu'elles sont fabriquées avec des terres de bonne qualité.

En Angleterre, on les emploie souvent pour les serres chaudes. A Berlin, on construit aujourd'hui en briques creuses les voûtes et les cintres, tandis que jusqu'à présent on n'employait, pour ces parties, que des pots et des briques poreuses, que l'on fabrique très bien dans cette ville. On applique encore, en Allemagne, les briques creuses au revêtement des murs de pignons qui sont exposés aux vents régnants, ainsi qu'au remplissage des pans de bois qui forment les étages supérieurs, ou qui sont placés en encorbellement et soutenus par des consoles en pierre ou en fer. Enfin c'est avec des briques creuses que, dans ces régions, on construit certaines parties intérieures des bâtiments dont il est nécessaire de diminuer la charge; tels sont les foyers placés aux étages supérieurs, les manteaux de cheminées, les poêles, etc.

Briques circulaires.

Ces briques, dites aussi *briques Gourlier,* du nom de leur inventeur, servent à la construction des tuyaux de cheminée dans l'épaisseur des murs. On en fait de plusieurs modèles, applicables à des conduits dont les diamètres varient, suivant que les murs ont 0m,50 ou 0m,45 ou 0m,40 d'épaisseur. Les formes de ces briques

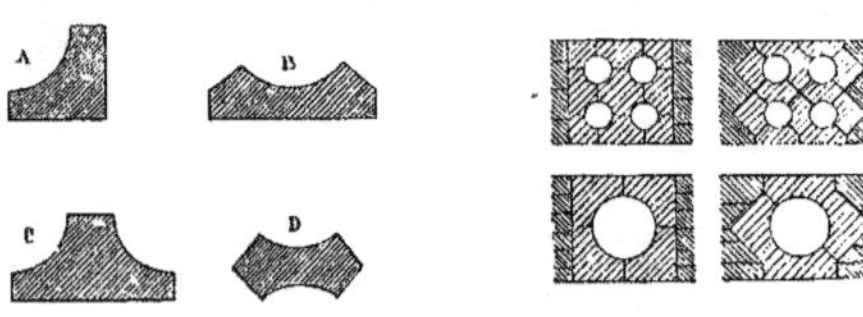

Fig. 50. Fig. 51.

sont aussi très différentes, en raison de la place qu'elles occupent dans la hauteur des tuyaux; et les noms qu'on leur a donnés sont assez singuliers pour que nous les citions ici : la figure 50 représente *l'équerre* A, *le plat à barbe* B, *le chapeau du commissaire* C et *le violon* D. Nous montrons également (fig. 51) comment deux assises consécutives de ces diverses briques peuvent être disposées, en plan, pour tuyaux isolés et pour suites de tuyaux.

Briques cannelées.

On a donné ce nom à des briques dont la surface est munie de stries ou de cannelures, de manière à offrir une plus grande adhérence avec le mortier. Dans la fabrication, voici comment on obtient ces creux et ces reliefs : on adapte à la sortie des filières des rouleaux qui gravent une ou plusieurs faces des produits fabriqués. La manière de fixer ces rouleaux peut différer; toutefois ils doivent être disposés de façon à pouvoir comprimer des produits de diverses grandeurs, ce que l'on obtient au moyen d'une glissière avec vis d'arrêt ou contrepoids. L'impulsion est donnée aux rouleaux par la terre même qui sort de la filière.

Briques réfractaires.

Nous avons déjà fait observer qu'une des qualités les plus recherchées pour les briques destinées à la construction des fourneaux et fours chauffés à une haute température, c'est la propriété de résister, sans se fondre ni se ramollir, à ces hautes températures, plusieurs fois répétées ou longtemps maintenues.

Les briques *réfractaires* proprement dites sont celles qui possèdent complètement cette inaltérabilité sous l'action d'un feu violent. La base de la fabrication de ces produits est une argile déjà très réfractaire par elle-même, l'*argile plastique*, mélange ou combinaison de silice et d'alumine, pur ou exempt de chaux, de potasse, de pyrites de fer, etc. Cette argile, qui ne se rencontre que dans certaines localités, se trouve, en dépôts géologiques, au-dessous des terrains tertiaires de toutes les époques et au-dessus des terrains crétacés. Il existe néanmoins dans les terrains houillers des lits d'argiles présentant les caractères plastiques, mais qui ne sont pas aussi délayables ni inaltérables que les argiles supérieures aux terrains crétacés.

Les argiles les plus réfractaires sont celles dont la composition se rapproche le plus de l'argile type, de silicate d'alumine pur, qui contient 42,58 d'alumine pour 57,42 de silice. On reconnaît ces argiles à ce qu'elles sont onctueuses au toucher, tenaces et happent à la langue. Leur couleur est très variable, mais uniforme et le grain que présente leur cassure est régulier. L'analyse chimique et le dosage des corps étrangers sont les meilleurs modes d'essai des argiles de cette nature. Suivant la proportion de ces corps étrangers, les produits seront plus ou moins réfractaires. On s'en assure pratiquement en façonnant une brique de la terre à essayer et l'employant dans les conditions auxquelles les produits réfractaires doivent être soumis. Ces briques ne doivent ni fondre ni se ramollir, résister sans éclater aux écarts de température, ne pas prendre de retraite au degré de chaleur qu'elles subissent, ne pas s'écraser sous le poids de la construction et des matières qu'elle contient, ne pas se combiner facilement avec ces matières. M. Brongniart indique, comme excellent, un mode pratique d'essai des qualités réfractaires des briques : « Faire un petit massif de six ou huit de ces briques sur deux rangs et l'exposer, un rang en avant, dans un four à porcelaine, à l'entrée du feu dans le four. Le poids affaissera les inférieures, si elles sont seulement ramollissables. Le rang antérieur ne doit pas entrer dans le jugement; il est toujours attaqué, quelque réfractaire qu'il soit, mais il sert à garantir le rang postérieur de l'action de la potasse des cendres, à laquelle la terre la plus réfractaire ne peut résister. C'est donc sur les altérations de ramollissement, de fusion ou de boursouflement du rang postérieur qu'on peut juger la qualité réfractaire d'une brique. »

Dans la fabrication des briques très réfractaires et de qualité supérieure, il faut amener l'argile à un état qui facilite le moulage et la dessiccation. On commence par laver cette argile, pour en séparer les petits cailloux ou les fragments de corps étrangers disséminés dans la masse. On la fait sécher, soit à l'air, sous des hangars, soit dans des séchoirs ou dans les fours mêmes où l'on vient d'opérer le défournement. Ensuite on pulvérise cette terre, au moyen de meules, de moulins à noix ou du broyeur universel de Carr, construit par MM. Wehyer, Loiseau et Cie. On passe les matières broyées au crible ou mieux au tamis; puis on y mélange, dans les proportions de 50 à 75 pour 100, les modificatifs qui doivent servir à la dégraisser, tels que sables siliceux, argile cuite et réduite en poudre, ciments de vieux creusets ou de cazettes, plombagine, poussier de charbon, etc.

Deux mélanges indiqués par Brongniart, comme donnant de très bons résultats, sont les suivants :

1° Argile plastique de Vanves	66
Ciment de brique réfractaire et de cazettes très réfractaires	34
2° Argile plastique d'Épernay, lavée	50
Ciment des débris de briques résultant de la démolition du four précédent	50

M. Bonneville cite plusieurs autres mélanges employés dans diverses fabrications connues pour l'excellence de leurs produits.

Andennes, briques de 1re qualité....	3 volumes de	terre crue.
	3 —	terre calcinée en grains.
	6 —	terre calcinée en farine.

Andennes, briques de 2e qualité....	3 volumes de	terre crue.
	3 —	terre calcinée en grains.
	3 —	terre calcinée en farine.
Bollène (Vaucluse), briques 2e qualité.	3 —	terre 2e choix.
	2 —	sable quartzeux.

Nous signalerons aussi une composition essayée par M. Hickman, de Stonebridge (Angleterre), pour obtenir des briques possédant de grandes qualités réfractaires : il suffit de mélanger trois parties d'ardoise pilée avec une partie d'argile réfractaire, en délayant le tout dans la quantité d'eau nécessaire. Ce ne sont là, d'ailleurs, que de simples indications, les mélanges à faire étant très variables, suivant la nature des argiles dont on peut disposer.

Lorsque les modificatifs ont été ajoutés à la terre, on procède au moulage, qui se fait, soit en pâte dure, soit en pâte molle. La cuisson est effectuée dans des fours ordinaires, mais à une température plus élevée que pour les briques non réfractaires.

Briques légères.

Nous avons parlé, dans notre Historique, des briques flottantes, usitées par les anciens et dont le professeur italien Fabroni pensait avoir retrouvé la composition. M. Brongniart[1] cite quelques essais qu'il avait opérés sur une terre grise, pulvérulente, sèche, trouvée dans le département de l'Ardèche, par Faujas de Saint-Fond, professeur au Muséum d'histoire naturelle de Paris, dans les premières années de ce siècle. Les briques faites avec cette matière sont solides et légères, tant qu'elles sont peu cuites, ce qui les rend propres à entrer dans la construction des voûtes qui doivent avoir peu de poussée; elles sont poreuses et conduisent mal la chaleur. Soumises au feu de porcelaine, elles prennent une retraite d'un quart environ de leur dimension linéaire et deviennent alors compactes, pesantes, et très dures. Dans certaines localités de l'Auvergne on trouve aussi une terre siliceuse, d'un blanc légèrement jaunâtre, à laquelle il suffit d'ajouter un vingtième d'argile pour en faire des briques semblables, en tout, quand elles sont cuites, à celles de Fabroni et dont la pesanteur spécifique est inférieure à celle de l'eau. Enfin les terres siliceuses légères, susceptibles de devenir plastiques par l'addition d'une faible quantité de bonne argile, sont plus répandues qu'on ne le croit généralement. Le sol de Berlin et celui de la Sprée en est presque entièrement composé; on en fait des briques ayant toutes les propriétés énumérées ci-dessus et dont le poids varie entre le quart et la moitié de celui des briques ordinaires.

On fabrique encore des briques légères, dites aussi *poreuses*, en mélangeant dans la pâte des corps combustibles, qui, disparaissant à la cuisson, laissent des vides dans la masse. Ces corps sont du poussier de charbon, de la sciure de bois, de la paille hachée, etc.; le poussier de tourbe est ce qui paraît le mieux convenir.

Briques étrangères.

L'Angleterre est une des contrées dans lesquelles l'usage des briques est le plus répandu. Les fabriques de Londres et de ses environs fournissent des briques de couleurs et qualités très diverses. Ces briques sont façonnées avec la terre argileuse qu'on retire des fondations et qui est classée géologiquement sous la désignation d'*argile de Londres*. Cette terre, fréquemment mêlée d'une assez forte proportion d'argile plastique, a besoin d'être dégraissée par l'addition de craie, de sable ou de cendres de houille, en plus ou moins grande quantité, suivant la qualité de l'argile. On distingue les briques appelées *malmbricks*, façonnées avec le terrain sableux et crayeux de la surface, et celles nommées *stockbricks*, contenant plus d'argile. Les comtés de Stafford, de Worcester, d'Essex, et de Cambridge fournissent des briques de bonne

1. Traité des Arts céramiques, t. Ier, p. 359.

qualité; mais les plus estimées sont celles de Suffolk; elles sont blanches ou rouges, les premières étant les plus recherchées pour les constructions soignées. Les briques de Nottingham sont poreuses et d'un rouge noir. Dans certaines localités, on ajoute des oxydes métalliques aux pâtes, ce qui donne des briques d'un rouge extrêmement vif. La variété connue sous le nom de *jaune clampt-burnt* comprend des briques d'un jaune brun, qui se fabriquent dans les environs de Londres. Il n'y a, du reste, nulle part une si grande variété de briques qu'en Angleterre. Des dimensions très usitées pour ces matériaux sont : 0^{m},22 ou 0^{m},26 de longueur, 0^{m},11 ou 0^{m},13 de largeur, et 0^{m},06 d'épaisseur. Le façonnage à la main et la cuisson en plein air à la houille sont très répandus dans cette contrée pour la fabrication des briques ordinaires.

En Allemagne, l'emploi de la brique est général, même dans les régions qui possèdent d'autres matériaux de construction, et le système qui prévaut pour la maçonnerie est celui dans lequel la brique est laissée apparente; aussi un grand soin est-il apporté à la fabrication des briques de parement. A Munich, la construction de ces briques appareillées a, depuis longtemps, acquis une très grande perfection; on y façonne même des briques de choix et d'ornement. On trouve, dans les environs de cette ville, deux espèces d'argile, dont l'une prend, par la cuisson, une couleur rouge foncé très sombre, tirant sur le bleu, et l'autre, une couleur blanc jaunâtre. En mélangeant ces deux couleurs, on en produit deux autres, un jaune et un rouge clair. Les arêtes de ces briques sont soigneusement avivées et, par un procédé particulier de fabrication, la surface qui doit être exposée en parement reçoit un beau poli, souvent même des dessins d'ornement appliqués avec des calibres. C'est aussi de cette manière qu'ont été préparées, dans la fabrique de Joachimsthal, les briques de parement destinées à l'École royale d'architecture et à l'église de Werder, à Berlin, ainsi que celles du pont de Glienick, du château de Babelsberg, près Potsdam, des fondations des fontaines de Sans-Souci, etc.

A Vienne, et notamment dans les établissements de la Société de Wienerberg, la fabrication des produits céramiques se fait avec une argile d'excellente qualité. Pour la fabrication des briques ordinaires, on obtient un mélange suffisant de la matière première, en tassant la terre provenant des carrières par couches dans les dépôts, et en la faisant congeler pendant l'hiver. Pour des produits supérieurs, comme certaines briques façonnées ou de revêtement, l'argile est lavée et, en même temps, se font les mélanges des argiles différentes et nécessaires pour certaines qualités du produit. Ces briques sont homogènes, assez légères et d'un bon aspect. Les briques ordinaires, longues de 0^{m},29, larges de 0^{m},14 et épaisses de 0^{m},065, offrent une résistance à l'écrasement de 200 à 240 kilogrammes par centimètre carré. Les mêmes usines façonnent des briques creuses faites à la machine et des briques poreuses, obtenues au moyen de mélanges convenables et d'un poids spécifique de 65 pour 100 plus faible que celui des briques ordinaires. Les briques dites *de revêtement*, qui présentent une force de résistance un peu supérieure à celle des briques ordinaires, reçoivent les formes les plus diverses et sont souvent décorées de riches ornements. En général, elles sont moulées à la main, mais on les fait passer à la machine pour leur donner une forme plus précise, ou bien elles sont entièrement moulées à la machine avec une argile sèche et pulvérisée. A Charlottenbourg, on façonne également, avec de la terre sèche, des briques à dessins, qui se distinguent par des qualités particulières de beauté, de dureté et de solidité.

En Hollande, les briqueteries les plus importantes sont établies sur les bords de l'Issel; c'est le limon déposé sur les rives du fleuve qui forme la base des briques dans ces régions. Suivant la qualité des briques que l'on veut façonner, ce limon est mélangé avec d'autres terres d'alluvion ou de sédiment plus ou moins argileuses, sablonneuses, ou même calcaires. La cuisson se fait à la tourbe, dans des fours dont la contenance peut aller jusqu'à un million de briques pour celles dites *de pavage*, qui sont de faibles dimensions, et de 350 à 400 milliers, pour les briques à bâtir, qui sont beaucoup plus grandes que les précédentes. Les fours sont de forme carrée, ou entourés de murs épais; les briques s'y posent par lits et dépassent de plusieurs mètres le sommet des murailles. L'enfournement d'un four contenant de onze à douze cent mille briques dure trois semaines. Suivant l'état plus ou moins favorable de l'atmosphère, la durée du feu est de quinze à dix-huit jours; on consomme de 3 à 4,000 tonnes de tourbe. Le refroidissement n'est complet qu'au bout de cinq à six semaines, ce qui fait en tout onze semaines pour une fournée de cette importance. Les briques hollandaises sont de plusieurs sortes, en raison de leur qualité, de leur destination, de leur forme et de leur dimension. On distingue : 1° les grosses briques de construction, rouges ou jaunes; 2° les briques petites et moyennes, cuites au point d'être un peu déformées, presque à l'état de verre compact et noir et qui ont reçu le nom de *klinkert;* on les emploie principalement pour le pavage des trottoirs et des routes, en les posant de champ; 3° les briques de déchet, employées à toute sorte d'ouvrages secondaires.

La brique tient aussi le premier rang parmi les produits du sol belge dont l'art de bâtir peut tirer parti.

Parlons, en premier lieu, des briques fabriquées à Boom, Niel, Hemixen et sur les bords du Rupel (Anvers).

Il existe cinq types de ces briques, généralement bien cuites et bien moulées, dont on fait usage à Bruxelles, Anvers, Malines, Louvain et Gand pour les travaux soignés ou les façades décoratives en briques « rejointoyées ». Elles y sont connues sous le nom générique de *Briques du canal.* Ce sont .

1°	L'espèce	appelée :	*Klampsteen,*	0,190 × 0,090 × 0,047.
2°	Id.	id.	*Papesteen,*	0,180 × 0,085 × 0,045.
3°	Id.	id.	*Derdeling,*	0,150 × 0,073 × 0,038.
4°	Id.	id.	*Kleynesteen,*	0,035 × 0,050 × 0,035.
5°	Id.	id.	*Pulsteen,*	0,160 × {0,100 / 0,712} × 0,040.

Ces dernières sont cunéiformes et servent à la maçonnerie des puits. Les quatre premières espèces sont souvent colorées en bleu.

Le *Klampsteen* de Rupelmonde (0,190 × 0,090 × 0,047), briques d'une nature un peu gélive, s'emploie en concurrence des briques des bords du Rupel, de même que celles fabriquées à Mereilbeke, près Gand (0,220 × 0,140 × 0,050, qui résistent bien à l'air, mais sont assez cassantes.

Nous venons de dire qu'on fabriquait un peu partout en Belgique des briques excellentes. A Hasselt, à Diest et au camp de Beverloo, on emploie des briques fabriquées à Reinrode. Les briques dites *de pays* des environs de Bruxelles, Vilvorde, Louvain, Malines et d'autres localités encore du Brabant, quoique formées, d'ordinaire, d'une argile trop riche en sable et pas assez corroyée, sont, en général, assez mal moulées, mais résistent fort bien aux intempéries. Les briques fabriquées à Furnes et à Warneton, près de Menin, sont bonnes et très résistantes. On emploie aux travaux de la ville de Liège les briques de Longdoz, du Pré Saint-Denis et de Saint-Walburge. Les dernières ont un ton brun foncé. Les briques de La Plante, près Namur, sont très dures et résistantes, mais parfois gélives. Celles de Salzinnes valent mieux et l'on fabrique à Namur même, avec de l'argile plastique de Vedrin, d'excellentes briques très réfractaires et parfaitement moulées, vulgairement appelées *Têtes-de-Chat.* La ville d'Andenne est connue dans le pays et à l'étranger par ses excellentes briques et autres produits réfractaires employés aux constructions pyrotechniques. Les briques de Cuesmes, près Mons, sont bonnes et sonores, de même que celles de Jemmapes (Flénu). Celles fabriquées aux faubourgs Saint-Martin et de Valenciennes (Tournai) sont assez bonnes; on préfère cependant celles de Marquin et Blandain-lez-Tournai. Les environs de Philippeville fournissent une espèce de briques (0,220 × 0,105 × 0,060), dont la qualité n'atteint pas celles de Bloom, mais qui sont meilleures que celles du Brabant [1].

1. Voy. Aug. Schoy, *Rapport sur l'architecture et les matériaux de construction,* extrait de *la Belgique à l'Exposition universelle de 1878,* Bruxelles, 1878.

Dans l'Amérique du Nord et surtout dans les grandes villes comme New-York, les constructions en briques sont exécutées avec un soin remarquable. Ces briques sont faites d'une argile excellente; c'est en Pensylvanie, et notamment à Philadelphie, que se trouvent les fabriques les plus importantes de briques et de terres cuites de toute sorte. La cuisson de ces produits s'effectue par des procédés qui diffèrent peu de ceux que l'on emploie en France. Les briques sont cuites dans des fours carrés, sans alandiers, formant de grandes chambres rectangulaires, d'une contenance d'environ 5 à 600 mètres cubes; les grilles, très étroites, traversent le four d'un bout à l'autre; les gueules sont percées dans les parois latérales du four, aux extrémités des grilles. Les arches sont faites, à chaque fournée, au-dessus des grilles, avec des briques à cuire. Ces fours ne donnent pas une cuisson très régulière.

La fabrication des produits céramiques est très répandue dans ces régions. La Société *Excelsior Brick and stone company*, qui possède plusieurs briqueteries à Philadelphie ou dans les environs, fabrique annuellement quarante millions de briques de différentes qualités, faites avec des machines ou moulées à la main; ce dernier procédé est employé pour les briques de première qualité. Il y a près de la ville, à North Pernn Village, une dizaine d'autres briqueteries où le travail s'effectue à la main, sans le secours de machines. A Boston, on façonne des briques avec de l'argile desséchée, pulvérisée et comprimée; ces briques sont parfaitement lisses et compactes, mais elles ne présentent qu'une faible adhérence avec le mortier.

EMPLOI DES BRIQUES DANS LES CONSTRUCTIONS

Murs. — La construction des murs en briques, en raison des faibles dimensions que présentent ces matériaux, exige un soin tout particulier non seulement sous le rapport de la solidité, mais encore au point de vue de l'effet à produire, si les parements sont laissés en vue. L'appareil doit être disposé de telle façon, qu'il ne se présente jamais de joints aplomb en parement. Le lecteur trouvera sur la planche n° 1 de cet ouvrage des exemples d'appareils pour les murs en briques de dimensions usuelles. Nous nous contenterons d'exposer ici les principes qui doivent guider le constructeur dans l'exécution de ce genre de maçonnerie.

En disposant dans l'épaisseur des murs les briques en boutisses et panneresses, c'est-à-dire de telle façon que leur longueur soit tantôt perpendiculaire, tantôt parallèle à l'axe du mur, on peut varier les appareils de mille façons différentes; mais, quel que soit le système adopté, il faut, autant que possible : 1° éviter la continuité des joints verticaux dans deux lits consécutifs, aussi bien dans le sens de la longueur que dans celui de l'épaisseur du mur; 2° faire en sorte que l'interruption des joints montants soit la plus grande possible, afin d'obtenir une liaison plus complète. Cette dernière condition est éminemment satisfaite dans l'appareil dit *en losange*, que les Belges emploient très fréquemment.

Pour les angles de murs, on emploie, d'ordinaire, les chaînes en pierre, afin d'éviter la taille de la brique, qui est difficultueuse et occasionne beaucoup de déchets. Dans ce cas, il est bon que ces angles soient garnis de chaînes doubles faisant harpe des deux côtés; les pierres peuvent être saillantes ou à fleur de parement, et leur hauteur est réglée d'après les dimensions des briques, pour que la liaison soit la meilleure possible et que les arasements des assises des deux matériaux coïncident. En général, ces pierres sont taillées de façon à embrasser, à la fois, cinq ou six lits de briques. Cependant il est des circonstances où l'on tient à faire des angles en briques seules. Nous donnons, à la suite de l'explication de la planche n° 1, plusieurs exemples d'arrangements adoptés pour ce cas spécial, ainsi que pour les pans coupés, la rencontre des murs de refend avec les murs de face, les pilastres, etc.

L'exécution de la maçonnerie de brique pour les murs exige un soin tout particulier. On commence la construction en posant, d'abord bien d'aplomb les principales encoignures du bâtiment, que l'on élève à la hauteur de quelques assises; puis on place les lits de briques, en s'aidant d'une corde fixée horizontalement par des clous sur ces deux encoignures et remontée successivement à la hauteur de chaque tas, de manière à laisser un jeu de 1 ou 2 millimètres entre elle et le mur; les arêtes supérieures des briques d'une assise doivent être dirigées exactement suivant la corde. Les briques, mouillées préalament, sont posées à bain flottant de mortier; elles doivent être simplement affermies à la main et non frappées avec la truelle comme les maçons le font ordinairement. Cette dernière condition est surtout nécessaire pour les briques de l'intérieur. Il serait bon, pour les briques de parement, si l'on veut obtenir une maçonnerie proprement faite, de poser le mortier sur le dernier lit placé à 25 millimètres environ du bord de l'assise et dans une épaisseur un peu supérieure à celle que doivent avoir les joints, de manière que le mortier ne déborde pas. On exécute la maçonnerie, à la fois, dans toute l'épaisseur du mur, ne réservant sur la face en vue que les retraites nécessaires pour recevoir des ornements tels que plaques de faïences, bas-reliefs, chambranles, etc.

Les joints horizontaux et verticaux doivent avoir, en parement, une épaisseur uniforme, ce qui est assez difficile à obtenir avec les briques ordinaires, qui n'ont pas toutes les dimensions identiques; il faut enfoncer davantage dans le mortier les briques les plus épaisses, afin que le bord supérieur de l'assise reste toujours horizontal et droit. Dans une maçonnerie faite avec des briques régulièrement façonnées et un mortier dont le sable est bien fin, on peut arriver à ne pas donner aux joints une épaisseur plus grande que 6 ou 7 millimètres. On a calculé que l'espace occupé par la matière liaisonnante varie de 10 à 12 pour 100 du volume total dans une maçonnerie soignée, et peut atteindre 17,5 pour 100 dans la grosse maçonnerie.

Lorsque la pose des briques est achevée, on procède au jointoiement de la manière suivante : on commence par refouiller et gratter les joints des deux sens, avec un instrument spécial ou crochet en fer pourvu d'un manche et sur une profondeur d'environ 1 centimètre et demi. Ensuite on les nettoie au vif, on les brosse, on les arrose à grande eau, puis on les remplit, avec une petite truelle pointue, d'un mortier préparé exprès. Lorsque ce mortier a pris une certaine consistance, on en comprime la surface au *lissoir*, jusqu'à ce qu'elle soit polie. Tantôt ces joints sont ravalés presque au niveau du mur, de sorte que le mortier arrive au bord des briques; tantôt ils sont taillés au fer, soit en saillie, soit en creux. Ce dernier mode est aujourd'hui reconnu plus avantageux, au point de vue de la durée, que l'usage des joints dits *à l'anglaise*, adoptés depuis un certain nombre d'années et qui sont formés d'une sorte de stuc blanc formant saillie sur le parement du mur.

Quant aux effets extérieurs que l'on peut obtenir avec les briques posées jointives ou en claire-voie, ayant leurs tons naturels ou recouvertes de couleurs diverses et formant des dessins très variés, nous renvoyons le lecteur aux nombreuses applications que nous avons réunies dans les planches de cet ouvrage.

Voûtes. — Les voûtes en briques peuvent être appareillées d'une infinité de manières, en spirale, en hélice, en losange, en étoile, en arête de poisson, etc.; mais il est un principe essentiel à observer : les surfaces de joint doivent être perpendiculaires aux surfaces d'intrados, de manière que chacun des éléments forme coin et que l'assemblage puisse se soutenir, même sans le secours du mortier. Quand ces voûtes ne doivent pas avoir plus d'une brique ou d'une brique et demie d'épaisseur, on les construit de la même manière que les murs ordinaires. Si l'épaisseur doit être plus grande, on forme la voûte d'un certain nombre de rouleaux superposés et indépendants, ayant chacun une brique ou une brique et demie d'épaisseur et se construisant comme la maçonnerie ordinaire. On peut indifféremment appareiller le premier rouleau en briques boutisses seules ou bien en panneresses et boutisses; les autres se font, d'ordinaire, en briques boutisses. En Angleterre, on a adopté, pour les voûtes de grand et de petit diamètre, les rouleaux superposés d'une brique panneresse chacun.

Les voûtes en berceau qui se terminent d'équerre et dont les naissances sont horizontales se bandent dans le sens de leur longueur, c'est-à-dire que leurs joints de lit sont des génératrices de la surface d'intrados. Si ces voûtes sont entièrement construites en briques boutisses, le tracé de l'appareil se fait ainsi : on divise le cintre par des générations de la surface en un nombre impair de parties égales d'après les dimensions des briques; puis on trace un certain nombre de joints d'assise d'une naissance à l'autre; il suffit alors d'exécuter l'appareil ordinaire des murs, en plaçant les joints montants sur le milieu des pleins. Si la voûte doit être formée de panneresses et boutisses, le tracé est moins simple. Prenons le cas le plus difficile, l'appareil en losange, qui comporte cinq rangées de briques et dans lequel la fermeture doit se faire par une assise en panneresses. On détermine d'abord l'épaisseur des assises, puis on recherche le nombre de lits que peut contenir le développement de la section droite de la voûte, en observant : 1° que ce nombre soit impair, pour qu'il y ait une assise de clef; 2° qu'il soit tel qu'augmenté ou diminué d'une unité, selon que les pieds-droits se terminent par une panneresse ou par une boutisse, le résultat soit divisible par quatre. D'ordinaire, on trace sur le cintre la position des panneresses, pour assurer la régularité de l'appareil et la bonne exécution de la voûte. Les voûtes surbaissées qui ont pour section droite un arc de circonférence, de flèche plus ou moins grande, sont bandées parallèlement aux naissances et appareillées, les unes en briques boutisses, les autres en boutisses et panneresses. Les voûtes surhaussées dont la section droite est elliptique sont bandées aussi parallèlement aux naissances, suivant les génératrices des surfaces intrados et appareillées habituellement en briques boutisses.

Les voûtes annulaires, c'est-à-dire celles qui s'appuient sur deux murs circulaires concentriques de niveau, quelle que soit leur section droite, se bandent habituellement suivant des parallèles de la surface intrados. Les joints d'assise sont alors formés par des plans méridiens, tandis que les joints de lit constituent des surfaces coniques de révolution, engendrées par des normales à la surface intrados, et passant par les différents parallèles.

Les voûtes coniques, quelle que soit leur courbure, se bandent indifféremment dans le sens de la clef, parallèlement aux naissances ou diagonalement à ces lignes. Les voûtes sphériques sont bandées soit horizontalement, suivant des parallèles qui partagent la sphère en zones d'égale largeur, soit de la manière suivante : il n'existe qu'un seul joint de lit continu, en forme de spirale, depuis la naissance jusqu'au sommet de la voûte, et la fermeture a lieu au moyen d'un trompillon en pierre.

Pour les voûtes en arc de cloître de petite dimension, voici un appareil avantageux : la surface intrados de la voûte est divisée en zones cylindriques bandées parallèlement aux naissances à la manière habituelle; il y a un joint continu suivant chaque arête rentrante et la voûte est fermée par un trompillon en pierre à plusieurs pans. Pour les grandes voûtes, il vaudrait mieux composer les arêtes rentrantes de pénétration au moyen de chaînes continues en pierre, se reliant avec les maçonneries voisines et formant harpe des deux côtés. Les voûtes d'arête sont bandées parallèlement aux naissances, suivant des génératrices des surfaces intrados; on peut employer divers modes de construction pour les arêtes saillantes[1].

Dans les plates-bandes les joints sont disposés de manière à concourir vers un même point, situé sur l'axe, à une distance de l'intrados aux 8/10 environ de la portée.

Quant aux arcs formant la fermeture des baies ou noyés dans l'épaisseur des murs, on peut les considérer comme des voûtes en berceau réduites à l'épaisseur des murs.

Planchers. — Les briques pleines ou creuses sont employées fréquemment pour former le sol des différents étages dans les habitations. Au rez-de-chaussée, les planchers en briques ordinaires s'établissent sur une aire solide, les briques étant posées sur champ ou à plat; le premier de ces systèmes est le meilleur, parce que les briques sont moins sujettes à se briser et à se déplacer. Si l'aire sur laquelle doit reposer le plancher est en maçonnerie, moellons de blocage ou béton, on exécute un arasement préalable. Si les briques doivent être placées directement sur le sol, la terre est d'abord énergiquement battue et aplanie, puis recouverte d'une couche de sable; les briques sont ensuite disposées en appareil simple ou bien entremêlées avec des briques de couleur, de manière à former des figures géométriques

1. Voy. A. Gratry, *Description des appareils de maçonnerie dans les constructions en briques*. Bruxelles, 1865.

déterminées. En Allemagne, les planchers en briques sont très usités; à Berlin notamment, quelques édifices ont leur sol dallé en briques ordinaires, dont quelques-unes sont placées au-dessous du niveau des briques voisines. Les creux qui en résultent sont remplis avec un ciment particulier, qui prend, en durcissant, une couleur jaune brun s'harmonisant très bien avec la couleur rouge des briques. Les joints sont ordinairement faits avec du mortier de chaux ou de ciment.

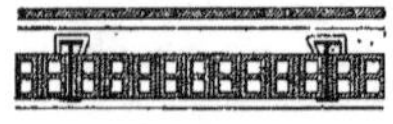

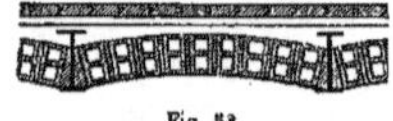

Fig. 52.

Aujourd'hui l'on utilise fréquemment les briques pour le hourdis des solives en fer qui composent l'ossature des planchers. Tantôt ces briques sont posées horizontalement sur leur champ, tantôt elles forment des voûtains qui donnent à ces aires une extrême solidité et leur permettent de supporter de lourdes charges. Pour alléger ces aires, on les fait en briques creuses et on les dispose comme le montre la figure 52.

Emplois divers. — Le commerce livre à la consommation, pour toutes sortes d'usages, des briques très diverses : les unes, bombées ou en dos d'âne, servent de faîtières ou de dalles de recouvrement pour les murs; d'autres, cintrées et taillées en coin, sont employées à la construction des puits, des tourelles, des cheminées d'usines; il en est encore qui sont moulées en demi-cylindres à leur partie supérieure et qui sont utilisées pour faire des caniveaux. Enfin les formes des briques sont des plus variées, en raison des usages très divers auxquels ces matériaux sont affectés.

III

TUILES, CARREAUX, PRODUITS DIVERS

TUILES

Fabrication.

GÉNÉRALITÉS. — Employées de temps immémorial à la couverture des édifices, les tuiles sont des tablettes de terre cuite, dont l'épaisseur varie de 10 à 15 millimètres. Les qualités que doivent présenter ces matériaux sont les suivantes : *imperméabilité, légèreté, sonorité,* résistance suffisante pour supporter le poids d'un homme, forme telle que l'eau n'y puisse séjourner, substance inattaquable à la gelée. Le mode de préparation des terres pour la fabrication des tuiles est le même que pour les briques, cette opération demande seulement beaucoup plus de soin. Le façonnage s'exécute à la main ou à la machine.

MOULAGE A LA MAIN. — Cette opération se pratique encore fréquemment pour la fabrication des tuiles communes ou simples plaques rectangulaires, munies d'un *talon* ou crochet qui sert à les retenir aux lattes de la couverture. Le mouleur découpe la terre préparée en tranches minces, auxquelles il donne la dimension voulue, à l'aide d'un moule ou châssis rectangulaire en bois ou en métal. La galette ainsi formée passe entre les mains d'un ouvrier *ployeur,* qui lui donne la forme légèrement convexe qu'elle doit avoir, au moyen d'un autre moule, dont le fond présente la courbure nécessaire. Dans un trou dont ce fond est muni, la terre est refoulée et forme le crochet. La tuile est ensuite portée au séchoir, puis rebattue et dressée avant la dessiccation complète.

FABRICATION MÉCANIQUE. — Le moulage à la main, qui ne pourrait, d'ailleurs, s'appliquer aux tuiles dites *à emboîtement,* est remplacé, dans toute usine importante, par le façonnage à la machine. Les procédés mécaniques sont basés sur deux modes de fabrication : le *moulage en terre molle* et le *moulage en terre dure.*

Moulage en terre molle. — Dans ce procédé, la terre, soumise à un travail préparatoire très soigné, est comprimée dans un moule en plâtre ou en métal, posée sur une planchette à claire-voie, puis portée au séchoir. Parmi les engins les plus usités pour effectuer le travail en terre molle, il faut citer la presse à vis : dans cette machine, la terre, mise en plaque sur un moule en plâtre, est comprimée par un contre-moule fixé à la partie inférieure d'une vis qui reçoit son mouvement de rotation dans un sens ou dans l'autre d'un levier à deux branches. Il suffit de donner deux ou trois coups de balancier. Cet appareil permet de mouler de 15 à 1,800 tuiles par jour en trois coups de balancier. Une machine à tuiles en terre molle très estimée est celle de MM. Schmerber frères, constructeurs à Talyoscheim, près Mulhouse. L'élément principal de cet appareil est un porte-moules à cinq faces animé d'un mouvement de rotation intermittent et dans lequel s'effectue la compression des plaques de terre préparée.

Moulage en terre dure. — Ce genre de fabrication ne date que de l'introduction des moyens mécaniques dans le façonnage des produits céramiques. Le développement qu'il a pris est dû à plusieurs causes. La première, c'est que, par exemple, pour les produits estampés, il permet l'emploi de moules métalliques qui leur donnent des formes très nettes, très régulières, des surfaces unies et souvent peu glacées par le fait de l'interposition du corps gras nécessaire pour le démoulage. La forte adhérence de l'argile sur les métaux dans le moulage en terre molle nécessite l'emploi de moules en plâtre, naturellement peu résistants et qui exigent de fréquents remplacements. Le deuxième avantage de la fabrication en terre dure est la manipulation plus facile de produits presque secs, rigides aussitôt que fabriqués et ne demandant qu'un seul ébarbage, qui peut s'effectuer immédiatement. En outre, il y a organisation plus simple et moins dispendieuse des usines, les opérations préliminaires telles que le séchage de l'argile extraite, le concassage, le trempage, étant supprimées, et la dessiccation des produits moulés s'effectuant plus vite. Enfin, l'opinion généralement répandue est que ce produit peut résister autant que si l'argile avait été mise en pâte. Nous ferons cependant observer que cette argile, dans l'état actuel des procédés, est plus ou moins feuilletée, plus ou moins poreuse et de la texture des ardoises, ce qu'il est facile de distinguer au moyen de la loupe. En effet, quels que soient les moyens et les machines employés, on arrive difficilement à produire des pâtes aussi homogènes, aussi compactes que celles faites à l'aide du trempage avec l'eau; bien plus, quand il s'agit de former une pâte avec des terres de nature et de couleurs différentes, on se borne généralement à des mélanges grossiers par couches alternées avant le passage par des cylindres et des malaxeurs. D'autres fois, le mélange et la trituration se font par de nombreux passages entre des cylindres, cannelés ou non, suivis ou non de malaxeurs, avant l'effet de la machine de compression qui sert à façonner les galettes. Dans d'autres cas aussi l'on divise, par des cylindres cannelés ou unis, ou d'autres appareils, les diverses argiles, avant de les mélanger et de les triturer entre de nouveaux cylindres précédant le malaxeur et la galetière.

L'emploi des cylindres granulateurs Dumont a constitué un progrès sous le rapport de l'intimité des mélanges et de la trituration. Ces cylindres sont formés de segments ou plaques de fonte, ayant 0m,04 d'épaisseur et percés d'une infinité de petits trous coniques de 6 millimètres de diamètre à la partie extérieure et 10 millimètres environ à la partie intérieure. La terre, jetée dans une trémie, passe d'abord entre les cylindres unis en fonte qui l'écrasent, puis tombe entre les deux cylindres troués, qui se touchent presque et la forcent à passer par les trous dont ils sont percés, pour en sortir et tomber dans l'intérieur à l'état vermiculaire. On obtient ainsi une division très grande de la masse et une grande rapidité dans le travail de mélange et de malaxage. La terre granulée tombe de chaque côté des cylindres par des intervalles ménagés à cet effet et peut être portée à la galetière. M. Müller, pour obtenir un mélange encore plus intime et une trituration qui assure aux produits le plus de qualités possibles comme homogénéité, soumet les argiles à une série d'opérations pour lesquelles il se sert d'appareils groupés ainsi qu'il suit : les argiles sont passées dans la tailleuse, soit toutes mélangées, soit jetées successivement dans les proportions indiquées par l'expérience; la tailleuse, en coupant, déchirant, séparant toutes les parties de ces terres, opère un deuxième mélange; au sortir de ces engins, les argiles menues tombent entre les cylindres granulateurs Dumont, ou dans tout autre appareil remplissant le même but. Les grains d'argile, ainsi mélangés parfaitement, sont, quand le temps et les locaux le permettent, abandonnés en tas, autant que possible dans une cave ou dans un atelier à l'abri des courants d'air, afin de se maintenir dans un état d'humidité égal et que l'habitude permet de déterminer au moment des mélanges. C'est seulement ensuite que ces terres, bien divisées et triturées, sont livrées aux cylindres cannelés ou non et successifs, puis aux malaxeurs, à la galetière, enfin aux presses ou tous autres appareils de moulage.

Parmi les meilleures machines propres à effectuer le moulage en terre dure, nous citerons celle de MM. Boulet frères. C'est une machine analogue à celles à briques creuses, sans couvercles des boîtes, et où la conduite des pistons est effectuée par un excentrique. La terre sort de la filière en galettes très dures, que l'on coupe à la longueur nécessaire pour former les tuiles. Cet engin peut produire quotidiennement 6,000 tuiles. Les galettes sont portées à la presse, où elles sont comprimées dans des moules portés par des chariots qui glissent sur des rails et sont amenés sous un plateau qu'un excentrique fait descendre et qu'un contrepoids relève. Les tuiles retirées des moules sont ébarbées et transportées aux séchoirs.

Cuisson. — Les fours voûtés que nous avons précédemment décrits peuvent être utilisés pour la cuisson des tuiles; mais cette opération demande les soins les plus attentifs, à cause des défauts qui se produisent sur les tuiles selon qu'elles ont subi une trop faible ou trop forte cuisson. Pour éviter le dernier inconvénient, il ne faut pas, dans l'enfournement, placer les tuiles directement au-dessus du foyer; on les en sépare par des rangs de briques. Dans les fours annulaires et, en général, dans les fours du système Hoffmann, où l'on enfourne souvent la moitié ou les trois quarts en tuiles, et le reste en briques, il est facile de garantir la tuile contre les effets fâcheux de la trop grande proximité du combustible en incandescence. Si l'on veut cuire exclusivement de la tuile dans les appareils de ce genre, on peut construire des puits de chauffage fixes en briques réfractaires, et fermer ces puits, de manière à mettre complètement à l'abri les tuiles contre les coups de feu. On peut aussi avoir à cuire des tuiles qui prennent de mauvaises nuances par l'effet des cendres volatiles ou des gaz de combustion, et ce défaut se présente souvent lorsque l'enfumage ayant lieu uniquement sous l'influence de la chaleur développée par les gaz et fumées issus du foyer, la buée mélangée auxdits gaz peut se précipiter, se condenser et s'attacher à la surface des produits fraîchement enfournés. Cela arrive notamment lorsque ces derniers produits sont froids et que ceux précédemment enfournés contiennent encore beaucoup d'humidité, leur enfumage n'ayant pas été suffisamment effectué. Pour éviter cet inconvénient, on a imaginé de prendre l'air chaud en excès qui s'échappe des produits déjà cuits et en refroidissement, pour enfumer et sécher les produits enfournés les derniers. Cet air chaud est amené par des carneaux dits d'*enfumage*, établis dans le haut et dans le bas des compartiments récemment enfournés. Dans le four annulaire le carneau d'enfumage du haut est un canal parallèle à la grande galerie, placé sur la paroi intérieure du four, et pouvant être mis en communication avec chaque partie de l'appareil, de telle sorte qu'il est aisé d'établir un courant d'air chaud du compartiment en refroidissement au compartiment à enfumer. Les carneaux d'enfumage du bas sont situés en dessous des murs extérieurs du four ou même en dehors du four, mais toujours en contre-bas du sol, et ils ont une ouverture à chaque porte d'enfournement. Ces ouvertures restent fermées, sauf les deux qui doivent servir à mettre en communication le compartiment d'où l'on retire la chaleur et celui qui doit la recevoir. On bouche ensuite, à l'extérieur, ces deux portes d'enfournement, et le courant d'air chaud est établi par le carneau du haut.

Quant à ce qui concerne les différentes sortes de fours employés pour la cuisson des tuiles, nous renvoyons le lecteur aux détails que nous avons donnés à l'occasion de la cuisson des briques. Nous dirons seulement ici quelques mots du mode de chauffage par les gaz combustibles, que son prix rend onéreux pour la cuisson des produits ordinaires, mais qui peut être avantageux pour des produits plus chers tels que la tuile. Ce système repose sur le principe suivant : la combustion n'étant autre chose que la combinaison de corps combustibles avec l'oxygène de l'air, cette combinaison ne peut être complète que lorsqu'il y a contact entre toutes les molécules de ces corps. Partant de là M. Muller reprit, en 1869, l'étude de cette question, qui avait déjà été entreprise auparavant, mais qui n'avait pas donné des résultats satisfaisants. A cet effet, il réduisit le combustible solide en oxyde de carbone, dans un gazogène séparé du four et fit arriver ce gaz là où il devait être brûlé en présence de l'air; il suffisait de régler la proportion des deux éléments pour obtenir un mélange parfait et une combustion complète. Dans les divers essais qu'il exécuta, M. Muller fit tantôt traverser à la tuile un écran de gaz brûlant, tantôt mouvoir, au contraire, un écran de feu dans un four formé d'un canal horizontal, et donnant à la zone brûlante une vitesse variable, suivant les produits à cuire. Avec ce dernier système notamment les résultats ont été bons. Nous avons vu que les Allemands se sont engagés aussi dans cette voie du chauffage au gaz, qui est bien le mode de cuisson par excellence, mais qui est coûteux, dangereux même, et n'a pas encore suffisamment fait ses preuves.

Emploi des tuiles dans les constructions.

On fabrique, pour la couverture des édifices, des tuiles de diverses formes, que l'on peut ramener à plusieurs catégories : les tuiles *plates*, les tuiles *creuses*, les tuiles *flamandes* et les tuiles *à emboîtement*.

Tuiles plates. — Les tuiles plates, dites *de Bourgogne*, ont la forme de rectangles un peu bombés (fig. 53). On distingue, dans cette classe, deux échantillons : *le grand moule*, qui a 0m,31 de longueur sur 0m,23 de largeur et 0m,015 d'épaisseur, le mille pesant 2,000 kilos; *le petit moule*, qui a 0m,25 de longueur sur 0m,18 de largeur et 0m,014 d'épaisseur, le mille pesant 1,300 kilos. Les tuiles de Bourgogne ont une teinte pâle, rendent au choc un son clair et présentent une grande résistance.

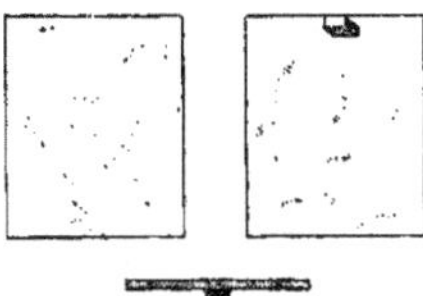
Fig. 53.

Dans les couvertures, on pose ces tuiles sur des lattes qui ont ordinairement 0m,0034 d'épaisseur, sur 0m,041 et 0m,045 de largeur, que l'on cloue sur les chevrons et qui sont espacées du tiers de la longueur des tuiles. Une rangée de celles-ci s'accroche, au moyen du tenon qui garnit l'un des petits côtés, sur un rang de lattes, de manière que les joints soient chevauchés et que les tuiles soient recouvertes sur les deux tiers de leur longueur (fig. 54); la portion apparente reçoit le nom de *pureau*. On commence la pose par le rang inférieur, qui forme *égout simple*, quand il y a un chéneau et que la première rangée de tuiles s'appuie sur l'arête de la sablière, qu'elle dépasse d'une certaine quantité; *égout retroussé*, lorsque sur la corniche, privée de chéneau, on pose deux rangs de tuiles à joints chevauchés, le rang supérieur recevant le nom de *doublis; égout pendant*, si l'on cloue sur l'extrémité des chevrons dépassant la corniche une chanlatte qui reçoit une double rangée de tuiles. La tuile plate ordinaire, comparée à l'ardoise, a pour avantage d'absorber moins d'eau, d'être plus dure et moins altérable à l'air; mais elle donne plus de prise au vent par son épaisseur; le crochet qui la retient casse souvent; enfin, comme chaque latte est recouverte par trois épaisseurs de tuiles, les couvertures de ce genre sont d'un poids considérable. Leur inclinaison ne doit pas être inférieure à 27°; on la porte souvent à 45° et même à 60°.

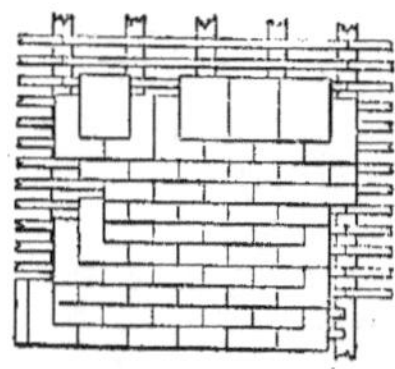
Fig. 54.

On fabrique encore, pour la couverture de certains édifices, et notamment des dômes, des tuiles plates unies terminées par le bas soit en triangles, soit en demi-cercles, soit en ogives. Ces dernières, qui imitent les écailles de poisson, reçoivent, dans le commerce, le nom de *tuiles écailles*. Les couvertures ainsi formées sont d'un aspect très agréable et plus légères que les autres. La difficulté d'obtenir ces tuiles parfaitement planes en a restreint l'usage.

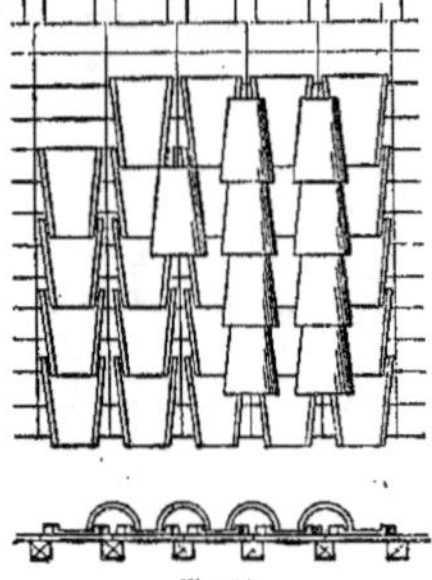

Fig. 55.

Tuiles creuses. — En Italie, on emploie encore, de nos jours, un système de couverture qui rappelle celui des anciens. Sur les chevrons, espacés de 0m,32 environ d'axe en axe (fig. 55), on pose de grandes dalles de terre cuite de 0m,028 d'épaisseur, avec joints garnis de mortier. On forme ainsi une espèce de carrelage sur lequel on range des tuiles plates appelées *tegole*, plus larges par le haut que par le bas, et se recouvrant d'environ 0m,08. Les rangées contiguës sont séparées l'une de l'autre par un intervalle d'environ 0m,03, qui est recouvert, ainsi que les rebords, par des tuiles creuses appelées *canali*, également posées à recouvrement. Les rangées inférieures et quelquefois toutes les tuiles sont maçonnées sur le carrelage, de manière à former un ensemble des plus solides.

Le midi et l'est de la France présentent de nombreux exemples de couvertures en tuiles, rappelant celles de l'Italie ancienne et moderne, mais disposées par rangées de tuiles creuses alternativement concaves et convexes (fig. 56); ces tuiles, qui n'ont pas moins de 0m,40 de longueur et 0m,013 d'épaisseur, ont 0m,20 de diamètre à un bout et 0m,15 à l'autre, ce qui les rend coniques. Elles se posent sur un plancher continu cloué sur les chevrons; il faut donc que la couverture soit peu inclinée, pour qu'il n'y ait pas glissement; l'angle du toit avec l'horizon doit être maintenu entre 15° et 17°.

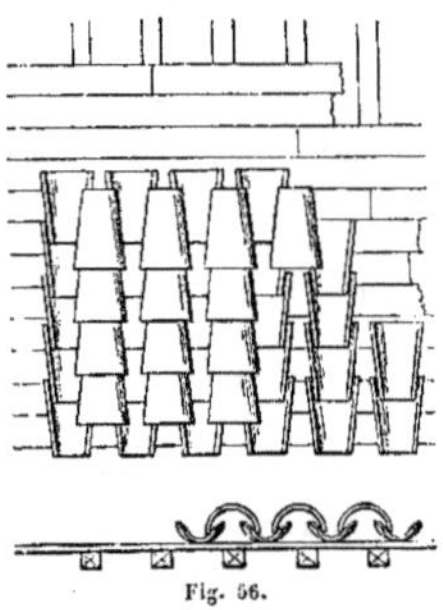

Fig. 56.

Tuiles flamandes. — Un autre genre de couverture qui offre également des surfaces alternativement concaves et convexes est celui que l'on emploie dans le nord de la France; les tuiles dont on se sert, dites *flamandes* ou *pannes*, sont à double courbure, en forme d'S aplati. Ces tuiles, qui ont environ 0m,35 de côté sur 0m,16 d'épaisseur, sont munies, par le haut, d'un talon au moyen duquel on les accroche sur un lattis (fig. 57), ce qui permet de donner au toit une forte inclinaison. Les joints sont ordinairement garnis de mortier. Il faut de ces tuiles 15 1/4 par mètre carré.

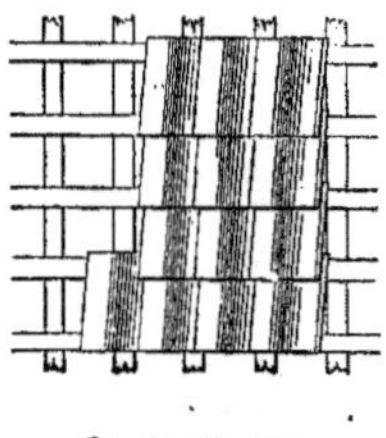

Fig. 57.

Tuiles à emboîtement. — Pour remédier aux inconvénients que présentent les tuiles plates ordinaires, on a imaginé les tuiles dites *à emboîtement*, qui ont l'avantage de diminuer le poids de la couverture, de faciliter la pose et de former des dessins d'un effet assez heureux.

Il y a une multitude de tuiles plates à emboîtement; nous ne citerons que celles qui peuvent être regardées comme des types et que l'on classe en tuiles *rectangulaires* et en tuiles *lozangiques*.

Nous en donnerons ci-dessous la description, accompagnée de figures empruntées à la *Revue de l'Architecture et des Travaux publics* (année 1861).

L'invention des tuiles à emboîtement rectangulaires est due à MM. Gilardoni frères, fabricants à Altkirch (Alsace), qui ont livré au commerce plusieurs modèles de ces produits. Le n° 1, breveté en 1841, est dit *à losange*; il a 0m,33 de pureau, 0m,20 de largeur utile, 0m,012 à 0m,015 d'épaisseur. Il faut quinze de ces tuiles par mètre carré de couverture, qui ne pèse pas plus de 40 à 45 kilogrammes. Elles ne se recouvrent l'une sur l'autre que de quelques centimètres et par des emboîtements latéraux; leur assemblage a lieu par chevauchement et est dit *à joint vertical discontinu*. Elles portent cannelure à gauche (fig. 58); couvre-joint à droite; rebord simple en tête; rebord de base, échancré au milieu pour franchir le couvre-joint inférieur dans l'assemblage par chevauchement et rainé dans ses parties tombantes; nervure au milieu, en forme de losange, pour renforcer la tuile; à la base, au-dessous du losange, triangle saillant, accompagnant l'échancrure du rebord et servant à éloigner l'écoulement des eaux du point où le joint vertical vient rencontrer le joint horizontal; deux crochets au revers. Ces tuiles, tombées dans le domaine public, se fabriquent en grande quantité dans plusieurs localités de France, notamment à Montchanin (Saône-et-Loire).

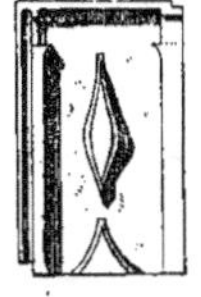
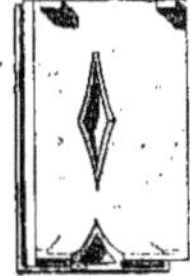
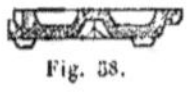
Fig. 58.

Le type n° 2, représenté par la fig. 59, est à nervure médiane et à joint vertical continu. Cette tuile est maintenue par deux crochets sur le lattis et s'engage dans la tuile immédiatement inférieure par un rebord qui entre dans une cannelure ménagée au-dessus de la nervure longitudinale en saillie sur le plan supérieur. La jonction dans le sens vertical avec la tuile voisine se fait par l'emboîtement d'un couvre-joint occupant une des arêtes avec une cannelure que porte le côté contigu de la tuile voisine.

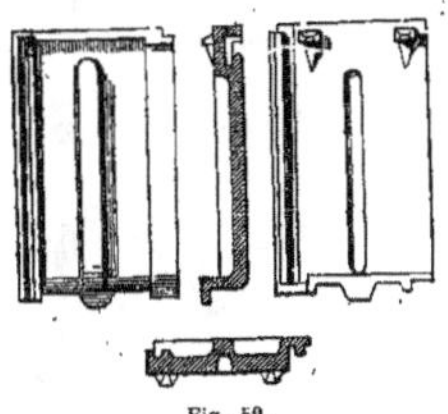
Fig. 59.

Le type n° 3, dit à double recouvrement (fig. 60), est de beaucoup le plus estimé; plus long que le type n° 2 et aussi large, il présente la même surface découverte. Sa jonction dans le sens vertical est encore un emboîtement par retombée du couvre-joint dans une cannelure longitudinale; mais elle est beaucoup plus solide. La nervure médiane n'existe pas, ou du moins elle est reportée sur la gauche, au long de la cannelure dont elle forme le rebord intérieur. Cette nervure et le couvre-joint, de même saillie, se joignent par contact en épaisseur dans l'assemblage du joint, formant un relief large de 0m,07. Une cannelure de 0m,03 de large, aussi profonde, est creusée dans le rebord de tête de la tuile et forme écoulement dans la cannelure du joint vertical. Le rebord de base est rainé en larmier. Un second rebord parallèle à ce dernier, distant de 0m,07 de son arête extérieure, saillant de 0m,015, traverse la tuile dans toute son étendue plane, de manière à tomber, par assemblage, dans la cannelure du rebord de tête pour y former, après ce rebord même, un nouvel obstacle à l'infiltration des eaux.

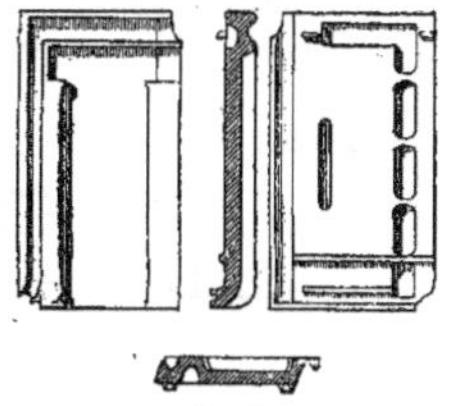
Fig. 60.

MM. Gilardoni fabriquent en terre molle et, malgré la forte cuisson à laquelle ils soumettent leurs tuiles, celles-ci sont parfaitement droites, elles rendent, sous le choc, un son métallique pur, offrent une grande résistance et ne sont pas gélives.

MM. Muller et Cie, à Ivry-sur-Seine, M. Fox, à Saint-Gerni-Laval (Rhône), fabriquent des tuiles Gilardoni qui sont dépourvues des saillies de base et de tête de la nervure formant agrafe. La figure 61 représente les deux faces et une coupe transversale de la tuile Fox.

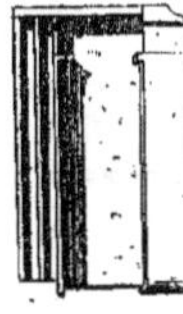
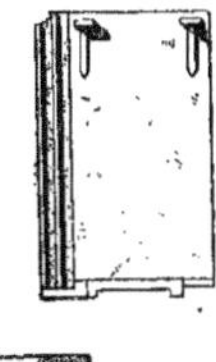
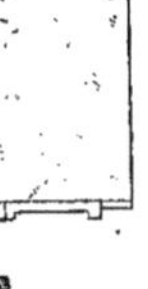
Fig. 61.

La pente ordinaire à employer avec ces diverses tuiles est de 0m,40 par mètre. Les jours, les ventilations, les tabatières, œils-de-bœuf, se font sans raccords, par la disposition même des tuiles de fonte ou de terre, de doubles, triples ou plus grandes dimensions, s'emboîtant avec les autres.

Les tuiles *losangiques* sont des tuiles s'assemblant entre elles par joints obliques, contrairement aux précédentes, qui s'assemblent toutes par joints horizontaux et verticaux. Parmi les tuiles losangiques régulières nous citerons la tuile *Courtois*, dont la figure 62 représente la face supérieure et la figure 63 la face de dessous. Sa forme est exactement carrée ; elle se pose une pointe en bas, l'une des diagonales du carré étant horizontale, l'autre étant dirigée, par conséquent, suivant la ligne de plus grande pente. Les rebords des deux côtés de la tuile qui sont tournés vers le bas du comble font saillie sur la face inférieure et les deux autres sur la face supérieure. Ces tuiles se fixent, au moyen d'un crochet, sur un lattis disposé en forme de treillis. Elles ont $0^{m},62$ de côté ; on peut donner aux couvertures ainsi formées une très faible inclinaison ou une forte pente.

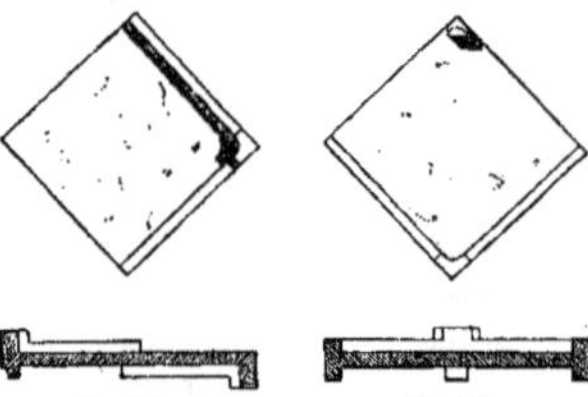

Fig. 62. Fig. 63.

La tuile Josson (fig. 64) est une tuile losangique irrégulière fréquemment employée. Cette tuile, dont l'aspect se rapproche de celui d'une feuille d'arbre, a sa pointe en accolade avec double rebord en dessous. Sa tête porte, sur le pourtour, un rebord en dessus; un relief égal y trace un second rebord, à petite distance du premier, et ainsi, tout en la renforçant, ménage, en arrière des joints obliques, une cannelure destinée au rejet sur la toiture des eaux qui pourraient s'infiltrer par les joints. Une triple nervure renforce la tuile en son milieu; en tête le revers porte un crochet. Il y a deux grandeurs de tuiles Josson, le *grand moule* et le *petit moule*. Leur couleur habituelle est rouge, mais il y en a de grises, et en les combinant, on peut obtenir des dessins variés.

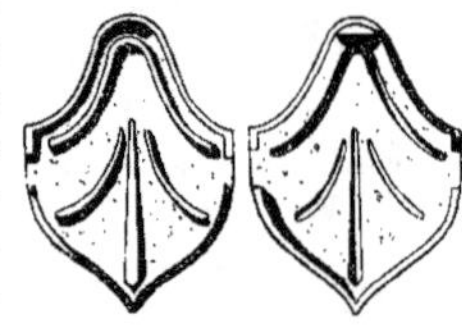

Fig. 64.

Nous citerons encore, comme tuiles de bonne qualité, mais sans entrer dans le détail de leur description, les tuiles Demimuid de deux modèles : le premier dit *ogival*, le second *à double face;* les tuiles de Martin à Marseille ; de Dumont à Roanne ; de Legrand à Sées (Orne); de Delagrange à Sermoise (Nièvre), etc.

Au point de vue de l'entretien et de la durée des couvertures en tuiles, les conditions suivantes sont recommandées : solide charpente, lattis sans flexion, tuiles de bonne qualité à surface lisse ; pente inclinée au delà de celle ordinairement suffisante, aérage facile de la face inférieure des tuiles et du lattis.

Tuiles vernissées. — Une des meilleures garanties de faible entretien et de longue durée est l'emploi des tuiles *vernissées*, c'est-à-dire revêtues d'une couche vitreuse conservatrice et que l'on colore diversement en blanc, en jaune, en brun, en vert, en bleu, etc., afin de pouvoir en former, au besoin, de riches mosaïques. Cet usage, très ancien du reste, mais abandonné depuis longtemps, semble devoir renaître aujourd'hui ; il est déjà très répandu en Bavière; l'église Saint-Louis, dans le faubourg d'Au, à Munich, est recouverte en tuiles émaillées.

La fabrication de ces produits exige de très grands soins; la préparation de l'argile en est surtout la partie importante. D'après les expériences faites à Munich, voici deux mélanges très usités pour la composition de la pâte :

1°	Terre glaise	1 volume.
	Argile rouge	1/2 —
	Sable de quartz	1 —
2°	Marne	1 —
	Sable de quartz	1 —

Un émail qui convient parfaitement à des argiles ainsi préparées est le suivant, les proportions étant indiquées en poids :

Cendre de plomb....................	12 parties.
Litharge..............................	4 —
Sable de quartz.....................	3 —
Alumine blanche....................	4 —
Sel marin.............................	2 —
Verre pilé............................	3 —
Nitre...................................	1 —

Le mélange intime des éléments est la première des conditions de la préparation de ces argiles. A cet effet, on les pulvérise, à l'état sec, par le battage ou mieux par le broyage à l'aide de cylindres, puis on les passe au tamis fin, enfin on les délaye dans l'eau pour obtenir un mélange plus parfait.

A Munich, on emploie généralement des tuiles plates, qu'on appelle *queues de castor ;* on les façonne dans des moules à la manière ordinaire, on les dessèche avec précaution et on les calcine fortement. Pour affranchir leur surface des impuretés qui ont pu s'y déposer pendant le séchage et la cuisson et aussi pour savoir si elles contiennent de la chaux, on les plonge dans l'eau pendant un ou deux jours ; la chaux, s'il y en a, s'éteint et crevasse la tuile, ce qui, après l'application de l'émail, serait très nuisible à ce dernier. Les éléments du vernis sont également passés au tamis et bien mélangés ensemble ; on les vitrifie ensuite par la fusion dans des creusets. Le verre obtenu est finement pulvérisé avec de l'eau sur des moulins à émail, et mis ainsi en état d'être appliqué.

La blancheur de ce verre peut être considérablement rehaussée, si, avant de transformer le plomb en cendre, on ajoute, pour 50 kilogr. de plomb, 10 à 12 kilogr. d'étain ; on peut enfin colorer diversement cet émail par l'addition des substances suivantes :

Couleurs.	Addition pour 10 kilog. de pâte d'émail.	
—	—	
Brun violet foncé	1/2	kilog. de manganèse.
Violet................................	1/4	— —
Rouge	3/8	— —
Vert..................................	1/4	— de cendre de cuivre.
Jaune d'or..........................	1/2	— d'antimoine.
Bleu clair...........................	$30^{gr},5$	d'oxyde de cobalt rouge.
Noir...................................	10	de litharge.
	5	de manganèse.

On ne fond pas ces matières ; on les broie, on les tamise et on les moud finement sur le moulin d'émail. L'intensité des tons obtenus dépend de la plus ou moins grande quantité de matières ajoutées ; on peut ainsi obtenir les nuances que l'on cherche. Du reste, avant de colorer l'émail dans toute sa masse, il est bon d'essayer la couleur, parce que les matières colorantes fournies par le commerce présentent un degré de pureté très variable.

L'émail coloré s'applique au pinceau et, pour l'incorporer dans la brique, on soumet celle-ci à une seconde cuisson, plus faible que la première. L'égalité de coloration dépend beaucoup du degré de chaleur auquel les produits sont portés ; l'expérience seule peut ici servir de guide. A Paris, l'usage des tuiles vernissées commence à se répandre ; la gare du Champ de Mars, construite à l'occasion de l'Exposition universelle de 1878, offre un curieux spécimen de ce genre de couverture.

Tuiles diverses. — On garnit les parties saillantes ou rentrantes des toits avec des tuiles spéciales.

Dans les couvertures en tuiles plates, le faîte, les arêtiers et les noues se font avec des tuiles creuses maçonnées au plâtre ou au mortier.

Les tuiles faîtières les plus simples sont demi-cylindriques (fig. 65), et ont ordinairement de 0m,40 à 0m,50 de longueur. On pose ces tuiles à sec, de manière qu'elles se touchent le plus exactement possible; puis on les scelle à leur base et sur leurs joints. Outre ces tuiles ordinaires, on distingue : 1° les faîtières *à emboîtement* et les faîtières *à recouvrement;* les premières, représentées en A (fig. 66), sont munies d'un bourrelet creux qui recouvre une petite saillie ménagée sur le pourtour de la faîtière voisine; les secondes, représentées en B, se recouvrent de quelques centimètres; 2° les faîtières *à angle droit*, employées pour les combles exposés à de grands vents et pour les couvertures en ardoises. Ces

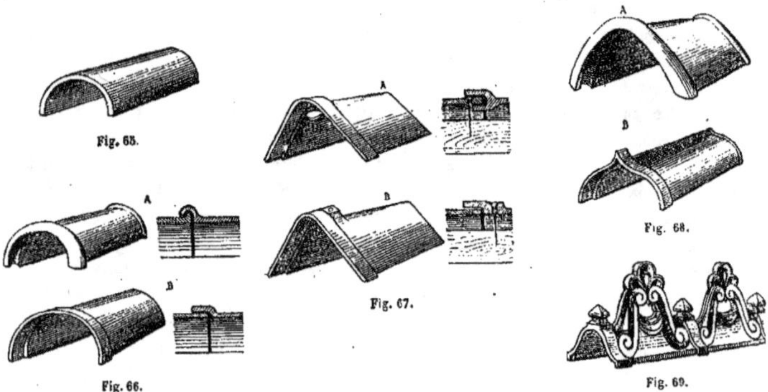

Fig. 65. Fig. 66. Fig. 67. Fig. 68. Fig. 69.

tuiles sont clouées sur le faîtage, tantôt dessous, tantôt sur le recouvrement, ainsi qu'on le voit en A et en B (fig. 67); 3° les faîtières dites *à dos d'âne* et les faîtières *à ogives;* la première, que représente en A la figure 68, est à emboîtement, la seconde B est à recouvrement. Les faîtières ne sont pas seulement unies; on en fait qui sont ornées et forment une décoration à laquelle on a donné le nom de *crête*. La figure 69 représente un ornement de ce genre.

Pour les arêtiers, on se contente, d'ordinaire, à Paris, de couper diagonalement les tuiles au droit de ces saillies et l'on pose un filet de plâtre ou *solin* qui en recouvre les bords.

Dans les couvertures en tuiles creuses, on pose à bain de mortier, sur les angles saillants des arêtiers ou faîtes, des tuiles de même forme, mais de grandes dimensions.

Dans les couvertures formées de tuiles à emboîtement, les faîtages, les arêtiers et les noues s'exé-

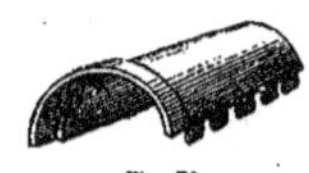
Fig. 70.

cutent de même en tuiles creuses posées à recouvrement. On fabrique, à cet effet, des faîtières *échancrées* soit d'un seul côté (fig. 70), soit des deux côtés, pour emboîter avec les tuiles à nervures telles que les tuiles Muller.

Enfin, les extrémités d'une toiture en tuile, aboutissant à un pignon, sont garnies très fréquemment d'une bordure en terre cuite, dont les éléments reçoivent le nom de *tuiles de rive*. Ce sont des pièces qui s'emboîtent les unes dans les autres. Les extrémités de la rive sont très souvent ornementées. Nous donnerons (fig. 71) un *fronton* en tuiles Muller, qui réunit à leurs sommets deux de ces garnitures, et (fig. 72) l'extrémité inférieure d'un rampant.

Des pièces analogues à celles qui garnissent les rives des pignons sont employées pour les chéneaux

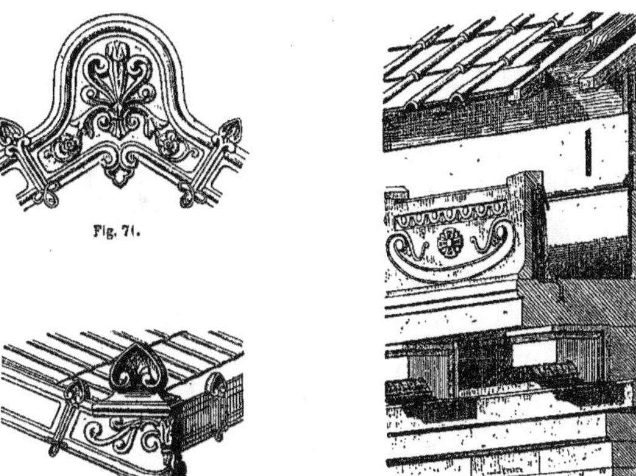

Fig. 71.

Fig. 72.

Fig. 73.

et sont également simples ou ornées. La figure 73 représente le chéneau qui reçoit les eaux du comble de l'église Saint-Pierre de Montrouge, à Paris; la face verticale de ce conduit est en terre cuite décorative.

CARREAUX

On nomme ainsi les petites dalles, de formes diverses, employées au revêtement des planchers ou des murs dans les habitations.

Carreaux ordinaires. — Ce sont les carreaux dont on se sert pour couvrir le sol. Leur forme est généralement hexagonale ou carrée. Ceux qui sont carrés ne se posent plus guère que dans les âtres de cheminée, les cuisines, les offices, les salles basses; on en trouve dans le commerce de trois échantillons : deux de $0^m,20$ et $0^m,25$ de côté avec $0^m,027$ d'épaisseur, et un de $0^m,13$ à $0^m,16$ de côté avec $0^m,02$ d'épaisseur; les plus étroits sont dits *carreaux à bandes.* Les carreaux hexagones ou à dix pans ont leur surface inscrite dans un cercle de $0^m,20$ ou de $0^m,14$ de diamètre et leur épaisseur est de $0^m,027$.

La fabrication des carreaux ordinaires offre une grande analogie avec celle des briques et des tuiles. Toutefois, ces produits devant posséder des qualités particulières de résistance à l'usure par le frottement et par l'action des agents atmosphériques, la pâte doit être très bien préparée et parfaitement cuite. Le façonnage demande aussi beaucoup de soin, il faut donner aux pièces une grande netteté de formes et des arêtes vives, afin qu'elles puissent se placer exactement les unes à côté des autres. Cette opération s'exécute à l'aide de moules dans lesquels on comprime la terre, soit à la main, soit à la machine. Lorsque les carreaux sont presque secs, on les rebat une ou deux fois, puis on les réduit à la dimension exacte du commerce, en appliquant dessus un calibre en fer ou en cuivre et coupant tout ce qui dépasse le modèle.

Les carreaux dont on se sert à Paris sont fabriqués en Bourgogne, à Massy, à Paris et dans ses environs. Les plus estimés sont les carreaux de Bourgogne. Dans certaines villes du Midi, et notamment à Marseille, on emploie des carreaux de forme hexagonale ou carrée, mais dont la surface est polie, et qui, essuyés avec un linge un peu gras, acquièrent un aspect de propreté très remarquable.

Actuellement, en France, le sol de la plupart des pièces dans les habitations est revêtu de parquet; on réserve les carreaux pour les salles de rez-de-chaussée, pour les vestibules, les cuisines, les chambres de l'étage des combles, les âtres de cheminée, etc. Pour exécuter un carrelage à rez-de-chaussée, on commence par y établir une aire en mortier de chaux et de sable de $0^m,15$ à $0^m,20$ d'épaisseur, et on la dresse avec soin, en prenant pour niveau le dessus du seuil des portes. La figure 74 représente un

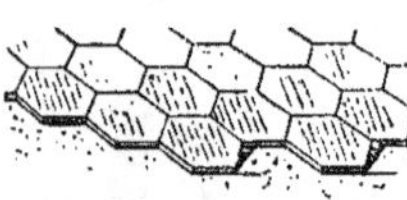
Fig. 74.

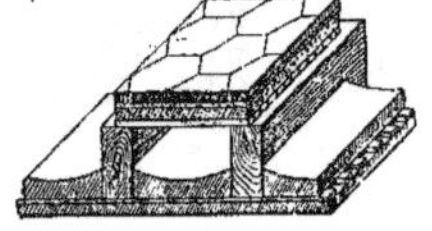
Fig. 75.

revêtement en carreaux hexagonaux. Sur les planchers hauts, on recouvre d'abord les solives de bardeaux (fig. 75) et l'on place au-dessus la *forme*, c'est-à-dire une aire en plâtre mêlé de poussière de gravois passée au crible; le scellement se fait soit avec du mortier de chaux, soit avec du plâtre auquel on ajoute un peu de suie, pour l'empêcher de prendre trop vite. Dans certains planchers, les bardeaux sont placés sur des tasseaux entre les solives et la forme repose directement sur les augets. Les raccords se font, le long des murs, avec des morceaux de carreaux qu'on nomme *pièces* ou *pointes*, selon qu'ils sont coupés parallèlement ou perpendiculairement à l'une de leurs arêtes.

Les cuisines se pavent en carreaux de terre cuite hexagones ou carrés; les arêtes de cheminée, en carreaux carrés.

Carreaux encaustiques. — Depuis un certain nombre d'années, on fait entrer les carreaux dans la décoration des pièces pour le revêtement des parois horizontales ou verticales; tantôt on leur donne des couleurs simplement unies et des teintes différentes; tantôt on y introduit, par voie d'incrustation, des pâtes diversement coloriées, de telle façon que ces carreaux, juxtaposés, forment des dessins très variés. Il faut, en outre, que ces ornements puissent résister aux frottements très rudes auxquels les carreaux sont soumis.

D'une manière générale, voici comment l'on procède pour la fabrication des carreaux incrustés : on prépare une pâte argileuse très fine, susceptible d'acquérir, par la cuisson, une grande dureté sans déformation et on la façonne par une forte pression mécanique. Les moules ou estampilles en cuivre impriment, en saillie, à la surface inférieure de cette pâte, les aspérités qui doivent lier les carreaux au plâtre ou au mortier, et en creux, à la surface supérieure, les dessins qui doivent recevoir la pâte colorée. D'ordinaire, le carreau est fait avec deux pâtes de même composition : l'une assez grossière formant la partie principale et inférieure; l'autre très fine, posée en couche mince à la partie supérieure et dans laquelle on imprime les ornements en creux. Ces cavités sont ensuite remplies de la même pâte, mais colorées par des oxydes métalliques infusibles; puis on enlève avec une lame ou racle en corne les parties qui ont débordé sur le fond. La difficulté est de trouver pour les ornements une pâte qui ait à la cuisson la même retraite que celle du carreau. Ce genre de fabrication, qui commence à obtenir, en France, le succès qui lui est dû, est très répandu à l'étranger; aux récentes Expositions universelles, on a pu remarquer les produits des maisons Minton, Hollins et Cie, à Stoke-upon-Trent, en Staffordshire; Maw et Cie (Angleterre); de la Société de Wienerberg (Autriche); de la maison Nolla et Sagrera, à Valencia (Espagne).

Parmi les fabriques étrangères, la maison Minton occupe le premier rang dans cette industrie. Le sol même sur lequel est construite l'usine fournit une terre fine et dure, de couleur rouge ou jaune, qui forme la base de la fabrication. Les autres couleurs sont obtenues avec des oxydes métalliques. Les terres sont broyées, lavées, puis tamisées et enfin réduites à l'état de consistance pâteuse. Un plâtre, préparé d'avance, donnant le relief du dessin que doit présenter le carreau et disposé dans un moule métallique, reçoit une couche mince d'argile de première qualité, destinée à former la surface du carreau. On comprime cette couche, qui reçoit en creux l'empreinte du dessin; puis on la recouvre de la pâte la plus commune, sur l'épaisseur déterminée. Un fort coup de presse suffit pour donner la compacité nécessaire, et l'on verse sur le dessin les pâtes colorées à l'état liquide, de manière que la surface du carreau en soit totalement recouverte. Au bout de deux ou trois jours, on racle, puis l'on essuie. Enfin l'on fait sécher pendant dix ou quinze jours et l'on procède à la cuisson. C'est pendant cette dernière opération que le dessin reçoit la nuance voulue, par suite de la combinaison des oxydes avec les pâtes[1].

MM. Maw et Cie à Brosely, font aujourd'hui une sérieuse concurrence à la maison Minton pour ce genre de produits. Dans l'exposition de ces fabricants au Champ de Mars, en 1878, on remarquait un grand choix de carreaux encaustiques ornés des dessins les plus variés. De même, la société du Wienerberg avait exposé des dalles de carrelage en mosaïque, d'une très grande dureté, décorées de dessins incrustés à une profondeur de 3 à 4 millimètres, faites d'une masse d'argile alliée au feldspath et que l'on durcit fortement par la cuisson au grand feu. C'est un des établissements de cette société, l'usine d'Inzersdorf, qui a introduit cette fabrication en Allemagne, en 1875. Parmi les nombreux édifices qui ont été pavés de ces carreaux, nous citerons l'Église votive à Vienne, et l'Institut anatomique de Pesth.

En France, un certain nombre de manufactures, entre autres celles de Boulenger d'Auneuil, près Beauvais, celle de M. Simons et Cie au Cateau, près d'Avesne (Nord), et surtout les usines de MM. Boch à Mettlach et à Maubeuge livrent au commerce des carrelages ornemanisés très remarquables.

Les carreaux dits *de Maubeuge* notamment sont formés d'une pâte essentiellement feldspathique, dans laquelle on n'introduit d'argile que ce qu'il faut pour former une masse humide, s'agglutinant par forte compression. Le feldspath est d'abord soumis au broyage, réduit à l'état de barbotine, puis raffermi par des procédés spéciaux de dessiccation. Le mélange des matériaux, convenablement dosés, et leur malaxage sont alors effectués; puis l'on procède au moulage, qui s'exécute dans des moules métalliques à parois très résistantes, soumis à l'action d'une presse hydraulique. Les moules sont munis de poignées qui leur permettent de se déplacer avec facilité.

« Supposons, dit M. Salvétat, à qui nous empruntons cette description[2], qu'il s'agisse de faire un carreau granité, deux ouvrières suffisent : l'une tient à sa disposition une petite caisse contenant du ciment grossier de couleur claire; elle en saupoudre le fond du moule, et passe à sa voisine le moule qu'elle pousse par la poignée; celle-ci remplit le moule d'une petite couche de remplissage légèrement humectée, qui donne la pâte plus colorée au milieu de laquelle les grains de ciment se trouvent empâtés. On soumet à la presse par pressions successives, jusqu'à ce que l'épaisseur primitive ait été réduite de moitié environ; on retire le moule, on le remplit de terre commune qui fait le fond du dessin; ce dernier se trouve donc incrusté sous une épaisseur de 2 à 3 millimètres, qui suffit amplement à l'user sous l'influence d'un service répété. Ces carreaux sont cuits en grès; ils ont une grande dureté; ils se sont ramollis au feu; on peut donc les façonner à l'état de pâte presque sèche.

« Veut-on faire des carreaux à deux couleurs juxtaposées, comme par exemple des carreaux carrés, mi-partis rouges et mi-partis blancs, séparés par une diagonale, on a mis en travers du moule une petite

1. Laboulaye, *Dictionnaire des arts et manufactures*.
2. Voy. Brongniart, *Traité des arts céramiques*, 3e édition, t. II, Notes et additions.

bande de fer-blanc très mince et de peu de hauteur; autour d'une même table, à proximité de la presse, sont des ouvrières qui, à tour de rôle, mettent dans les compartiments du moule, l'une, la terre rouge en poudre humide, l'autre la terre blanche; dans le compartiment convenable on fait descendre la partie supérieure du moule, qui comprime les deux poudres, on soude ensemble toutes les molécules, en les comprimant contre la feuille de fer-blanc; on enlève celle-ci; on s'occupe du remplissage, et, procédant comme il a été dit, on amène par une compression violente, mais progressive, au tiers de ce qu'elle était d'abord, l'épaisseur totale du carreau.

« Supposons enfin que le carreau soit ornemanisé, qu'il doive reproduire des dessins variés à plusieurs teintes; la méthode générale de fabrication est la même; les moules sont plus compliqués. Leur fond est garni de la feuille de fer-blanc, qui se projette suivant une ligne droite dans le cas précédent, mais qui, dans celui qui nous occupe, peut être contournée suivant des lignes variées, uniques ou multiples, soudées les unes aux autres, de façon à former des compartiments nombreux dans lesquels les pâtes colorées vont être introduites, comme il a été dit.

« A cet effet, les moules circulent sur une table, dans un sens déterminé, de manière à passer successivement devant toutes les ouvrières, qui placent la terre qu'elles doivent mettre dans un compartiment distinct; elles ont cette terre à leur disposition dans une petite caisse et se servent d'une sorte de main en fer-blanc pour égaliser la couleur.

« Quand le moule est garni, c'est-à-dire que chaque compartiment a reçu la couleur qui lui convient, on comprime, on enlève la feuille contournée qui limite les compartiments; on remplit de terre commune, on comprime enfin à refus, et le carreau se trouve terminé. On démoule, on fait sécher et on porte à cuire. »

Le séchage est opéré dans un séchoir où circule un courant d'air chaud provenant des gaz qui ont traversé le four pendant la période de refroidissement. La cuisson s'effectue au charbon de terre dans un four qui a la forme d'une tour ronde, et qui est muni de foyers disposés circulairement à la partie inférieure. On a aussi, pour fabriquer des carreaux ornés de couleurs, employé le procédé suivant : un patron métallique très mince, figurant des ornements découpés, est appliqué sur un carreau de couleur déterminée; puis la pâte colorée, à l'état de barbotine, est posée sur les enduits convenables à l'aide d'une brosse ou d'un pinceau. Mais ce procédé ne convient qu'aux pièces qui doivent être recouvertes d'un vernis ou servir aux revêtements, l'épaisseur de la couche colorée n'étant pas suffisante pour résister aux frottements qu'un dallage doit supporter.

Carreaux émaillés. — Les carreaux décoratifs, et particulièrement ceux dont on revêt les parois verticales des murs, sont souvent recouverts d'un vernis qu'on pose soit par immersion, soit par arrosement, comme on l'a vu plus haut pour les tuiles. On fait même fréquemment sur ces carreaux des ornements en relief. L'Exposition universelle de 1878 nous a montré de nombreux produits de ce genre envoyés par les maisons que nous avons précédemment citées.

PRODUITS DIVERS.

Tuyaux de cheminée. — Une des applications les plus remarquables et les plus récentes de la terre cuite dans la construction des bâtiments, est celle qu'on a faite de cette matière à l'établissement des conduits de fumée. Ces tuyaux se faisaient généralement en plâtre ou en briques ordinaires, qui, fréquemment dilatées par la chaleur, finissaient par se disjoindre; aussi a-t-on songé à les construire au moyen de terres cuites spéciales. On a d'abord utilisé les briques Gourlier, dont nous avons parlé précédemment; mais les tuyaux ainsi construits ont l'inconvénient de présenter trop de joints verticaux, susceptibles, en cas de tassement, de s'ouvrir et d'établir des communications de ces conduits, soit entre eux, soit avec l'intérieur des appartements : on a donc remplacé ce système par celui de pièces en terre cuite réunies entre elles (fig. 76), de manière à n'offrir de joints verticaux que sur les faces extérieures des murs. Enfin, tous les joints verticaux peuvent être évités par l'emploi de terres cuites d'une seule pièce accolées, que l'on appelle *wagons* (fig. 77). Ces conduits sont droits ou dévoyés.

On les fabrique à la filière, au moyen de machines analogues à celles que l'on emploie pour les briques creuses, mais placées verticalement; on évite ainsi la déformation de ces tuyaux et l'on reçoit chaque

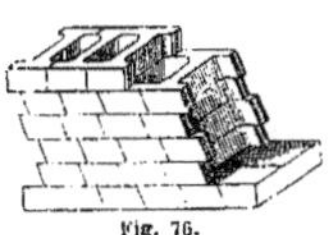
Fig. 76.

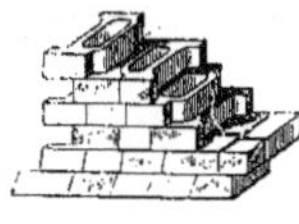
Fig. 77.

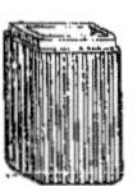
Fig. 78.

pièce sur une planchette où elle reste debout. Il est bon de pratiquer sur les faces formant parement quelques trous ou cannelures qui facilitent l'adhérence des enduits.

Tels sont les systèmes employés pour les tuyaux noyés dans l'épaisseur des murs; on a fait aussi des conduits de fumée adossés aux murailles avec des poteries cylindriques, dont on a plus tard légèrement modifié la forme, et qui constituent aujourd'hui ce qu'on appelle les *boisseaux* (fig. 78). Ce sont des prismes rectangulaires dont les angles sont arrondis; on en fait de toutes grandeurs, mais ceux qui sont ordinairement employés ont $0^m,19$ de largeur, $0^m,23$ de longueur et $0^m,33$ de hauteur; ils s'emboîtent les uns dans les autres et leurs parois extérieures sont cannelées pour faire prise avec le plâtre ou le mortier.

On se sert encore des poteries cylindriques à emboîtement ou des boisseaux pour établir des ventilateurs.

Mitrons. — Au sommet des tuyaux de cheminée, on place fréquemment des appareils en terre cuite appelés mitrons ou lanternes, qui servent à empêcher la pluie ou le vent de s'introduire dans le conduit, tout en laissant un passage à la fumée.

Les mitrons les plus usités sont de forme cylindrique, conique ou prismatique, unis ou ornés. La figure 79 représente un mitron ordinaire plein, à section circulaire et un mitron orné; celui que nous

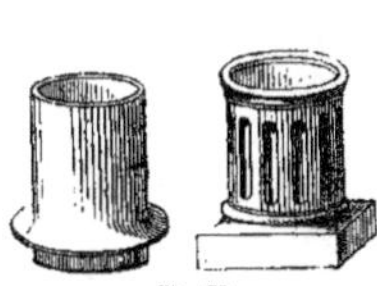
Fig. 79.

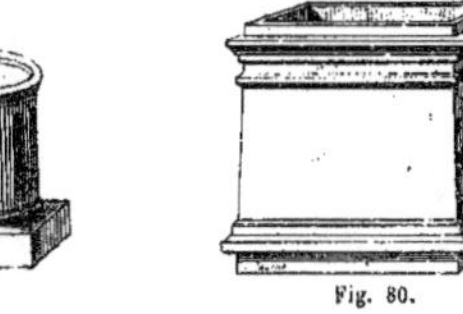
Fig. 80.

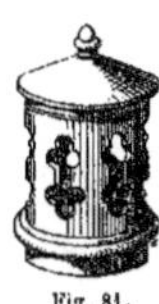
Fig. 81.

donnons (fig. 80) est un mitron à section rectangulaire, décoré de moulures. Enfin, la figure 81 représente une lanterne ajourée, dont les ouvertures sont à trèfles et dont le couvercle peut s'enlever.

Terres cuites décoratives. — Il nous reste quelques mots à dire de l'application de la terre cuite à l'ornementation architecturale. Tantôt cette matière est employée pour la fabrication d'objets tels que balustres, figurines, corbeilles, vases de jardin, suspensions, etc. On l'a utilisée avec sa couleur naturelle ou revêtue d'émaux de diverses nuances; elle est façonnée en pièces d'ornements pour la décoration des panneaux, des frises, des corniches, etc.

Comme le faisait très justement remarquer, il y a deux ans, notre confrère, M. Deslignières, dans une communication adressée à la Société de l'Union céramique, l'Exposition universelle de 1878, étudiée au point de vue de l'emploi des matériaux céramiques dans la construction, a mis en relief des tendances bien caractérisées. La première, c'est le développement de la fabrication des matériaux courants, destinés à servir de remplissages; développement qui est une conséquence directe de l'usage de plus en plus considérable du fer. La deuxième tendance s'affirme par l'emploi des matériaux céramiques comme moyen décoratif. C'est le résultat d'un certain retour vers la polychromie pour l'extérieur des édifices.

Quand on songe d'une part aux résultats merveilleux déjà obtenus dans cette branche de la décoration architecturale, et de l'autre à l'introduction de cet élément nouveau, le fer, dans la construction moderne, ne semble-t-il pas que l'alliance du métal et de la terre cuite soit appelée à constituer bientôt le caractère architectonique de l'époque contemporaine?

TROISIÈME PARTIE

EXPLICATION DES PLANCHES

PLANCHE N° 1

APPAREILS DES MURS

La construction des murs en briques exige, comme nous l'avons fait remarquer déjà, un soin tout particulier, non seulement pour que ces murs offrent une solidité parfaite, mais aussi pour que certains effets puissent être obtenus, tant par la disposition des joints que par la couleur des matériaux, dans le cas où les parements sont laissés en vue. Les dimensions usuelles des briques ont été prévues de telle sorte que cette double condition puisse être réalisée. Mais de ces dimensions mêmes résulte l'épaisseur des murs, ceux-ci se réduisant, sous ce rapport, à un certain nombre de types; ainsi, avec la brique de Bourgogne, de 0,22 × 0,11 × 0,55, on construit des murs de $0^m,11$, de $0^m,22$, de $0^m,33$, de $0^m,44$, etc. d'épaisseur. La planche n° 1 offre un certain nombre d'appareils usités pour ces différentes épaisseurs on y voit figurés le parement et deux assises consécutives, l'une en plan perspectif, l'autre en plan géométral.

L'appareil d'une cloison de $0^m,055$ ou de $0^m,11$ d'épaisseur, c'est-à-dire d'un mur en briques posées de champ ou à plat, est excessivement simple. C'est l'appareil *régulier*, adopté par les anciens et les modernes, pour les murs en pierres de taille; les joints d'une assise tombent au milieu des pleins de l'assise placée au-dessous (n° 1).

Dans les murs de $0^m,22$ d'épaisseur, les briques peuvent être combinées de plusieurs façons :

1° Les assises sont formées de *boutisses* avec joints chevauchés (n° 2).

2° Une assise est composée de deux *panneresses* avec joints chevauchés, comme le montre le plan, et l'assise placée au-dessus, de boutisses occupant toute l'épaisseur du mur et recouvrant les joints (n° 3).

3° Une assise est formée de deux briques panneresses juxtaposées deux à deux, suivant toute leur longueur, et l'assise au-dessus, de briques boutisses recouvrant les joints (n° 4).

4° Le mur est composé d'assises alternées de boutisses et de panneresses posées joints sur pleins. Les joints montants des boutisses sont situés sur les mêmes verticales dans toute la hauteur du mur et se correspondent de deux en deux tas, tandis que ceux des panneresses ne se rapportent aux mêmes verticales que de cinq en cinq tas (n° 5). Cette disposition, généralement adoptée en Belgique, a reçu des Wallons le nom d'*appareil en losange*. Elle est très avantageuse : les joints y sont très contrariés et la liaison est complète dans tous les sens.

5° Une disposition fréquemment employée en Angleterre est représentée par le n° 6. Chaque tas est formé de boutisses et de panneresses alternées.

6° Enfin, l'on peut encore adopter un arrangement dans lequel chaque assise est composée alternativement de deux panneresses et de trois boutisses juxtaposées (n° 7).

Pour les murs de $0^m,33$, c'est-à-dire ayant une épaisseur égale à une fois et demie la longueur d'une brique, il y a aussi lieu d'appliquer plusieurs dispositions :

1° Chaque assise est formée de panneresses et de boutisses, les panneresses occupant alternativement le parement extérieur et le parement intérieur dans deux assises contiguës. De ce système naissent deux arrangements différents, l'un représenté par le n° 8 et l'autre par le n° 9.

2° La disposition que donne le n° 10 peut encore être adoptée.

Les murs de $0^m,45$, qui ont une épaisseur égale à deux longueurs de brique, se construisent de même suivant divers modes d'appareil :

1° Une assise se compose de panneresses intérieures et extérieures, avec boutisses au milieu, et l'assise au-dessus, de boutisses seulement (n° 11).

2° Chaque assise est formée de panneresses et de boutisses (n° 12).

Angles des murs. — Pour la construction des angles de murs on emploie généralement la pierre, afin d'éviter la taille de la brique, qui est difficultueuse et offre beaucoup de déchets. Cependant, il y a des circonstances où l'on tient à faire ces angles en briques.

Les *angles droits* sont les plus simples : leur construction repose sur l'application de l'appareil *en besace*, dans lequel les briques des diverses assises lancent alternativement leur queue des deux côtés de l'angle. La figure 1, ci-jointe, montre cette disposition, appliquée à la rencontre de deux murs de $0^m,11$

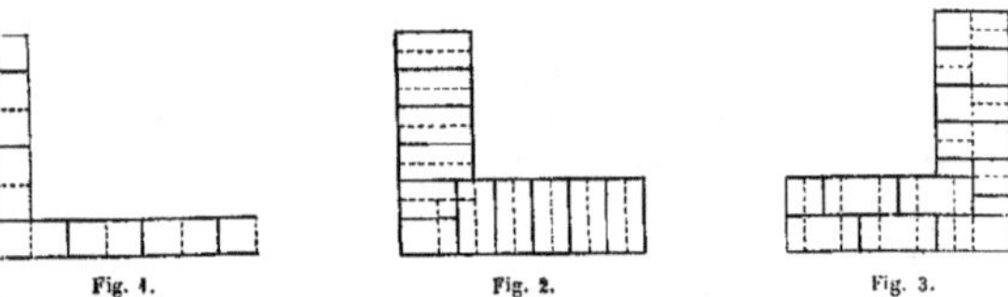

Fig. 1. Fig. 2. Fig. 3.

d'épaisseur. Pour les murs de 0 ,22 il faut adopter soit les *quarts*, soit les *trois quarts* de briques, posés de manière à chevaucher les joints et à former liaison. Sur la figure 2 on remarque l'emploi de trois quarts de briques à l'angle, placés alternativement en boutisses et en panneresses par rapport à chacune des faces. Les figures 3 et 4 représentent des angles de murs de $0^m,22$, dans lesquels il est fait usage de quarts de

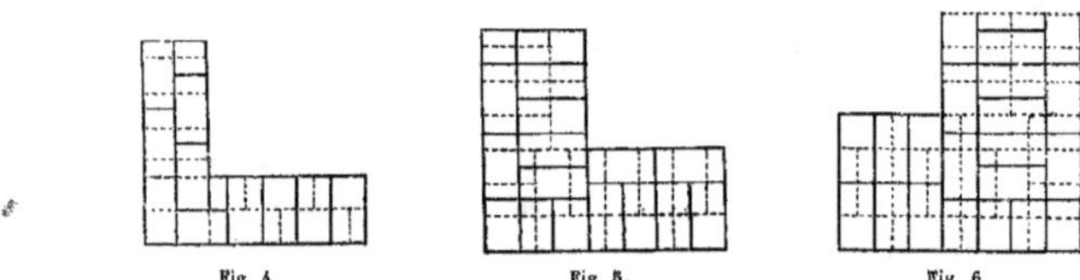

Fig. 4. Fig. 5. Fig. 6.

briques. Pour les murs de 0^m, 35, les trois quarts suffisent, comme le montre la figure 5 ; il en est de même pour les murs de $0^m,45$ (fig. 6).

Dans les *angles quelconques*, aigus ou obtus, les briques sont taillées suivant l'angle, avec la truelle ou le ciseau. Sur la figure 7 on voit les briques d'angle coupées dans leur longueur et se recouvrant alternativement ; cette disposition s'applique aux murs de $0^{m},22$, qui représentent le cas le plus difficile.

Dans le cas de rencontre d'un mur de refend avec un autre mur, on effectue la liaison en employant

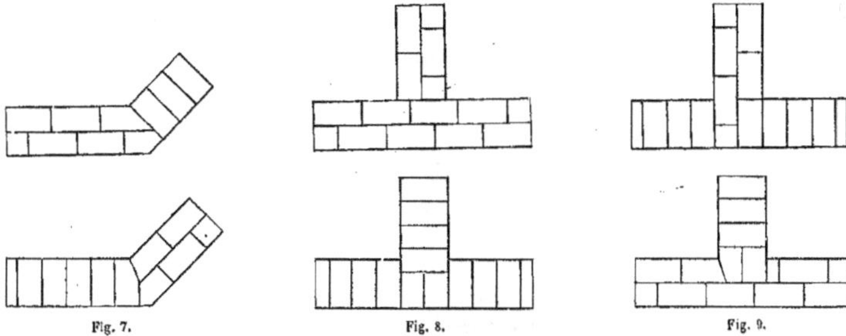

Fig. 7. Fig. 8. Fig. 9.

soit des demi-briques et des trois quarts de briques (fig. 8), soit des quarts et des trois quarts (fig. 9).

Dans les pans coupés, on est obligé de tailler la brique et d'employer les remplissages (fig. 10). La

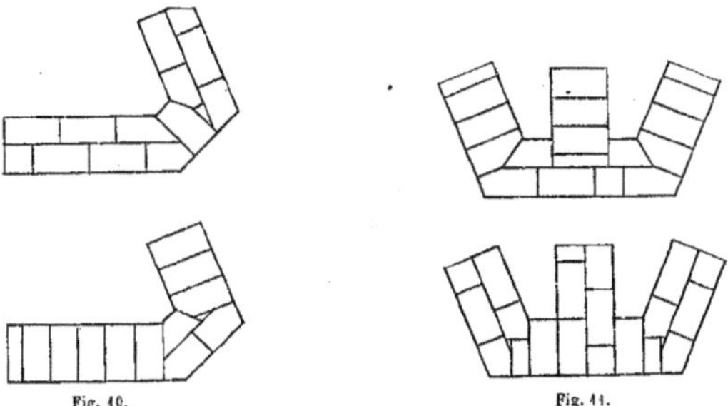

Fig. 10. Fig. 11.

figure 11 représente le double cas du pan coupé et du mur de refend. Les quarts de briques sont disposés de manière à offrir, en élévation, un appareil régulier.

Dans les pilastres, fréquemment employés pour renforcer les angles des murs, la saillie a tantôt la

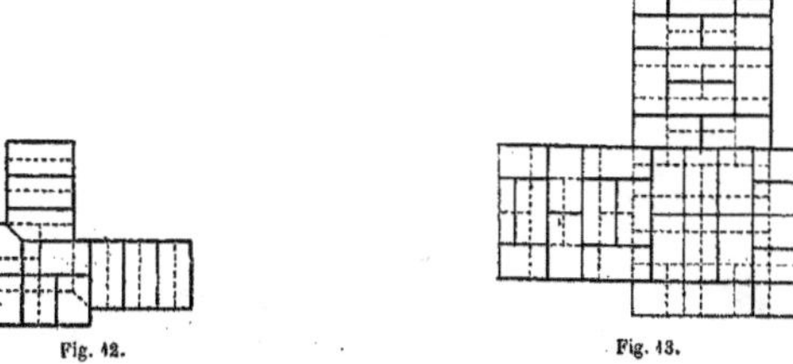

Fig. 12. Fig. 13.

demi-longueur, tantôt la largeur entière d'une brique. La figure 12 représente le premier cas, et la figure 13 le second. Des dispositions analogues sont adoptées pour les pilastres des trumeaux.

Piédroits. — Les piédroits des baies sont tantôt simples, tantôt munis de feuillures. Les piédroits simples sont d'un appareil facile; pour les piédroits à feuillures et à ébrasement, on taille la brique avant et parfois même après la pose. Depuis quelque temps aussi certaines usines confectionnent des briques spéciales pour cet usage.

Piliers. — Enfin les piliers destinés à supporter des filets ou à flanquer des murs de clôture au droit

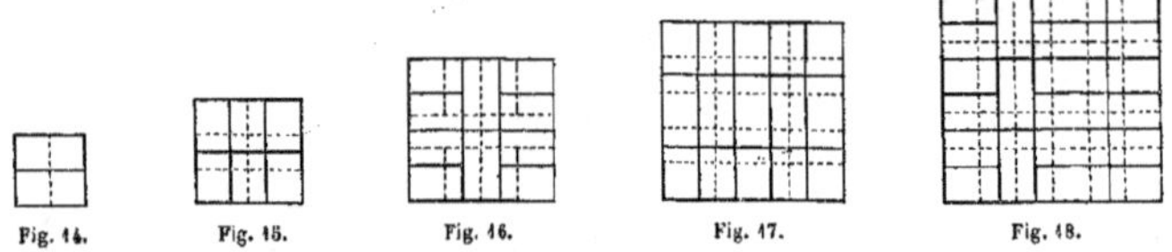

Fig. 14. Fig. 15. Fig. 16. Fig. 17. Fig. 18.

des portes charretières exigent un arrangement particulier. Nous donnons (fig. 14, 15, 16, 17 et 18) plusieurs exemples d'appareils qui diffèrent entre eux, suivant l'épaisseur de ces piliers. Les lignes pleines indiquent les joints d'une assise et les lignes pointillées, les joints de l'assise inférieure.

PLANCHES Nos 2 ET 3

CARRELAGES

« De tout temps et dans tous les pays, dit Viollet-le-Duc[1], on a employé, pour revêtir les aires du rez-de-chaussée, soit dans les édifices publics, soit dans les habitations particulières, des pierres plates dures, polies, jointives, sans ordre ou avec symétrie. »

La terre cuite, façonnée en carreaux, est éminemment propre à ce genre de revêtement; les formes et les couleurs variées qu'on peut donner aux éléments d'un carrelage permettent toute sorte de combinaisons. Les divers arrangements réunis sur les planches nos 2 et 3 suffisent pour donner une idée de la variété qu'on peut obtenir avec des dalles de terre cuite affectant la forme la plus simple, le carré.

Les couleurs et les dimensions de ces carreaux sont actuellement adoptées par le commerce, comme nos lecteurs ont pu en juger à l'Exposition universelle de 1878, par l'examen des produits qu'avaient envoyés les plus importantes fabriques de France et de l'étranger, telles que la maison Grenier de Paris, les maisons anglaises Minton et Cie, Maw et Cie, Graven Dunnil et Cie, etc. Pour les arrangements, dont la plupart sont également très usités, nous nous sommes inspirés des combinaisons si curieuses du dallage de la cathédrale d'Amiens. Ce pavement, qui date du XIIIe siècle, ne consiste qu'en petites dalles carrées noires et blanches formant à chaque travée un dessin différent.

Les compartiments sont très heureusement combinés.

Le damier, la grecque, les bandes parallèles ou croisées, les entrelacs forment le canevas de ces divers arrangements.

PLANCHE N° 4

PIGNONS ET TRUMEAUX

Les pignons des murs en briques peuvent prendre des aspects très variés, suivant le mode d'arrangement et la couleur des éléments qui entrent dans leur construction.

Cette planche offre des dispositions fréquemment adoptées dans le nord de la France. Sur le pignon de gauche, percé de baies cintrées, on remarque l'emploi de chaînes de briques formant saillie aux angles et

1. *Dictionnaire raisonné de l'architecture française*, t. V, p. 9.

aux piédroits de la fenêtre. L'entourage de l'œil-de-bœuf est en briques boutisses; des combinaisons diverses, losanges, croix, bandes horizontales ou en zigzag sont obtenues par la teinte plus foncée des éléments qui les composent. Les rampants sont formés d'un épi en brique, ou sorte de crémaillère, divisée en un certain nombre de crochets dans lesquels les joints de lit sont d'équerre sur la tête inclinée des murs.

On y peut constater l'emploi de quarts de brique.

Le bas de la planche est occupé par divers appareils pour des trumeaux de différentes largeurs; les quarts de brique y sont également mis en usage.

PLANCHE N° 5

FENÊTRES

Pour les entourages de fenêtres les combinaisons des briques sont très nombreuses. Quelques exemples se trouvent représentés sur notre planche.

Tantôt les piédroits sont formés par des chaînes mises en évidence par la seule différence de ton que présentent leurs éléments avec celui du fond, tantôt par de véritables chambranles légèrement saillants. Les quarts de brique sont encore fréquemment usités ici. La fermeture des baies est constituée par des arcs dont l'épaisseur est égale soit à une longueur de brique, soit à plusieurs longueurs. Ces arcs sont d'un seul ton, ou bien des couleurs diverses s'y trouvent combinées.

La frise de couronnement et les appuis de fenêtres présentent plusieurs dessins.

L'emploi de la pierre est réservé seulement pour les bandeaux, les sommiers, les clefs des arcs, les pilastres qui renforcent les angles et le soubassement.

PLANCHE N° 6

CARRELAGE (CHATEAU D'ANET)

Nous avons parlé, dans notre Historique, du château d'Anet, construit, en 1548, par Diane de Poitiers, veuve de Louis de Poitiers. Nous avons dit que cet édifice, qui reste un des plus beaux types de la Renaissance française, renfermait un carrelage dans lequel on trouvait un remarquable emploi de la brique.

Ce pavement, que représente notre planche, a été exécuté d'après un dessin de M. A. Bourgeois.

Il était composé de dalles en pierre, de pavés en grès et de briques. « L'ornementation en était produite, rapporte M. Pierre-Désiré Roussel[1], par des carrés de briques sur quatre faces avec un carré de pierre au centre.

« Ce carré, entouré par une bordure de pierre, alternait avec un rectangle, également composé de briques sur quatre faces avec des deltas et des croissants de pierre incrustés dans les briques. De petits pavés en grès remplissaient les intervalles et formaient le fond de cette mosaïque, où les trois couleurs de ces modestes matériaux produisent un très bon effet. »

Sur cette même planche nous avons figuré trois carreaux ornés de chiffres ou d'armoiries qui proviennent également du château d'Anet.

PLANCHE N° 7

PANNEAUX

Les dispositions diverses et les tons variés des briques laissées apparentes sont susceptibles de produire de très heureux effets, comme le montrent les panneaux représentés par cette planche. Nous avons

1. *Histoire et description du château d'Anet*. Paris, 1873.

choisi ces appareils parmi ceux qui ont été employés pour certaines constructions annexes de l'Exposition universelle de 1878.

Les n°s 1 et 4 sont des panneaux qui appartenaient aux serres construites dans le jardin du Champ de Mars près de la Seine. Ces appareils, dont l'effet coloré est produit par la combinaison de briques noires, jaunes et rouges, sont particulièrement applicables aux murs de 0[m],22 d'épaisseur.

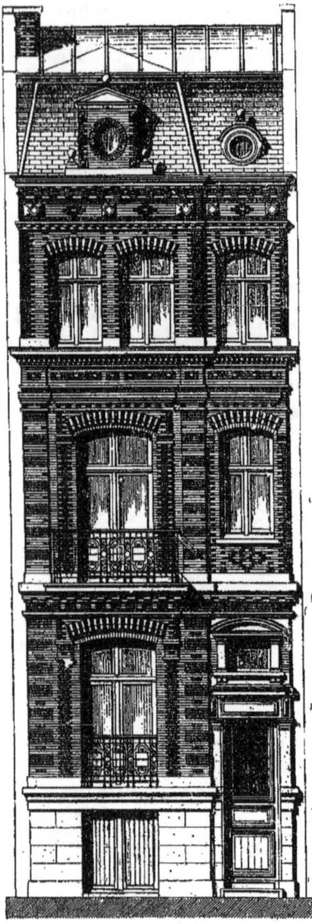

Fig. 19.

Les panneaux du n° 2 sont tirés des pavillons affectés à l'agriculture, et qui étaient situés de même dans le jardin du Champ de Mars. Ces pavillons étaient construits en charpente apparente avec remplissages en briques.

Dans le panneau supérieur, le dessin formant bordure est composé de briques jaunes et noires, placées en panneresses et boutisses. Au-dessous, des ajours en croix sont ménagés dans les remplissages triangulaires qui accompagnent la croix de Saint-André. Le panneau inférieur présente un encadrement en briques debout dans les parties verticales et en briques à plat dans les parties horizontales. Des demi-briques et des quarts de briques forment les croix distribuées à la surface du panneau, dont l'effet général est obtenu à l'aide de cinq couleurs différentes des éléments qui le composent.

Trois couleurs seulement sont employées dans les panneaux 3 et 5, qui appartenaient au Pavillon du Gaz, construction dont une de nos planches présente un ensemble et sur laquelle nous aurons à revenir.

PLANCHE N° 8

COURONNEMENTS DE FENÊTRES

L'emploi de la brique apparente est très commun dans les constructions des départements de la France ainsi qu'en Belgique. Nous donnons (fig. 19) l'élévation d'une maison bruxelloise construite par M. Buysschaert.

La façade est fort étroite et l'habitation, occupée par une seule famille, possède seulement deux grandes pièces à chaque étage[1]. La décoration est traitée tant par les saillies que par l'emploi des briques rouges et bleues, de la pierre bleue et de la pierre de France.

Cette planche représente, à plus grande échelle, les couronnements des fenêtres cintrées de chacun des étages. On remarquera que les épaisseurs des arcs de fermeture de ces baies et les saillies des briques qui les composent vont en diminuant dans le sens de la hauteur.

Le ton gris bleu des briques figurées ici est obtenu par un procédé particulier de cuis-

1 Nous accompagnons d'ailleurs du plan d'une maison de ce genre l'explication d'une des planches suivantes.

son [1]. Ces briques rouges et grises sont fabriquées à Boom, dans la province d'Anvers; elles ont, en longueur 0m,18; en largeur, 0m,085 et, en épaisseur, 0m045 au maximum. Leur force de résistance à la pression est très grande; aussi les emploie-t-on fréquemment pour les voûtes ordinaires et les voûtains, que l'on établit entre les solives des planchers.

PLANCHES Nos 9, 10 ET 11

PAROIS VERTICALES — MURS PLEINS

Les nos 1, 2, 3 et 4 de la planche n° 9 représentent des effets variés obtenus à l'aide de briques de deux couleurs appareillées en boutisses; ces appareils ont été relevés sur des constructions en briques de Moulins et de ses environs.

Dans les diverses combinaisons que donne la planche n° 10 il est fait usage de briques boutisses et de briques panneresses.

Ces dessins peuvent convenir aux parements des murs de 0m,22 d'épaisseur.

Il en est de même des combinaisons indiquées sur la planche n° 11, dans laquelle on remarque l'emploi de briques de trois couleurs différentes, rouges, noires et jaunes.

PLANCHES Nos 12, 13 ET 14

BALUSTRADES

Nous avons réuni sur la planche n° 12 un certain nombre de spécimens de balustrades en terre cuite dont on voyait les modèles au Pavillon céramique [2] de l'Exposition universelle de 1878.

Les modèles 1, 2 et 3 avaient été exposés par les membres de l'Union céramique et chaufournière de France, MM. Arnaud-Étienne, fabricant à Marseille; G. Duverne, à Montereau-les-Mines; Grégoire et Cie, au Fresne-d'Argence (Calvados); Avril, à Montchanin.

Les spécimens 4 et 5 sont des modèles dus au crayon de M. Deslignières, architecte du Pavillon céramique.

Le premier a été exécuté par M. Gastellier, fabricant à Fresne, et par M. Claye, en Seine-et-Marne; le n° 5 n'a pas été exécuté.

Le modèle n° 6 peut s'exécuter avec des pièces que l'on trouve chez presque tous les fabricants.

Le modèle n° 7 est extrait de l'album de M. Arnaud-Étienne.

Le spécimen n° 8 est un modèle de M. Joly-Barbot, fabricant de produits céramiques et de machines spéciales, à Blois (Loir-et-Cher).

Le modèle n° 9 est dû encore au crayon de M. Deslignières.

Le modèle n° 10 est extrait de l'album de la Tuilerie de Fresne-d'Argence (Calvados).

Le modèle n° 11 est dû à M. Kaltenhauser, sculpteur céramiste.

Le modèle n° 12 peut s'exécuter avec des pièces qu'on trouve également chez presque tous les fabricants.

Le modèle n° 13 est tiré de l'album de la grande Tuilerie de Bourgogne, à Montchanin.

Les tablettes qui surmontent ces balustrades et les socles sur lesquels elles reposent sont exécutés en briques creuses.

La planche n° 13 présente aussi des balustrades formées de terres cuites fabriquées sur des modèles spéciaux.

1. Les procédés de coloration des briques sont décrits dans la IIe PARTIE de cet ouvrage.
2. Voir planches 49, 50, 51, 52.

Les n°s 1, 2 et 3 offrent le même agencement, composé à l'aide de pièces dérivées du même type.

Dans le n° 4, l'élément passe de la forme demi-cylindrique à la section trilobée.

Dans le n° 6, les ajours quatrilobés sont obtenus par l'assemblage de plusieurs éléments.

Enfin les n°s 5, 7, 8 et 9 sont des combinaisons de briques ordinaires, seules ou accompagnées de pièces de fabrication spéciale.

Enfin la planche n° 14 montre un certain nombre de balustrades construites en briques simplement posées à plat. Dans tous ces exemples, le corps même des appuis a une épaisseur égale à la longueur d'une brique; les piédroits extrêmes, comme l'indiquent les coupes, ont une brique et demie, les couronnements et les bases, deux briques d'épaisseur.

Dans les n°s 1, 2, 3 et 4, les montants ont, en largeur, soit une, soit deux briques. Les autres spécimens sont de véritables claires-voies, dont les ajours sont obtenus par des dispositions variées des éléments qui composent ces appuis.

PLANCHE N° 15

CARRELAGES

Sur les planches n°s 2 et 3 nous avons réuni plusieurs dessins de carrelages obtenus par diverses combinaisons de pièces de terre cuite de forme carrée. Cette planche donne une idée de la variété d'effet que peut procurer l'assemblage de pièces de formes variées. Ces dessins peuvent convenir particulièrement aux bordures qui accompagnent les carrelages de luxe. On y remarque l'emploi de carreaux bleus, blancs, noirs, jaunes et rouges de forme triangulaire, carrée, circulaire, barlongue ou polygonale.

Les grecques figurées sur quelques spécimens sont composées simplement de carreaux de forme carrée.

PLANCHE N° 16

CLAIRES-VOIES

Il importe, dans toute espèce de construction, d'utiliser les matériaux selon leur nature, non seulement pour en obtenir le plus grand effet possible de résistance, mais aussi pour en former un appareil judicieux. On retrouve cette préoccupation dans certaines provinces de l'Italie, particulièrement dans la Toscane et les anciens États de l'Église.

Notre planche représente quelques spécimens de claires-voies relevées dans ces régions, et qui s'emploient pour la clôture des greniers, granges, écuries, etc.

PLANCHE N° 17

ARCHIVOLTES EN BRIQUES

Cette planche représente une série d'archivoltes composées d'un arc en briques ordinaires formant claveaux, et d'un ou plusieurs filets accompagnés de moulures en terre cuite. Ces fragments ont été relevés sur certains édifices de Rome.

PLANCHE N° 18

COUVERTURES ÉMAILLÉES

Il serait à désirer que l'emploi des tuiles vernissées pour la couverture se généralisât; l'émail qui recouvre la surface de ces matériaux est le meilleur préservatif contre l'action des agents atmosphériques. Autrefois ce genre de couverture était fréquemment employé; on tend à y revenir.

Notre planche représente plusieurs dessins obtenus par la combinaison de tuiles émaillées de différentes couleurs sur divers monuments. Les nos 1 et 3 sont des fragments de la toiture de l'église de Bénissons-Dieu, dans le département de la Loire; le n° 2 provient de l'ancien réfectoire de l'abbaye Saint-Martin-des-Champs, aujourd'hui la bibliothèque du Conservatoire des arts et métiers; le n° 4 est une portion de la couverture de l'hôtel de Vogüé à Dijon.

PLANCHE N° 19

SOUBASSEMENTS DE MARCHÉS

Les trois panneaux réunis sur cette planche sont des exemples de décoration des parements de briques laissées en vue, au moyen des couleurs différentes des éléments de la construction. Ce genre d'ornementation, qui s'allie très bien avec l'emploi du fer, a été appliqué aux soubassements des nouveaux marchés de Paris. Le n° 1 est le soubassement des Halles centrales, le n° 2 celui du marché des Missions, et le n° 3 celui du marché Miroménil. On remarquera que toutes les briques sont panneresses, l'épaisseur du remplissage étant d'une demi-brique.

PLANCHE N° 20

SOUCHES DE CHEMINÉE

Les souches de cheminée sont généralement faites aujourd'hui en poteries de terres cuites accolées et recouvertes d'un enduit, ou bien, dans les constructions importantes, en pierres ou en briques, avec mortier fin et crampons en fer. On leur donne même souvent une forme monumentale susceptible de contribuer à la décoration des édifices qu'elles surmontent. Si l'on remonte au moyen âge, on peut constater que les architectes de cette époque s'efforçaient de donner à ces accessoires de construction des formes exprimant une certaine recherche au point de vue de l'art. Ce sentiment s'est conservé longtemps dans

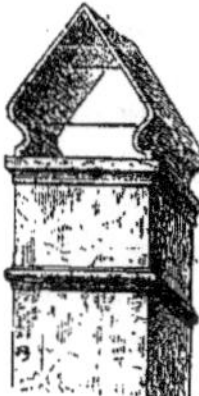

Fig. 20.

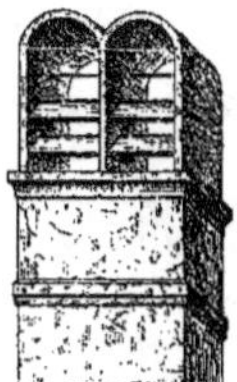

Fig. 21.

certaines régions telles que l'Alsace, où l'on retrouve des souches de cheminée de formes très diverses. Les figures 20 et 21 représentent deux souches surmontées de mitres en terre cuite, la première à tuyau unique, avec mitre en forme de toit à deux pentes; la seconde, à double tuyau, avec double mitre en demi-cylindre et abat-vent. L'emploi de la brique convient, sous tous les rapports, à la construction de ces couronnements des conduits de fumée. Notre planche montre ainsi deux souches de cheminée, l'une à double conduit, l'autre à conduit simple, qui s'élèvent au-dessus de la station de Lisieux sur la ligne de Cherbourg, exécutées par M. Langlais, architecte. L'effet décoratif est obtenu, à la fois, par la diversité de couleurs des matériaux et par la disposition des briques placées diagonalement. Les plans AB, CD, EF et GH indiquent suffisamment la construction.

PLANCHE N° 21

MAISON A SÈVRES

Cette disposition des briques présentant en saillie l'une de leurs arêtes était, comme nous l'avons vu précédemment, très fréquemment employée dans les édifices de l'art byzantin et de l'art italien du moyen âge. De nos jours, on l'emploie fréquemment dans les constructions en briques apparentes. Nous en voyons des exemples figurés sur notre planche, qui représente une porte d'entrée et une travée des dépendances appartenant à une habitation construite par M. Cantagrel, architecte à Sèvres.

On y remarque, en outre, l'usage de briques de trois couleurs et l'application de carreaux émaillés remplissant les intervalles des modillons du couronnement de la porte. Les coupes horizontale et verticale qui accompagnent celle-ci donnent l'indication de l'appareil employé.

PLANCHE N° 22

FENÊTRES

Cette planche contient deux spécimens d'application de la brique à l'entourage des fenêtres et à la construction des corniches de couronnement. Dans le premier exemple, les briques n'offrent qu'un seul ton, qui tranche sur la couleur du fond en meulière.

Des faïences ornées décorent la frise qui surmonte la baie supérieure.

Dans le second exemple, les chambranles sont d'un seul ton; mais pour la corniche de couronnement et pour les parements de la façade l'effet principal est obtenu par les colorations différentes des briques employées.

PLANCHES N°s 23 ET 24

FENÊTRE-PIGNON (ABATTOIRS DE LA VILLETTE)

Voici des applications très heureuses de la construction par assises de pierres alternées avec des chaînes horizontales de briques.

Dans la planche n° 23, qui représente une fenêtre du restaurant situé à l'intérieur des abattoirs de la Villette, construit par M. Janvier, architecte, le même appareil est utilisé pour les murs et pour les arcs qui surmontent les baies. On y remarque l'emploi des quarts et des trois quarts de brique. Les appliques posées au-dessus des trumeaux qui séparent les fenêtres sont en ciment coloré; il pourrait y avoir là une judicieuse utilisation de la terre cuite émaillée.

Il en est de même pour le pignon de la Buvette, construite également, dans ces abattoirs, par M. Janvier, avec cette différence toutefois qu'ici les assises de pierres sont légèrement en saillie sur les chaînes de briques.

PLANCHES N°s 25 ET 26

LAPINIÈRES

Nous présentons sur ces deux planches un emploi curieux de la terre cuite à la construction de lapinières, composées fréquemment, comme on le sait, de loges ou cabanes établies, soit au niveau du sol et pourvues chacune d'une petite cour, soit de compartiments superposés.

C'est au Jardin d'acclimatation de Paris que M. Simonet, architecte, a installé les lapinières en terre cuite dont la figure 22 représente le plan, à l'échelle de $0^m,005$ p. m.

L'ensemble des loges forme un petit bâtiment en arc de cercle, qui comprend trois travées complètes

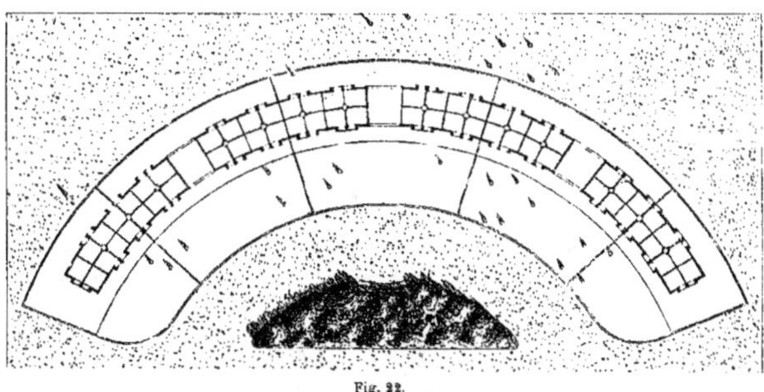

Fig. 22.

et une demi-travée à chaque extrémité. Sur la planche n° 25 est figuré, en élévation, le passage de l'une des travées avec les compartiments qui y sont contigus. La planche n° 26 donne, à plus grande échelle, le détail de l'arcature qui surmonte le passage et l'une des loges avec sa grille de fermeture et son couronnement. Les loges sont adossées en double rangée formant chacune trois étages. Le fond de chaque compartiment est disposé de manière que les urines soient dirigées, par un conduit cylindrique, dans un caniveau ou égout qui passe à la partie inférieure des loges au rez-de-chaussée, sous la cloison séparative placée dans l'axe longitudinal du bâtiment.

Cette disposition peut s'appliquer, soit à des cases doubles, comme au Jardin d'acclimatation, soit à des compartiments simples adossés à un mur de basse-cour. La figure 23 montre, à l'échelle de $0^m,04$ pour

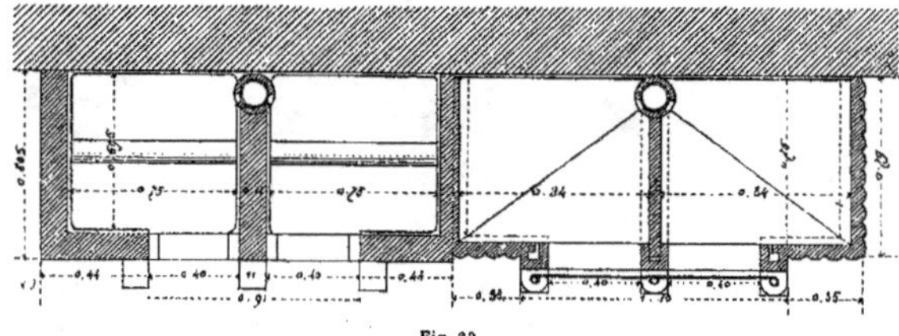

Fig. 23.

mètre : à gauche, le plan du compartiment du rez-de-chaussée ; à droite, celui de l'une des loges. Le sol de la cour est recouvert d'une épaisse couche de sable.

PLANCHE N° 27

GARE DU CHAMP DE MARS

Cette gare, construite par M. Lisch, est une des applications les plus intéressantes de la construction en brique et fer. Le soubassement est seul en pierre ; l'ossature est entièrement métallique et les remplissages sont en briques noires, jaunes et rouges.

Le fond est en briques jaunes, les chaînes horizontales en briques noires et rouges et le couronnement en terres cuites jaunes, bleues et blanches.

Ces diverses teintes et ces dispositions se retrouvent dans les pilastres de la porte, dans le campanile et dans les trumeaux des faces latérales, représentés par la planche n° 27. Le campanile est surmonté d'un dôme recouvert en tuiles écailles rouges et noires.

La toiture de la gare même est également faite de tuiles vernissées bleues, jaunes et rouges.

PLANCHE N° 28

MAISON A BERLAIMONT

Dans cette habitation, dont nous présentons seulement ici un fragment, toute la construction est en briques et la décoration en terre cuite ; les bandeaux, corniches, appuis, cintres des baies sont composés de pièces fabriquées tout spécialement pour la place qu'elles occupent.

Les croquis A, B, C, à petite échelle, figurés dans le bas de la planche, représentent l'appareil des

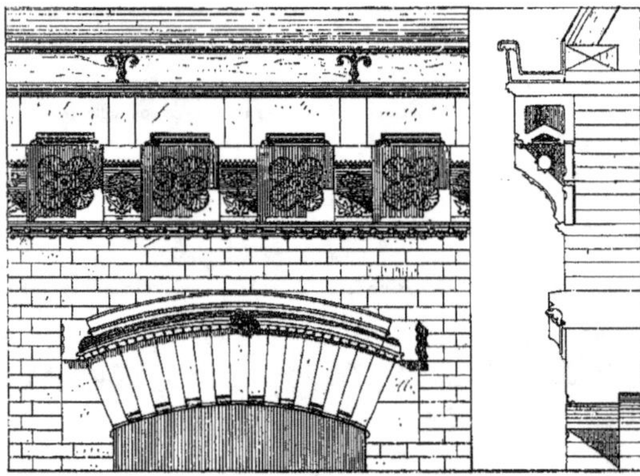

Fig. 24.

briques dans les assises superposées des trumeaux qui séparent les baies. La figure 24 représente, à l'échelle de 0m,05 pour mètre, la fermeture d'une fenêtre du premier étage et la corniche du couronnement, soutenue par des modillons en terre cuite. Ces modillons et les intervalles qui les séparent sont ornés de rosaces.

PLANCHE N° 29

CHAPERONS — ARCS — CORNICHES

Sur cette planche nous avons figuré plusieurs spécimens de chaperons et de corniches tels qu'on les construit actuellement dans certains départements de l'ouest de la France.

Les nos 7, 8, 9, 10, 11, 12 et 13 représentent des appareils d'arcs de diverses épaisseurs et formés d'un ou de plusieurs rangs de briques posées les unes en claveaux, les autres à plat.

Les n°s 14, 15, 16 et 17 sont des couronnements de façades avec corniches en briques saillantes, dont les modèles nous ont été fournis par M. F. Bourgeois, ainsi que ceux des chaperons.

PLANCHE N° 30

MAISON DE JARDINIERS

Une des constructions annexes de l'École supérieure de pharmacie, qui s'achève, en ce moment, sous la direction de M. Laisné, sur l'emplacement de l'ancienne pépinière du Luxembourg, à Paris, c'est le pavillon d'habitation des jardiniers dont l'une des façades borde la rue d'Assas.

Le rez-de-chaussée A comprend deux logements de jardiniers de même disposition et séparés par le vestibule 1 et l'escalier; 2 est la cuisine, 3 la salle à manger, 4 la chambre à coucher, 5 le cabinet d'aisances. Le premier étage B est occupé, en entier, par le logement du jardinier chef. Il comprend : 1 le cabinet de travail, 2, 3 et 5 des chambres, 4 la salle à manger, 6 la cuisine, 7 les water-closets.

PLANCHES N°s 31 ET 32

COLOMBIER

Le Jardin d'acclimatation de Paris possède un colombier destiné à l'élève des pigeons et qui est entièrement construit en briques, sauf le soubassement, qui est en meulière; la planche n° 31 présente les élévations (principale et postérieure) de cet édifice, dont les croquis ci-joints donnent (fig. 25) le plan

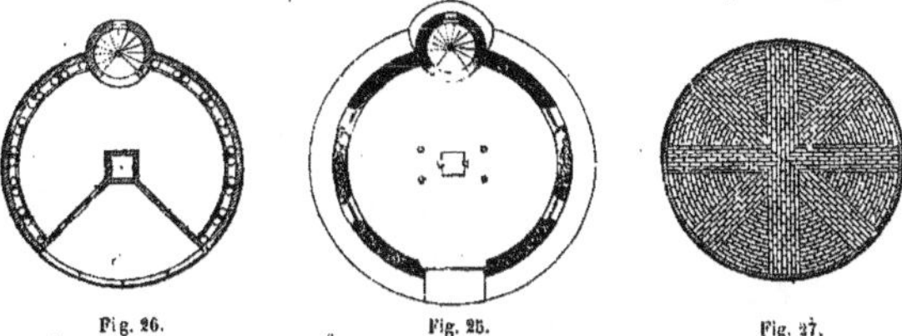

Fig. 26. Fig. 25. Fig. 27.

du rez-de-chaussée, (fig. 26) le plan d'un des étages, (fig. 27) le plan du carrelage établi à chacun de ces étages.

Les parois des étages sont formées d'une charpente en fer avec remplissages en briques. On voit que les boulins sont disposés à la circonférence et renferment chacun deux pots ou nids. Enclavé dans le périmètre du *colombier* se trouve un escalier circulaire, qui forme saillie de la moitié de son diamètre et dont l'accès est à l'intérieur de l'édifice aux différents étages. C'est par cet escalier que monte la personne chargée du nettoyage et de la distribution de la nourriture. Celle-ci est amenée aux divers étages par le conduit quadrangulaire en briques dont on remarque la section sur la figure 26, au centre du colombier.

A deux des angles de ce conduit se rattachent des cloisons, dont la projection forme, sur le plan circulaire de l'étage, un secteur égal en surface au quart de celle du cercle. Cet espace est clos extérieurement par un grillage et sert à la récréation des pigeons ou à leur refuge, pendant les diverses opérations du service. A cet effet, des portes sont pratiquées dans le milieu des cloisons.

L'installation de ce *colombier* réalise un grand progrès, et il serait désirable de la voir prendre pour modèle, en tous lieux où l'on s'occupe de l'élève des pigeons.

La planche n° 32 donne, à plus grande échelle, les élévations de l'un des étages.

PLANCHE N° 33

BUFFET (GARE DU CHAMP DE MARS)

La gare du Champ de Mars, construite par M. Lisch, à l'occasion de l'Exposition universelle de 1878, a pour annexe un buffet dans la construction duquel on a employé la brique apparente.

La figure 28 montre, à l'échelle de 0m,005 pour mètre, le plan du bâtiment, qui comprend : une première salle 1, une seconde salle 2, servant de restaurant, et une pièce 3, réservée aux repas des employés de la gare.

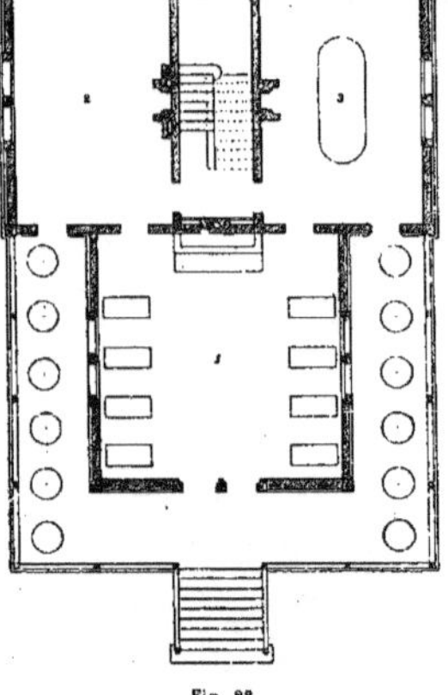

Fig. 28.

Une terrasse avec balustrade en bois découpé occupe le pourtour du restaurant.

La construction est formée d'une ossature en charpente avec remplissages en briques. Celles-ci sont de trois couleurs différentes et forment soit des chaînes horizontales, soit des dessins losangiques.

La couverture est faite de tuiles vernissées, également de trois couleurs distinctes. Le soubassement est en meulière.

PLANCHE N° 34

USINE (RUE NOTRE-DAME-DES-CHAMPS)

Nous donnons ici l'élévation d'une travée de cette usine, dans laquelle la brique est presque exclusivement employée. La corniche de couronnement et les sommiers destinés à recevoir la portée des linteaux et la retombée des arcs sont seuls en pierre de taille; le socle est en meulière. Des dessins de briques disposées en lozanges décorent les appuis des baies; sous les dalles qui la recouvrent, la corniche est composée de briques en saillie formant modillons.

PLANCHES Nos 35 ET 36

MAISON DE MAURECOURT

Cette habitation, construite par M. Simonet, est en brique et pierre. On y remarque l'emploi de carreaux de faïence dans l'ornementation des tympans et celui des briques creuses, dans la frise qui règne au-dessous du toit et dans les frontons surmontant les lucarnes.

La figure 29 représente le plan, l'élévation et la coupe de la fenêtre du salon, avec le balcon en bois du premier étage.

Les trois plans qui occupent le bas de la planche 35 sont ceux du rez-de-chaussée, du premier étage et des combles. Leur distribution est établie de la manière suivante : 1 porche, 2 vestibule, 3 parloir,

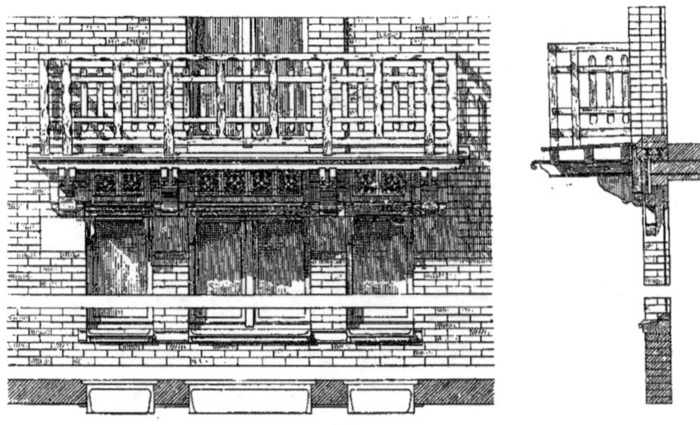

Fig. 29.

4 cuisine, 5 bibliothèque, 6 salon, 7 salle à manger, 8 chambres à coucher, 9 cabinet de toilette, 10 privés, 11 chambres de domestiques, 12 lingerie.

La planche 36 donne un détail du pignon.

PLANCHE N° 37

HANGAR

On voit sur cette planche les deux élévations, principale et postérieure, d'un hangar que M. Joachim se proposait de construire à l'Exposition universelle de 1878. Ce bâtiment, dans lequel on remarque l'emploi de briques de quatre couleurs différentes, pouvait servir d'abri pour des machines ou pour des produits quelconques. La toiture est terminée sur chaque pignon par des rives et des amortissements en terre cuite.

PLANCHE N° 38

PLAFONDS

L'emploi de la terre cuite est très propre à la décoration des planchers en fer. Nous avons réuni sur cette planche plusieurs spécimens de ce genre d'ornementation.

Si l'on considère la section transversale d'une travée, on voit que le n° 1 est formé de deux pièces plates en terre cuite, formant voûte, et retenues au sommet par une clef, à la base par des sommiers en briques creuses reposant sur les solives.

Le n° 2 est composé de pièces s'appuyant directement sur les ailes des fers à T, et d'une clef formant rosace. Ce modèle est dû au crayon de M. S. Sauvestre; il en a été fait application au plafond de la salle de la machine à vapeur, dans la filature de M. de Fourment à Cercamp.

Le n° 3 est formé de pièces creuses avec clef et sommier s'emboîtant sur les ailes supérieures des solives.

Le n° 4 est un carrelage en pièces creuses, formant plafond sur solives en bois.

Le n° 5 est l'un des grands caissons du plafond en terre cuite de l'église de Neuilly, construite par M. Simonet. Ce caisson, composé de pièces spéciales et de briques creuses à rainure et languette, présente, en plan, un carré de 2m,50 de côté.

Le n° 6 est un carrelage en pierres creuses formant plafond sur solives en fer.

Le dessin du n° 7 est dû à M. Demimuid, celui du n° 8 à M. Saulnier. Le n° 9 est un modèle applicable à des planchers en bois.

PLANCHE N° 39

GARE DE CHEMIN DE FER

On rencontre, en Allemagne, un grand nombre de constructions, dans lesquelles la brique laissée apparente se trouve employée comme remplissage dans une ossature en bois.

C'est une gare de chemin de fer située sur une ligne bavaroise, aux environs de Munich, que nous donnons ici.

Le rez-de-chaussée, entièrement construit en pierre, est surmonté d'un étage en brique et bois apparents.

La variété que présentent les tons de ces divers matériaux, les balustrades et les tympans ajourés, donnent à l'ensemble un aspect qui convient très bien aux constructions élevées hors des villes.

PLANCHE N° 40

MAISON DE PEINTRE

On peut employer la brique et la terre cuite d'une façon très sobre, et simplement pour faire valoir certaines parties d'une façade. C'est dans cet esprit que ces matériaux ont été utilisés par M. Guadet, pour la construction d'une maison d'artiste, avenue Duquesne, à Paris.

Des plates-bandes en briques ferment les baies du rez-de-chaussée et du premier étage, à leur partie supérieure. Une frise interrompue, composée d'assises de briques et de carreaux noirs et jaunes intercalés, accuse le plancher qui sépare ces deux étages. L'atelier est éclairé par une grande baie, divisée en trois travées. par deux pilastres en pierre de taille, et surmontée de linteaux en fer.

Le balcon est pourvu d'une balustrade en terre cuite ajourée.

Les briques sont encore employées pour les meneaux de la porte donnant sur le balcon, les consoles distribuées sous les appuis en pierre et les dessins qui ornent les trumeaux.

Le corps de la maçonnerie est en moellon piqué; le soubassement est en meulière.

PLANCHE N° 41

MAISON DE CULTIVATEUR

Dans certains départements français tels que l'Eure, l'Orne, le Calvados, on fait un fréquent usage de la brique; mais les matériaux de construction que l'on y joint varient avec les localités. Ainsi, par exemple, dans l'est du département de l'Orne, à Laiglé, la brique ne s'emploie que comme pilastres, cordons, corniches, etc.; les panneaux, ou murs pleins, se font en pierres de silex, recouvertes extérieurement d'un enduit en mortier de chaux hydraulique, tandis que dans le nord-est du même département, à

Vimoutiers, et dans l'est du Calvados, à Livarot, la brique est seule utilisée ou à peu près, sans aucun mélange de matériaux divers. Plus loin, dans le Calvados, à Lisieux, la pierre de taille commence à jouer un certain rôle conjointement avec la brique; enfin, du côté d'Argentan et du centre du département de l'Orne, cette dernière matière est employée comme à Lisieux.

De plus, dans ces villes on se sert de briques blanches mélangées avec des briques rouges, et que l'on fait venir de Honfleur ou du Havre. Il n'y a donc pas de système de construction bien déterminé. L'habitation que nous donnons ici, construite par M. Lerecuieur, à Cherouvillers (Eure), offre cependant une application d'un mode de bâtir fréquemment usité.

Sur le plan du rez-de-chaussée on voit : 1 la salle commune où le maître prend ses repas avec ses gens, 2 la laverie, 3 et 4 des chambres à coucher, 5 la pièce qui sert de cabinet de travail au cultivateur; l'unique étage renferme : 1 le palier, 2 les greniers, 3 une chambre de domestique.

La brique, posée à plat ou sur champ, forme toute la décoration de la façade principale; elle est employée dans les entourages des fenêtres, dans les pilastres, les bandeaux, les cheminées et dans les corniches de couronnement, dont la planche contient un détail à grande échelle. Il en est de même pour la façade postérieure, qui ne présente que des fausses fenêtres. La balustrade rampante du perron est également faite de briques disposées en claire-voie.

PLANCHE N° 42

PORCHE

Parmi toutes les régions dans lesquelles il est fait usage de la brique, la Belgique et la Hollande méritent d'être classées dans les plus intéressantes. On voyait à l'Exposition universelle de 1878, à

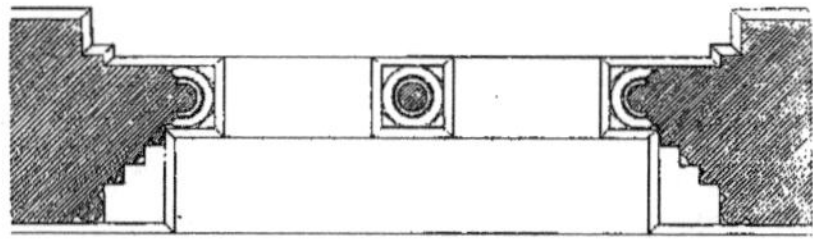

Fig. 30.

proximité de la maison hollandaise, un porche dont la figure 30 représente le plan, à 0m,0025 pour mètre, et dont la planche 42 donne l'élévation à l'échelle de 0,05 pour mètre.

Dans cette construction, exécutée par M. Van Heukelum, on a employé, pour le corps même de la bâtisse, des briques hollandaises de dimensions courantes (0m,18 × 0m,09 × 0m,04) et des briques moulées pour former les colonnettes, les moulures et les pièces d'encorbellement. Le tympan est occupé par une sorte de claire-voie en briques jaunes, dont les interstices sont remplis par des demi-briques de couleur rouge.

PLANCHE N° 43

HÔTEL (AVENUE DE WAGRAM)

Dans cette habitation, construite par M. S. Sauvestre et dont cette planche représente une façade (côté du salon), la pierre, la brique, le fer et la terre cuite sont employés concurremment.

Le soubassement, les bandeaux, les chaînes d'angle, les rampants du pignon, les chapiteaux des pilastres et les sommiers des arcs sont en pierres de taille; les baies sont fermées, à la partie supérieure, par des linteaux en fer surmontés de bas-reliefs en terre cuite. Tout le reste de la construction est en briques à plat ou de champ.

La figure 31 donne, à l'échelle, de 0m,003 par mètre, le plan du premier étage de cet hôtel, dont voici

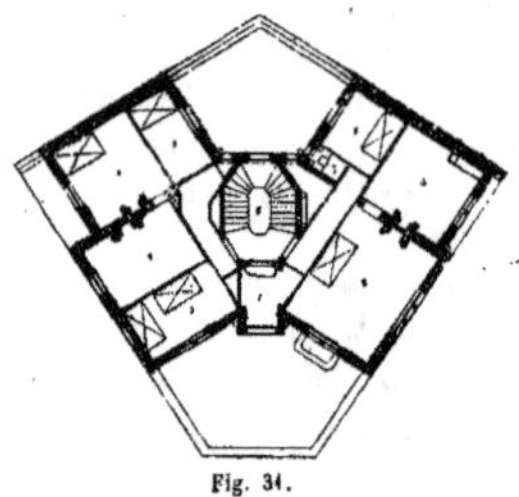

Fig. 31.

a distribution : 1, salle de bains; 2, chambre à coucher; 3, chambre d'enfants; 4, salon; 5 et 6, chambres; 7, water-closets; 8, escalier.

PLANCHE N° 44

CHEMINÉES D'USINES

Les cheminées d'usines se construisent ordinairement en briques. Ce sont de hautes colonnes creuses élevées sur un massif à plan carré, circulaire ou polygonal, de 3 à 4 mètres de hauteur. Ce massif, qui prend le nom de piédestal, est couronné par une corniche en brique ou en pierre, et sa base entre dans le sol, indépendamment des fondations, d'environ 2m,50, pour former la chambre d'appel de la fumée.

Ordinairement les fondations sont ainsi formées de bas en haut : 1° un massif en béton de 1m,50 environ d'épaisseur et monté par assises faisant des retraites successives ; 2° un massif de 1 mètre de maçonnerie de moellons durs de roche ou de meulière ; 3° une couronne, également en maçonnerie, appelée réservoir à cendres, et dont la largeur varie avec les dimensions de la *cheminée*. Cette couronne est revêtue, à l'intérieur, d'une chemise en briques, à laquelle on donne 0m,22 d'épaisseur sur les parois et 0m,11 sur le fond.

Le piédestal possède une ouverture fermée par une porte dite de service et destinée à permettre l'accès à l'intérieur, pour le nettoyage et les réparations. On garnit cette ouverture d'une cloison en briques de 0m,11 d'épaisseur, afin d'empêcher complètement l'introduction de l'air.

Le fût, qui a la forme d'un tronc de cône allongé, est construit en briques. Il est composé de plusieurs couronnes, à chacune desquelles on donne une épaisseur uniforme. Le couronnement du fût ou *chapiteau* est formé, soit de briques, soit d'assises en pierres de taille, dont les pierres sont reliées entre elles par des cercles en fer méplat avec goujons à scellement. Certaines cheminées n'ont pas de chapiteau.

A l'intérieur, on scelle, à 0m,35 d'intervalle, des crampons en fer qui permettent l'accès jusqu'au sommet de la cheminée pour exécuter soit le ramonage, soit des réparations.

Sur la planche n° 44, nous donnons les élévations, plans et détails de deux cheminées construites, à l'Exposition universelle de 1878, par M. Joachim et qui s'élevaient dans la partie du Champ de Mars bordant l'avenue de Suffren.

PLANCHE N° 45

CARRELAGES

La fabrication des carreaux-dalles ou carreaux mosaïques a atteint aujourd'hui un très haut degré de perfection; on peut citer particulièrement les maisons anglaises telles que celles de MM. Minton, Hollins et Cie, Maw et Cie, comme ayant donné à leurs produits, au double point de vue de la qualité et de la beauté, à peu près tout ce qu'il est permis d'en exiger. C'est surtout aux premiers de ces fabricants qu'appartient le premier rang dans cette industrie. La planche 45 représente deux carrelages qui avaient été envoyés par la maison Minton et Cie à l'Exposition universelle de 1867 et qui font partie des collections du Conservatoire des arts et métiers.

PLANCHES N°s 46, 47 ET 48

HOSPICE DE GISORS — PORTIQUE — TRAVÉE — PIGNONS

Cet édifice, construit par M. Questel, nous offre un remarquable emploi de la brique, emploi commandé, tout à la fois, par des raisons d'économie et par la situation même des bâtiments. L'ancien hospice était situé au centre de la ville, contrairement aux lois de l'hygiène. Lorsque la reconstruction en eut été décidée, il fut résolu que le nouvel édifice serait placé dans un quartier moins central, où l'air et la lumière ne feraient pas défaut, et, à cet effet, on fit l'acquisition d'un ancien couvent d'Ursulines, entouré de jardins.

La brique, étant la matière le plus généralement employée dans le pays, fut désignée dans le programme comme devant servir à la construction de toutes les façades de l'hospice; la pierre n'a été adoptée que pour les bandeaux, corniches, soubassement, chaînes d'angle, etc. Les murs de refend et les fondations ont seuls été construits en moellon, provenant de la démolition des bâtiments de l'ancien couvent. La brique a été fabriquée dans les environs de Gisors; l'échantillon le plus dur a été employé aux parements extérieurs et le plus tendre réservé pour les remplissages et les parements intérieurs. Tous les arcs ont été exécutés avec des briques en forme de coins, moulées exprès. Les pilastres de la galerie ou promenoir couvert (Pl. 46), les appuis de croisée de divers bâtiments (Pl. 47 et 48), les meneaux des grandes fenêtres de la chapelle (Pl. 48), les piliers supportant la coupole qui couronne le sanctuaire, sont exécutés en pierre de Vernon. La planche 46, qui donne l'élévation et la coupe d'une des travées du portique, contient, en outre, une portion du dallage de cette galerie et un détail de la corniche qui surmonte les arcades.

PLANCHES N°s 49, 50, 51 ET 52

PAVILLON CÉRAMIQUE

Une société, dite *d'Union céramique et chaufournière de France*, a été fondée, il y a quelques années, dans le but de propager les meilleurs procédés de fabrication des terres cuites et des produits calcaires appliqués en France et à l'étranger; de s'occuper de toutes les questions industrielles et commerciales pouvant contribuer au progrès des industries céramique et chaufournière; de recueillir et donner, sur la plus grande échelle possible, les renseignements de toute nature intéressant ces industries. Cette société, composée surtout de chefs d'établissements importants, avait fait élever au Trocadéro, pour l'Exposition universelle de 1878, un pavillon, à la construction duquel chacun des membres de la société avait contribué par des fournitures sortant de sa fabrique. Ce pavillon, édifié d'après les dessins de M. Deslignières, a donc été composé expressément pour mettre en valeur les différents produits de la céramique, tant au point de vue de la construction qu'à celui de la décoration. Une balustrade d'aspects variés en délimitait l'enceinte sur le sol. Entre cette balustrade et le rez-de-chaussée de la construction, sous l'auvent, des compartiments avaient été ménagés pour une quantité considérable de matériaux de toutes sortes : carrelages, briques, tuiles, etc. L'auvent lui-même, comprenant seize pans, huit grands et huit petits, était une exposition de tuiles de plusieurs types et de plusieurs fabrications. Les planchers étaient couverts de mosaïques. Les supports étaient faits de colonnes de fonte revêtues d'une enveloppe en céramique. Nous devons à l'obligeance de M. Deslignières lui-même les dessins qui nous ont servi à composer nos planches.

La planche 49 représente le plan du pavillon, avec les carrelages qui formaient le revêtement du sol et dont nous indiquerons ici les provenances. Les carrelages mosaïques en grès cérames placés devant l'entrée du pavillon avaient été fournis par M. Boulenger, fabricant à Auneuil (Oise), qui avait également envoyé le carrelage du premier étage, la balustrade des baies de cet étage (Pl. 50), les inscriptions formant frise entre les chapiteaux (Pl. 51) et les panneaux décoratifs au-dessous des niches (Pl. 52).

Le carrelage du rez-de-chaussée, ainsi que les carreaux qui formaient les panneaux de bordure, étaient de chez Robert Bruyère, fabricant à Pont-Saint-Esprit (Gard).

Le carrelage précédant l'entrée, en grands carreaux rouges striés, losangés, rayés, étaient, ainsi que les briques d'encadrement et les grandes dalles formant marches et seuils, fournis par la maison Chesneau et Denos, fabricants à Écommoy (Sarthe).

De petits pavés d'un brun noir placés aussi à l'entrée provenaient de chez MM. Gastellier et Lemonnier, fabricants à Fresnes (Seine-et-Marne), qui avaient également fourni des briques ordinaires et parementées rouges et blanches, des briques noires vernies employées au rez-de-chaussée et au premier étage, des balustrades, les clostres des baies de l'escalier, etc.

Il y avait encore autour du pavillon des carreaux envoyés par divers fabricants et, entre autres, de grands carreaux rouges et blancs de chez M. Champion, de Châtellerault (Indre-et-Loire), qui a également fourni les tablettes des niches.

Quant aux autres balustrades du pourtour du rez-de-chaussée, elles provenaient de chez M. Duverne, qui avait aussi fourni les culs-de-lampe des niches (Pl. 52), des bustes et statuettes, des crédences, des suspensions ; de chez M. Joly Barbot (Blois, Loir-et-Cher), auquel on devait encore des briques rouges au premier étage, les briquettes des pilastres (Pl. 50, 51, 52), et des parties de couverture ; de chez M. Müller, qui avait aussi fourni toutes les briques émaillées, consoles et linteaux des arcs du rez-de-chaussée, les clefs, tympans des niches et des baies du premier étage (Pl. 51 et 52), la garniture du chéneau, le socle et les colonnes du campanile, le poinçon (modèle Deslignières) base du mât du pavillon (Pl. 50), les roses et traverses des baies de l'escalier, les tuyaux vernis du premier étage formant colonnettes d'angles à l'intérieur, l'un de ces tuyaux servant de descente d'eau. Les tympans à fond rouge étaient ornés d'émaux de M. Parvillée.

Ceux des piédestaux posés entre les balustrades[1] qui étaient ornés étaient des cheminées provenant encore de l'usine Müller ; les vases qui supportaient ces piédestaux étaient de chez M. Duverne et de chez M. Bocquet, fabricant à Eu (Seine-inférieure), qui avait aussi envoyé des parties de pavage et de couverture. Les piédestaux ornés d'animaux fantastiques et les vases qui étaient dessus, ainsi que la fontaine placée en avant du pavillon, étaient de chez M. Kaltenhauser, sculpteur céramiste, auquel on devait encore les clefs des arcs du rez-de-chaussée, les statues des niches (Pl. 50 et 52), les coupes de l'entrée, le couronnement des colonnes intérieures du premier étage, les chapiteaux des pilastres. La couverture

1. Nous avons donné sur la planche n° 12 quelques-unes des balustrades du Pavillon céramique.

du campanile et du comble du Pavillon (Pl. 50) était faite en tuiles spéciales émaillées de chez M. Royaux, à Laforest, pres de Douai.

La corniche en deux parties (modèles Deslignières) provenait de l'usine Gastellier.

Les consoles de la frise (modèles Deslignières) avaient été exécutées chez M. Mouton, fabricant à Chartres (Eure-et-Loir), qui avait également fourni les briques à pan coupé de la cage de l'escalier, les claveaux et sommiers des petites baies, les consoles et métopes de l'entablement (Pl. 51 et 52) et des parties de carrelage. Ces métopes (modèles Deslignières) avaient été émaillées à la fabrique du domaine de Bandeville, à la Bâte (Seine-et-Oise).

Les moulures d'archivolte des baies et niches ont été fabriquées chez M. Lombard, à Septveilles (Seine-et-Marne).

Les moulures qui reçoivent la retombée de ces archivoltes (Pl. 51) provenaient de chez M. Sachot, fabricant à Montereau (Seine-et-Marne).

Les bases en terre rouge des pieds-droits et des pilastres ont été exécutées chez M. Blot, à Pont-Carré (Seine-et-Marne).

Le bandeau en terre rouge (Pl. 50 et 51), qui régnait au-dessus du toit du rez-de-chaussée, était composé de deux pièces creuses (modèles Deslignières), fabriquées par M. Denis, à Petit-Fresnes (Seine).

D'autres fabricants ont concouru aussi à la construction du Pavillon; nous avons cité seulement ceux qui ont été chargés de l'exécution des parties les plus importantes.

PLANCHES N°s 53 ET 54

ÉCURIE ET REMISE

L'emploi de la brique est très convenable pour les constructions qui forment dépendances, telles que les communs d'un hôtel important. Les planches 53 et 54 donnent les plans et élévations d'une écurie et remise annexes d'une propriété construite à Villers-sur-Mer, par M. Macé.

La meulière, la brique et le bois sont les seuls matériaux employés; il n'y a en pierres de taille que le soubassement de l'escalier.

La brique, de deux couleurs différentes, est posée à plat, de champ ou inclinée. Le détail 2, représenté sur la planche 53, montre, à plus grande échelle, cette dernière disposition. Les détails 1 et 3 indiquent la construction des balustrades en briques qui surmontent l'une le soubassement en meulière, l'autre le grenier situé au-dessus de la remise (Pl. 54). Sur la planche 53 on voit aussi les plans de ce bâtiment, qui comprend, au rez-de-chaussée : 1, l'écurie à deux stalles; 2, la remise; au premier étage : 1, le logement du palefrenier; 2, des privés.

PLANCHE N° 55

MAISON A BAGNEUX

Dans cette construction, affectée à la demeure d'un jardinier, la brique a été employée avec trois tons différents et des appareils très divers.

La pierre de taille n'a été utilisée que pour les rampants des pignons, les sommiers, les appuis des baies, le couronnement et les corbeaux de la cheminée. La corniche est particulièrement accusée par la disposition des briques en encorbellement; au-dessous règne une frise ornée de faïences émaillées. Le chiffre du propriétaire occupe l'intervalle des corbeaux en pierre qui soutiennent la cheminée. Les mitrons sont en terres cuites Müller.

La coupe, faite à l'échelle de 0^{m},05 pour mètre, montre l'appareil du mur de face.

PLANCHES Nos 56, 57 ET 58

MINISTÈRE DES TRAVAUX PUBLICS. — EXPOSITION UNIVERSELLE DE 1878

Le pavillon que le ministère des travaux publics avait fait élever dans le parc du Champ de Mars, à l'Exposition universelle de 1878, avait déjà figuré, en 1876, à celle de Philadelphie; on s'était borné à y ajouter, à la partie antérieure, une travée supportant l'étage supérieur, la tour et une annexe à la partie postérieure, pour obtenir toute la place nécessaire.

Cette construction, qui est l'œuvre de M. de Dartein, ingénieur des ponts et chaussées, architecte, comprenait, comme le montre (fig. 32) le plan représenté à l'échelle de 0m,0025 pour mètre : 1° une travée divisée au rez-de-chaussée en trois salles, celle du milieu, A, servant de vestibule et formant légèrement avant-corps sur la façade; les deux salles latérales B, B, renfermant une exposition des matériaux de construction de la France ; 2° une seconde travée également divisée en trois parties : au milieu un vestibule plus petit que le premier; à gauche, l'escalier C conduisant à l'étage supérieur; à droite, une pièce D contenant la machine à vapeur; 3° une grande salle E, de 15 mètres de large sur 25 mètres de long, éclairée par une lanterne vitrée qui régnait sur toute la longueur; c'est là que se trouvaient réunis les modèles, cartes et dessins exposés par le ministère des travaux publics; 4° une annexe adossée au mur du fond de la grande salle et qui était également divisée en trois pièces : l'une F,

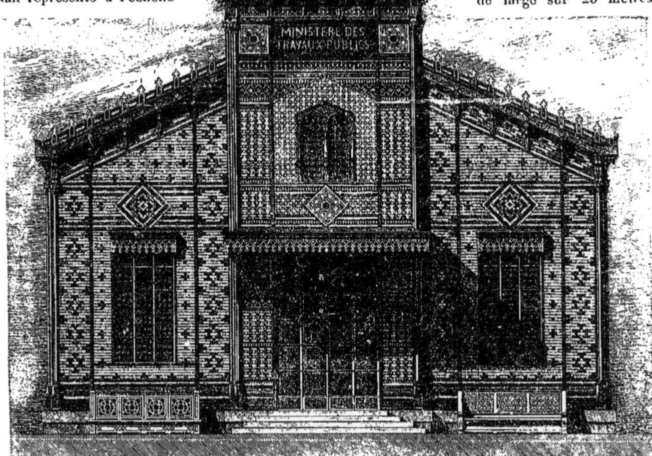

Fig. 32.

consacrée à l'exposition de l'École des mines et à la statistique de l'industrie minérale, l'autre G à l'exposition de l'École des ponts et chaussées et à la statistique des voies de communication; le troisième H, cabinet de travail pour les ingénieurs français et étrangers.

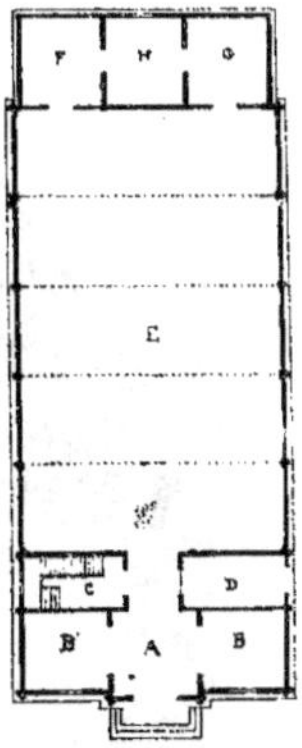

La partie centrale de la première travée, prolongée au-dessus de la toiture du pavillon, formait, comme le montre la figure 33, qui représente l'élévation principale, à l'échelle de 0m,01 pour mètre, une tour surmontée elle-même d'une tourelle à base octogonale et à partie supérieure circulaire. Cette tourelle renfermait deux phares superposés fonctionnant tous les soirs. Sur toute l'étendue de la première travée régnait un étage reproduisant la division du rez-de-chaussée en trois compartiments : celui du milieu faisait partie de la tour et des deux pièces latérales, l'une était réservée aux agents chargés du service, l'autre contenait les machines magnéto-électriques des phares et la transmission de la force motrice qui les actionnait.

L'ossature en fer du pavillon était franchement accusée; les colonnes, au nombre de vingt-six, étaient formées de fers laminés assemblés par des rivets; la fonte avait été employée pour les bases et les chapiteaux de ces colonnes, ainsi que pour les consoles supportant le chéneau; ce dernier était aussi en fonte.

Fig. 33.

Les remplissages étaient en briques de 0m,11, et la décoration du pavillon reposait essentiellement sur l'emploi de briques de tons différents et de carreaux émaillés. Les murs du pourtour étaient exécutés en briques jaunes de Passy mêlées de quelques briques rouges avec joints lissés au fer. La partie centrale de la façade, les cloisons et les plafonds des vestibules étaient en terre cuite émaillée.

Nous donnons sur la planche 56 un détail représentant la façade du premier étage de la tour, sur la planche 57, une travée latérale et sur la planche 58 la façade postérieure.

PLANCHE N° 59

PORTE DU PALAIS ALGÉRIEN

La commission spéciale chargée de représenter à Paris les exposants algériens, en 1878, avait fait élever, au Trocadéro, par M. Wable, un élégant palais de style mauresque, qui contribuait puissamment à l'ornementation si gracieuse du jardin. L'entrée principale était une magnifique porte ornée de terres cuites émaillées formant des arabesques, et qui avaient été exécutées par M. Parvillée. Nous donnons (Pl. 59) une élévation de cette porte, afin de montrer quel parti peut tirer la décoration architecturale de l'emploi des émaux comme revêtement des parois verticales.

PLANCHE N° 60

MAISON A ANVERS

Dans cette construction, exécutée d'après les dessins M. J. Winders, la pierre a été réservée pour le rez-de-chaussée, pour les bandeaux, les meneaux et les linteaux des baies; on remarquera la fermeture triangulaire des fenêtres du troisième étage, au moyen de briques dont les joints de lits sont inclinés à 45°. Au dernier étage ont été disposés, dans un but décoratif, des panneaux de briques présentant une de leurs arêtes en saillie.

PLANCHE N° 61

MAISON DOULTON

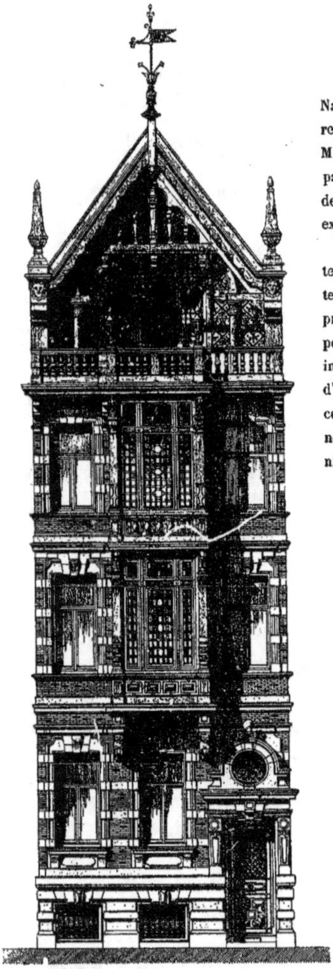

On voyait, à l'Exposition de 1878, dans la rue des Nations, au Champ de Mars, une façade qui n'est qu'une reproduction partielle de la maison qu'ont fait ériger MM. Doulton et Cie, à Lambeth, faubourg de Londres, par M. J. Starke-Wilkinson. La planche 61 donne les deux étages de cette construction qui seuls avaient été exposés.

C'est l'usine Doulton qui est la première de l'Angleterre pour la fabrication des produits en grès ou en terre cuite. Livrant d'abord au commerce des objets de première nécessité, tels que poteries en grès vernissé pour conduites d'eau, cette fabrique a joint à sa première industrie celle de la reproduction en *terra-cotta* des objets d'art, vases, statues, vasques, etc. Enfin les chefs de cette maison sans rivale ont su réunir un personnel nombreux d'artistes qui, aujourd'hui, créent et fournissent, à des prix modérés, de véritables chefs-d'œuvre

Fig. 34.

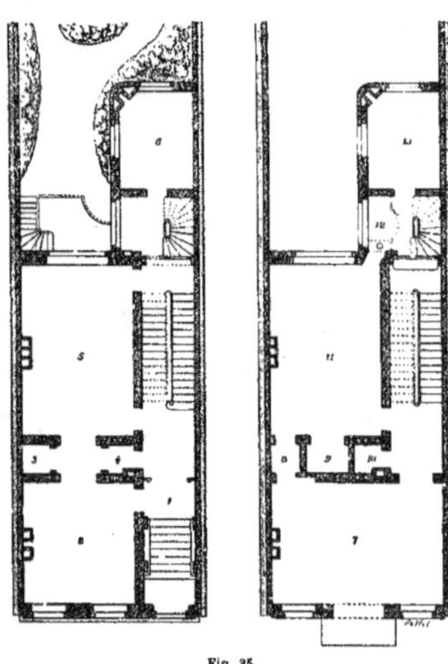

Fig. 35.

de céramique émaillée, gobelets, plateaux, ornements pour la décoration polychrome des ravalements. Les remplissages de la maison élevée au Champ de Mars, les ornements, moulures, colonnettes des ébrasements, etc., étaient en terra-cotta.

PLANCHES Nos 62 ET 63

MAISON A BRUXELLES

L'usage de la pierre bleue, dite de *Soignies*, est très fréquent en Belgique. Cette pierre, très dure, est employée pour les soubassements, les appuis, les encadrements des portes ou des fenêtres; on la combine soit avec la pierre blanche, soit avec la brique; c'est ce dernier système que M. Jamaer a appliqué dans une maison construite et habitée par lui à Bruxelles et dont les figures 34 et 35 représentent l'élévation, à l'échelle de $0^m,01$ et les plans du rez-de-chaussée et du premier étage, à l'échelle de $0^m,005$ pour mètre. La distribution du rez-de-chaussée est ainsi établie : 1, l'entrée; 2, le salon; 3, le buffet; 4, le vestibule; 5, la salle à manger; 6, la petite salle à manger; au premier étage : 7, une chambre à coucher; 8, un passage; 9, une garde-robe; 10, un refuge; 11, une chambre à coucher; 12, les water-closets; 13, une salle de bains.

Le soubassement, l'entourage de la porte et des fenêtres, les bandeaux sont en pierre bleue; cette matière est encore employée en assises horizontales intercalées avec les briques. Le bois même est utilisé dans cette construction pour les avant-corps des fenêtres du milieu, le balcon de l'étage des combles et les rampants du pignon.

PLANCHE N° 64

MARCHÉ AUX CHEVAUX

Cet établissement a été construit par M. Magne, boulevard Saint-Marcel, à Paris. On y trouve la brique employée soit comme chaînes horizontales, par exemple dans les bureaux de l'administration, soit comme remplissages dans les cabinets d'aisances. Sur la planche 64 sont figurées des vues perspectives de ces bâtiments, ainsi que les plans, coupes et élévations géométrales.

PLANCHES Nos 65 ET 66

ÉGLISE DE NŒUX-LES-MINES

Cet édifice a été construit d'après les dessins de M. Moyaux, à Nœux, dans l'arrondissement de Béthune (département du Pas-de-Calais), pour la Compagnie des mines de Viargne et Nœux. Nous donnons, sur les planches 65 et 66, deux détails du clocher de cette église, dont toute la maçonnerie, sauf quelques bandeaux de la façade et le parement extérieur du porche, qui sont en pierres blanches, est en briques ordinaires du pays et apparentes, même à l'intérieur, pour les piliers et les pilastres qui reçoivent la retombée des voûtes. Il n'entre pas dans la construction de briques moulurées, qu'on emploie assez souvent dans ces régions. L'effet produit est dû absolument aux lignes architecturales et aux saillies nécessaires pour la conservation et la stabilité de l'édifice.

PLANCHE N° 67

MAISONS DE GARDES (BUTTES-CHAUMONT).

Les gardes du parc des Buttes-Chaumont, à Paris, étaient autrefois logés dans un pavillon dont la planche 67 représente une vue perspective et les plans des différents étages.

Cet édifice est élevé sur un soubassement en pierre de taille. Celle-ci est encore employée dans les linteaux et les appuis des baies et dans les frises qui séparent les étages et dans les encadrements des baies de l'escalier.

Les combles, à forte saillie, sont à pentes rapides et recouverts d'ardoises; des rives en terre cuite garnissent les rampants des pignons et le chéneau. Les souches des conduits de fumée sont surmontés de cheminées ornées et moulées également en terre cuite. Les frises sont décorées de plaques de faïence émaillées.

On accède au pavillon par un vestibule, précédé de plusieurs marches, comme on le voit sur le plan du rez-de-chaussée. A droite se trouvent : 1, la cuisine; 2, la salle à manger; à gauche, 3, le bureau du garde général, l'escalier, et un cabinet; au fond, 5, le salon. Le premier étage est ainsi distribué : 1, 2 et 3, des chambres; 4, un cabinet; 5, la chambre à coucher du garde général. Au devant de la fenêtre de cette dernière pièce est un balcon supporté par des consoles, le tout en bois découpé. Les combles renferment : 1, 3 et 4, des chambres, 2, un cabinet. Le premier étage et les combles sont pourvus de cabinets à l'anglaise. Actuellement, la destination de ce pavillon a changé; il est occupé par l'administration des eaux et égouts.

PLANCHE N° 68

COMMUNS

Cette planche donne le plan et l'élévation des communs de l'Hôtel des Monnaies récemment construit par M. Roussel, dans le faubourg de Saint-Gilles, à Bruxelles. Ces communs occupent deux pavillons : l'un A, réservé au directeur, l'autre B, à l'administration.

La distribution du plan est la suivante : 1, écurie; 2, porche; 3, remise; 4, escalier; 5, sellerie; 6, logement du concierge; 7, entrée du bâtiment d'administration; 8, salles de visite; 9, entrée de l'écurie; 10, sellerie; 11, écurie; 12, hangar servant de remise aux voitures. Les deux pavillons A et B sont construits en briques ordinaires pour les remplissages et en pierres bleues pour le soubassement, les bandeaux, les chaînes d'angle et les entourages des baies.

PLANCHE N° 69

PAVILLON DU GAZ

Ce pavillon, élevé au Champ de Mars, pour l'Exposition universelle de 1878, par la Compagnie parisienne d'éclairage par le gaz, était une intéressante application de la construction en brique et fer. Établi d'après les plans primitifs de M. Godot, directeur adjoint de la Compagnie, ce pavillon, comme le montre le plan figuré sur la planche 69, à l'échelle de 0m,004 pour mètre, comprenait une salle d'exposition intérieure de 20 mètres sur 8 mètres, deux petits bâtiments annexes et deux marquises latérales, le tout présentant une superficie couverte de 340 mètres carrés.

Les murs étaient en briques apparentes, maintenues par une ossature métallique. La liaison des fermes en treillis avec les piliers était constituée de manière à rendre l'emploi des tirants inutile; sur les côtés extérieurs étaient disposées deux larges marquises en porte-à-faux, fixées sur les piliers en fer; elles recouvraient les quais sur lesquels étaient distribués les objets de l'exposition intérieure.

MM. Eiffel et Cie, constructeurs, avaient eu pour principal collaborateur, dans ce travail, M. S. Sauvestre, architecte.

Les faïences émaillées qui surmontaient la porte de la façade principale, représentée par la planche 69, avaient été fournies par M. Lordereau, fabricant, à Paris.

PLANCHE N° 70

ÉGLISE DE RAMBOUILLET

La meulière est rarement employée avec la brique pour des chaînes horizontales alternées par la maçonnerie de remplissage des murs dans toute la hauteur ; ce système peut toutefois produire d'heureux effets. M. de Baudot l'a très judicieusement appliqué dans la construction de l'église de Rambouillet, dont la planche 70 représente les pignons d'abside et de transept. La pierre de taille n'est utilisée que pour les contreforts d'angle, les bandeaux, l'entourage des baies et le dessus des rampants. La meulière forme le plein du remplissage, et la brique est disposée soit par assises doubles, soit en claveaux, ou bien en remplissage entre les corbeaux de pierre qui rachètent la saillie du rampant.

Dans cet édifice, construit par M. de Baudot, et dont la planche n° 70 représente les pignons d'abside et de transept, la brique a été utilisée par raison d'économie et comme conséquence de l'emploi de la caillasse, qui avait été adoptée pour les murs et qui devait rester apparente.

Ce genre de matériaux, très irréguliers, exige des précautions particulières pour dresser les lits. Avec des cueillies en mortier on a établi, tous les mètres environ, un rang de briques apparentes, traversant l'épaisseur des murs, et formant une bonne assiette en même temps, qu'une bonne liaison. Pour les corniches et rampants, il a de même été fait usage de la brique, qui se prêtait mieux à l'établissement de ces couronnements appareillés en parpaings pour ce qui concerne la pierre. Celle-ci a été également utilisée pour les contreforts d'angle, les bandeaux et l'entourage des baies.

PLANCHE N° 71

MAISON

Sur l'un des côtés qui bordent la partie de l'avenue de l'Observatoire qui a été séparée du jardin du Luxembourg, on a construit récemment des habitations de style pittoresque. L'emploi de la brique et de la terre cuite se trouvait ici naturellement indiqué. La planche 71 représente la façade d'une maison construite, sur cette avenue, par M. Cléry, en briques blanches, noires et rouges. La pierre n'est utilisée que pour le soubassement, l'encadrement de la porte, les bandeaux et la fermeture des baies.

Des carreaux en terre cuite vernissée forment frise entre les fenêtres du premier étage et celles des combles.

PLANCHES N°s 72 ET 73

TERRES CUITES ÉMAILLÉES

Sur ces deux planches se trouvent réunies des terres cuites émaillées provenant de l'usine Müller et Cie, et applicables aux décorations architecturales. La plupart de toutes ces terres cuites sont faites d'après les dessins fournis par les architectes.

Les n°s 1, 2, 3, 4, 5, 6, 7, sont des briques de parements ; le n° 9 est une partie de frise ; le n° 10, un fragment de bandeau ; 12, une partie d'entablement ; 31, 32, 37 et 39 sont des rosaces entières, ou des parties de rosace. Toutes ces terres-cuites, ainsi que les n°s 14, 16, 17, 25 et 34, ont été fabriqués pour des travaux exécutés sous la direction de M. Saulnier. Les autres fragments figurés sur la même planche ont été faits aussi pour une destination spéciale, ou bien sont des modèles de la maison.

La plupart des terres-cuites que contient la planche 73 sont également des modèles de l'usine Müller ;

le n.° 15 est un modèle de M. Deminuid. Les n°s 19 et 22 sont des fragments des frises du pavillon construit par M. Davioud, dans le jardin du Luxembourg, près de la porte donnant sur la rue d'Assas.

PLANCHE N° 74

ÉVÊCHÉ DE BEAUVAIS

L'évêché de Beauvais, construit par M. Vaudremer, est un édifice en brique et pierre formé d'un corps de bâtiment principal flanqué de deux ailes formant saillie sur les deux faces. La planche 74 représente la façade d'un étage et le comble de l'une de ces ailes. La brique forme le remplissage des murs, et la pierre est employée pour les chaînes d'angle, l'entourage des baies, les bandeaux, la corniche et le fronton de la lucarne.

PLANCHE N° 75

MAISONS A BRUXELLES

Cette planche représente deux façades de maisons en brique et pierre, construites à Bruxelles par M. Mennessier. Dans la maison de gauche, située rue de l'Enseignement, les pierres employées au rez-de-chaussée et à l'entresol proviennent des carrières d'Euville; les autres sont de la Savonnière, les briques sont de Boom, petit modèle, ayant 0^{m},20 × 0^{m},10 × 0^{m},05. Les attributs figurés dans les tympans des fenêtres du deuxième étage sont en rapport avec la profession du propriétaire, qui est journaliste et auteur dramatique, et qui habite cette construction, sauf le magasin et une partie du sous-sol et de l'entresol, réservés à un locataire.

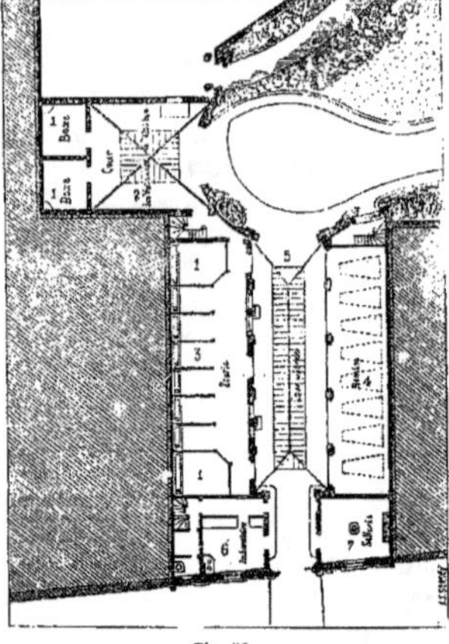

Fig. 36.

L'autre maison, construite rue de la Tribune, est d'un style différent; la pierre n'y est employée seule à aucun des étages. On remarque sur la façade un de ces avant-corps en bois avec vitrage analogue à ceux que nous avons déjà vus dans une de nos planches précédentes.

PLANCHE N° 76

ÉCURIE ET REMISE

Cette façade en brique et pierre est celle des écuries construites par M. Henri Parent et faisant partie d'un hôtel situé, à Paris, au rond-point des Champs-Élysées.

La figure 36 représente, à l'échelle de 0^{m},005 pour mètre, le plan de ces écuries, distribuées de la manière suivante : 1, boxes; 2, cour des voitures de visite; 3, stalles; 4, remise; 5, passage de l'hôtel à la cour vitrée, qui a sa sortie sur l'avenue Montaigne; 6, laboratoire dans lequel on prépare la nourriture des chevaux; 7, sellerie.

PLANCHE N° 77

MAISON A PONTOISE

Dans cette habitation, construite rue Thiers, à Pontoise, la brique est utilisée presque seule; il n'y a que les chaînes d'angle du soubassement, les bandeaux, les sommiers et les appuis qui soient en pierre. Des briques posées debout et présentant leurs arêtes en saillie forment frise au niveau des retombées des arcs. Les modillons qui supportent la corniche d'entablement sont également en brique. Des carreaux de faïence décorent le bandeau qui sépare le rez-de-chaussée du premier étage. La frise de la corniche est ornée de plaques de revêtement émaillées.

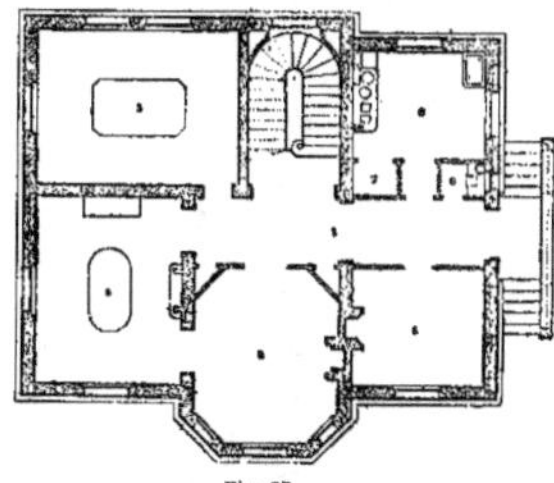
Fig. 37.

Le bas de la planche 77 est occupé, à gauche, par le détail de ce dernier revêtement.

Le détail présenté à droite est celui de l'entablement des trois autres façades.

La figure 37 donne le plan du rez-de-chaussée de cette maison : 1, vestibule ; 2, cabinet de travail ; 3, salon ; 4, salle à manger ; 5, table de billard ; 6, cuisine.

PLANCHE 78

TERRES CUITES ÉMAILLÉES

Nous avons réuni sur cette planche un certain nombre de produits de la maison Lœbnitz, l'une des premières fabriques de faïence ornementale. Les divers motifs de la planche sont les suivants :

1° Fragment de frise exécuté d'après le dessin de M. Adan, décorateur, sous la direction de M. Martin, architecte ;

2° Panneau décoratif placé, au Père-Lachaise, au-dessus de la porte du tombeau de Couder, ancien chanteur de l'Opéra-Comique ;

Fragment de frise dessiné par M. Pascal, architecte de la Bibliothèque nationale.

4° et 5° Panneaux décoratifs exécutés dans une salle du restaurant Marguery, d'après les dessins et sous les ordres de M. Bessières, architecte.

6° Fragment d'un des pilastres de la porte des Beaux-Arts, à l'Exposition universelle de 1878, qui avait été exécutée d'après les dessins de M. Paul Sédille, architecte.

PLANCHE N° 79

ABATTOIRS DE PONTOISE

Nous donnons ici l'élévation et la coupe de deux travées extrêmes appartenant l'une à un échaudoir, l'autre aux bouveries des abattoirs de Pontoise, actuellement en cours d'exécution. Notre planche représente la première étude; dans le projet exécuté, la meulière remplace la brique dans les remplissages compris entre les pilastres. On sait que, parmi les locaux divers qui doivent entrer dans la construction d'un *abattoir*, les plus essentiels sont les *échaudoirs*, salles où l'on tue et où l'on dépèce les bestiaux ; les *bouveries, bergeries, porcheries*, où les animaux appartenant à chaque propriétaire sont isolés par des cloisons à claire-voie. Des greniers à fourrages sont placés au-dessus. Nous donnons ici, à l'échelle de 0m,01

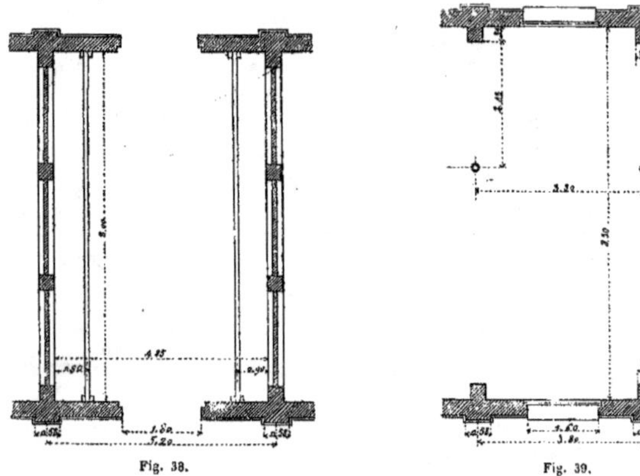

Fig. 38. Fig. 39.

pour mètre, les plans de deux travées appartenant l'une au bâtiment des échaudoirs (fig. 38), l'autre au bâtiment des bouveries (figure 39).

Toute la construction est en briques; le soubassement seul est en meulière; la pierre n'est employée que pour les chapitaux des pilastres et les sommiers des baies.

PLANCHE N° 80

FRAGMENTS DÉCORATIFS

Sur cette dernière planche, nous présentons divers motifs de décoration en briques et en terres cuites ordinaires ou recouvertes d'émaux : 1, 7 et 9, fragments de frise;

2, poitrail en métal orné de faïences;

3, œil-de-bœuf;

4, fragment d'archivolte appartenant à la lucarne du cadran de l'usine de Noisiel;

5, décoration de pignon en brique avec rives en terre cuite et carreaux de faïence;

6, frise placée au-dessous du cadran de l'usine de Noisiel;

8, archivolte de fenêtre;

10, détails des chambranles des fenêtres de l'usine de Noisiel.

11, partie d'entablement surmontant une baie fermée par un linteau en fer;

Tous ces motifs sont des produits de l'usine Müller et Cie.

FIN.

TABLE GÉNÉRALE DES PLANCHES

Paris. — Imprimerie de A. Quantin, 7, rue Saint-Benoît. 124]

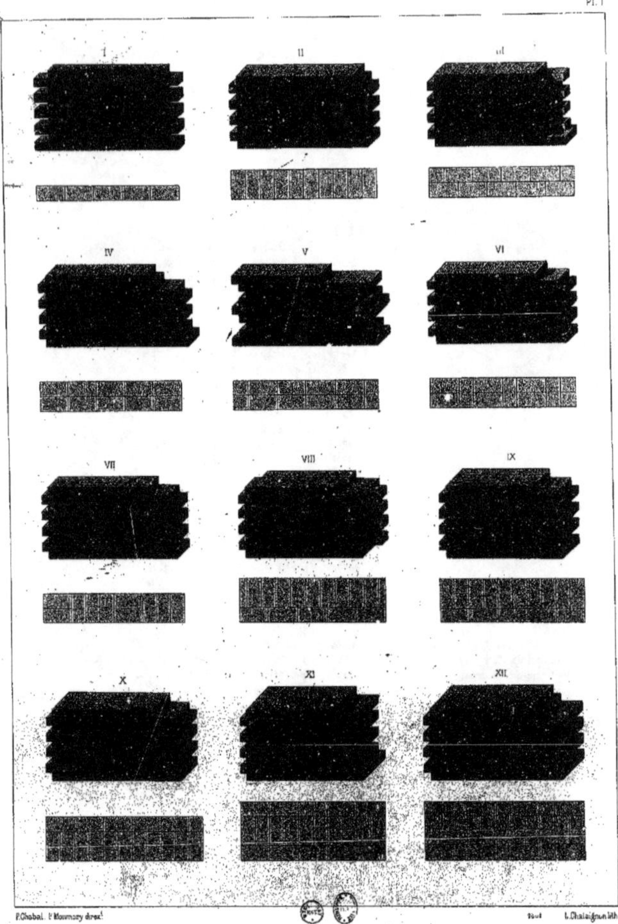

P. Chabat. F. Monmory direx.t Sout L. Chataignon lith.

APPAREILS DE MURS

V.ve A. MOREL & C.ie Éditeurs. Imp. Lemercier & C.ie Paris.

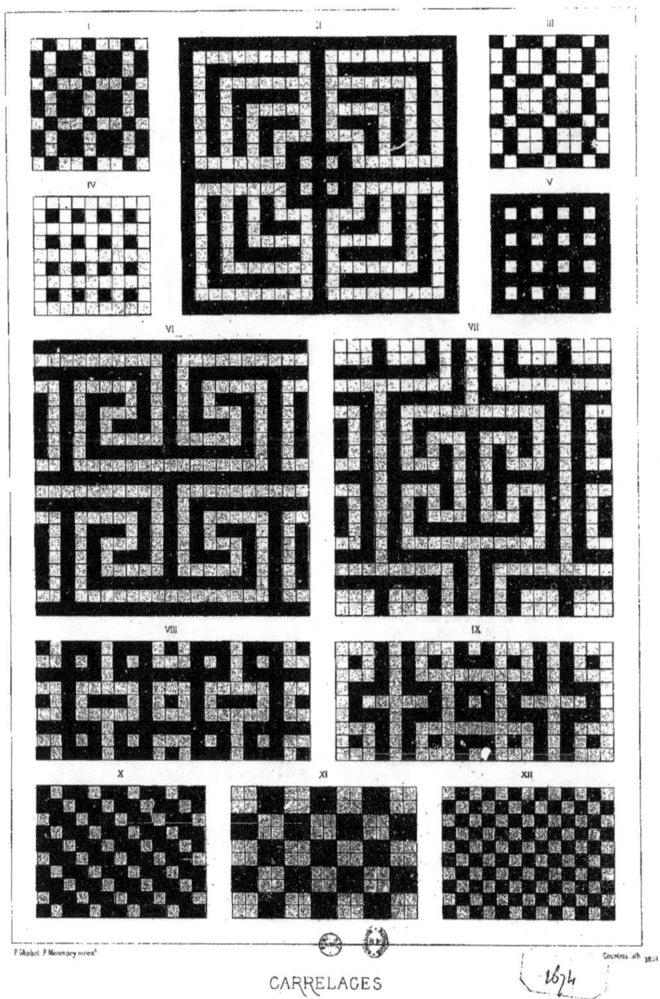

P. Chabat F. Monmory invex[t]

Courtois lith.

CARRELAGES

Vve A. MOREL & Cie Éditeurs.

Imp. Lemercier & Cie Paris

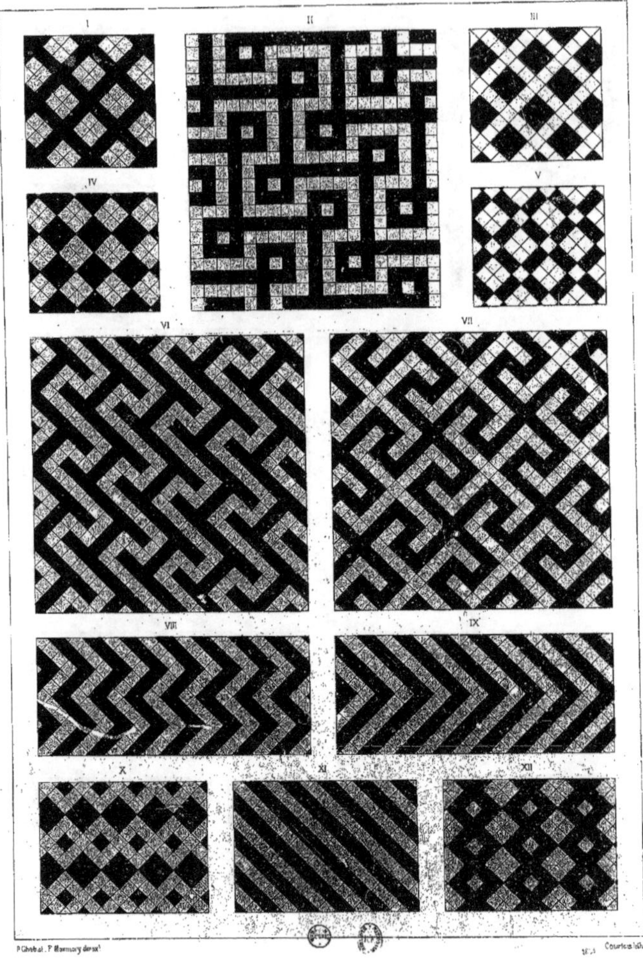

P. Chabat . P. Monmory dess.t Courtois lith.

CARRELAGES

V.ve A. MOREL & C.ie Editeurs Imp. Lemercier & C.ie Paris

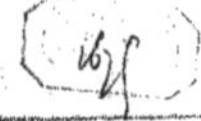

LA BRIQUE ET LA TERRE CUITE

PL. IV

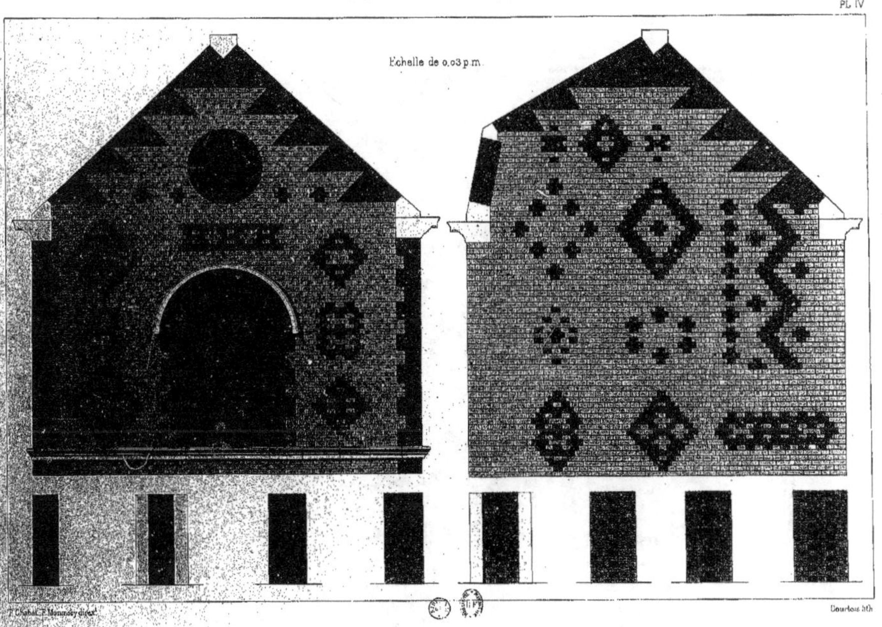

PIGNONS ET TRUMEAUX

Imp. Lemercier & Cie Paris

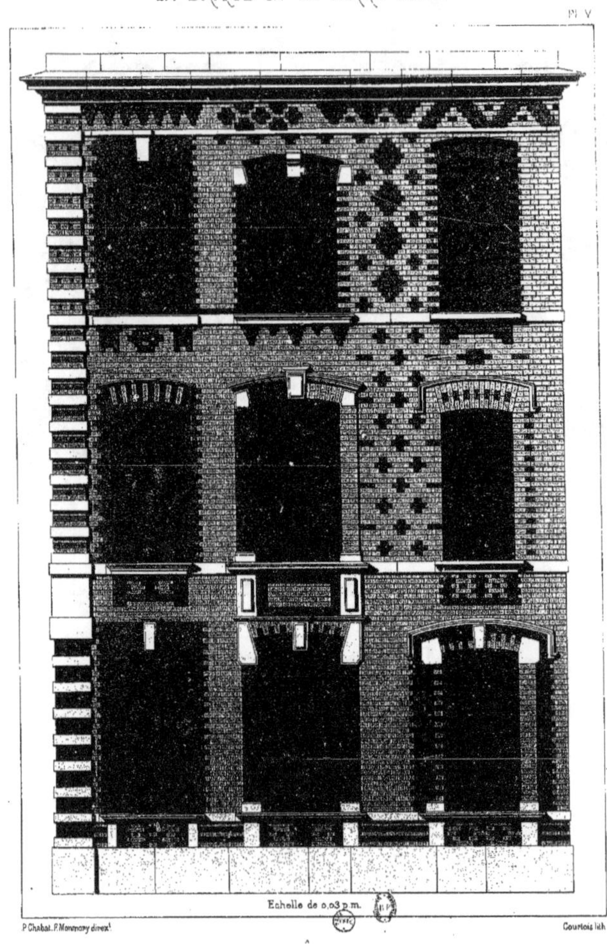

P. Chabat, F. Monmory direx.t Courtois lith

FENÊTRES

V.e A. MOREL & C.ie Editeurs Imp. Lemercier & C.ie Paris

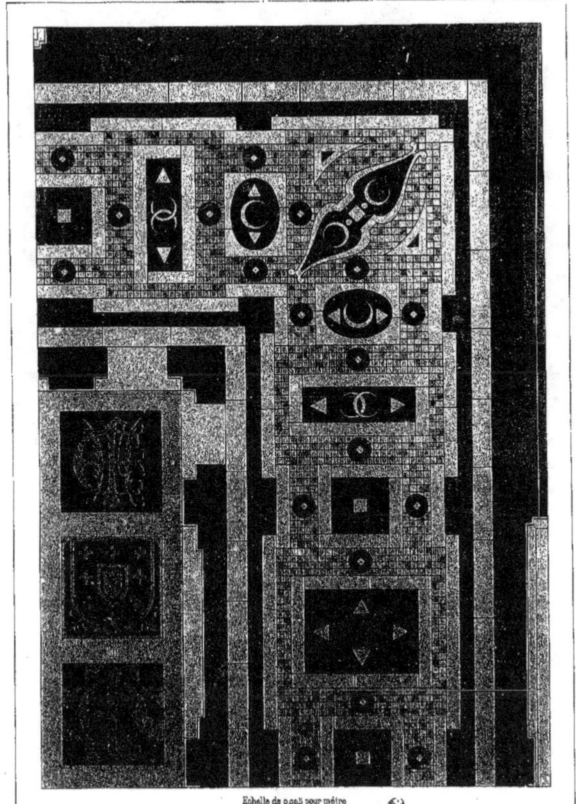

Echelle de 0,025 pour mètre

P. Chabat, F. Monmory direx.t 1879 Chataignon lith

CARRELAGE (CHÂTEAU D'ANET)

Restauration de Mr A. Bourgeois, Architecte

Vve A. MOREL & Cie Éditeurs

Imp. Lemercier & Cie Paris

1

2

3

4

5

Echelle de 0,05° p.m

P. Chabat _ F. Monmory direx

PANNEAUX

EXPOSITION UNIVERSELLE 1878

Vve A. MOREL & Cie Editeurs

Imp. Lemercier & Cie Paris

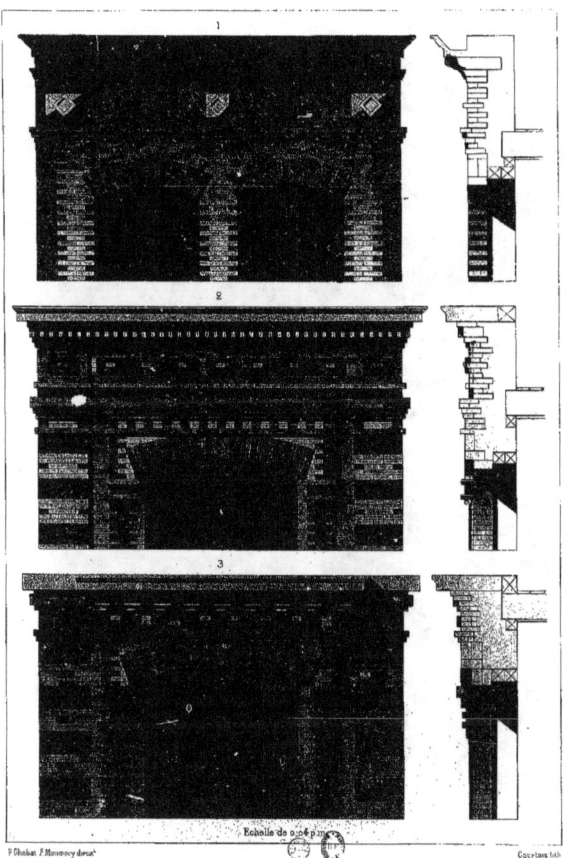

P. Chabat F. Monmory direx.ᵗ — Courtois lith.

COURONNEMENTS DE FENÊTRES

MAISON A BRUXELLES

Mʳ Buysschaert Arch.

Vᵛᵉ A. MOREL & Cⁱᵉ Editeurs — Imp. Lemercier & Cⁱᵉ Paris

2623

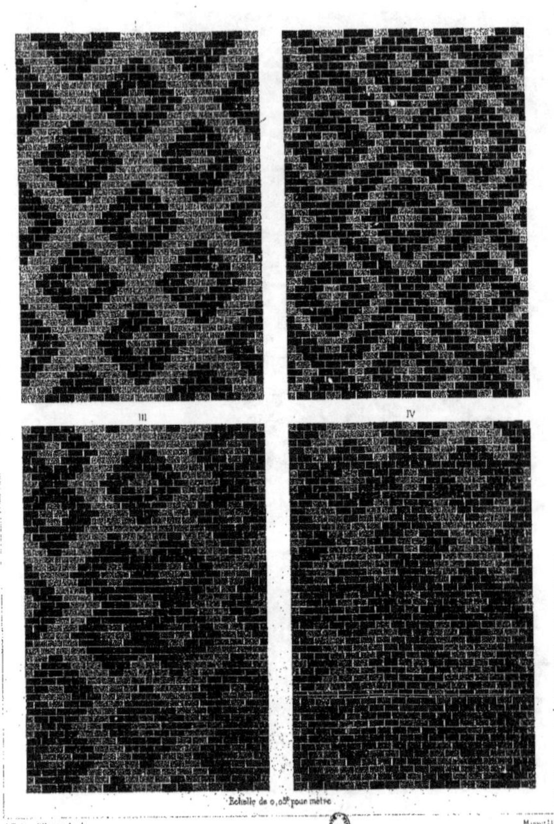

Echelle de 0,05 pour mètre.

PAROIS VERTICALES.

MURS PLEINS.

Vve A. MOREL & Cie Éditeurs

Imp. Lemercier & Cie Paris

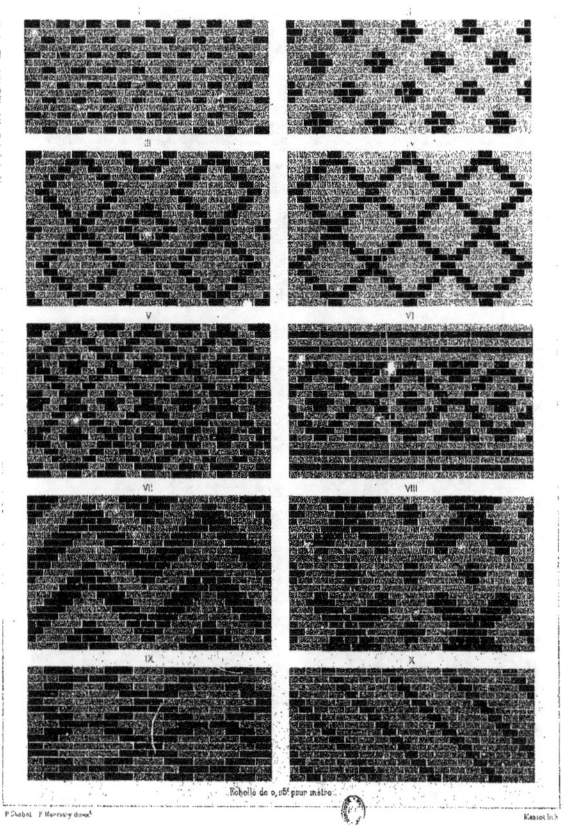

P. Chabat F. Monmory dessᵗ — Kassot lith.

PAROIS VERTICALES.

MURS PLEINS.

Vve A. MOREL & Cie Éditeurs — Imp. Lemercier & Cie Paris

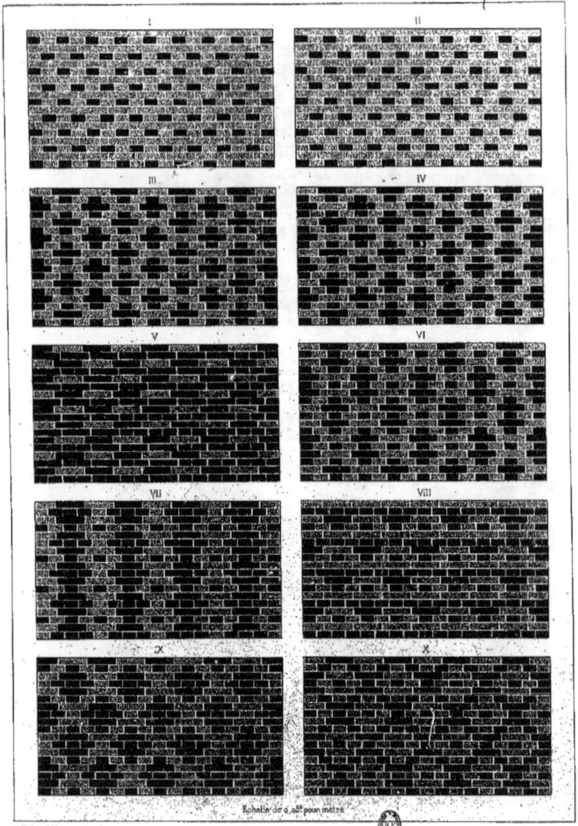

I

II

III

IV

V

VI

VII

VIII

IX

X

Echelle de 0,05 pour mètre

P. Chabat. F. Monmory direx[t]

Châtagron lith

PAROIS VERTICALES

MURS PLEINS

Vve A. MOREL & Cie Éditeurs

Imp. Lemercier & Cie Paris

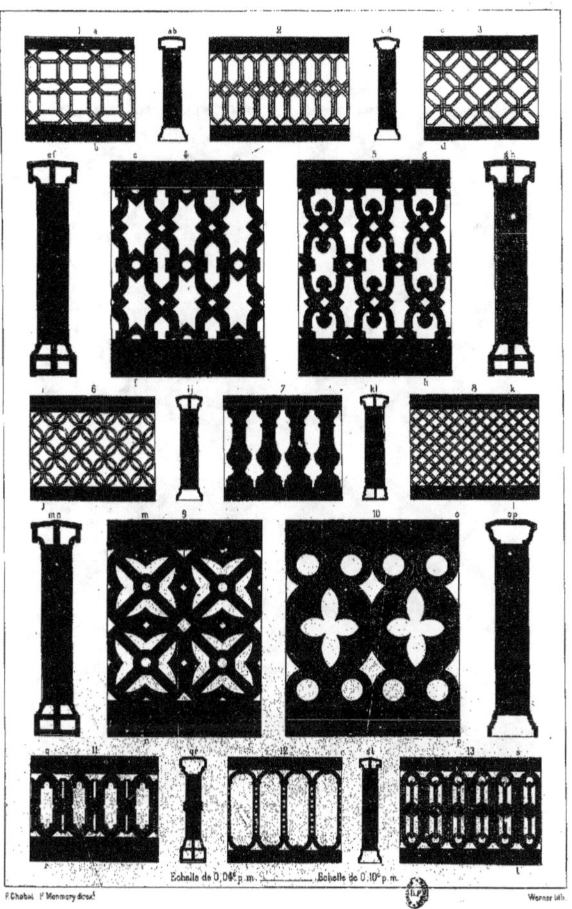

P. Chabat F. Monmory direxit

Werner lith.

BALUSTRADES

EXPOSITION UNIVERSELLE 1878

Vve A. MOREL & Cie Editeurs

Imp. Lemercier & Cie Paris

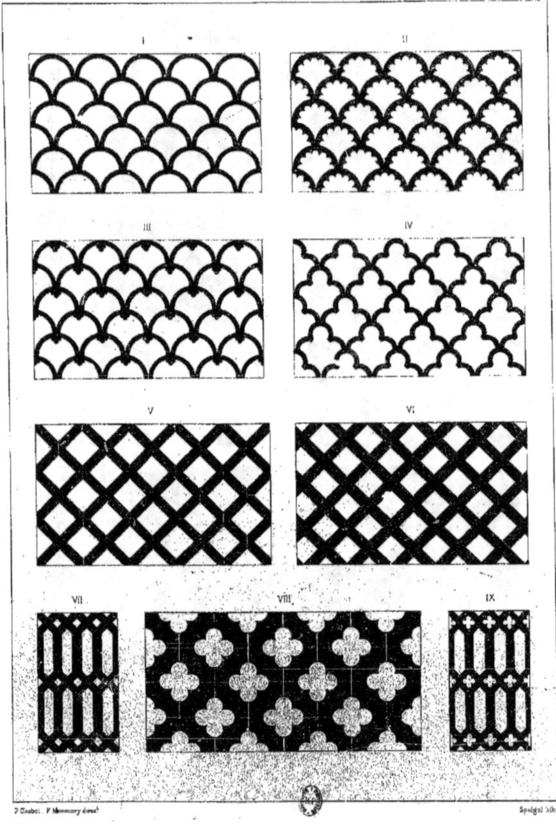

P Chabot . F Monmory dess.t Spiegel lith

PAROIS VERTICALES

CLAIRES VOIES

V.ve A. MOREL & C.ie Editeurs. Imp Lemercier & C.ie Paris

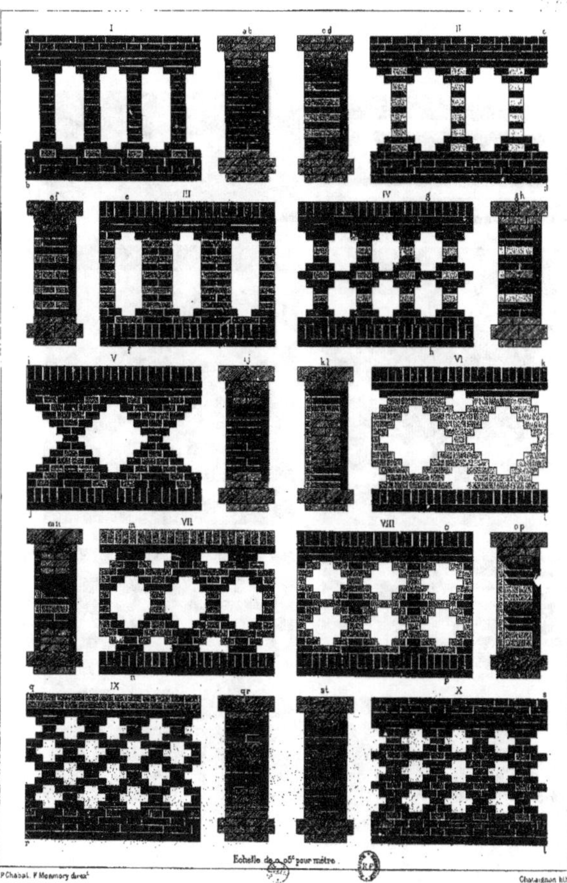

P. Chabat. F. Monmory dirext

Chatagnon lith.

BALUSTRADES

CLAIRES-VOIES

Vve A. MOREL & Cie Editeurs.

Imp. Lemercier & Cie Paris

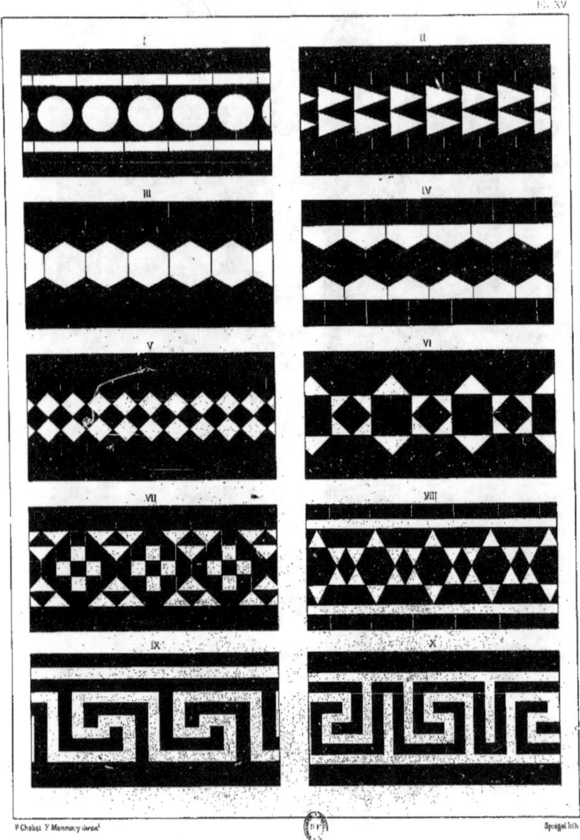

P. Chabat, F. Monmory direx.t Spiegel lith.

CARRELAGES

V.ve A. MOREL & C.ie Éditeurs Imp. Lemercier & C.ie Paris.

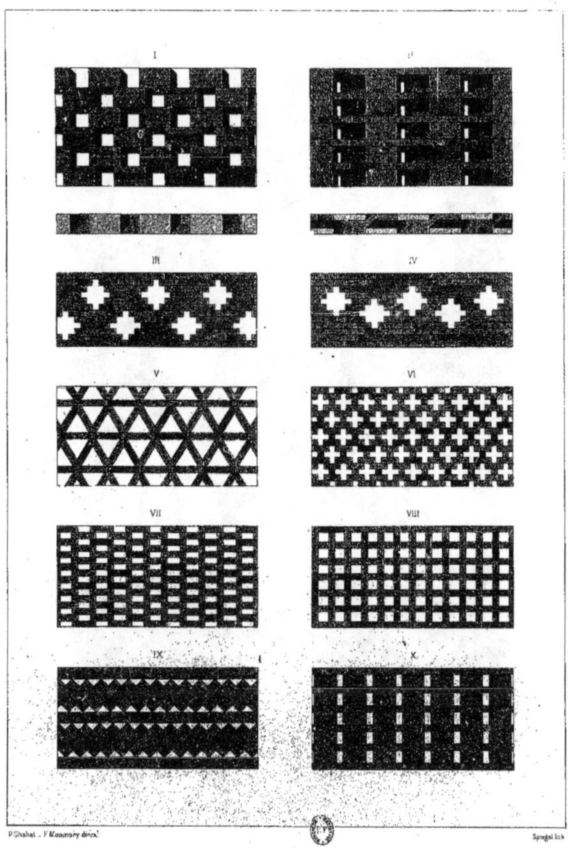

P Chabat _ F Monmory direx Spiegel lith

PAROIS VERTICALES

CLAIRES VOIES

Vve A. MOREL & Cie Editeurs
Imp. Lemercier & Cie Paris

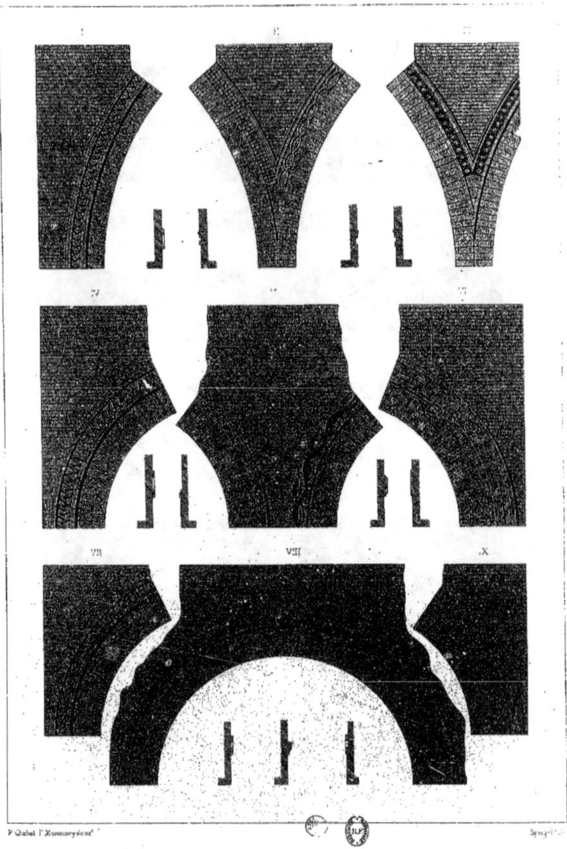

P. Quibel l' Mommory ... Spinger ...

ARCHIVOLTES

Vve A. MOREL & Cie Éditeurs. Imp. Lemercier & Cie Paris

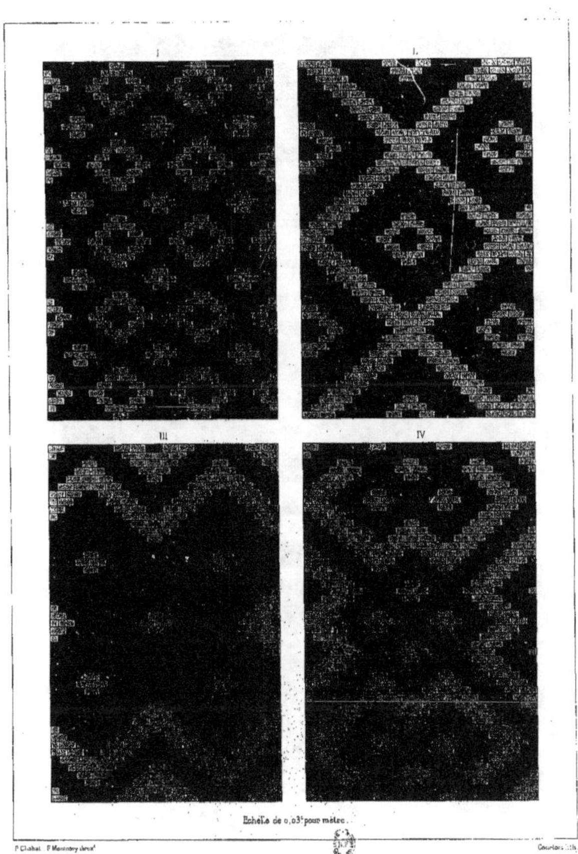

Echelle de 0,03 pour mètre.

P. Chabat . F. Monmory del.t Courtois lith.

COUVERTURES

TUILES EMAILLÉES

V.ve A. MOREL & C.ie Editeurs Imp. Lemercier & C.ie Paris

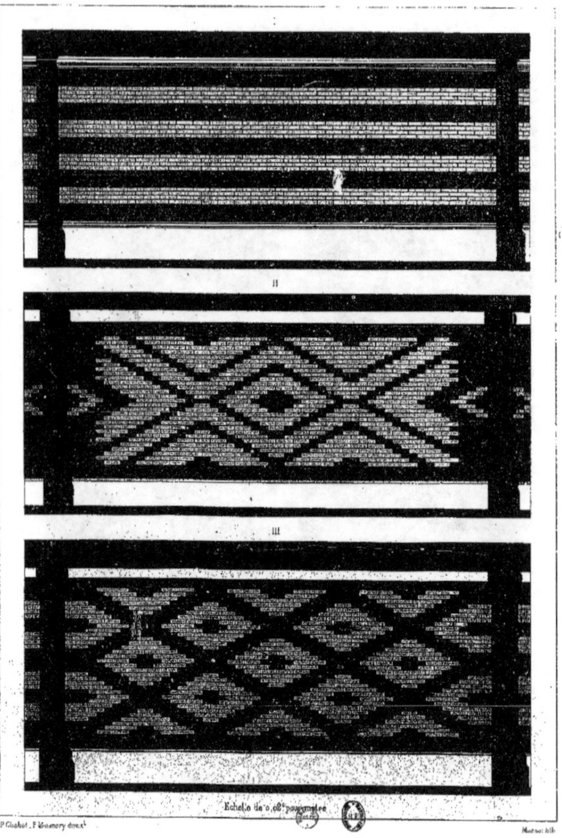

P. Chabat . F. Monmory dess.t

Moreau lith

SOUBASSEMENTS

MARCHÉS DE PARIS

V.ve A. MOREL & C.ie Editeurs

Imp. Lemercier & C.ie Paris

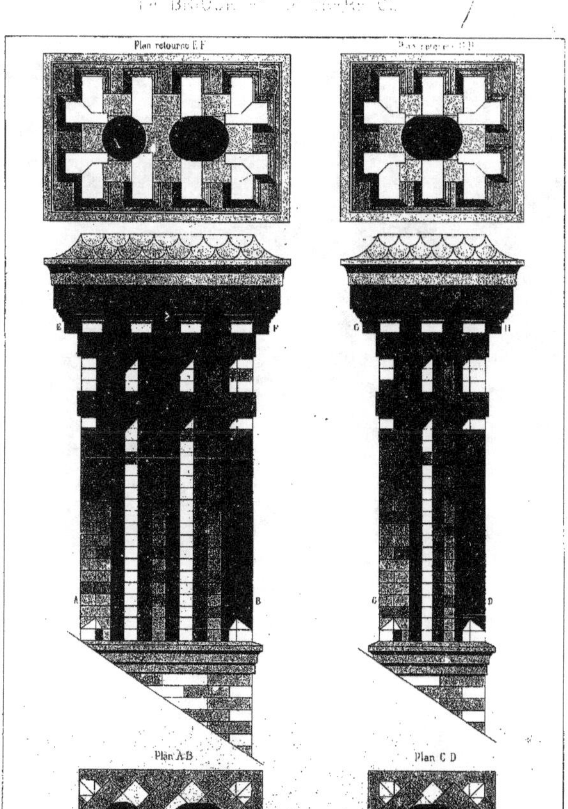

P Chabat . F Monmory direx.t Spengel lith.

SOUCHES DE CHEMINÉES

STATION DE LISIEUX (CHEMIN DE FER DE CHERBOURG)

Mr Langlais Arch.

Ve A MOREL & Cie Éditeurs. Imp Lemercier & Cie Paris

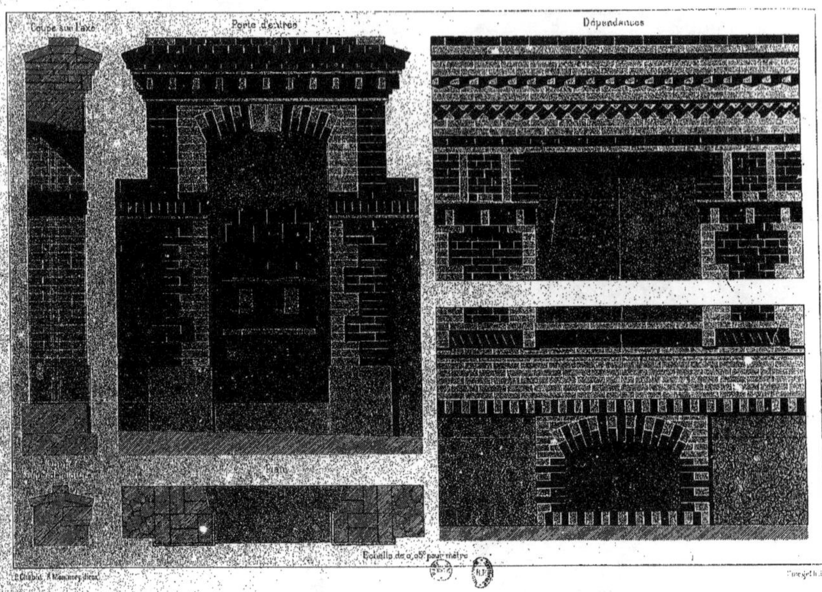

MAISON A SEVRES

Mr Camagrel Arch.

V.ve A. MOREL & Cie Éditeurs

1132

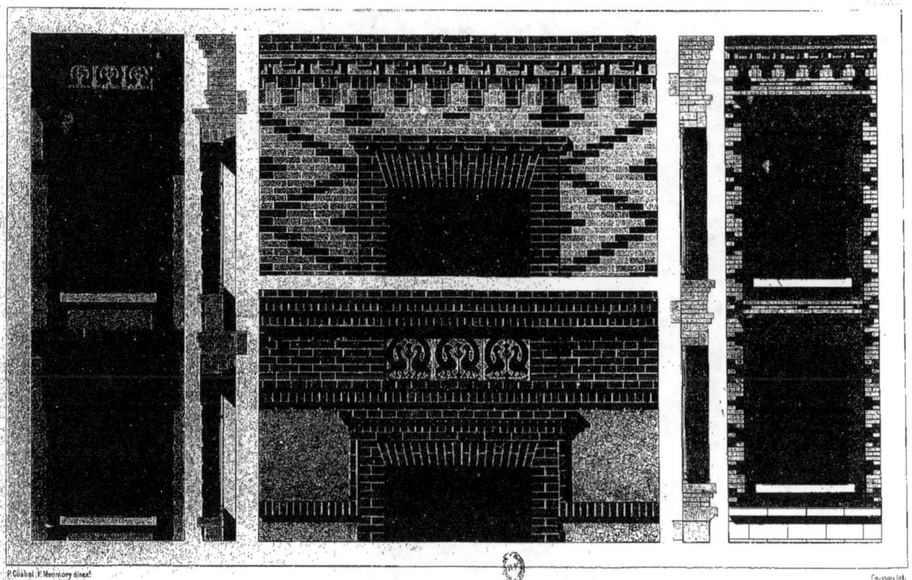

P. Chabat, F. Monmory direx.

Coursaux lith.

FENÊTRES

Vve A. MOREL & Cie Editeurs

Imp. Lemercier & Cie Paris

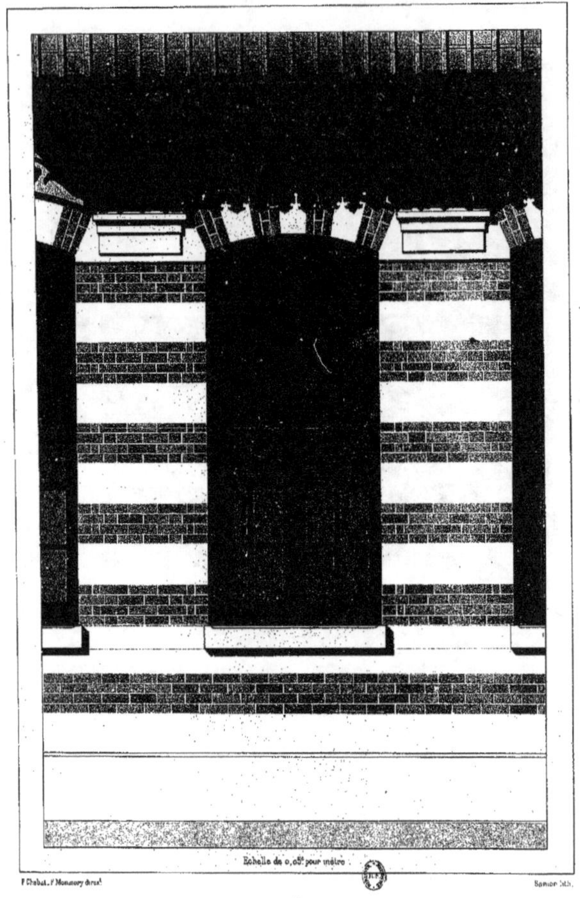

Echelle de 0,05c pour mètre.

F. Chabat _ F. Monmory direxᵗ — Bamor lith.

FENÊTRE

RESTAURANT DE L'ABATTOIR DE LA VILLETTE

Mr Janvier Arch.

Vve A. MOREL & Cie Editeurs — Imp. Lemercier & Cie Paris

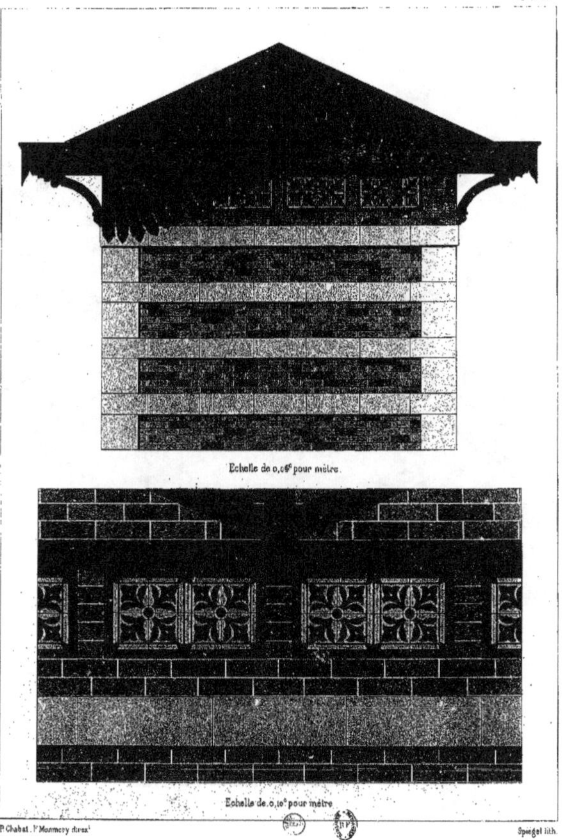

Echelle de 0,06 pour mètre.

Echelle de 0,10 pour mètre

P. Chabat . F. Monmory direx.t

Spiegel lith.

PIGNON

BUVETTE_(ABATTOIR DE LA VILLETTE)

Mr Janvier Arch.t

Vve A. MOREL & Cie Editeurs

Imp. Lemercier & Cie Paris

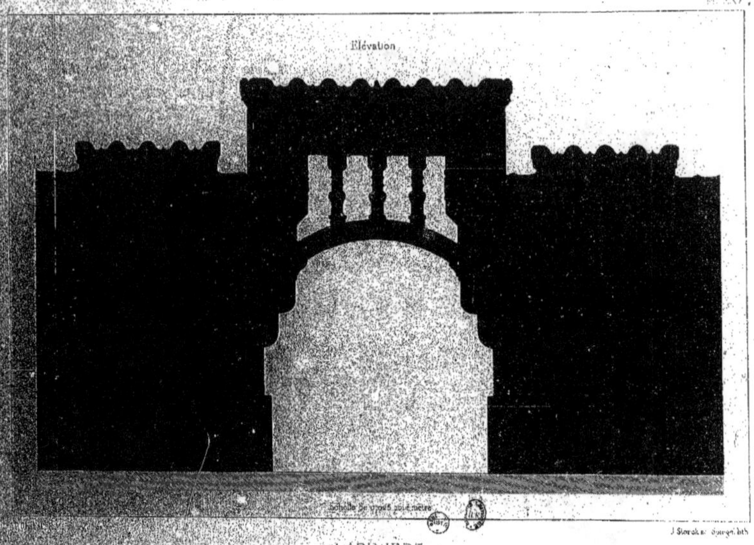

J. Storck éditeur, lith.

LAPINIÈRE

JARDIN ZOOLOGIQUE D'ACCLIMATATION

Mr Simonet Arch.

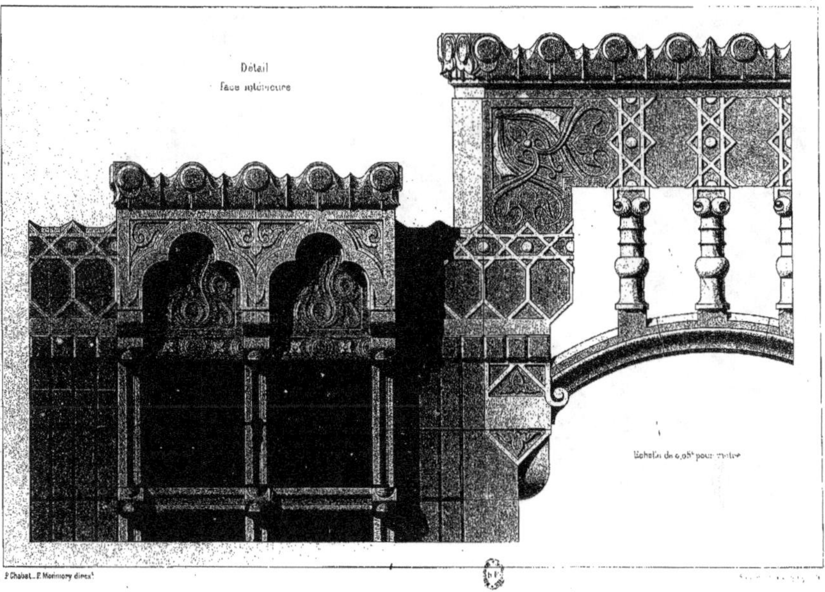

P. Chabat _ F. Monmory direx.

LAPINIÈRE

JARDIN ZOOLOGIQUE D'ACCLIMATATION

Mr Simonet Arch.

Vve A. MOREL & Cie Éditeurs

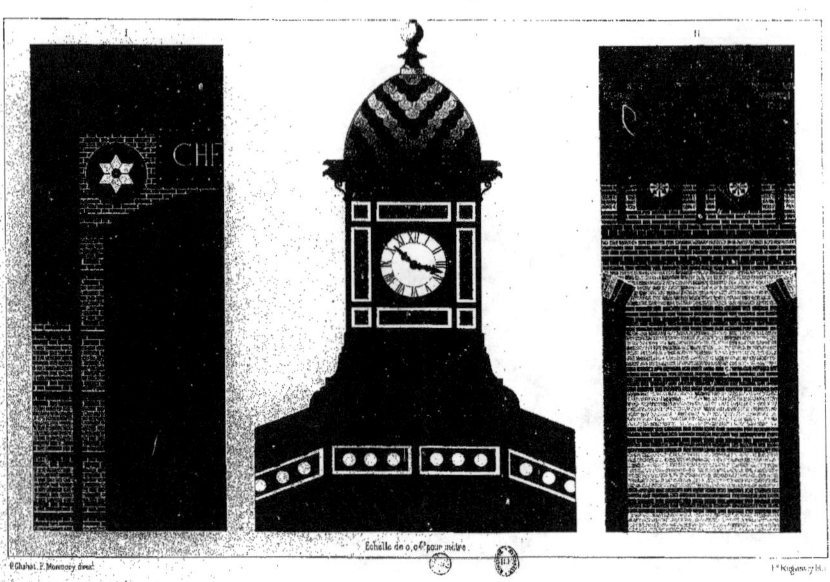

E. Chabat, F. Monmory direx.

GARE DU CHAMP DE MARS
(EXPOSITION UNIVERSELLE 18[illegible]8)
M. J. Lisch, Arch.

Vve A. MOREL & Cie Éditeurs

Imp. Lemercier & Cie Paris

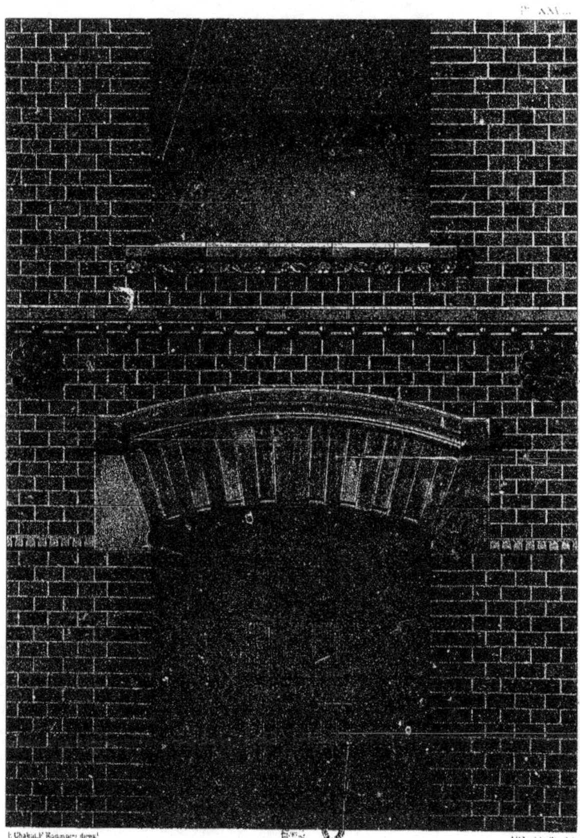

F. Chabat, F. Monmory direx.

J. Valn. del. Conn. Lith.

MAISON A BERLAIMONT

(NORD)

Vve A. MOREL & Cie Éditeurs.

Imp. Lemercier & Cie Paris

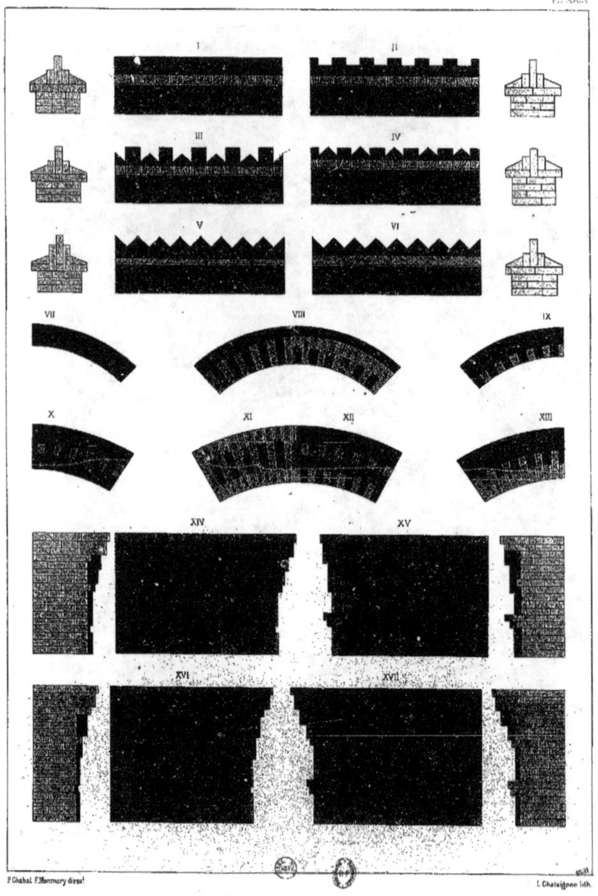

P. Chabat F. Monmory direx.t

L. Chataignon lith.

CHAPERONS _ ARCS _ CORNICHES

V.ve A. MOREL & C.ie Éditeurs.

Imp. Lemercier & C.ie Paris

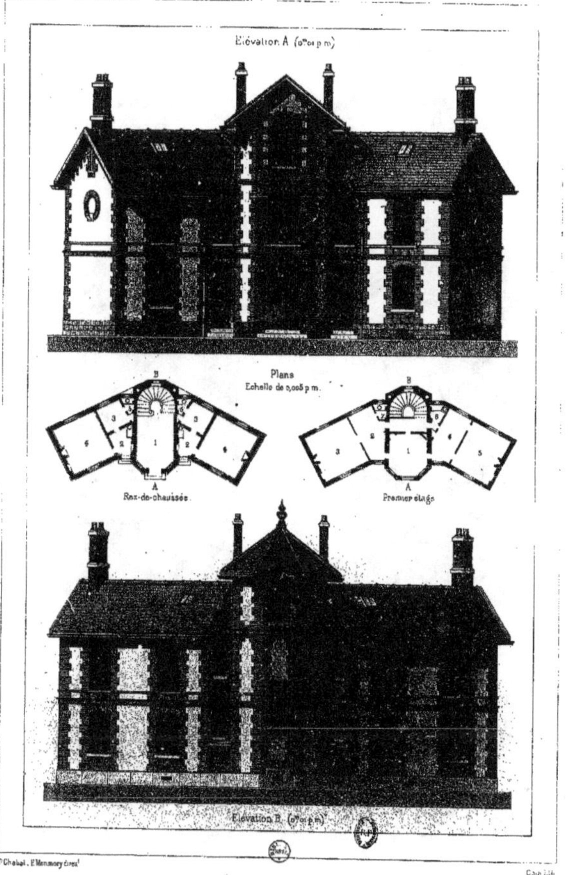

P Chabat, E Monmory direxᵗ

Cain lith

MAISON DES JARDINIERS

(ÉCOLE DE PHARMACIE)

Mr Ch. Laisné Architecte

Vᵉ A. MOREL & Cᵉ Éditeurs

Imp Lemercier & Cᵉ Paris

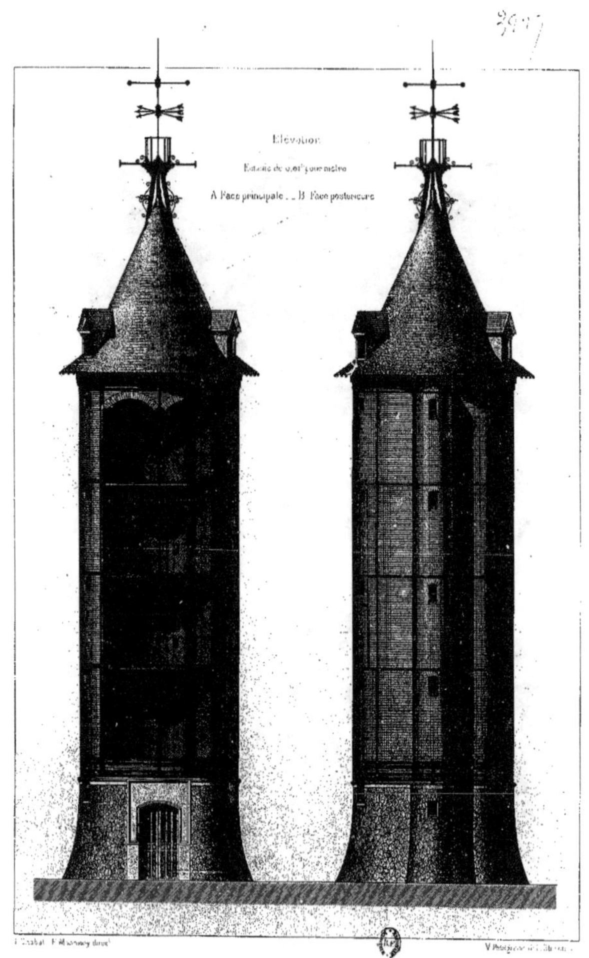

COLOMBIER

JARDIN ZOOLOGIQUE D'ACCLIMATATION

Mr Simon et Arch

Vve A. MOREL & Cie Éditeurs

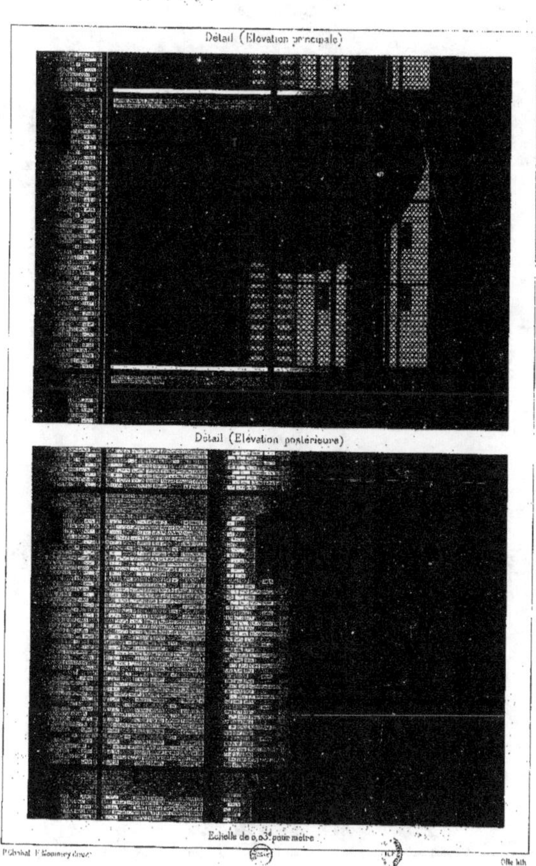

P. Chabat F. Monmory del.

Olle lith.

COLOMBIER

JARDIN ZOOLOGIQUE D'ACCLIMATATION

Mr Simonet Arch.

Vve A. Morel & Cie Éditeurs

Imp. Lemercier & Cie Paris

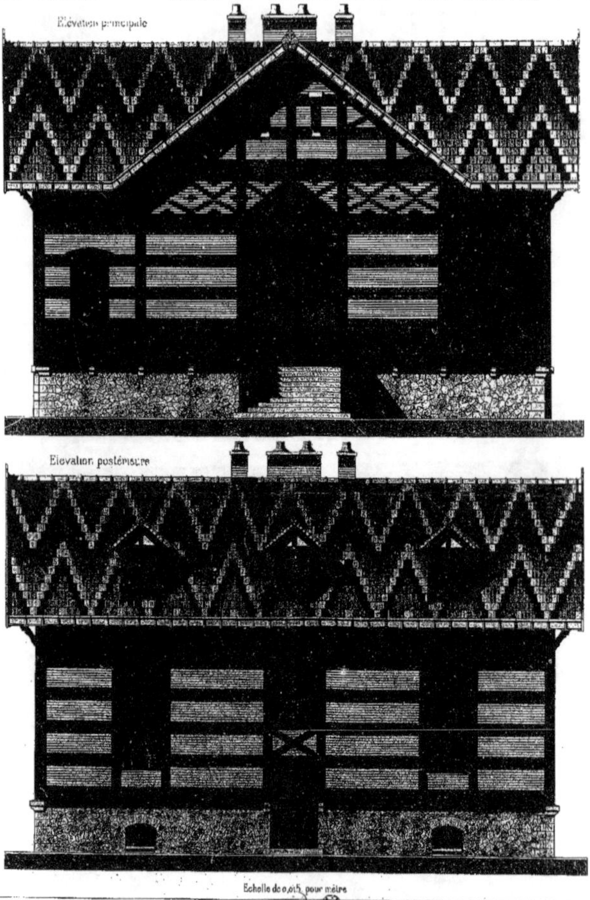

Élévation principale

Élévation postérieure

Echelle de 0,015 pour mètre

P. Chabat & Monnery direx[t]

1879 Coun lith

BUFFET (GARE DU CHAMP DE MARS)

EXPOSITION UNIVERSELLE 1878

Mr Lisch Arch

Vve A. MOREL & Cie Editeurs

Imp. Lemercier & Cie Paris

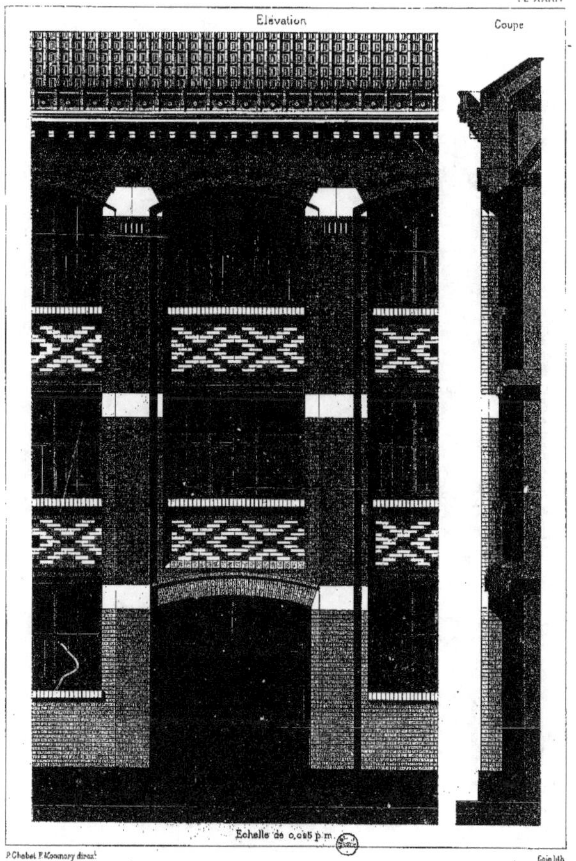

P. Chabat F. Monmory direxᵗ.

Coin lith.

USINE RUE N. D. DES CHAMPS

Mʳ P. Chabat Arch.

Vᵛᵉ A. MOREL & Cⁱᵉ Editeurs.

Imp. Lemercier & Cⁱᵉ Paris.

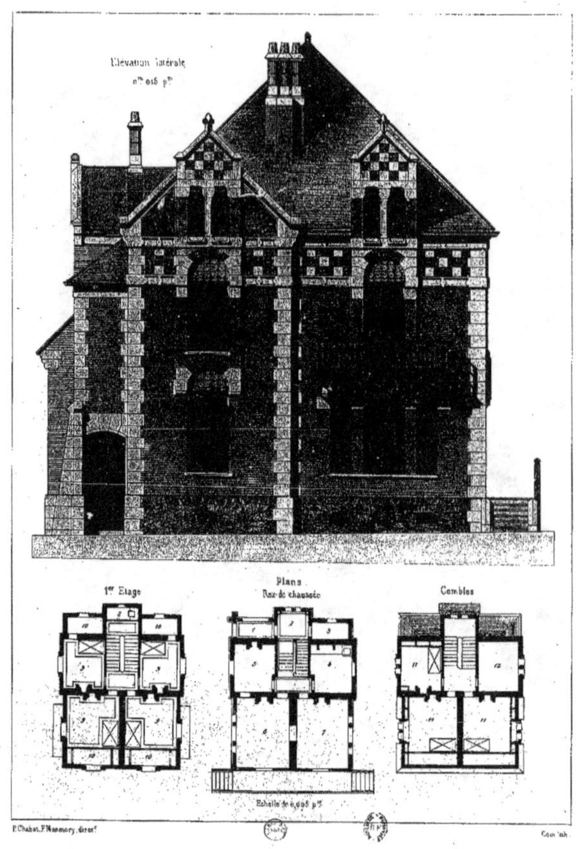

P. Chabat, F. Monmory, direct. Cosn. lith.

MAISON A MAURECOURT

(SEINE-ET-OISE)

Mr Simonet Arch.

Vve A. MOREL & Cie Editeurs. Imp. Lemercier et Cie Paris.

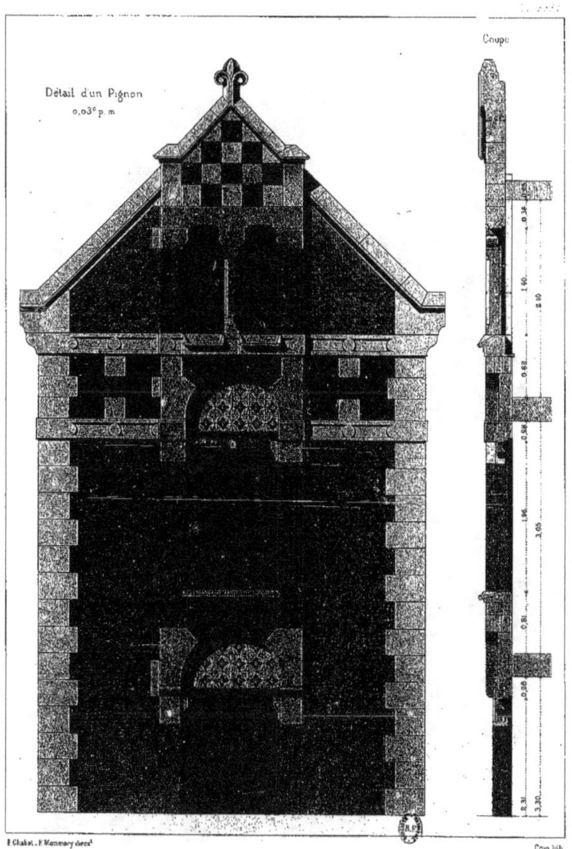

E. Chabat . F. Monmory dess.

Cosn lith.

MAISON A MAURECOURT

(SEINE ET OISE)

Mr Simonet Arch.

Vve A. MOREL & Cie Editeurs

Imp. Lemercier et Cie Paris

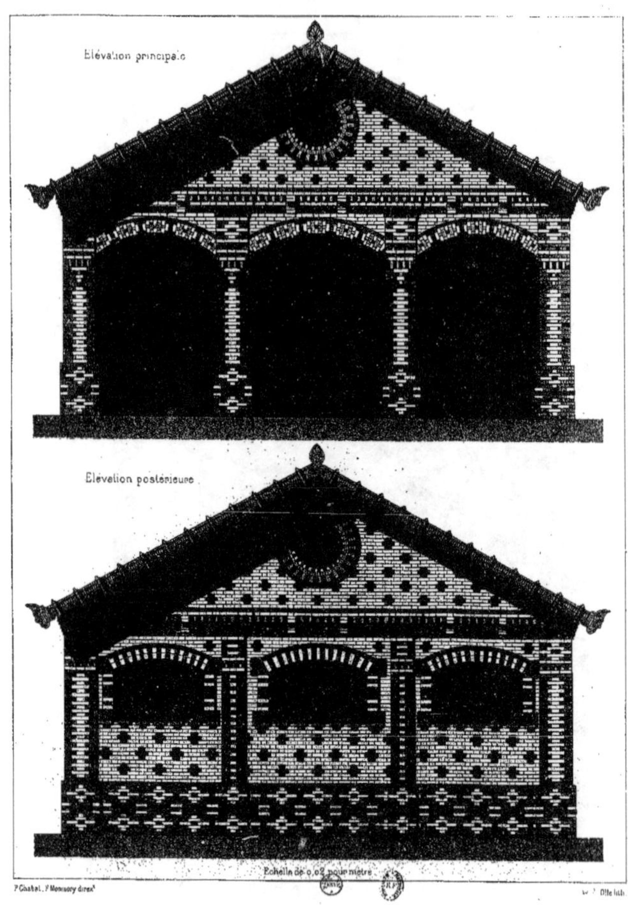

P. Chabat, F. Monmory direx.

HANGAR

Mr Joachim _ Constructeur

Vve A. MOREL & Cie Éditeurs.

Imp. Lemercier & Cie Paris

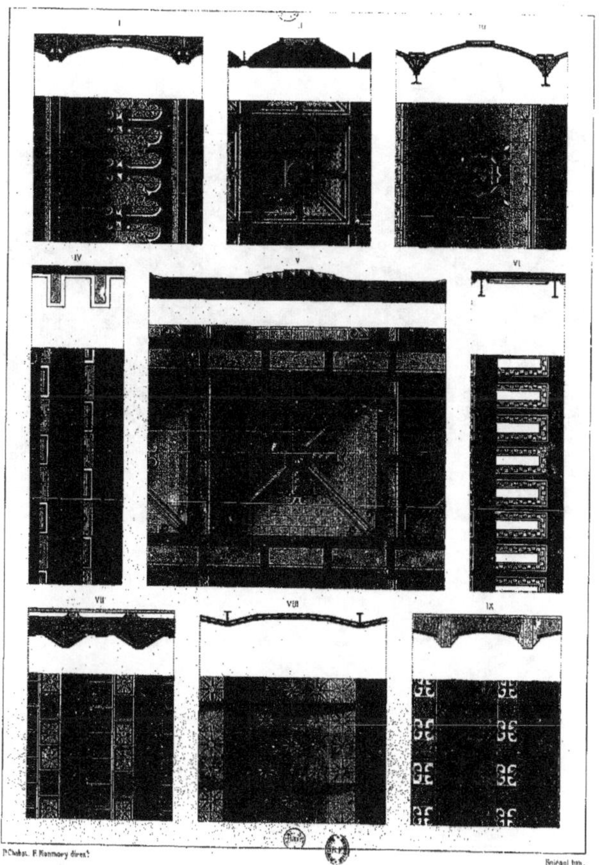

P. Chabat. F. Monmory direx.t

Spiegel lith.

PLAFONDS

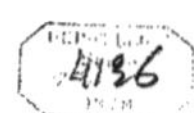

V.ve A. MOREL et C.ie Éditeurs

Imp. Lemercier & C.ie Paris

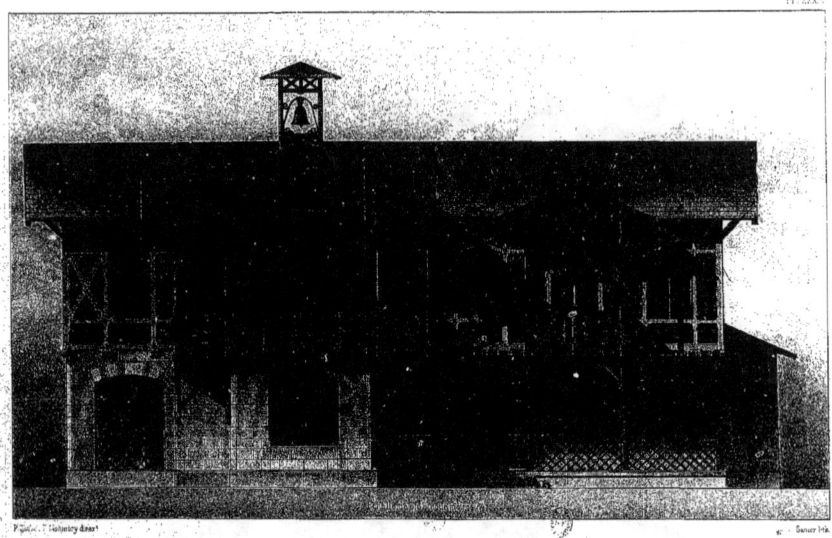

STATION DE CHEMIN DE FER

21.41

Vve A. MOREL & Cie Éditeurs

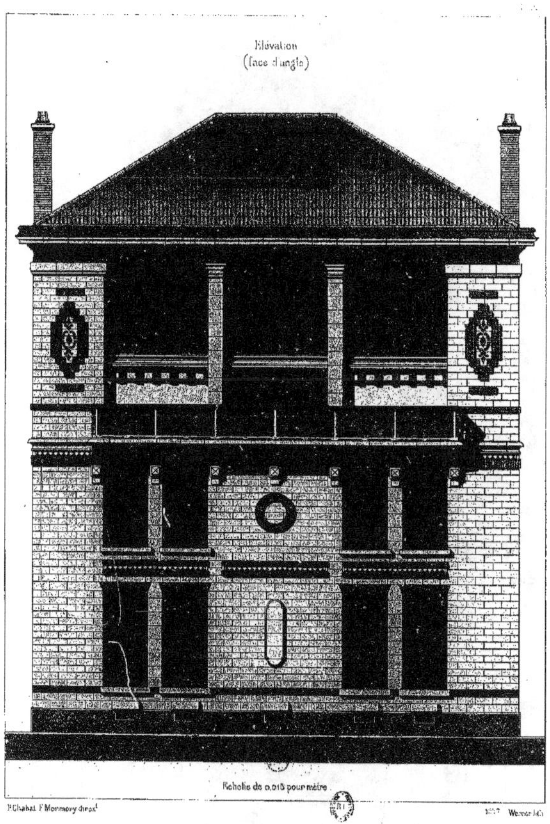

P. Chabat, F. Monmory direx[t] — Werner lith.

MAISON DE PEINTRE

Mr J. Guadet, Arch.

Vve A. MOREL & Cie Editeurs — Imp. Lemercier & C[ie] Paris

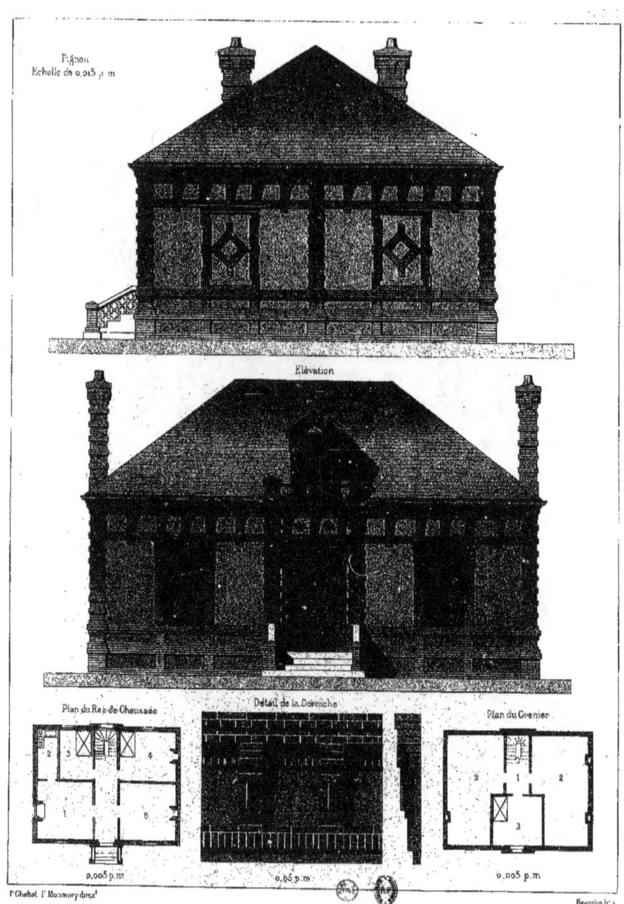

P. Chabat. F. Monmory direxᵗ

Brandin lith.

MAISON DE CULTIVATEUR

COMMUNE DE CHEROUVILLIERS (EURE)

Mʳ E. Lesueur Architecte

V.ᵛᵉ A. MOREL & Cⁱᵉ Editeurs

301

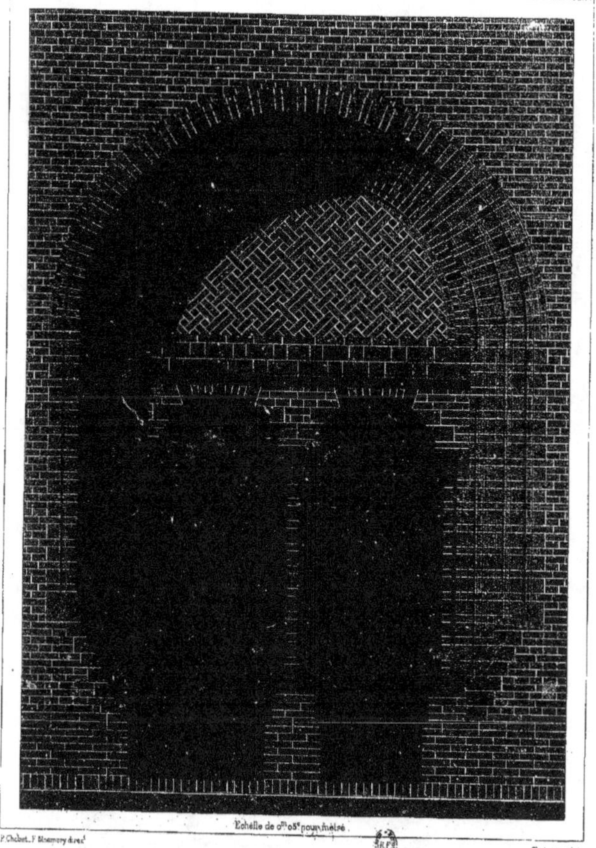

Échelle de 0m 05c pour mètre.

P. Chabat _ F. Monmory direx[t]

Chateignon lith.

PORCHE

EXPOSITION UNIVERSELLE 1878

Mr N. van Heukelum Constructeur

Vve A. MOREL & Cie Editeurs

Imp. Lemercier & Cie Paris

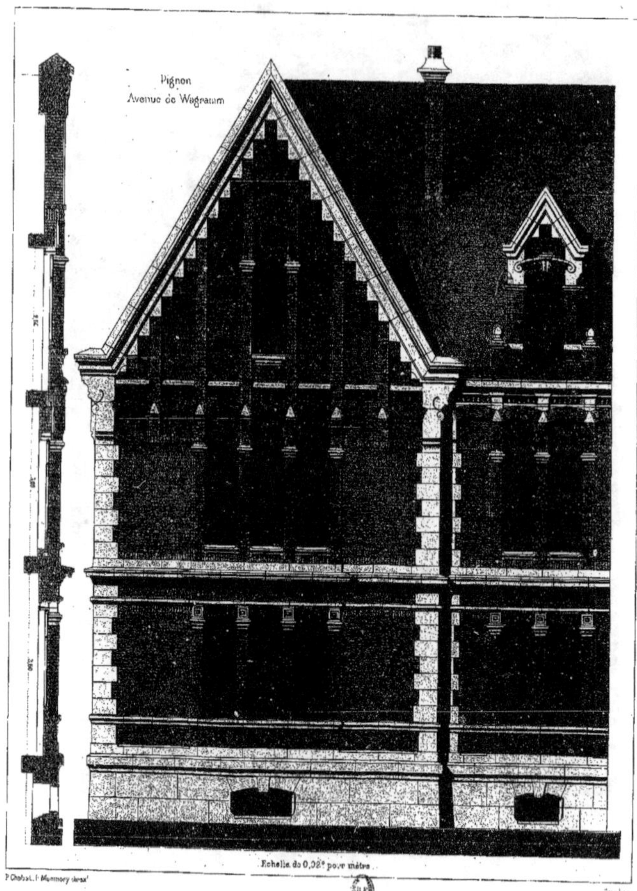

P Chabat, F Monmory delin.

HÔTEL

Mr J. Sauvestre Arch

Vve A. MOREL & Cie Editeurs

Imp Lemercier & Cie Paris

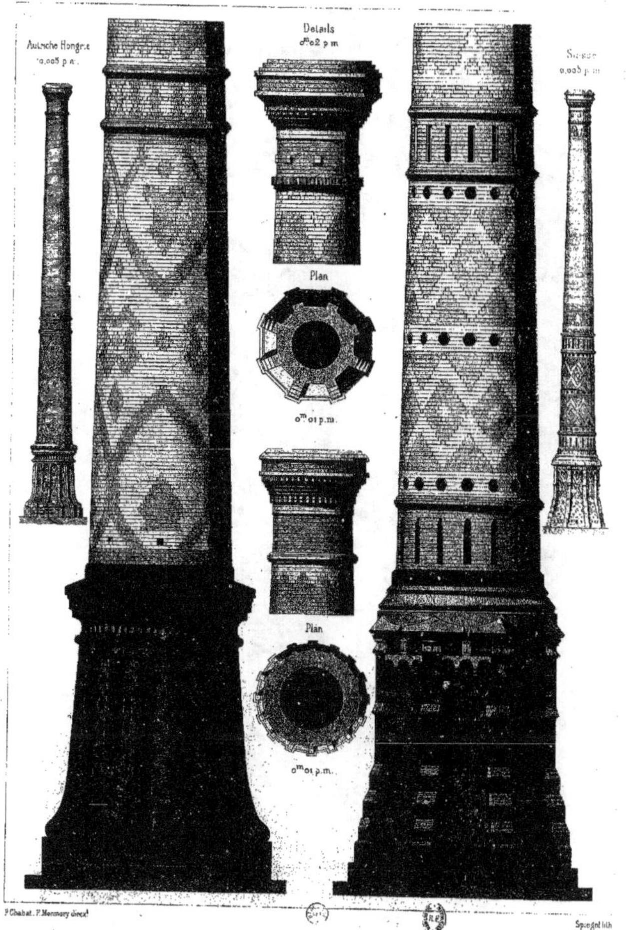

P. Chabat. F. Monmory direxᵗ

Spiegel lith.

CHEMINÉES D'USINES

(EXPOSITION UNIVERSELLE 1878)

Mʳ Joachim, Constructeur.

Vᵛᵉ A. MOREL & Cⁱᵉ Éditeurs

Imp. Lemercier & Cⁱᵉ Paris.

Pl. XIV

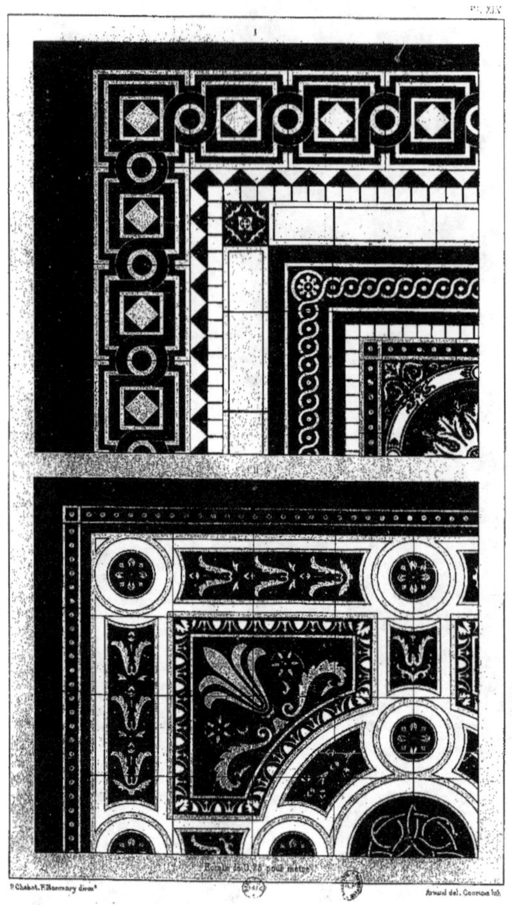

Échelle de 0,25 pour mètre

P. Chabat, F. Monmory direx[t]

Arnoul del. Courtois lith

CARRELAGES

Vve A. MOREL & Cie Éditeurs

Imp. Lemercier & Cie Paris

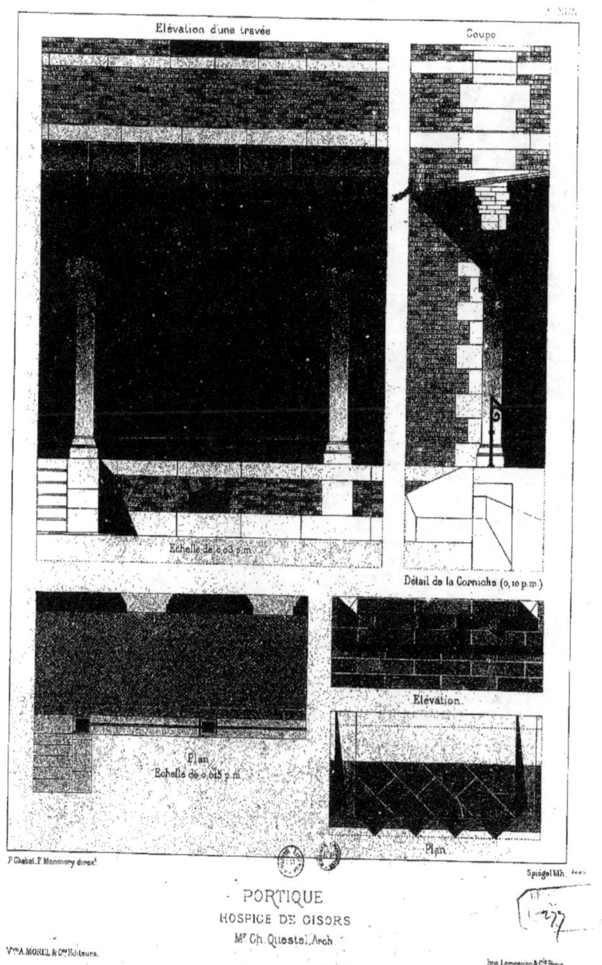

P. Chabat, F. Monmory direx.

Spiegel lith.

PORTIQUE

HOSPICE DE GISORS

Mr Ch. Questel, Arch.

Vve A. MOREL & Cie Editeurs.

Imp. Lemercier & Cie Paris.

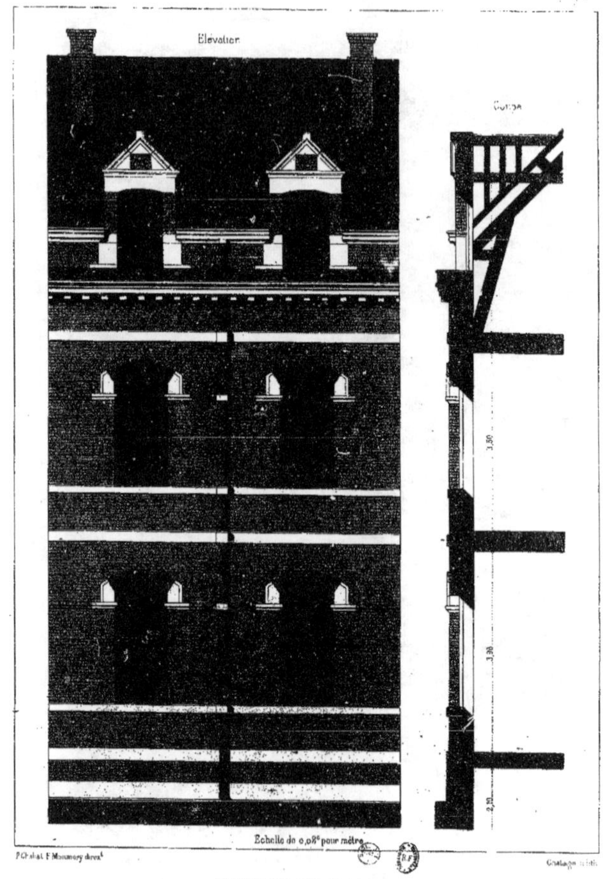

P Chabat F Monmory direx[t] Chalagn... lith.

HOSPICE DE GISORS

BÂTIMENT PRINCIPAL SUR LA COUR

M[r] Ch Questel, Arch

Vve A MOREL & Cie Editeurs. Imp Lemercier & Cie Paris

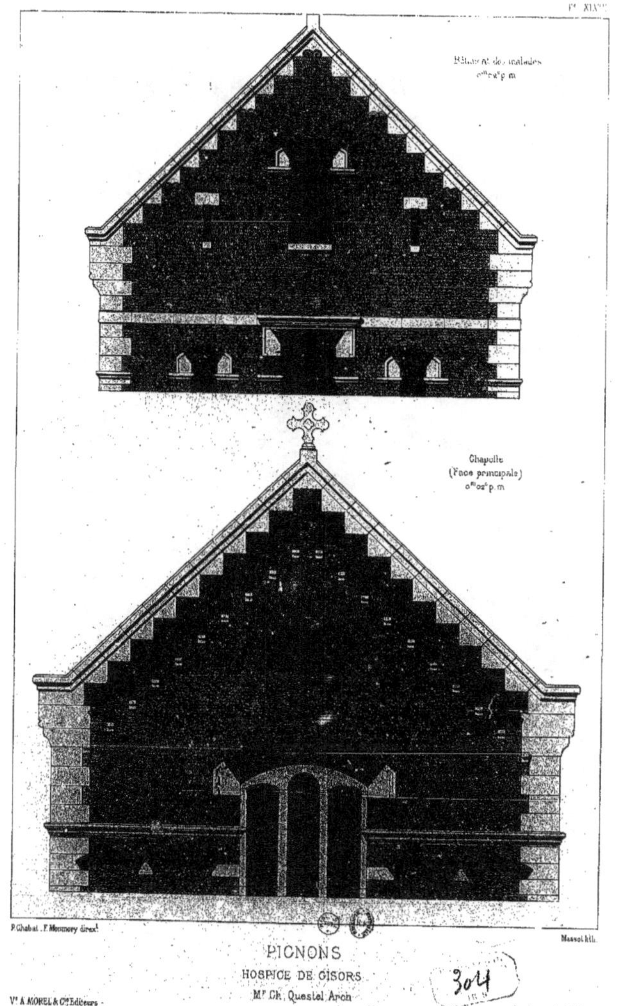

P. Chabat . F. Monmory direx[t]

Massot lith.

PIGNONS

HOSPICE DE GISORS

Mr Ch. Questel Arch

Ve A. MOREL & Cie Editeurs

Imp. Lemercier & Cie Paris

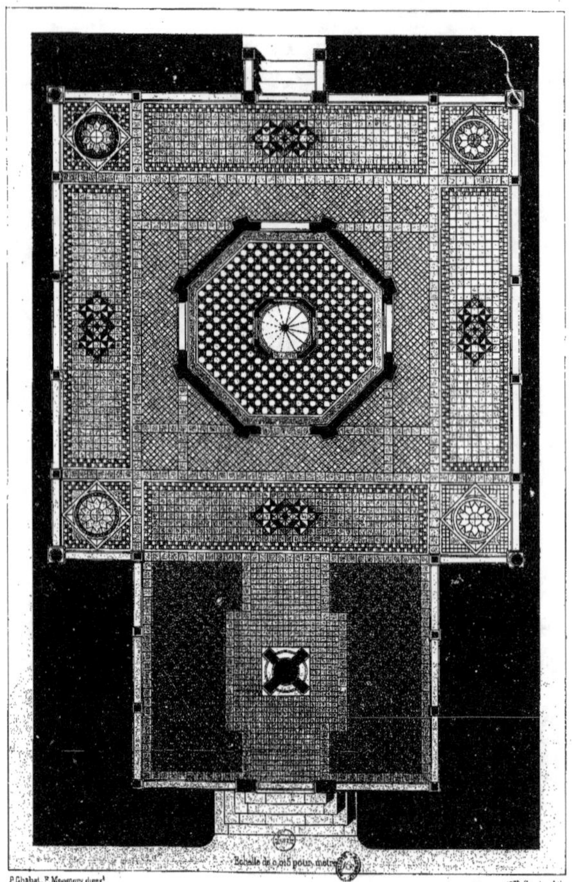

P. Chabat. F. Monmory direx[t]

1879 Courtois lith

PAVILLON CÉRAMIQUE

EXPOSITION UNIVERSELLE 1878.

Mr Deslignières Arch.

Vve A. MOREL & Cie Éditeurs

Imp. Lemercier & Cie Paris

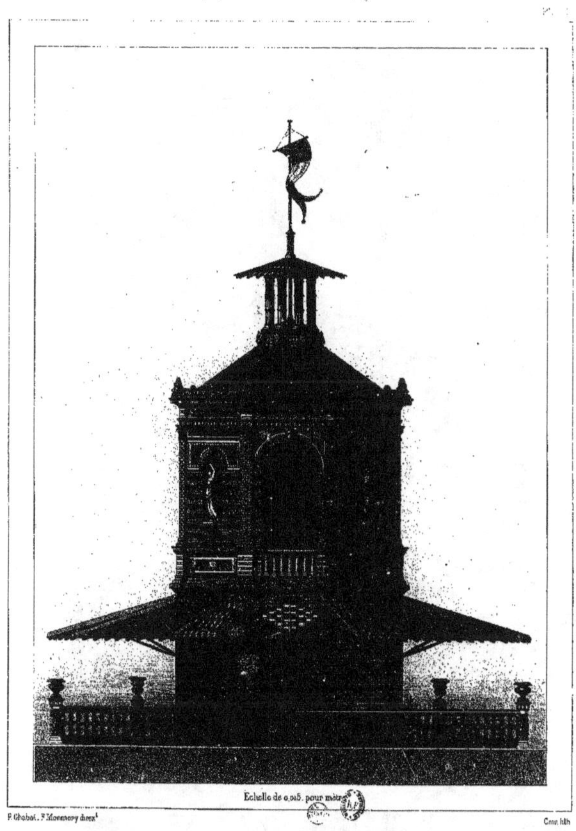

Echelle de 0,015. pour mètre.

P. Chabat. F. Monmory dirext.

Cons. lith.

PAVILLON CÉRAMIQUE

EXPOSITION UNIVERSELLE 1878.

Mr Deslignières Arch.

Vve A. MOREL & Cie Editeurs.

Imp. Lemercier & Cie Paris.

300

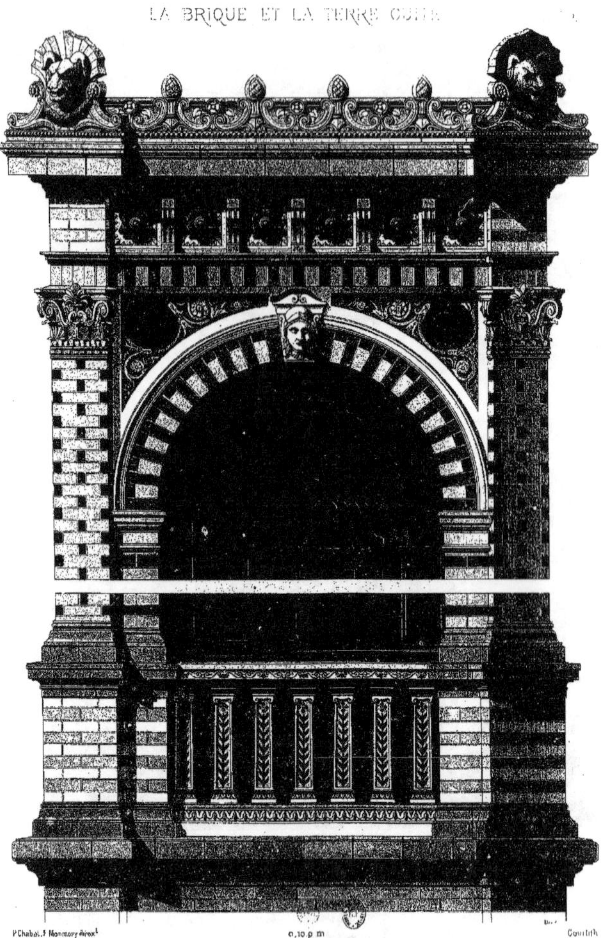

P. Chabat, F. Monmory direx.t · 0,10 p. m · Coulith

PAVILLON CÉRAMIQUE

EXPOSITION UNIVERSELLE 1878

M.r Deslignières Arch.

V.e A. MOREL & C.ie Éditeurs · Imp. Lemercier & C.ie Paris

2/11

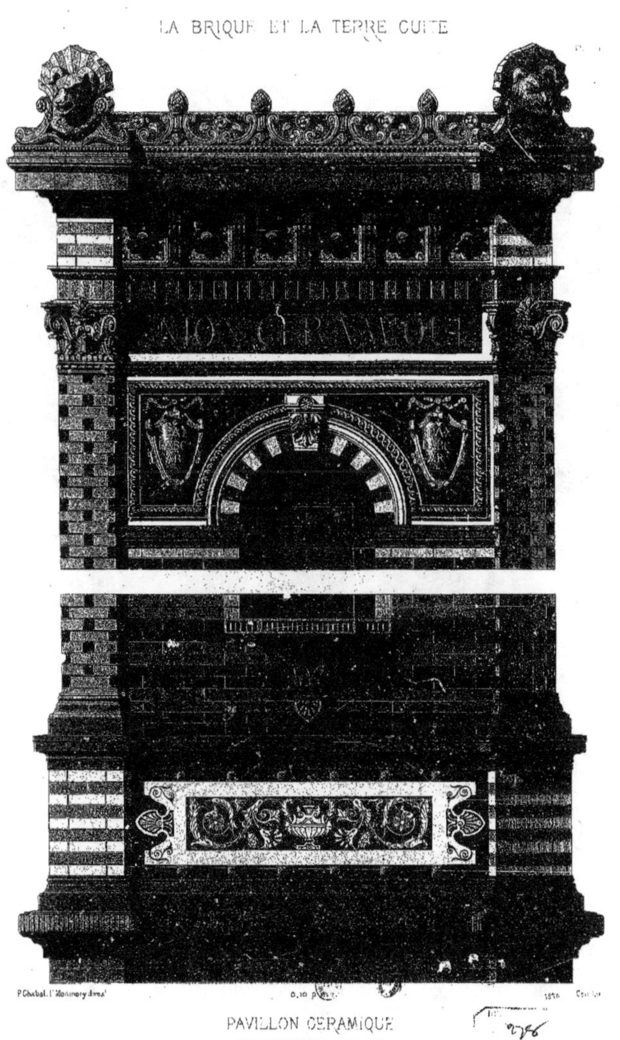

P. Chabat, I'Monmory (?) dess. — 0,10 p. m. — 1886

PAVILLON CÉRAMIQUE

EXPOSITION UNIVERSELLE 1878

Mr Deslignières Arch.

LA BRIQUE ET LA TERRE CUITE

Pl. LIII

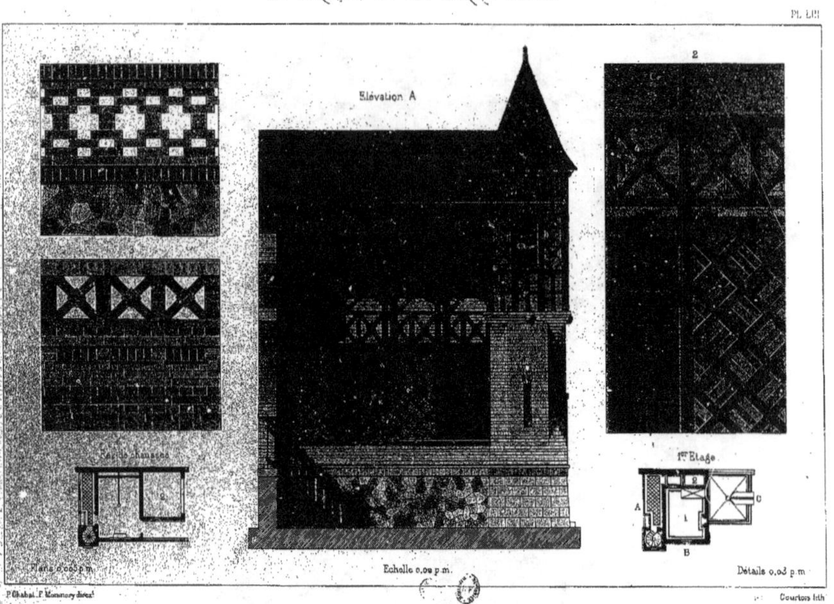

P. Chabat, F. Monmory direxᵗ

Courtois lith

ÉCURIE ET REMISE

Mʳ E. Macé Architecte

Vᵛᵉ A. MOREL & Cⁱᵉ Éditeurs

Imp. Lemercier & Cⁱᵉ Paris

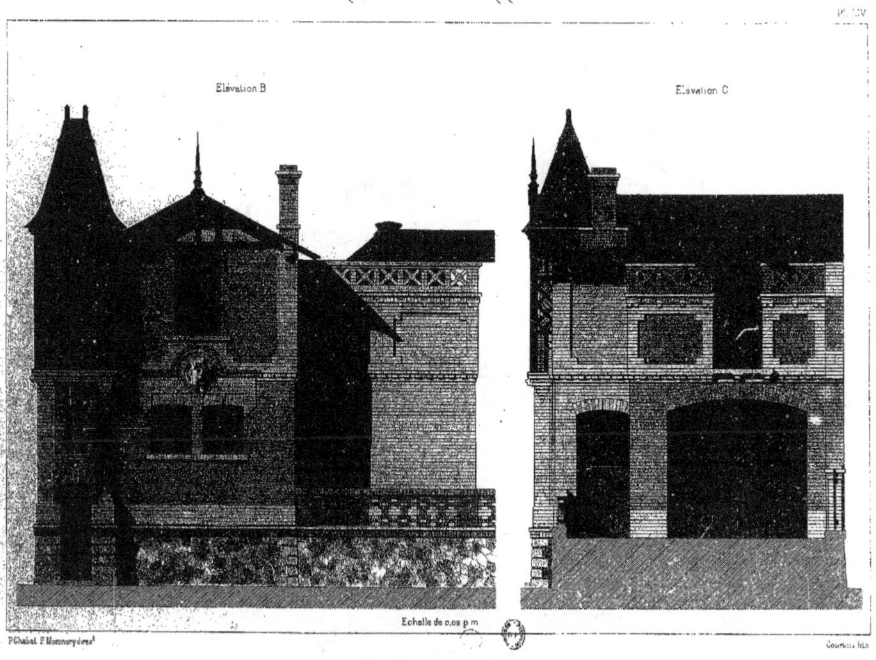

P. Chabat F. Monmory direx[t]

Courtaux lith

ECURIE ET REMISE

Mr E. Macé Architecte

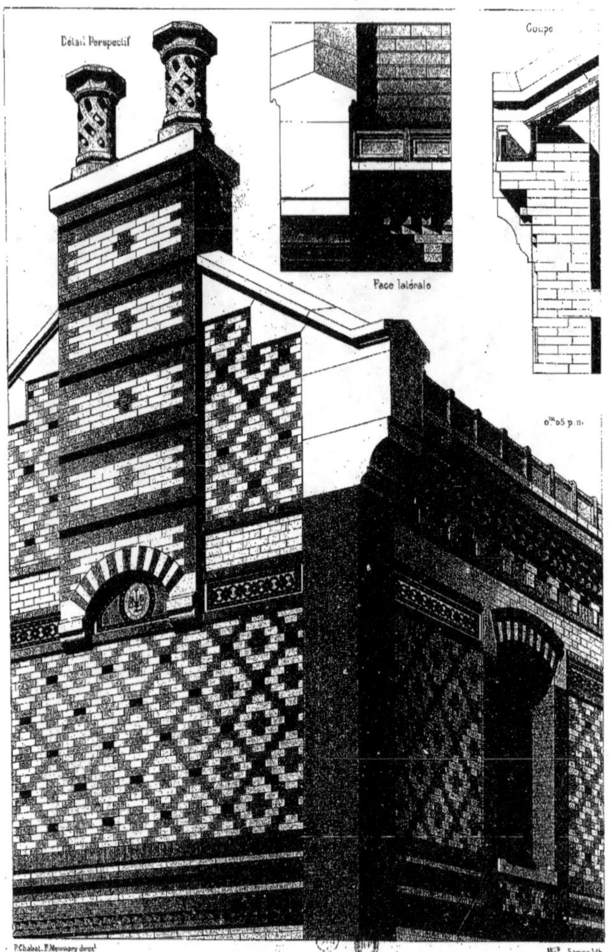

P. Chabat, F. Monmory direxit

Samier lith

MAISON DE JARDINIER

Mr Pierre Chabat Architecte.

21/13

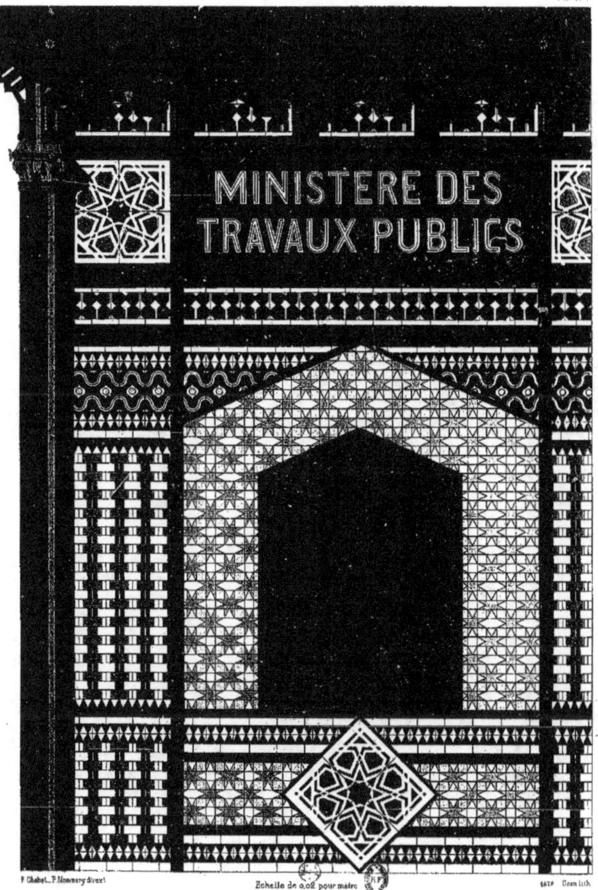

F. Chabat _ P. Monnery dirext

Echelle de 0,02 pour mètre

1879 Gom lith.

MINISTÈRE DES TRAVAUX PUBLICS

(EXPOSITION UNIVERSELLE 1878)

Mr de Dartein, Ingénieur des Ponts et Chaussées _ Architecte.

Vve A. MOREL & Cie, Éditeurs

Imp. Lemercier & Cie Paris

Travée latérale

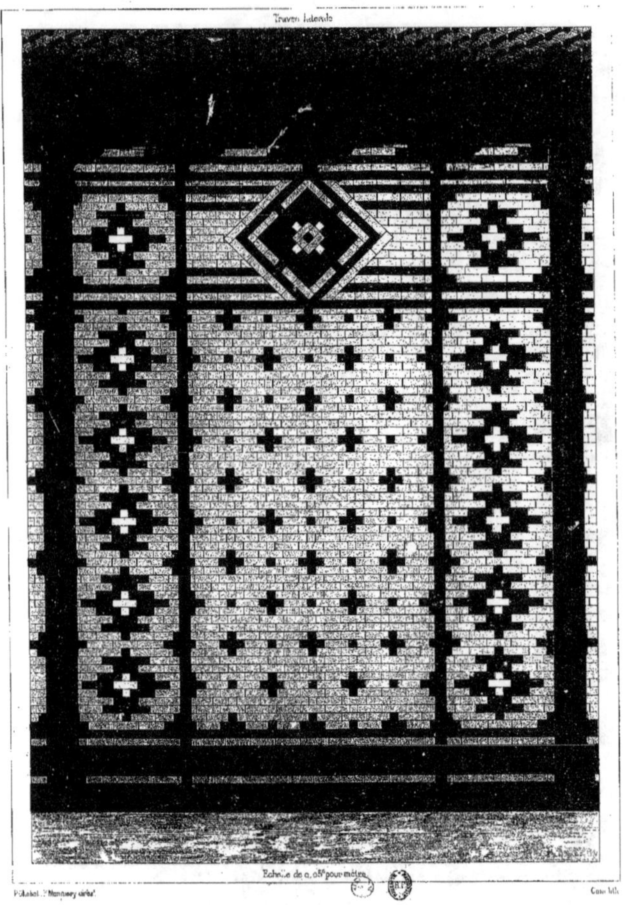

Échelle de 0,05 pour mètre.

P. Lebel. Monmory dirht. — Cam. lith.

MINISTÈRE DES TRAVAUX PUBLICS
(EXPOSITION UNIVERSELLE 1878)
Mr de Dartein, Ingénieur des Ponts et Chaussées
Architecte.

Ve A. MOREL & Cie Éditeurs. — Imp. Lemercier & Cie Paris.

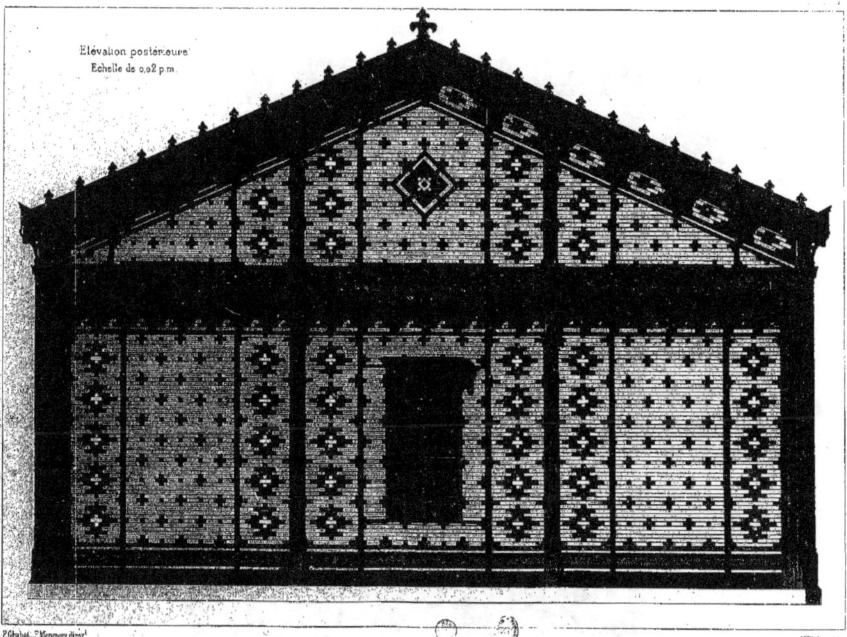

P. Chabat . . . Mémmory direx.

MINISTÈRE DES TRAVAUX PUBLICS
(EXPOSITION UNIVERSELLE 1878)
Mr de Dartein, Ingénieur des Ponts et Chaussées, Architecte

Vve A. MOREL & Cie Éditeurs

Imp. Lemercier & Cie Paris

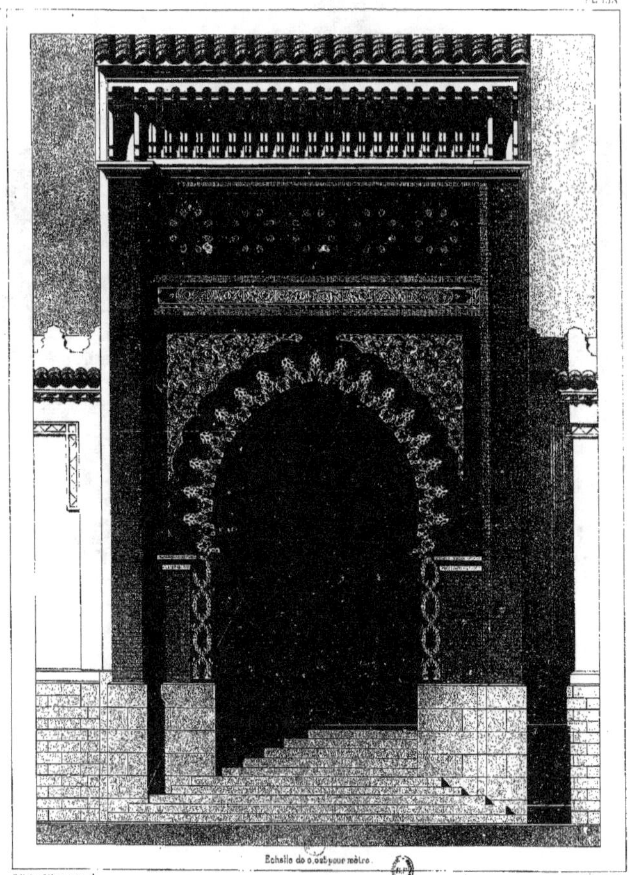

Echelle de 0,03 pour mètre.

P. Chabat, F. Monmory direx.t

1879 Schmidt lith.

PALAIS ALGÉRIEN

(EXPOSITION UNIVERSELLE 1878)

M.r Wable Architecte.

V.ve A. MOREL & C.ie Editeurs.

Imp. Lemercier & C.ie Paris.

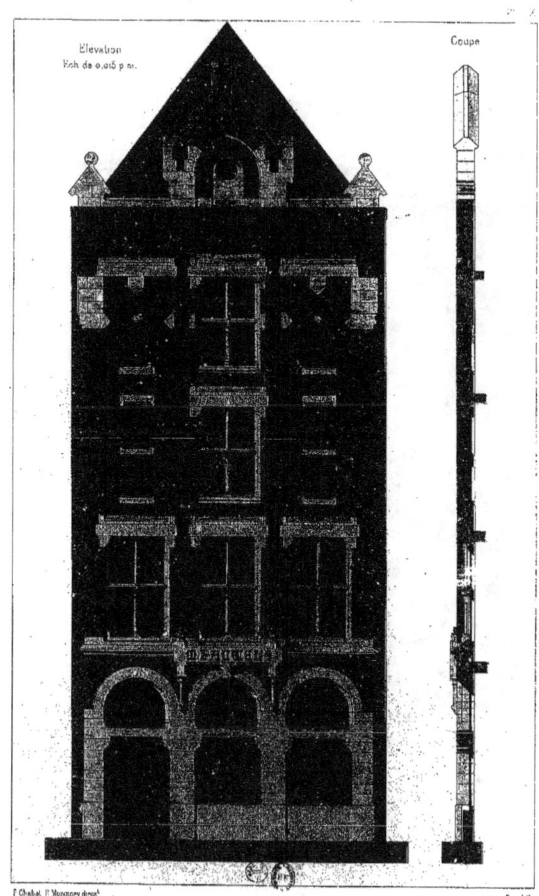

P. Chabat, P. Monmory direxᵗ

1882 Com. lith

FABRIQUE PAUWELS

RUE DE LA VIGNE, A ANVERS.

J. J. Winders, Architecte.

Vᵉ A. MOREL & Cⁱᵉ Éditeurs.

Imp. Lemercier & Cⁱᵉ Paris

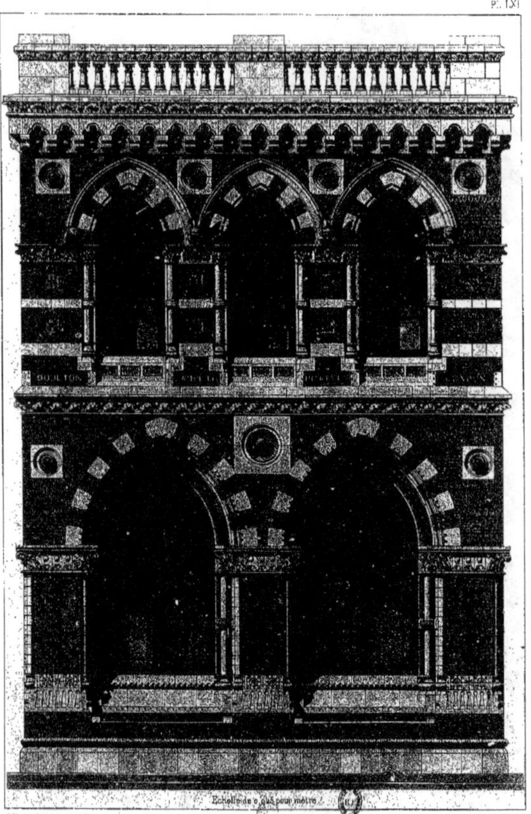

Echelle de 0,045 pour mètre

P. Chabat, F. Monmory dess.t — Coin lith.

MAISON DOULTON

(EXPOSITION UNIVERSELLE 1878)

Mr J. Starke Wilkinson Architecte

Vve A. MOREL & Cie Éditeurs — Imp. Lemercier & Cie Paris.

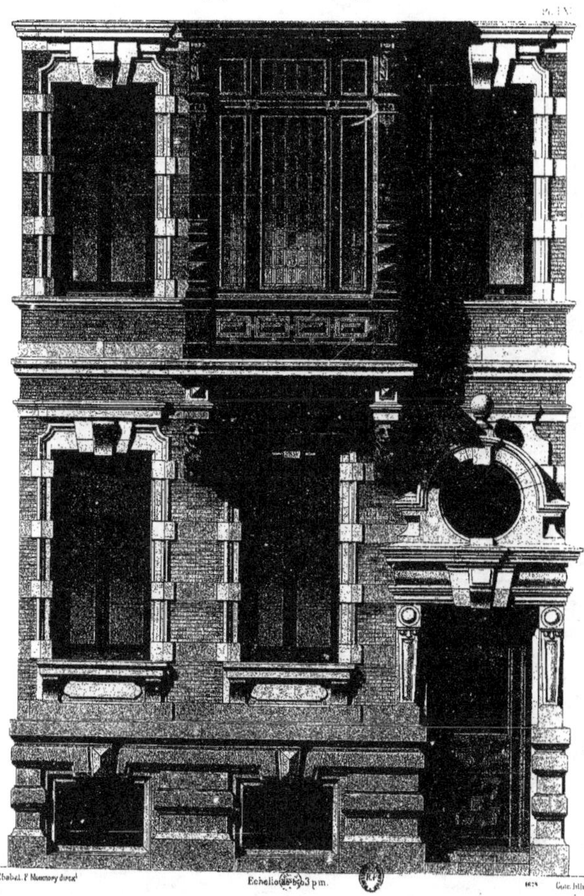

P. Chabat. F. Monmory direx[t]

Echelle de 0,03 p. m.

MAISON A BRUXELLES

REZ-DE-CHAUSSÉE ET PREMIER ÉTAGE

Mr Jamaer, Arch.

Vve A. MOREL & Cie Éditeurs

Imp. Lemercier & Cie Paris

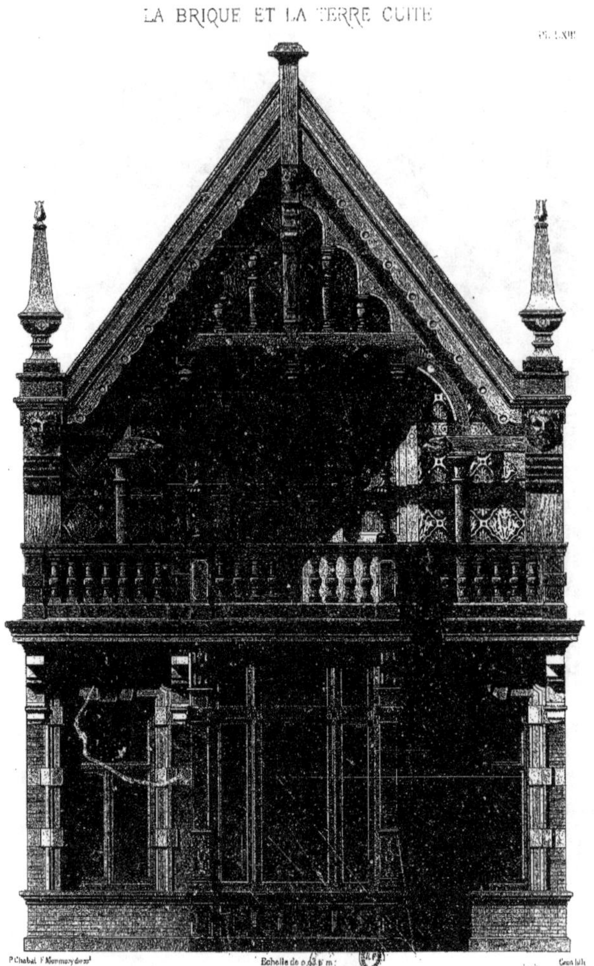

P Chabat F Monmory dess[t] Echelle de 0,03 p m Cun lith

MAISON A BRUXELLES

DEUXIEME ET TROISIEME ETAGES

M[r] Jamaer Arch

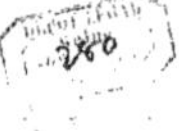

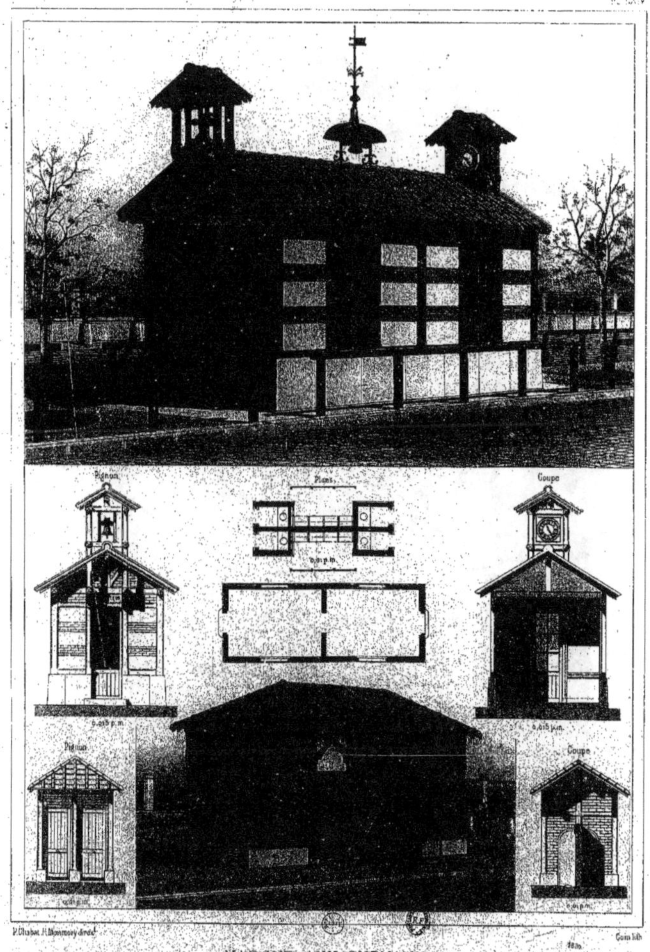

P. Chabat, H. Monmory direx^t

Guin lith

MARCHE AUX CHEVAUX

BUREAUX _ CABINETS D'AISANCES

Mr A. Magne Architecte

Vve A. MOREL & Cie Éditeurs

Imp. Lemercier & Cie Paris.

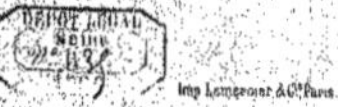

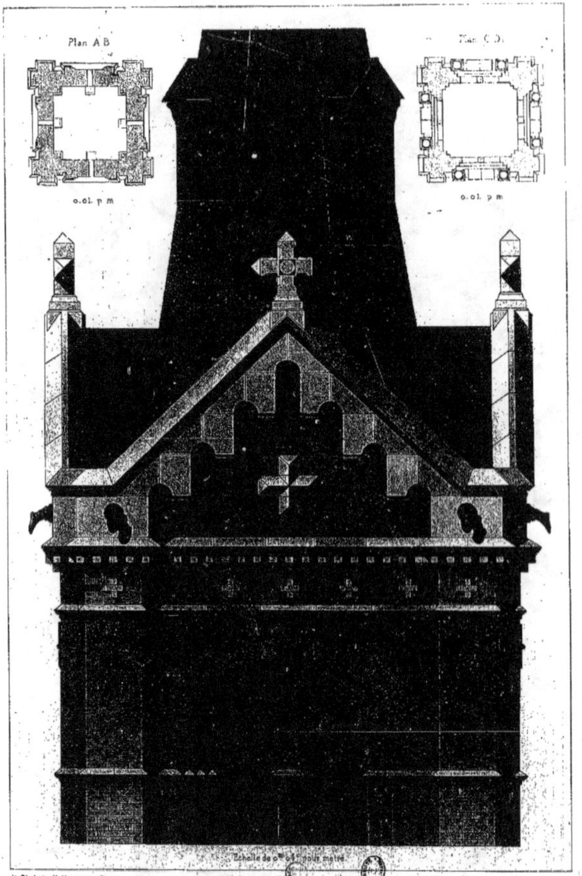

P Chabat _ F. Monmory direx.t Chataignon lith.

ÉGLISE DE NŒUX-LES-MINES

Mr. C. Moyaux, Architecte.

Vve A. MOREL & Cie, Editeurs. Imp. Lemercier & Cie, Paris.

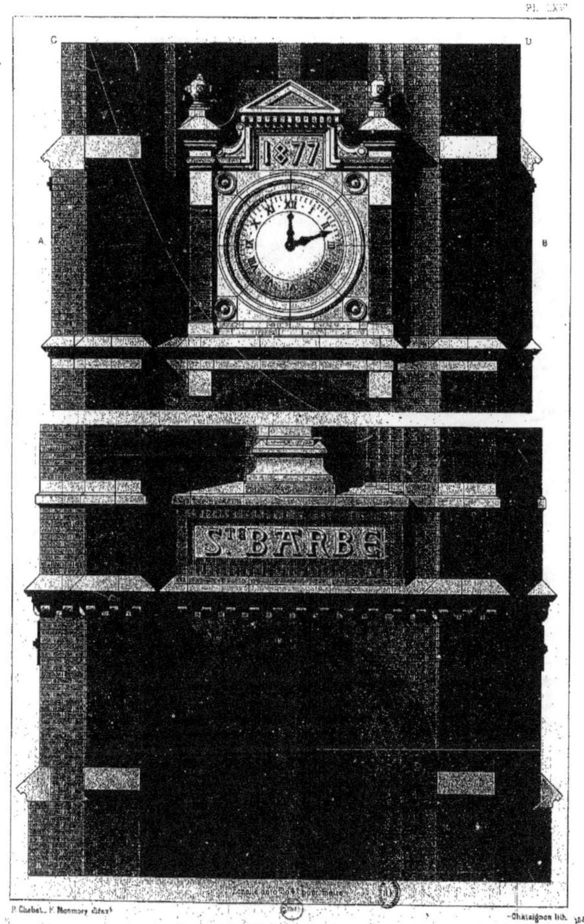

P. Chabat _ F. Monmory dirext

Chataignon lith.

ÉGLISE DE NŒUX-LES-MINES

Mr. C. Moyaux Architecte.

Vve A. MOREL & Cie, Éditeurs.

Imp. Lemercier & Cie, Paris.

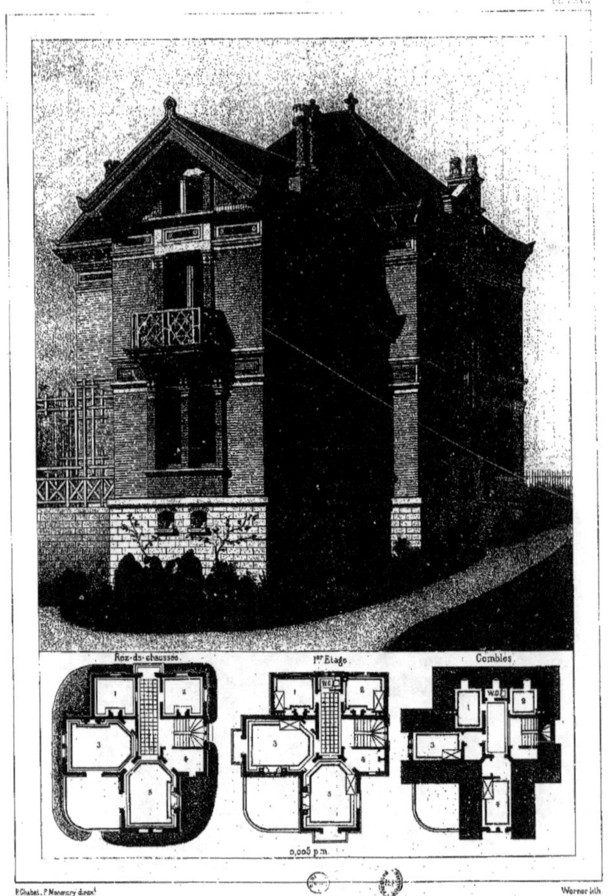

P. Chabat, P. Monmory del. ext.

Werner lith.

MAISON DES GARDES

(BUTTES CHAUMONT)

Mr Davioud Architecte.

Ve A. MOREL & Cie Editeurs

Imp. Lemercier & Cie Paris

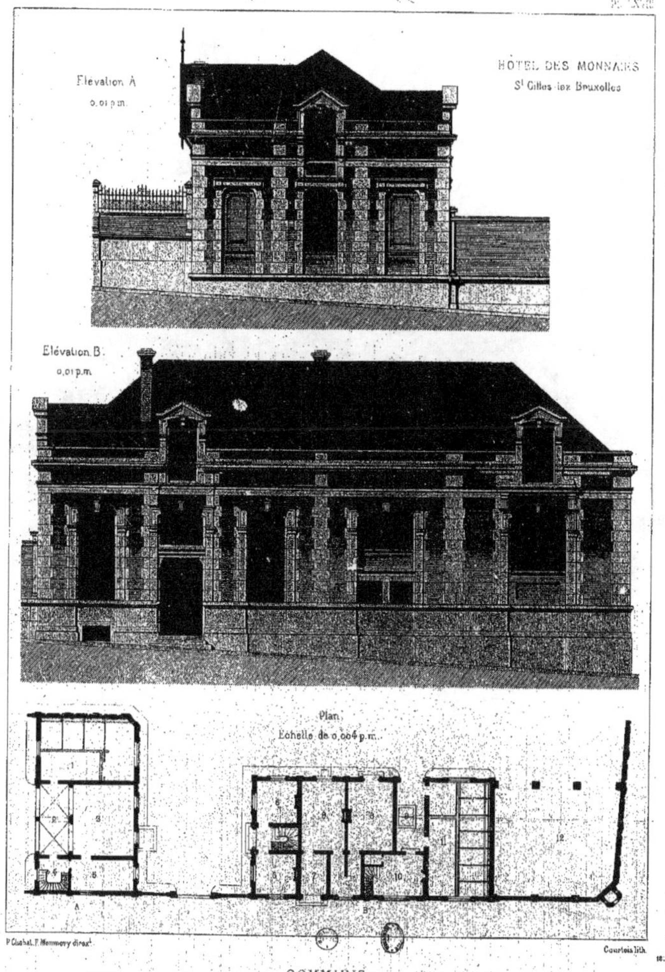

COMMUNS

Mr A Roussel, Arch.

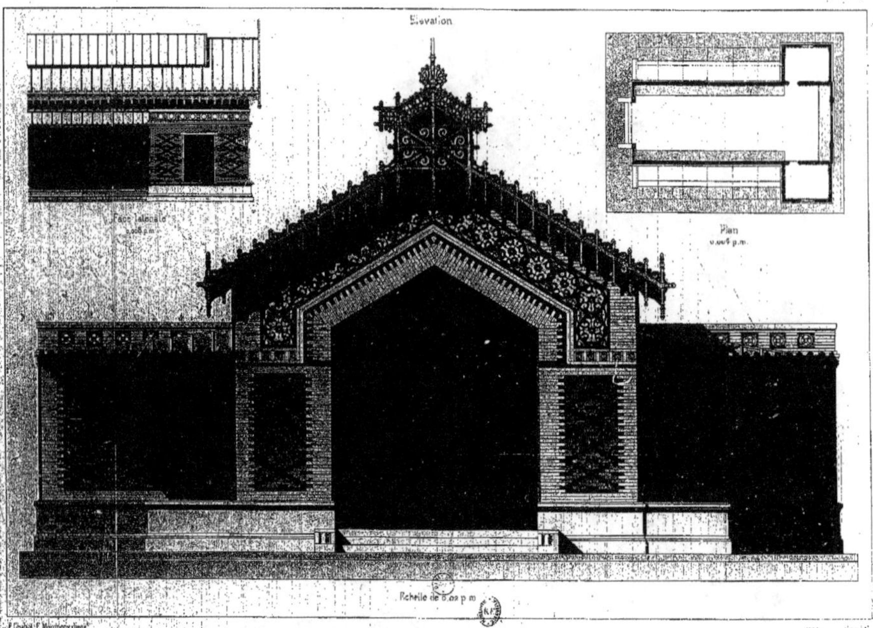

F. Chabat, F. Monmory direx.

PAVILLON DU GAZ

EXPOSITION UNIVERSELLE DE 1878

Mr S. Sauvestre Architecte, Mr Eiffel Constructeur

Vve A. MOREL & Cie Editeurs

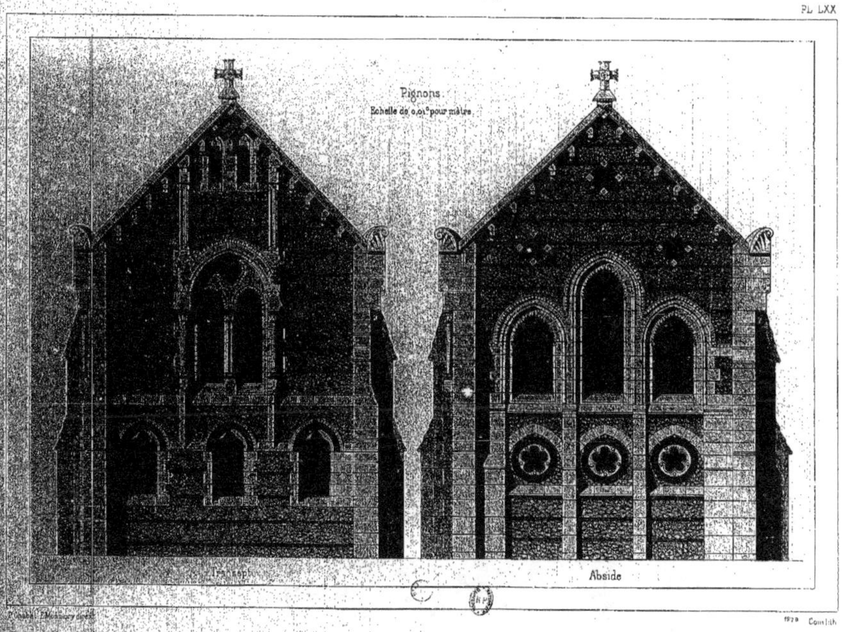

EGLISE DE RAMBOUILLET

Mr A. de Baudot Arch.

Imp. Lemercier & Cie Paris

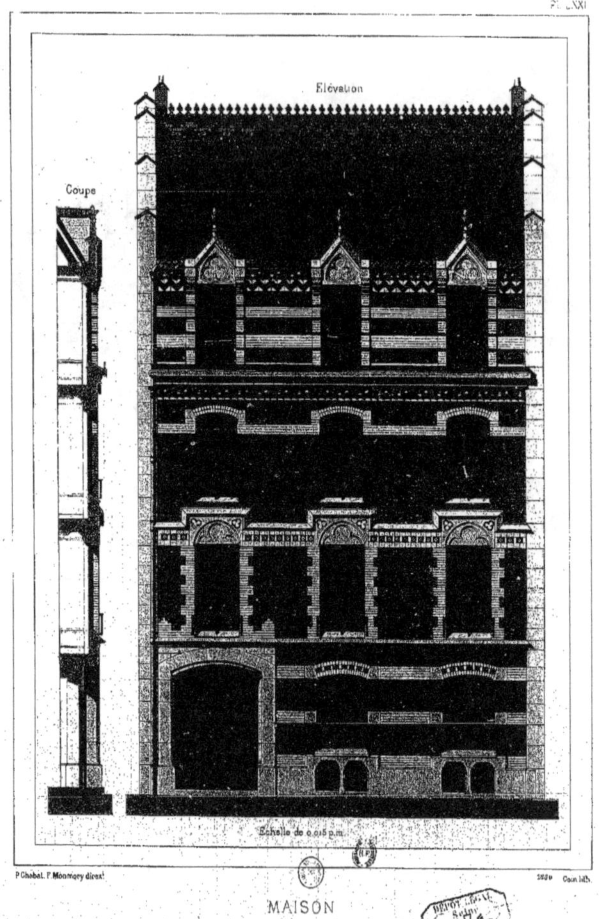

P Chabat. F Monmory direx.t

Coin lith.

MAISON

Mr Cléry Architecte

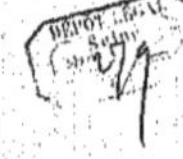

Vve A. MOREL & Cie Editeurs

Imp Lemercier & Cie Paris.

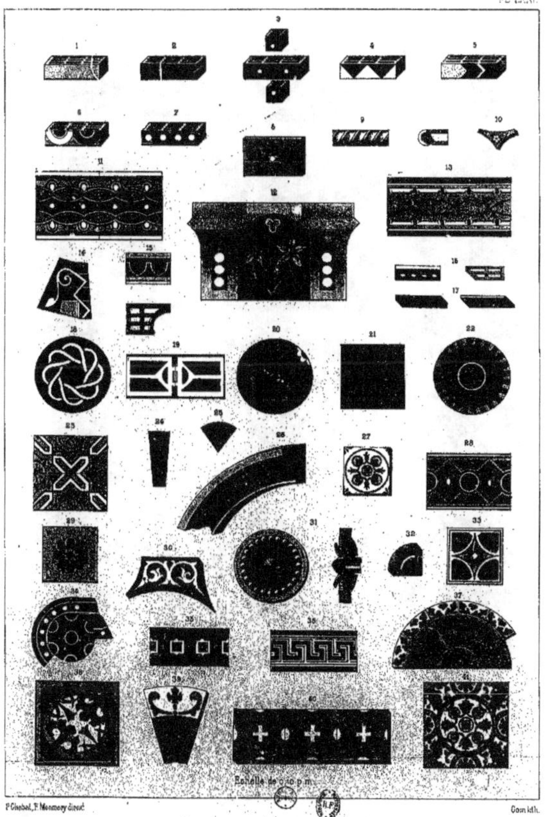

P. Chabat, F. Monmory direxᵗ. Com lith.

TERRES CUITES ÉMAILLÉES
(PRODUITS DE LA MAISON MULLER ET Cie)

Vᵛᵉ A. MOREL & Cie, Editeurs. Imp. Lemercier & Cie, Paris.

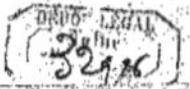

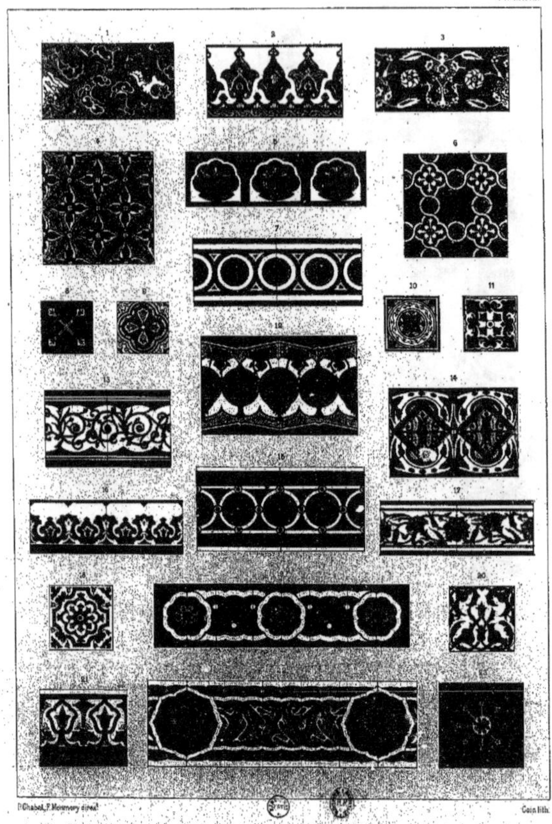

P. Chabat, F. Monmory direx[t] — Coin lith.

TERRES CUITES ÉMAILLÉES

(PRODUITS DE LA MAISON MULLER ET CIE)

Vve A. MOREL & Cie, Éditeurs — Imp. Lemercier & Cie, Paris

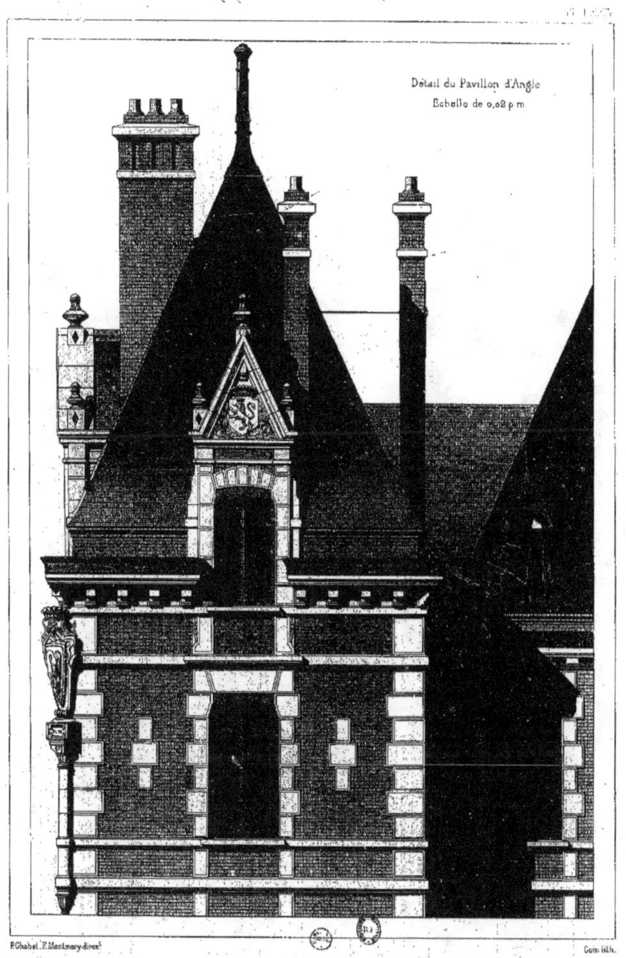

P. Chabat . F. Monmory direx.

Lith.

ÉVÊCHÉ DE BEAUVAIS

Mr E. Vaudremer Arch.

Vve A. MOREL & Cie Éditeurs.

Imp. Lemercier & Cie Paris

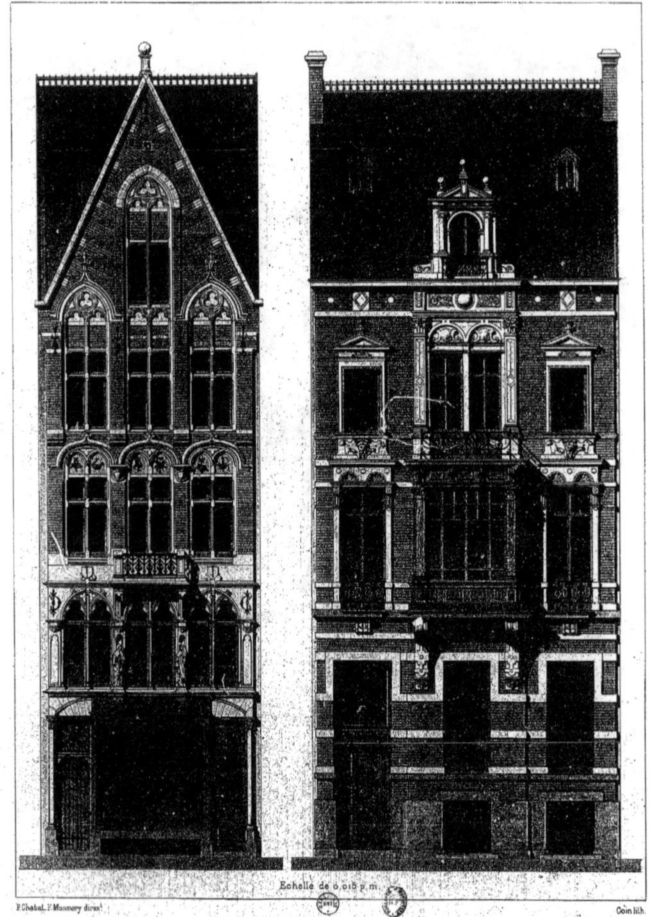

Echelle de 0,015 p.m.

F. Chabat, F. Monmory direx[t]

Coin lith.

MAISONS A BRUXELLES

Mr Mennessier Arch.

V[ve] A. MOREL & C[ie] Editeurs

Imp. Lemercier & C[ie] Paris

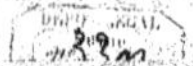

LA BRIQUE ET LA TERRE CUITE

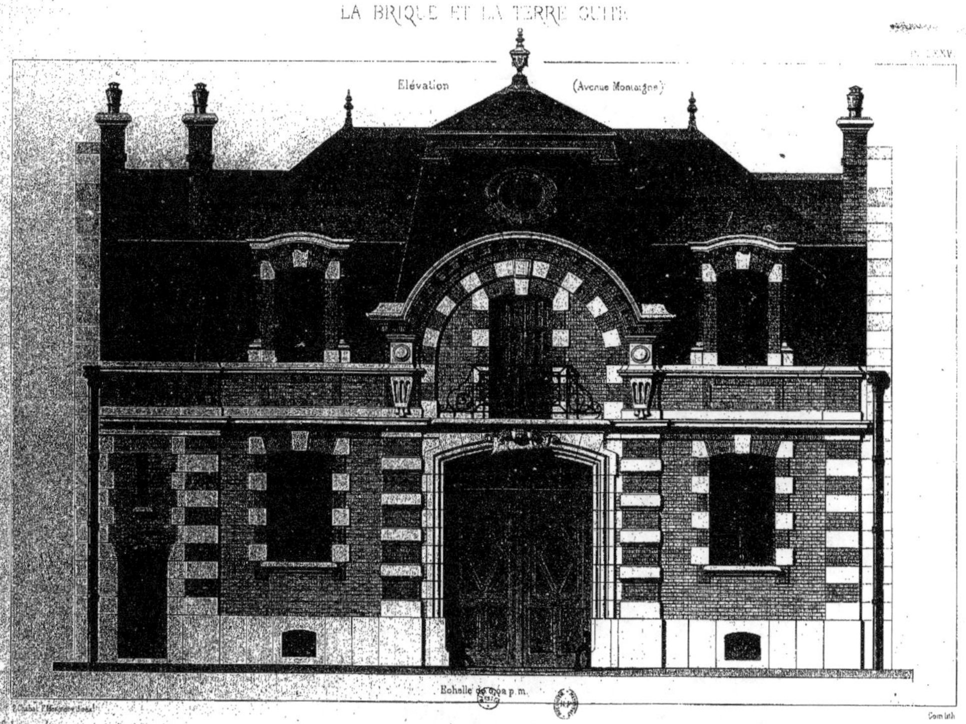

ÉCURIE ET REMISE

Mr Henri Parent, Architecte

3302

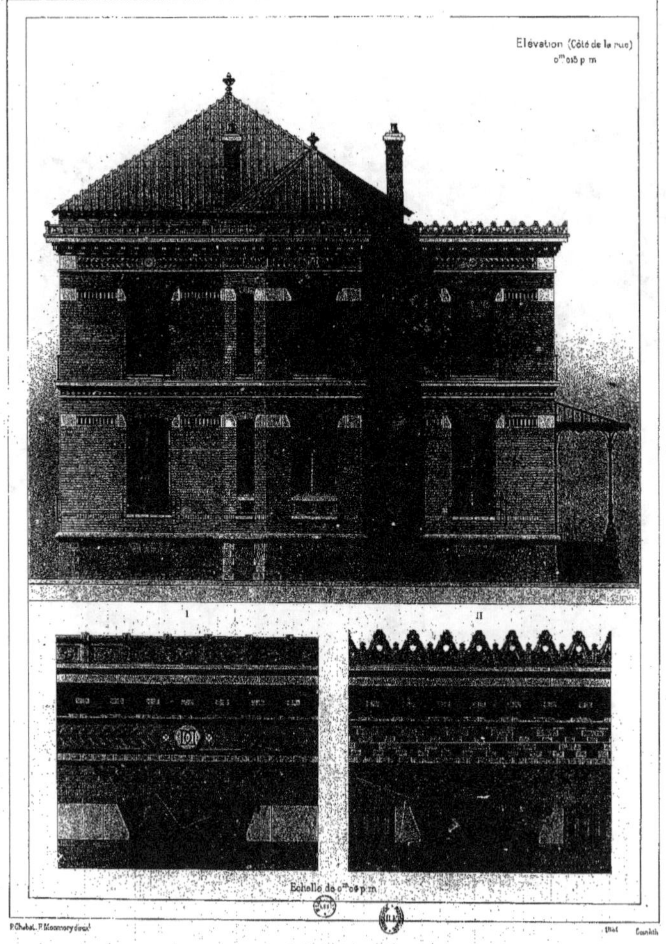

P. Chabat. F. Monmory direx.

MAISON A PONTOISE (SEINE ET OISE)

Mr Pierre Chabat, Arch.

Vve A. MOREL & Cie Editeurs

Imp. Lemercier & Cie Paris

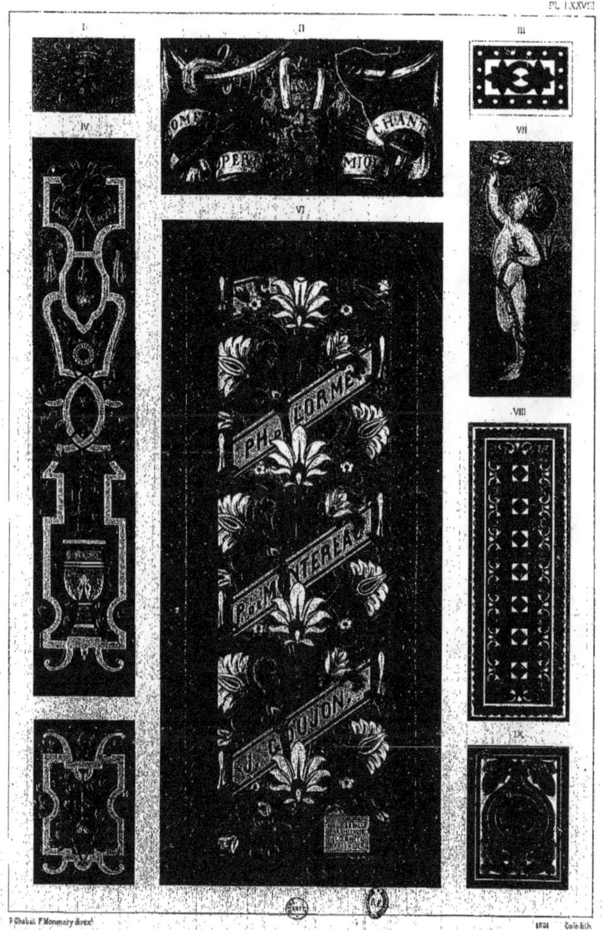

P. Chabat, F. Monmory direx.t 1881 Coin lith.

TERRES CUITES EMAILLÉES
(PRODUITS DE LA MAISON LŒBNITZ)

V.ve A. MOREL & C.ie Éditeurs

Imp. Lemercier & C.ie Paris.

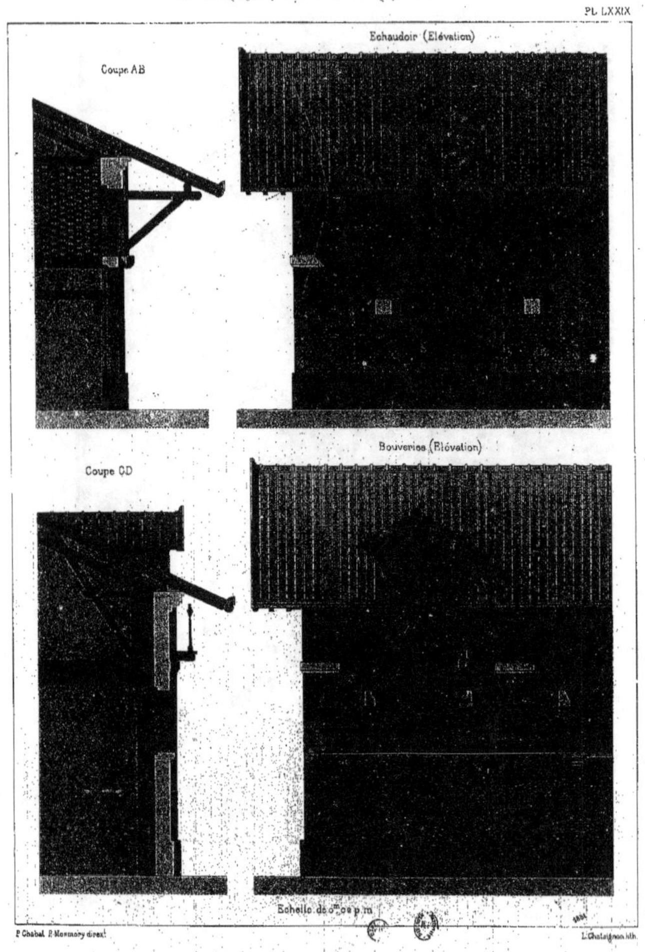

P. Chabat, P. Monmory direxᵗ.

L. Chataignon lith.

ABATTOIRS DE PONTOISE

Mʳ. Pierre Chabat, Arch.

Vᵛᵉ A. MOREL & Cⁱᵉ Editeurs.

Imp. Lemercier & Cⁱᵉ Paris

1 2 3

4 5 6

7 8 9

10 11

Echelle de 0m05 p.m.

F. Chabat F. Monmory direx[t]

1811 Coin lith.

FRAGMENTS DÉCORATIFS

(PRODUITS DE LA MAISON MULLER ET Cie)

Vve A. MOREL & Cie Editeurs

Imp. Lemercier & Cie Paris

www.ingramcontent.com/pod-product-compliance
Lightning Source LLC
LaVergne TN
LVHW050511100826
845148LV00002B/302
9782012679542